本书为贵州省高校乡村振兴研究中心成果，受到贵州乡村振兴2011协同创新中心、贵州省高校人文社会科学重点研究基地、贵州省哲学社会科学2021年度十大创新团队、贵州省人文社科示范基地等相关项目经费资助。

隐秀之水与共生秩序

——盘江流域社会治理的历史人类学研究

陈 斌 著

光明日报出版社

图书在版编目（CIP）数据

隐秀之水与共生秩序：盘江流域社会治理的历史人类学研究 / 陈斌著. -- 北京：光明日报出版社，2023.10
 ISBN 978-7-5194-7582-6

Ⅰ.①隐… Ⅱ.①陈… Ⅲ.①社会秩序—研究—贵州—明清时代 Ⅳ.①D677.3

中国国家版本馆 CIP 数据核字（2023）第 212405 号

隐秀之水与共生秩序：盘江流域社会治理的历史人类学研究
YINXIUZHISHUI YU GONGSHENG ZHIXU: PANJIANG LIUYU SHEHUI ZHILI DE LISHI RENLEIXUE YANJIU

著　　者：陈　斌	
责任编辑：史　宁　陈永娟	责任校对：许　怡　董小花
封面设计：中联华文	责任印制：曹　净

出版发行：光明日报出版社
地　　址：北京市西城区永安路 106 号，100050
电　　话：010-63169890（咨询），010-63131930（邮购）
传　　真：010-63131930
网　　址：http://book.gmw.cn
E-mail：gmrbcbs@gmw.cn
法律顾问：北京市兰台律师事务所龚柳方律师
印　　刷：三河市华东印刷有限公司
装　　订：三河市华东印刷有限公司
本书如有破损、缺页、装订错误，请与本社联系调换，电话：010-63131930

开　　本：170mm×240mm	
字　　数：341 千字	印　　张：19
版　　次：2024 年 3 月第 1 版	印　　次：2024 年 3 月第 1 次印刷
书　　号：ISBN 978-7-5194-7582-6	
定　　价：98.00 元	

版权所有　　翻印必究

贵州省高校乡村振兴研究成果系列丛书
编 委 会

总　编：陈云坤

编　委：（以姓氏笔画为序）

　　　　王　海　韦　璞　韦云波

　　　　丛春蕾　吕善长　刘金新

　　　　杜成材　李晓华　陈　斌

　　　　邵晓贵

总　序

乡村振兴战略是党中央针对我国农业农村发展面临的新形势、新问题，着眼于实现全体人民共同富裕、全面建成小康社会做出的重大战略决策。实施乡村振兴战略是解决新时代我国社会主要矛盾、实现"两个一百年"奋斗目标和中华民族伟大复兴的中国梦的必然要求，具有重大现实意义和深远历史意义。

推出本套"乡村振兴"丛书，旨在主动承担助力当代乡村发展的高校责任。面对世界百年未有之大变局，休戚与共的人类命运共同体需要中国方案，中国需要高校担当。通过本套丛书，我们将深入探讨乡村振兴的内涵、外延和实施路径，梳理国内外乡村振兴的典型案例和实践经验，分析乡村振兴中面临的困难和挑战，提出针对性的政策建议和发展路径。

研究乡村产业，比较小国农业与大国农业、内陆国家与海洋国家、传统发达国家与发展中国家农业产业发展路径差异，研究城乡产业发展趋势与再布局、城乡一体化与县域综合发展、乡村旅游与康养产业，开展乡村产业发展调查，探索推广生态种养殖创新模式，从全产业链视角研究乡村产业发展的路径，助力农业良性发展、农民产业增收与农村产业升级，夯实乡村振兴基础。

研究乡村生态，面向国家乡村振兴战略实施过程中的乡村生态环境保护等重大战略需求，开展乡村生态、环境与健康、乡村环境治理等方面的理论研究、技术研发、系统集成和工程示范。研究喀斯特地貌生态与石漠化治理，研究土壤污染防治，研究西南高原山地生态修复，践行"绿水青山就是金山银山"的发展理念，将生态建设置于优先位置，使生态保护成为乡村振兴的共同价值与行为准则。

研究乡风文明，关注乡村精神面貌与文化生活、民风民俗传承、新"乡贤"与优良家风家训家教，我们必须抓住中国城市特有的乡村根脉——乡愁。"无乡愁，不中国。"鉴于当代中国城市的乡村根脉，传统国人的"彼处"羁绊与家国皈依，我们希望建立一种"在城有家""在乡有族"的城乡联系，在优秀传统文化融入现代文明的过程中实现城市"狂想曲"与乡村"田园诗"的二重奏。

研究乡村治理，聚焦乡村自治、乡村法治、乡村德治，通过研究基层党建与基层政权建设、传统乡村自治的地方经验、当代乡村聚落的现实困境、"城市病"语境下的农村问题、乡村生态治理与污染防治、农村"空心化"与"留守"现象等，丰富新时代乡村治理理论，服务乡村善治理想的实现。

中国现代化脱胎于传统农业社会，当代中国及世界城市化发展之路为我们反思现代性，反省城乡关系，重新认知乡村价值，推动城乡和谐发展提供了契机。实现中国协调发展，必须厚植乡村发展根基，在城乡关系中重塑中国人的生活秩序与精神状态。要实现中国式现代化，必须正视中国自身的历史与国情，厚植乡村发展根基，重塑城乡关系，建构新时代城乡共同发展秩序、价值与伦理，将现代性反思与传统中国的人文根脉相结合并融入国民日常的生活秩序与精神状态。

总之，本丛书将围绕乡村产业、乡村生态、乡村文化与乡村治理等诸方面展开深入研究和探讨。不仅注重理论探讨，还将结合实践案例，将理论与实践紧密结合。我们希望通过本丛书，能够为广大读者提供一种新的视角和思路，推动乡村振兴战略的实施和发展。

陈定帅

2023 年 9 月 15 日

盘水黔山说不尽，故土乡邦游子吟

安顺学院推出"贵州省高校乡村振兴系列成果丛书"，给过往40年上行的黔地人文建设再次加力。学院年轻教师、中央民族大学校友陈斌博士的《隐秀之水与共生秩序——盘江流域社会治理的历史人类学研究》有幸入帏。他感恩高兴之余，嘱咐我写篇短序。

2019年年底，我退休且赶上防疫，再加上连年内卷，身体引发不少毛病。眼下疫情消退，元气年华随之。原有知识框架化成残片散落飘零，追踪前沿望尘莫及。但新书约序毕竟捏到软肋，让人欲罢不能。人生但有三寸气，总有业报割不去，尚未做圆的梦、尚未解开的谜、尚未偿清的债，还有各种"售后服务"。总之，劳碌命缠身无药可治，日暮途远仍须赶路。

关于本书，先讲三点创新，再述作者经历及成书原委，希望读者理解书稿价值意义。

首先，综合呈现盘江流域的自然生态和人文景观，促请读者关注这片多民族共生的文化生态舞台。盘江流域以黔西南州府所在地兴义市为核心区，覆盖南盘江、北盘江及红水河上游东流段，幅员8万多平方千米。其中，北盘江多在黔省，概有毕节市西南角的威宁县，六盘水市全境，黔西南州兴义、普安、晴隆、安龙、册亨、兴仁、贞丰、望谟8县（市）和安顺市普定、紫云、镇宁、关岭4县，外加贵阳市西南角。450千米流程内有两大地标：西北上端有北盘江第一桥，连接云南省宣威市普立乡与贵州省六盘水市水城区都格镇，桥面至尼珠河河面距离565.4米，有"全球最高桥梁"之誉；东南下端有黄果树瀑布，古称白水河瀑布，属喀斯特地貌中的侵蚀裂点型瀑布，高77.8米，宽101米，全国知名。但是，全长近1000千米的南盘江才是珠江主源，更具"省（区）际"特性，连接滇黔桂三省（区）。上中游流程650千米穿越滇省东南境，概有云南省曲靖市中南部、昆明市东缘、玉溪市东部、红河州东北和文山州西北部，构成西南—正南—东北走向斜U形大弯套，经黔省西南部后入桂。先在广西百色市西缘北流11千米是滇桂界河，再东流300千米是黔桂界河（含南盘江与北

1

盘江汇流成红水河上游的黔桂地界)。盘江流域幅员约为"山地之国"——瑞士的2倍，却仅是中国滇黔桂三省（区）交界处一边地。流域内风光旖旎、气候宜人、多旅游景观；水能丰富、落差剧烈、水电站密集。因地表崎岖、交通阻隔，长期如世外桃源，少为人知。

将云贵高原沿分水岭做纬向对折，南坡昆明—贵阳—南宁间的三角地就是盘江流域，北坡昆明—贵阳—重庆间的三角地就是赤水河—乌江流域。东西两侧分别为"武陵山—苗岭"的土家苗侗壮聚居区与"大凉山—乌蒙山"的彝苗哈尼傣聚居区，西侧且多回族。在国民知识体系里的占位知名度，两者大有差异。北坡因汇入长江水系地近中原得名较早，知名度更高地名标识更细。仅20世纪30年代的红军长征，就在该线留有遵义会议乌江渡、四渡赤水茅台镇和娄山关长空雁叫霜晨月等经典叙事。南坡因汇入珠江水系而远离中原，编户齐民时日尚浅，历史上军政活动较少，现代城建规模亦小，地名标注更稀疏。除"珠江主源南盘江源出乌蒙山余脉马雄山南坡"一言外，其余莽莽群山万千峰岭则汲汲无名。即便南盘江上游由云南省罗平、师宗、陆良、石林、弥勒、泸西和贵州省盘州、兴义等10余个县（市）勾勒的蝎钩翘尾状巨大山系板块也名不见经传。外人面对地图，只能推想它是乌蒙山"余脉的余脉"，恰如南坡三角地是"边区的边区"。

偏远区域的地方性知识在大传统里缺位，往往就有奇异叙事如影随形。1986年，鞭策黔人奋起致富的社会学专著《富饶的贫困》问世；1985年，南盘江作为珠江水系主源的事实被认定；民国时期，黔系军阀在西南四省区最弱也最早被消解；清朝雍正年间，"改土归流"后的黔东南、黔南区域仍是大清"新疆"，盛产"百苗图"，清初还曾是平西王吴三桂治下"藩地"；明朝末年，徐霞客游历黄果树瀑布时，留下"珠帘钩不卷，匹练挂遥峰"的诗句，该瀑布才得以名闻天下。但是，明末重臣朱国桢"黔中之阴雨，以地在万山之中，山川出云，故晴霁时少"一语，被后世简练成"天无三日晴，地无三里平"。后有好事者加上"人无三分银"一句，状述黔省天地人"三无"口头禅得以成形，流传至今。明朝洪武年间，明太祖朱元璋为征滇征南，设屯立堡，建立卫所制度。其子朱棣于1413年割川滇湖广边地置黔省；元朝，土司制度推行至此；宋朝，在羁縻地面交易军马；唐朝，柳宗元在《黔之驴》中留下"黔驴技穷"一语；西汉司马迁《史记》写"西南夷君长以十数，夜郎最大"，以及疑似从北坡推衍过来的牂牁郡、夜郎国及周秦远方叙事。这番层累追溯，略能衬托作者选择盘江流域作为研究区域的文史背景，彰显该项研究筚路蓝缕层面的创新价值。

近20年来，贵州用高架桥涵构建高速路网，克服亿万年水溶切割形成的峰丛峡谷，凌空搭建起平台坦途，终于使盘江流域发展跟全国同步。作者此时撰此书稿，促请读者转换视角增广见闻，重新认知这块哺育多民族共生传奇数千年的故土乡邦。为彰显盘江流域的独特性，作者还简要勾勒出黔省民族文化地理"四象限板块"：东北区域多土家—苗—仡佬；西北区域多彝—苗—回；西南区域多布依—苗—彝；东南区域多苗—侗—水。城镇交通要道节点还多有汉满蒙回等民族穿插分布。对本地民众而言，这种格局是日常生活中的常识。但对外地读者来说，则如提网之纲和挈衣之领。

其次，用盘江流域民间经验拓展南方山地社会与王朝国家互动的认知框架，给土著与移民这对正反题加上博弈共生的合题。简体汉字圈近百年流行社会发展史，惯用两分法和阶级观点看待边疆边民和地方事务治理，用宏大叙事对错综复杂的山民生活抽象提纯脸谱化。这种认知范式，使地方社会和王朝国家在当地基于婚姻家庭亲属、草根社会组织、土司制度资源应对卫所屯堡及改土归流等体制剧变的曲折经历和复杂心态，都变得无关宏旨乃至难以言说。个人功利经验和道德动机更是无从谈起。维护家园权益捍卫本土文化价值的山民一方，时而是反抗暴政追求公道的天使，时而是抗拒进步破坏统一的愚氓；依法行政维护王朝秩序的流官，有时是替天行道传播科技新学的启蒙解放者，有时是冷血贪婪残民以逞的迫害狂。土司土民与流官移民两造总归是只有对立没有妥协，更没有个体施展能动性的操作空间。中原王朝延绵不断的治理体系，地方民间语言文化习俗穿越朝代的存续发展都难得其解，甚至不能进入学人的问题意识。

始于20世纪50年代的后现代转型思潮，到20世纪70—90年代时已蔚成风气。世人眼见现代技术霸权荼毒自然生态人文心态，开始反思"西方中心论"和"中原中心论"的局限，志在除魅解构，彰显底边弱势群体权益和传统文化价值，推出诸多创新概念理论范式。北方新清史研究倡导"从边缘看中心"的牧民、猎民、边民视角；南方有政治/历史人类学主张的"从西南看中原/山地看平坝"的佐米亚山民智慧。但是，这些翻案纠偏范式终归不能在矛盾里找出博弈共生机制，也不能给官家—民间、原住民—移民等对立反题补上逻辑合题。后来形格势禁引导简体汉字圈学人埋头整理地方资料。黔省密集推出卫所屯堡、石门坎、清水江文书、百苗图、海龙屯土司和苗疆走廊等诸多成果。还有社会学团队跟中国社会科学院合作，追踪研究黔省经济社会协调发展，配合文化生态保护推动大数据产业。作者也跟着其硕士导师团队做过黔中屯堡居民生活叙事与社会自主性研究。但各方对更迫切的现实社会治理需求，就很自觉地持论谨慎有意规避。本部书稿则别具一格，核心资料举证尚欠丰满且多限于贵阳市南郊，阐释角度深度也还有改进空间。但作者直面现实治理需求的问题意识清晰明确，对有限材料取精用宏。勾勒出盘江流域的文化生态和居民心态，彰显互动各方对于博弈共生规则的深层需求。初步达成目标，并为今后深化研究探明可行路径和可靠范式。

实质上，无论是高坡苗乡丧礼的事主与吊客，还是吊客里的主客与陪客；无论是山民的深山老茶树和村寨古鱼塘，还是传说中人与虎、虎与牛、牛与人的纠结关系，放置到"卫所屯堡"和"改土归流"引发的原住民与移民、土司与流官围绕现实利益和观念秩序的博弈场景里，都有其社会角色担当和个体价值追求。稍加引申阐述，就是盘江流域主客各方互动模式的鲜活表征。博弈互动主体除原住民与移民外，还有村寨长老土司遗胤与流官政权及其附庸。在长时段的博弈互动过程中，除各有角色立场和社会担当外，他们还有自我对他者资源产品和知识能力的期待和需求。因而，也都有争取对方妥协合作，维护博弈共生规则的意愿动机。何况双方还各有掮客中介游走边缘穿针引线。中原王朝体制与地方社会传统因此才能在当地长期共存各图延续。借用长时段大范围的历史年鉴学派视角，中原王朝更迭和地方社会变迁也都是顺应结构需求的合理化调整。生活世界固然不总是岁月静好，但也绝非抽象干瘪模型呈现的恒常地狱景观。盘江流域诸般力量在互动博弈中求取的共生秩序治理合题才是文化生态学正解。

最后，用地方民间婚姻家庭亲属原理，论证博弈共生的观念秩序乃是互信互惠根基。该命题有两重含义：一是基于互信互惠机制善待他者，符合普同人性，因而是长治久安之道；二是博弈共生的常情常理观念秩序须有互信互惠的机制保证。当今各界面对现实难题治理需求，仍是言必称利益而不问意义和价值观。本书针对时弊倡导基于生活世界经验回归人情常理实属弥足珍贵。作者基于盘江流域民间文学视角，彰显婚姻家庭亲属原理与互信互惠机制的关联，用揭示人性常理引导治理思路创新，都跟民族学/人类学原理一脉相通。

民族学/人类学是一门研究他者文化理解普同人性的学科，以推动人类在文化多样性基础上营造和平发展的条件和氛围。婚姻家庭亲属制度是该学科知识体系的核心板块，如同阿基米德杠杆支点（Archimedean point）。婚姻是这三位一体的核心构件。它用外婚制乱伦禁忌排除至近血亲，又用"同姓不婚"规则把合法婚伴限定在宗亲之外。且将姻亲舅权置于亲属体系关键部位，以确保外姓他者作为家庭家族至近亲属的特殊权益，包括让娘舅对外甥辈的监护权责优先于叔伯。这些民间规则昭示出：人生在世要有外姓他者才会有合法婚姻，才会有合法子嗣把宗亲姻亲结成一体。这等于说外婚制通过赋予所有他者以潜在姻亲的资质而把人类结成统一物种，让所有人都有礼遇他者并接受他者善待的资质。人类个体和群体之间互信互惠的品质机制由此衍生。

人类后天发展需要诸多条件。通过安排年轻男女结婚把双方做成亲家始终最有现实可行性。因此，才有历史脾自天子以至于庶人，无不重视开亲、和亲乃至亲亲。盘江流域山民跟自然生态传统文化结合更紧，更知尊老爱幼礼遇姻亲。姻亲且自带平等相待规范和"一表三千里"的拓展功能，乃至一家姻亲是一族姻亲，一代姻亲是世代姻亲。人类学家据此诊断，史前人类社会曾长期是"无王权而有秩序"（Ordered Anarchy）状态。英国社会人类学家埃文斯·普里查德（Evans-Pritchard）的《努尔人》就是这方面研究的经典著作。史前秩序的核心构架因而最可能是外婚制和姻亲之礼。这是史前人类超越自我他者正反两题而产生共生博弈观念秩序的诸般事务治理模板。反之，它既可改善宗亲之礼，也能给阐释解读盘江流域山民经验提供理论抓手。相比之下，现代人习以为常的自我中心、二元对立、双重标准、单边利益至上和落后就要挨打等信条，都是些似是而非的私衷浅见，终不免贻笑大方。值得指出的是，本书字里行间传递的这方面信息，并非公式般逻辑推理的结果，而是出于作者的童年生活经验和求学治学经历。

1984年6月，作者出生于一个边缘山村，父母两系都是地道农民。20世纪80年代末期，用摆地摊做中介赚取城乡间的工业品差价，多年奔波在山西、四川、贵州的城镇角落间。经数十年后，终变成市民家庭，作者也因此成为山乡游子。这情形、这心态与民族学老前辈林耀华先生1941年所作《金翼》里描述的福建武夷山区古田黄家那位敏感于生财之道的少年东林十分相似。只是这代农家人付出的代价更多。除了漂泊外省交结各色人等经受苦乐对冲，还要承受大发展年代的情感撕扯。让父母当留守老人，让孩子做留守儿童。

作者全程体验过留守儿童的内心孤苦，尽管他的真实处境还好：双亲管花销，祖辈管抚养。山村且有学校，上学时能在家门与村小之间穿梭。小学毕业的关键时刻，父母送他进入县中借读。当然，又要遍尝城乡间从生活到知识的诸般落差滋味。后循序考进贵州大学旅游管理专业，再考成社会学专业硕士研究生。自读研以来，跟随导师孙兆霞教授与中国社会科学院社会学所王春光研究员合作的团队，参与黔中屯堡文化与自组织机制、武陵山区（贵州）扶贫开发与社会建设协调发展、社会建设与武陵山区（贵州）扶贫开发模式创新、"中国百村经济社会调查·号营村""中国百村经济社会调查——联增村"等项目的研究。跑过省内多个县乡村寨，积累了这部书稿的人文地理知识。

贵州大学的社会学有多民族校园环境，中国社会科学院的社会学则有前辈费孝通牵头恢复时留下的社会人类学"奠基人效应"。这些效应引导作者关注多民族共同发展和善政善治。顺利取得学位到安顺学院就职并成家立业，然后更为前程奋进读博，志在学习著书立说。这阅历对一位曾经的留守儿童来说堪称传奇。将来追述成书，对晚辈学人子孙后代都是优质资产。但他还须用知识和情感驱动文学手笔，先写出一篇过得去的博士学位论文。2016年，作者考取中央民族大学新建的世界民族学人类学研究中心，方向是世界民族研究。按说就得再学一门外语准备出国实习。但作者要兼顾岗位工作并照顾小家庭新生儿，难以分身远行，只能在国内给出国做"区域国别研究"的同学打磨概念工具。

2015年7月，由贵州播州海龙屯遗址、湖南永顺土司城遗址、湖北唐崖土司城遗址联袂申报的"中国土司遗址"成功入列世界文化遗产名录。理由是它们"展现了13至20世纪初期中央政权与地方族群在民族文化多样性传承和国家认同方面的人类价值观交流"，顺道掀起一波土司史志研究热潮。承蒙吉首大学姻亲学长不弃，海哥多次旁听有关土司史志的研讨会，产生一个联想：20世纪30年代红军长征路线跟土司领地和新中国民族自治地方多有重合，必有历久弥新的文化生态原因和治理体制逻辑。于是建议作者选做博士学位论文题目，还曾带他到重庆长江师范学院拜见李良品教授，请这位土司研究的权威前辈帮忙接待查资料并督导大纲构思。此后半年不见动静。海哥渐知这是作者对前期的经济社会调查产生路径依赖，更关心故土乡邦的发展和善治需求，想把选题空间换回到盘江流域。

1998年，海哥从一名来自贵州省黔西南州贞丰县的研究生处得知盘江之名，因其硕士论文题材是南盘江水电移民。后来，又到云南华宁县盘溪镇和贵州省盘县（今盘州市）火车站做过短期民族关系和铁路改线影响评估。盘江流域始终是个人的知识盲区。但来自学生以及社会的知识挑战总有教学相长功效。所以，硬着头皮跟着学习不再敢谈论文指导。至于为何在古稀之年咬牙应承为这部书稿写序，除对黔省的文化生态区位特点有长期兴趣外，更多是对作者身世有所共鸣。

我生长在河北武清农村（今属天津市武清区），与作者父母同龄，个人经历却很像这家两代人叠加：年轻时也曾想离乡追梦却受制于户籍，后来托福于改革开放得偿所愿。1982年从吉林大学外语系毕业考入中央民族学院（今中央民族大学）民族研究所，师从吴文藻、吴泽霖、林耀华、金天明组成的导师团队，读民族学专业。1984年，曾由金天明先生领队坐绿皮火车到四川凉山，再到广西三江、龙胜实习，转场时路过山城重庆和贵州贵阳。次年又随全国政协民族组考察黔滇两省少数民族教育。总算在30岁时勉强认全了大西南四省（区）①的省会（首府）。其间对广西桂林刘三姐式山歌嬉笑怒骂出口成章、指桑骂槐针砭时弊的脱口秀说唱艺术感受颇深。毕业后留民族学系任教结识各民族学生，其中就有来自贵州省三都水族自治县的韩荣培。民族学系最初几届本科生毕业实习，多由贵州省文化厅老处长、中央民族学院校友吴正光学长安排指导，主要做黔省民族文化旅游资源摸底调查。须知云南民族文化旅游资源优势纵然更大，也是十多年后才掀起热潮。由此可见当年黔省官员的改革开放认知超前，黔籍高官和智库骨干也在全国有上佳表现。

2000年前后，海哥做项目研究之余，常到民办凉山大学帮忙，结识四省区数位彝学前辈。然后是西部大开发驱动大西南超常发展，各种现实问题凸显，应用研究需求剧增。如毒品性病防治、水库移民安置、高速路延伸扶贫功能如火车站及高速路口修建惠民辅路，等等。当时中国还鼓励各地基建使用世行贷款，培养文化生态保护和民间社会参与意识，且有民间社工做项目培训。作者早期的扶贫发展研究跟我在黔活动晚期略有交叉，后来两人对西南山地文化生态板块又有更多兴趣交集。

传统中国社会有太极图模型，直观构造是首尾相衔的阴阳两仪。当将之用于认知中国文化生态体系时，"首尾相衔的阴阳两仪"可具象表述为：内亚、东北亚高阳板块和东亚、东南亚低阴板块构成的两仪。两个板块的民族文化、科技产品交流互动，构成中国发展持续动力，各自更有种种内外合力驱动。20世纪80年代，童恩正先生提出的从东北至西南的边地"半月形文化传播带"，就是揭示这一模型的神来之笔。将其用于解释中国文化生态体系结构亦简洁明快。近年来，深山路网发达、自驾车+无人机旅游普及、汉字圈的世界民族知识也随着"一带一路"拓展剧增，国人观念更新提速。太极图模型的解释力因而受到挑战：其两分法过于简单，容易失真，影响国情知识深化细化。

最大挑战就来自川滇黔桂及其周边山地构成的大西南板块。该板块独特之处是能在大山深处养育稠密人口，历史上却长期没有城市发育。大山边缘的江河码头和山前洪积扇上固然发育有重庆、成都、大理、昆明、柳州、桂林、梧州等城市，但是，大山深处在漫长历史过程中留下的，以东女国、滇国、罗殿国、夜郎国、自杞国、牂柯国等亦真亦幻的传说记忆为主，颇似石峁遗址面世

---

① 1997年3月14日，第八届全国人民代表大会第五次会议批准设立重庆直辖市，辖原重庆市、万县市、涪陵市和黔江地区。因而，当前应称西南五省（区、市）。本文为体现历史性和时代性，仍称西南四省（区）。

前的中原夏都。实在的集中政权中心城市总是少见，进入中原大一统体系的时间也都偏晚。

贵州省地处该板块中心区域，盘江流域又堪称黔省之最。今年是贵州建省610年，幅员17.61万平方千米。截至2022年，全省常住人口3856万。与毗邻的云南相比，幅员比滇省39.41万平方千米之半还少，且更少湖泊平坝。人口却仅比滇省少837万。经清朝雍正年间轰轰烈烈的"改土归流"，黔省行政建置渐与周边乃至中原同步。截至1900年时，省会贵阳城中除军政府衙文庙书院等标志性建筑外，其他方面跟内地大县城无异。城外近郊就是苗族、布依族村寨，民众社会生活和文化实践概如本书所述。势如开天辟地的王朝国家军政举措如设卫建所和"改土归流"，留下的不过是交通要道节点上的数座小城、十数个古镇集市街道及若干豪宅会馆。偏远山区社会表层固然有配置齐全的行政机构，根基结构仍是传统社区亲族和姻亲同盟，貌似软弱原始其实极具韧性。所以，能从远古至今穿越历朝历代而存续，还能在长时段进程中大度包容无数外来移民及其社会生活和文化实践而不失自性本色。试想抗战时期除北部、东部两大板块先进发达外多半沦陷，山民根基深厚的大西南成为大后方支撑到全国全胜。东南沿海西北内地民族学/人类学近年式微，西南板块特别是黔滇两省却能以常态吸引学人。这些活力密码跟盘江流域社会韧性应是源出一脉。

老子在《道德经》中说过："一生二、二生三、三生万物。"云贵高原支撑的大西南山地板块，对中国文化生态体系的认知价值不亚于盘江流域社会治理的深层秩序。但在太极图阴阳两仪现成模式下，再给第三板块争一席之地谈何容易。摆在面前就有两个难题：一是概括社会文化特质并给板块取名；二是推荐有认知和操作价值的内涵构成和边界轮廓。

难题一：典型特质板块名称。美国政治人类学家詹姆斯·C. 斯科特（James C. Scott）推出的"佐米亚"（Zomia）概念对理解大西南山地板块大有启示：为了维护共同体的平权结构，"发明"可避免集权弊端的生活方式和社会规范，如廊桥鼓楼、歌墟斗牛、女权龙舟、诅咒盟誓、神判神树，不一而足。铜鼓木鼓和鼓社鼓楼更是兼有科技史和社会文化含义。铜鼓以其考古知名度堪当标志性文物。鼓社作为典型社会组织形式代表着山民群体平权联盟守望相助的精神。据此推荐板块名称为"山林鼓社文化"。尽管生活世界总是未必尽如人意，但先夏尧舜理想也是千古不灭的存在。

难题二：板块边界要素构成。英国社会人类学前辈埃德蒙·利奇（Edmund Leach）爵士《缅甸高地诸政治体系》描述的景颇社会贡萨—贡劳钟摆模型，对于理解论证大西南板块价值不菲。贡萨是暂时得意者，借助外力追求集权，秉持功利取向；贡老是暂时失意者，依托传统追求平权，秉持道德取向。前者用社会发展史线性逻辑喜新厌旧；后者用文化生态学循环逻辑守成守正。两者在生活世界并存，轮番主导局势且能历时交互传承，恰如人体细胞里的 DNA 双螺旋链。但须明白，贡萨—贡老都是板块内生现象，然后还有中原大传统和全球化进程凌驾于三大板块之上。世人所知的三星堆遗址、南诏大理区域强权、滇国夜郎等古国记忆，以及跟流官体系并存的羁縻制和土司制，都是西南板块山林鼓社内生贡萨现象。中原大传统作为叠加自性（Secondary Identity），概由两类要素构成：一是前现代中原王朝军政（非民间商贸）衍生的都会城市和科举文人官话士大夫阶层；二是现代国家建设和行政体系，包括党政教科文卫和铁公机水电场站线路及天眼设施等。这些大传统要素和全球化进程概由三大板块共享。试将其与另外两大板块相比，读者将更能理解大西南山地板块的根基之深活力之强和柔韧性之坚忍。其范围边界概由以下地标圈出：南、西两侧以国界为限，外侧仍多有同质元素；北、东两侧由老四川省与藏、青、甘、陕、鄂、湘诸省交界的大片山地构成，概有横断山、秦巴山、巫山、武陵山、雪峰山及南岭外侧粤西桂东的数座瑶山而抵国界线。幅员或近 150 万平方千米而人口不下 2.5 亿，掌控中国陆上水资源近半，且因毗连当今世界的南亚、东南亚两大经济体而前景无限。

作者用盘江流域案例揭示山林鼓社根基活力柔韧性内在成因，从而给深化探索做出示范，乃本书最大价值。本篇书序扯出这些话题，已超出负荷极限，且有尾大不掉之忧，因此必须打住。祝书稿早日面世并祝读者开卷有益。

张海洋
2023 年 5 月于魏公村边法华寺

摘 要

盘江流域由南盘江、北盘江及其交汇成的红水河和诸支流、集水区域构成。从水文学意义上的水系类型看，盘江流域自上而下宛如枝脉归根的大树状水系。辐射区域内的高原、盆地、丘陵在山脉与河流的交错分布中有致排列。流域主体部分面向海洋，大气湿度极高。同时，青藏高原冷空气随山脉、河流而下，在与暖空气相遇时，生成云贵高原南坡特异的气候景象，孕育了境内丰富的生物多样性。

自秦朝以来的历代王朝国家，先后间接或直接地对盘江流域实施治理，郡县、羁縻、土司等治理制度相继实施。明朝承接前朝遗产，引入卫所制度。自明朝中后期开始，统治者又因应时势，先后推出"改土归流""改卫设县"举措。清朝，以州县为主的治理制度体系建立。历代王朝国家针对盘江流域推出的一系列治理制度，无论其演进轨迹如何，皆彰显出"自上而下"的内涵特征，在强化中央集权的同时，为现代中国奠定框架。

根据社会发展史暨"单线进化论"的理论预设，自上而下的治理制度，是历代王朝国家对盘江流域实施治理的主要内容。他们的兴趣点集中于治理制度的历史定位问题，将其视为盘江流域发展进步的唯一动力。但是，有关这些治理制度与被治理者、被治理区域的自然生境、人文生态之关系则较少涉及。在不同阶段因不同原因相继迁入盘江流域的彝族、苗族、布依族、汉族民众，相互之间交流交融，促生出新的社会生活和文化实践形态，且形成了历史悠久的多民族共生传统。这种立于生态多样性基础上的多民族长期共生形塑出的多样性人文资源，不仅是当地社会内生活力的彰显载体，更是流域内民众与王朝国家以博弈抗争方式参与构建治理制度的重要依凭。但是，囿于史料缺载，加上学术叙事话语失衡，明清时期盘江流域民众在中央集权制度治理下的主体能动性及潜隐在当地社会文化中的内生活力共生秩序的价值，至今鲜为外界所知。

本研究结合历史文献和田野调查，在整体认知盘江流域时空结构、人文生态和社会生活的前提下，关注自明清以来当地各民族面对卫所制度和流官治理等新形势挑战,在生活实践中发挥主体能动性,依托传统资源维护文化生态家园权益,彰显和阐释边远民众以包容求共生、用交往谋发展的观念秩序,以此修正研究中的话语不平衡状态。本研究所考察的,不是明清时期盘江流域民众的个体生活状态,而是西南边疆各民族群体对其历史命运的自觉把握。他们的社会实践和文化智慧所提供的新视角,有助于笔者理解盘江流域乃至整个大西南山区的人文多样性内生活力对中华民族未来发展的意义。本研究为此提出三个创新观察视角。

第一,盘江流域是中国大西南山地诸多类型的缩影之一。宏观层面的喀斯特地貌,微观局部的差异性地貌景观,以及"斜坡地带"的地形特征,促使当地居民依托山地文化生态家园和传统资源,用集市框架建构互惠生计。在将拟血缘、姻缘关系视为拓展村寨圈、交际圈路径的前提下,达到社会整合的目的,建立起互动互惠交往模式。每逢危急时刻,内地移民或卫所军士"逃难"至此,当地民众不仅能容纳、包容,还能通过建立姻缘或拟血缘关系,为其提供庇护。经过长时段的历史涤荡,盘江流域在纵横两个维度上生成以人文多样性和生物多样性为主旨的多民族共生格局。

第二,元明清以来的中原王朝强化西南山地开发加深统治,的确带来了新的发展动力,但生计资源过度开发对当地可持续发展的影响也不可忽视。面对新的环境压力,当地民众发挥文化多样性的社会整合功能,在行动和观念层面积极地与王朝国家官吏或代理人展开多层次多类型的顽强博弈。实质上,这是流域内民众在实现维权诉求的同时,希望与王朝国家达成新秩序的长时段互动过程。

第三,面对流域内民众的诉求,王朝国家理应通过双方代理人理性协商,推出新的制度机制,形成"修其教不易其俗,齐其政不易其宜"的新治理秩序。唯因形格势禁或代理人损公肥己,乃至羁縻制到土司制、土司制到"改土归流""改卫设县"的制度升级,都难免出现"反抗镇压+善后安民"的原点命运轮回。事后看,王朝开发新边疆拓展政治经济利益的诉求,总要通过理解包容民众维护生态家园、生存环境和社区、生计资源权益的复合性诉求,才能基于互惠实现长治久安。

研究发现,明清时期盘江流域的多民族民众用生动的方式把物质诉求和观念秩序追求清晰地表达出来,在展现社会生活和文化实践内生活力的同时,彰显固有的传统主体能动性。一方面,突破社会发展史暨"单线进化论"的叙事窠臼,将当地民众的社会生活和文化实践作为一种介质,使笔者能够探究明清时期盘江流域的内生活力和民众的主体能动性。另一方面,突破"零和博弈"

理论视野的片面局限，认为在中央集权式的治理体系中，边疆地方与王朝国家间的冲突斗争，其实蕴含着兼容共生机制频繁涌现的过程，实质是国家大传统和地方小传统不断磋商博弈构建共生秩序的激烈方式。

总之，盘江流域民众与历代王朝国家的长时段博弈，凸显出两方面并存的特征。第一，理论上，盘江流域民众与中原王朝/国家的互动，既非完全的"零和博弈"，也不是当地民众毫无"斗争"意念地被动接受其统治，而是流域内民众在基于一种维护自身权益以便生存的反思后，经由长时段竞争博弈形成的关系连续统。这一连续统中的所有利益相关者，都因对方的生存而得到利益。具体表现为：多种治理制度并存、相互包容理解、彼此相生相克，并能互相彰显主体性和能动性的治理秩序。更具体来讲，它是介于詹姆斯·C.斯科特（James C. Scott）的"佐米亚逃避"、宋怡明（Michael A. Szonyi）的"积极被统治"与欧文·拉铁摩尔（Owen Lattimore）的"贮存地对抗"之间的"就地坚守在服从中博弈"。这些启发性概念或描述性分类，不能穷尽明清时期盘江流域的人文多样性和民众的主体能动性。有益的是，它旨在避免学术研究中的僵化叙事范式，不至于陷入社会发展史暨"单线进化论"的窠臼中，为各界思考边疆民族与王朝国家关系提供新的类型范本。第二，实践上，现代国家应对边疆民族基于文化生态家园权益多样性公平传承的博弈诉求，或可借鉴盘江流域互惠双赢的成功经验，致力于边疆民族社区发展与国家治理秩序共建共振，铸牢中华民族共同体和多样主体能动性包容意识。后者其实应是人类命运共同体的题中应有之义。

本研究力图展现盘江流域与王朝国家博弈过程，旨在基于长时段历史经验，探讨中华民族多元一体格局的丰富内涵机制和结构，以此揭示中国铸牢现代民族共同体意识的丰厚文化资源，为"一带一路"沿线项目建设提供有普遍价值的社会产品，进而助推中国参与全球治理秩序建设暨人类命运共同体构建。但因笔者学识有限，缺陷漏洞在所难免，恳请前辈导师侪辈同仁鞭策提携批评指正。

目 录
CONTENTS

导言　边疆发展和治理研究前沿探索 ·············· 1
 第一节　理论背景与方法论基础 ··············· 3
 第二节　研究过程、调查方法与章节安排 ············ 16

第一章　大斜坡地带的陆上通道与居民层累 ············ 23
 第一节　大斜坡地带的盘江流域 ··············· 24
 第二节　陆上通道构建的盘江流域 ··············· 37
 第三节　层累视角下的多民族共生 ··············· 50
 本章小结 ······························· 67

第二章　亚区划分、多元耕作与混融治理 ············· 68
 第一节　喀斯特地貌亚区划分 ··················· 68
 第二节　生计基础上的多元耕作 ··············· 75
 本章小结 ······························· 86

第三章　集市体系、物品交换与国家治理 ············· 90
 第一节　盘江流域集市体系 ··················· 91
 第二节　卫所乡镇集市与国家治理 ··············· 102
 第三节　土司驻地集市与国家治理 ··············· 114
 本章小结 ······························· 128

第四章　拟血亲、姻亲与社会整合 ··················· 130
 第一节　拟血亲建构村寨圈 ··················· 130

1

第二节　结姻亲拓展交际网 ·················· 144
　　第三节　"主客—陪客"丧葬礼制 ············· 153
　　本章小结 ······························· 160

第五章　维权抗争：卫所制度下的共生表达　162
　　第一节　"再域化"的日常生活 ··············· 162
　　第二节　原住民维权抗争类别 ················ 175
　　第三节　天顺石门战事 ····················· 180
　　本章小结 ······························· 194

第六章　博弈求秩序：流官治理下的共生三角　196
　　第一节　"改土归流"得失辨 ················· 196
　　第二节　民告土官 ························ 214
　　第三节　抵制胥吏 ························ 223
　　本章小结 ······························· 230

第七章　观念秩序：民间传说中的共生超越　231
　　第一节　背牌图案印章叙事 ················· 232
　　第二节　印章起源衍文阐释 ················· 240
　　本章小结 ······························· 251

结语　隐秀之水与共生秩序　252
　　第一节　盘江流域与王朝国家关系的表象 ········ 252
　　第二节　盘江流域与王朝国家关系的认识论逻辑 ··· 253
　　第三节　盘江流域与王朝国家关系的根本属性 ···· 255
　　第四节　当前形势下共生秩序的延伸与丰富 ······ 258

参考文献 ································· 263
后记 ···································· 275

导言

边疆发展和治理研究前沿探索

自秦汉以来，历代王朝国家相继在盘江流域实施郡县制、经制州、羁縻制、土司制、卫所制、州县制等。不同类型的治理制度，皆是王朝国家中央集权制度的衍生物。随之进入的还有中原主流文化和以稻作为核心的农耕方式，共同构成中原王朝在西南边疆的治理体系，对盘江流域的治理确实有积极意义。明清以前，象征意义重于治理实践，经制州、羁縻州和罗氏鬼国、罗殿国、自杞国等地方民族政权并存。元朝兴土司制，传承羁縻制的部分内涵并有深度超越，为明清广泛实施的土司制度奠定基础。明朝初年，经王朝国家政权强力推动，卫所制度被引入盘江流域。明朝中后期，经"改土归流"和"改卫设县"后，实施州县制度，延续到清朝、民国乃至今日。

日趋健全完善的中央集权式治理制度，随之进入的中原汉文化，以及以稻作为核心的农耕方式、以平原为基底构建的社会交往逻辑，的确给盘江流域带来了新的发展动力。但是，治理过程中对生态环境和生计资源的过度开发利用，也在一定程度上影响了盘江流域的可持续发展。流域内民众充分发挥蕴藏在生态多样性和人文多样性背后的社会活力与主体能动性，积极地与王朝国家及其代理人展开多层次、多类型的长时段博弈。

以武力为主要形式的博弈是重要且典型的博弈方式。此外，流域内民众还在多个层面、采用不同方式，与王朝国家及其代理人展开博弈。无论何种形式的博弈，既能彰显流域内民众在对王朝国家治理体系社会影响形成整体认知后的立场，也能表征流域内民众回应或反响之于治理体系的变迁升级具有推动作用和积极影响。在这个意义上，王朝国家治理体系对盘江流域社会发展确有积极作用，当地民众也贡献了一定的力量。或者说，王朝国家及其代理人与流域内民众共同推进当地社会的发展，它们是一个整体的两面。

在社会发展史暨"单线进化论"的引导下，一些研究者曾经一度被"远离中心""贫困落后""发展"之类的宏大话语裹挟。一方面单边凸显王朝国家、中原社会及汉族移民之于边疆社会的积极作用；另一方面，将盘江流域民众的博弈举动定性为反抗斗争或暴力抗争，在凸显盘江流域"无历史""无秩序"景象的同时，潜隐着将两者间关系对立化的价值取向：热切地寄希望于以王朝国家政权强力推进或中原汉族移民带来"先进"生产工具和生产理念的方式，提升当地农业生产水平，改变当地民众社会生活逻辑和文化实践外显形式，以弥平二元对立。事实上，此类叙事范式无形之中也在将盘江流域固化成无主体性、无能动性的标本，或者潜在地将其作为王朝国家主导下边疆发展和治理的被动实验场域。

盘江流域作为一个由多个自然亚区构成的地理空间，自始至终是顽强的活态存在。它的生计耕作、经济生活、结群机制等，皆是流域内民众在长时段历史过程中认识自然、适应自然并与之共生的结果。建于其上的人文生态，不仅是其内生活力的表现，更是他们与历代王朝国家博弈共生价值追求的彰显。

时间维度上，从20余万年前各种古人类沿流域自然自在的生活，到明清时期多民族人群交往交流交融形成多元文化，以及基于多元文化而生成的与王朝国家政权的博弈抗争，再到当下与国家治理同频共振、东西部协同发展，这一系列的路径转换，实质都是盘江流域自身内生活力节奏的反映。若从变化的维度上看待，所看到的的确是他们在与自然生境的协同演进中形成整体性、系统化的人文生境，并经由以人文多样性内生活力为主旨内涵的生存智慧、生态智慧等彰显出来。

空间维度上，盘江流域从来就不是孤立存在的。一方面，秦朝以降，流域内的人群结构经由多次层累而成，塑造出多民族沿流域分散有序居住在不同自然亚区中的空间结构，相互之间经由集市、姻缘、拟血缘等载体交往交流交融，整体性地塑造了盘江流域人文生境的底色；另一方面，在与历代王朝国家的频繁博弈和紧密关联过程中，社会或人文空间不断拓展，正在越来越多地与流域外的中原社会产生关联，延续至今，与包括东南亚及"一带一路"沿线的世界相互紧密地联系在一起。因此，要用一种开放包容、理解承认的历史眼光去认知盘江流域，才能真正越出盘江流域本身去理解盘江流域，并最终回到盘江流域本身的维度上去理解其存在。

本书基于上述背景的分析思考，拟从文化生态学视角，以明清时期盘江流域的社会治理为切入点，借助文献史料和民间口述资料，在彰显流域内因山脉与河流（或阶段性河流）嵌构的散点居住状态或相互区隔的基础上，从四个层面展开论述。第一，叙述生活在不同自然亚区中民众自由"创造""发明"和传承属于他们自己的"社会生活和文化实践"，彰显出一个个个性鲜明、有血有肉的个体生命。第二，阐释这些个体生命隐藏在多样性社会生活和文化实践背后的内生活力。第三，在论述明清王朝国家借助权力将清晰化和简单化的治理制度强力嵌入盘江流域地方社会的过程时，凸显当地民众如何借助固有的社会生活和文化实践来回应王朝国家的治边策略与治边实践。在彰显其主体性和能动性的同时，整体性地呈现明清时期盘江流域的治理秩序。第四，结合"新清史"隐含的"从边疆看中心""复线历史观"强调的多元化多层次叙事范式、发展人类学强烈的"地方中心性"等历史观，对明清时期盘江流域治理秩序的基本属性和主要内涵进行整体性的定义。

总之，本研究始终秉持一种超越"中原中心论""单线进化论"的叙事范式，不将盘江流域地方社会的历史"看作仅仅是从某个中心越来越远地向外辐射其政治—文化支配力的单向'熔化'或'融合'的过程"[①]，而是从交往、交流、博弈、抗争的互动角度看到文化的"涵化"与"变容"（cultural acculturation）；旨在基于长时段历史经验，探讨中华民族多元一体格局的丰富内涵和结构机制，以此揭示当今铸牢中华民族共同体意识的丰厚文化资源和构建人类命运共同体的必要桥梁纽带。

第一节 理论背景与方法论基础

一、结构功能论和"过程论"

鼎盛时期的人类学产生了以拉德克利夫·布朗（Radcliffe-Brown）为核心的结构功能论，或称均衡论。它认为社会是一个平衡系统，每一组成部分对保持社会总体平衡都会发挥相应的作用。他指出：以长期生活在共同体中成员感情为基础而"发明"的神话故事、民间故事、仪式程序等，可构成一个社会的制约系统（a system of regularities），"具有使对立派别之间达成统一的力量"。[②]

后来的政治人类学者沿用这一理论范式，并基于长期的田野调查，对"社会"或"对立派别"做了更为细致的形象化表述。迈耶·福蒂斯（Meyer Fortes）和埃文思·普理查德（Evans-Pritchard）将非洲社会区分为"无国家社会"和"原始国家社会"两类。不同社会间的冲突矛盾，经由氏族、年龄组、仪式团体、姻亲关系、贸易关系等文化元素消弭后，不仅将分属不同群体、部

[①] 姚大力. 西方中国研究的"边疆范式"[N]. 文汇报，2007-05-07 (6).
[②] 赵旭东. 部落社会中的政治、法律与仪式 [J]. 民俗研究，1999 (4)：71-79.

落中的人群关联起来，生成群体认同，而且在非洲政治制度的塑造过程中扮演着同等重要的角色。①生活于东非尼罗河上游的努尔人，基于血缘亲属关系形成的"拆合体制"，将努尔人分为不同的群体，并框定其分支级别结构。但是，以日常生活为主要内涵的血仇制度，将不同人群间的对抗规定为只能在同级里发生，不能跨越年龄级别，构建出一个没有集中化权威和相应司法机构的无国家社会。"这种所谓'没有头'的政治制度（acephalous political systems）对社会实现稳定和平衡所起的作用，与拉德克利夫·布朗和埃米尔·涂尔干（Emile Durkheim）的概念体系完全吻合。"②

"二战"结束后，有人类学家试图挑战这一范式。但该范式的理论价值和解释力将其影响力延续到20世纪60年代。此时，在政治人类学的研究中，"过程论范式"（the processual paradigm）取代结构功能论。"这一范式的特点在于分析个体行为与动机，并以此探索个体进入政治场域的途径"③，进而论述个体的行为在政治场域中的功能和价值。

利奇在《缅甸高地诸政治体系》一书中，提出了精细化的"过程论"分析框架——"钟摆模式"。在缅甸高地，克钦人和掸邦人形成立体居住结构，导致其生态因素、居住模式、生计模式存在明显差异，且互补性很强，经济方面的交换频繁发生。日常生活的差异导致政治生活的差异。克钦人社会中存在贵族属性的贡劳制和平民属性的贡萨制，掸邦人社会则只有集权属性的君主制。由于贵族（山官）追求经济利益、政治势力和社会声望，其希望自己成为一个拥有绝对政治权利和经济利益的真正掸邦式领袖。此种动机致使山官贵族对掸邦人君主专制制度刻意追求和模仿，这一过程容易损害其他贵族（非山官）的经济利益、政治地位和社会声望，引发反抗，使社会瞬间摆荡到平民平权的贡萨制。在景颇人迁居到克钦山区的2000多年里，他们与掸邦人政治制度之间的循环往复过程，在间隔一段较长的时间之后会再次出现。简言之，贡劳制、贡萨制和君主制，不仅能同时存在，且能相互转化乃至循环往复。如果没有新的影响因素加入，理论上，钟摆式的治理秩序是可以永续的。"同时存在""互相转化""循环往复"，表征出"钟摆模式"不仅有显著的"过程性"，而且也在一

---

① M.福蒂斯，E.E.埃文思·普理查德.非洲的政治制度[M].刘真,译.北京：商务印书馆,2016.
② 范可.政治人类学今昔[J].广西民族大学学报（哲学社会科学版）,2008(2)：56-65.
③ 范可.政治人类学今昔[J].广西民族大学学报（哲学社会科学版）,2008(2)：56-65.

定程度上生成一种更为"结构化"的模型。当然,这种"结构化"的模型,实质彰显的是缅甸高地社会政治过程的动态均衡。"利奇试图跳出结构功能主义窠臼,从国家的语境里考察地方社群之间及其与国家的互动。"①

挪威人类学家弗雷德里克·巴特（Fredrik Barth）是利奇的学生。他研究巴基斯坦西北部边陲的斯瓦特巴坦人的社会组织变动机制,更加大胆地彰显政治人类学研究中的"过程论"范式,以致在书名中直接使用"政治过程",即《斯瓦特巴坦人的政治过程：一个人类学研究的范例》②。他认为,在每一个集团内部,宗教首领和世俗首领同时存在,并且各自都有一群追随者。从政治地位来说,宗教首领和世俗首领是平等的。但在结构意义上,二者存在一定差异。当不同世俗首领之间发生矛盾和冲突时,宗教首领可以扮演居中调停的角色,以维持社会动态平衡。同时,不同世俗首领之间也存在结盟情况,但由于新结成的集团中不存在约束各派别行为的最高权威,以致这种新结成集团的稳定性并不高,可能随时破裂,甚或倒向敌对的一方,并与其结成新集团。除地方社会文化的基本属性外,促使这种情况出现的更关键因素在于集团内部个体的主观意识和工具性动机。"个人在选择自己的行为的时候总是要考虑个人利益的,而且这种利益上的考虑常常会因具体的情况而不断改变。"③ 由此看来,利益诉求是塑造斯瓦特巴坦人主体能动性的主要因素,也是他们日常生活最本质、最基本的内涵,导致当地社会的治理秩序不仅是动态平衡的,而且具有明显的"生成"（generative）特征。行动主体利用生态环境、种姓制度、邻里宗族、地权关系、宗教权威等文化资本,在追逐权力和个体利益的过程中,实现集团内部不同人群之间的互动,最终建构起日常生活和治理秩序。"人们的决定取决于个体根据利益和策略所做的判断,而非取决于道德上的考虑。理性,与此是相伴而行的。"④

弗雷德里克·巴特建构的这种以动态平衡为主要内涵的社会治理秩序的生成模型,可简略表述成"策略+过程"。在凸显地方民众主体能动性的同时,还是对政治人类学早期在研究人类群体时所秉持"结构的、功能的静态"范式的

---

① 范可.20世纪60年代以来的西方政治人类学[J].江苏行政学院学报,2018（6）：44-54.
② 弗雷德里克·巴特.斯瓦特巴坦人的政治过程：一个社会人类学研究的范例[M].黄建生,译.上海：上海人民出版社,2005.
③ 黄建生.社会—文化现象的过程分析：有关巴特的"策略与过程研究"方法的理解[J].云南民族大学学报（哲学社会科学版）,2009（4）：12-16.
④ 范可.20世纪60年代以来的西方政治人类学[J].江苏行政学院学报,2018（6）：44-54.

一种超越。即便如此,这一模型仍受到来自多方面的批评,"有人批评弗雷德里克·巴特'以资本主义式的眼光'来看待社会生活,'把人都看成了只考虑自己利益的动物'"①。但不可否认的是,弗雷德里克·巴特的研究仍对政治人类学研究具有显著的方法论意义。"通过把政治组织的外在形式看作是可以观察到的政治过程的结果,而不仅仅是去发现和比较那些外在的制度形式,我们可以找到一个分析体系并用它去研究政治的变化、转化及其内在动因。"② 他的这一研究成果,与其他过程论者一起,"终结了人类学结构功能主义范式"③。

上述政治人类学成果,皆将部落社会作为研究对象。在没有集中化的中心权威和司法机构的情况下,整个社会呈现出一种"平权"景象。社会中的各构成主体,在历史文化传承的基础上,依据他们所依存的自然生境、资源丰度、生计基础等元素,一方面建构世俗的日常生活与社会关系,另一方面建构神圣的道德秩序和宗教权威。两方面皆是社会的重要构成部分,皆是维持社会整体均衡的资源基础。尤其是当社会内部发生冲突时,两方面可以发挥相互协调的作用,营造共生共存的生活政治。

对外部社会来说,这两方面则是社会民众主体能动性的表现。他们在与外部社会博弈竞争的时候,这些皆是他们内部自我凝结和激发动力的重要文化机制。通过对这些自我凝结和激发动力机制的充分运用,他们与外部社会未曾完全区隔,始终保持一种具有一定边界的交往、交流、交融渠道和方式。

二、边疆发展与治理研究的历史经验

边疆发展与治理,一直是政治人类学研究的重要领域。美国学者欧文·拉铁摩尔(Owen Lattimore)是这方面的典型代表,他对中国北部边疆进行了多年的田野调查,为我们审视王朝国家政权与边疆地区的关系提供了全新的视野。第一,在对边疆生态环境、民族构成、生计方式、社会形态、历史演进等方面进行整体性认识的基础上,将边疆视为与中原社会具有同等历史意义和地理价值的文化单元。双方并无文化属性上的高低差异,仅是在历史演进、发展过程中因自然生态差异而速度缓慢不一。发展速度的不同步性,导致双方文化之间

---

① 黄建生. 社会—文化现象的过程分析:有关巴特的"策略与过程研究"方法的理解[J]. 云南民族大学学报(哲学社会科学版), 2009(4): 12-16.
② 弗雷德里克·巴特. 斯瓦特巴坦人的政治过程:一个社会人类学研究的范例[M]. 黄建生, 译. 上海: 上海人民出版社, 2005: 6.
③ 范可. 20世纪60年代以来的西方政治人类学[J]. 江苏行政学院学报, 2018(6): 44-54.

的横向分类。第二，战争掠夺是边疆地区与中原社会互动的主要形式，彰显出双方在资源占有、生计方式等方面存在差异，尤其是边疆游牧社会对中原农业社会的资源有需求。因此，北方游牧民族常在政治和军事方面威胁中原农业社会，但在文化方面常被中原农业社会所征服。马克思曾经说过："野蛮的征服者总是被那些他们所征服的民族的较高文明所征服。"[①] 对于这种征服或被征服的积极意义，陈寅恪先生将其表述为："取塞外野蛮精悍之血，注入中原文化颓废之躯，旧染既除，新机重启，扩大恢张，遂能别创空前之世局。"[②]

从这个角度看，陈寅恪所言的"空前之世局"，与拉铁摩尔所定义的"贮存地"有异曲同工之妙。拉铁摩尔认为："'贮存地'的文化在成为混合文化后，就自限于可以容忍混合文化的环境范围中，不再深入草原。"[③] 也就意味着北方游牧社会难以深入中原农业社会。实质上，"贮存地"中的"混合文化"，"是草原与中原之间的桥梁，两方由此相互影响。但是这两个世界的联系，似乎不是在桥的中间，而在两个桥头上，它们依然还是两个不同的世界"[④]。"贮存地"是北方游牧社会与中原农业社会对抗博弈的主要基地，拉铁摩尔将之定性为"贮存地对抗"。当然，这是一种对双方都有积极影响的"对抗"，参与"对抗"的双方都能从中吸取有益于自身发展的正向因子，以促使自身文化或所在社会中融入新鲜血液，共同开创一种使双方都能受益的新格局。"贮存地对抗"的结果，将是由双方共同构成且共同受益的共生式文化空间或社会秩序。

欧文·拉铁摩尔笔下的边疆，主要指中国的内亚部分，包括东北、内蒙古、新疆、西藏等地。之所以将如此广泛的区域皆视为北方游牧社会，是因为他们需要培育出一种团结合作的机制，形成团体力量，才能生存下来。尤其当需要通过战争或掠夺的方式从别人手中获取相应的生计资源时，更是如此。在这种团结合作的机制中，社会内部的多样性特征和多元文化被遮蔽。

狄宇宙则"强调游牧社会内部的多样化，其主要变化源于内部冲突，诸游牧帝国之间的差异也相当大，所以不能用一两种理论来笼统概括"[⑤]。狄宇宙的

---

① K. 马克思. 不列颠在印度统治的未来结果 [J]. 新建设, 1951 (2): 46.
② 陈寅恪. 李唐氏族之推测后记 [J]. "中央研究院历史语言研究所"集刊, 1943: 511-516.
③ 拉铁摩尔. 中国的亚洲内陆边疆 [M]. 唐晓峰, 译. 南京: 江苏人民出版社, 2014: 376.
④ 拉铁摩尔. 中国的亚洲内陆边疆 [M]. 唐晓峰, 译. 南京: 江苏人民出版社, 2014: 376.
⑤ 狄宇宙, 气候与内亚史研究, 2015年4月20日狄宇宙在北京大学的报告内容, 经甲骨文、花郎整理.

这一认知，有将北方游牧社会置于"远离"中原文化框架、重新书写边疆史的趋势，有去中国性的倾向。实质上，"边疆史有着鲜明的'中国性'，这种'中国性'一方面体现为中国的文化主体性，表现为总是不自觉地在潜意识中以中原文化观观照中国边疆史，但在另一方面，正如人类学家施坚雅（G. William Skinner）所指出的那样，'中国'不应被简单地理解为一个均质化的、'铁板一块'的单一实体，它是经由政治、经济和文化方面发展并不均衡的一系列地方区域之间的互动与整合而形成的一个系统"①。

美国学者巴托马斯·丁·菲尔德（Thamas J. Barfield）在《危险的边疆：游牧帝国与中国》一书中，明确提出北方游牧民族在构建地方社会的治理秩序时，总是自觉或不自觉地借用"中国性"一词，然后在此基础上确立一种"外部边疆战略"（outer frontier strategy），强调两者之间的合作共赢、协同共生。因此，"共生共存"是该书的关键词。②

上述诸位学者的理论旨趣，虽有显著差异，但也有普同性：都是以高流动性的北部边疆游牧社会为研究对象。法国哲学家吉尔·德勒兹（Gilles Louis René Deleuze）与精神病学者费利克斯·葛塔里（Félix Guattari）将对这类社会进行深入研究之后而形成的学科概括为游牧学。③ 撒索和维拉尼将游牧学的旨趣总结概括为"没有障碍的平滑空间以及非条纹状空间，如沙漠；排除管辖地域的逃逸路线，绝对的无法测量的速度和可动性；全然外在于国家的游牧战争机器"④。由此可见，这样的社会，具有与王朝国家进行"贮存地对抗"的优势，与王朝国家之间的关系也就在较长历史时段中能始终保持这种状态。

这种范式对北方游牧社会确实有较强解释力，既表征边疆社会与中原社会的共生共存，也彰显边疆社会内部不同人群或地理区域中的共生共存。但是，当我们将视野拓展到全国时，尤其是将南北边疆治理进行比较研究时，南方与北方在地形地貌、自然生态和生计资源等方面的显著差异，可能使得我们很难用一两种理论笼统概括之。

鉴于此，美国政治人类学家詹姆斯·C. 斯科特（James C. Scott）采用从山地边疆看中心的范式，将从中国西南地区到东南亚和印度的一部分地区作为研究区域，并将其置于"低地—高地"二分的结构中进行论述，从而与利奇的理

---

① 袁剑. 人类学视野下的中国边疆史 [J]. 读书, 2009 (4): 126-131.
② 巴菲尔德. 危险的边疆: 游牧帝国与中国 [M]. 袁剑, 译. 南京: 江苏人民出版社, 2011.
③ 乌·额·宝力格. "实际存在的"与"存在主义的"蒙古史 [J]. 读书, 2017 (3): 100.
④ 乌·额·宝力格. "实际存在的"与"存在主义的"蒙古史 [J]. 读书, 2017 (3): 100.

论范式形成对话。

低地社会有历史、有文字，自称为文明，是国家的代表。高地社会被低地社会称为"野蛮"，民众也就因此被称为"野蛮人"。低地社会对高地社会的此种定性，一方面大大低估了高地社会组织的复杂性，另一方面表征出低地社会无力治理高地社会。正如詹姆斯·C. 斯科特所言："国家有历史，有文字，他们称呼自己文明，把别人说成不文明。布罗代尔说文明不能上山，实际上只是国家不能上山而已。"[①] 对那些被低地社会称为野蛮人的民众来说，高地社会是一个庇护所，"核心价值是'自主'，高地历史进程的推动力是拒绝国家统治、阻止国家的形成，因此，高地社会作为一个具有政治意识的历史行动者，他们创造了阻止国家发生的脱逃式的农业、不利治理的散居形态、不易收编的平权式社会结构与无文字的口语记忆机制"[②]。

如此看来，低地社会与高地社会不仅有距离，而且可以被表述为：文明与野蛮、国家与非国家之间的距离。在政治、军事方面，两者是一种"逃避"与"被逃避"的关系；在经济、文化方面，却是一种相互影响且依赖的关系。"Scott 检视这一个高地社会的历史，发现了一个和低地国家互为影响依赖的非国家空间。过去人类学者视存于此非国家空间的社会形态为历史的残留，相反地，Scott 则认为这些社会乃是长期逃避邻近国家控制的结果，有效地阻止了国家权力的长驱直入。"[③]

斯科特将由高地社会民众因逃避而形成的社会空间定义为"佐米亚"（Zomia），并赋予其三方面内涵。第一，"佐米亚"是一种"有国家治理"框架下的逃避，表面看是拒绝王朝国家对其实施的政治治理，实质是在特殊社会背景下谋得一处生活空间或生计资源，维持其文化生态家园权益的多样性特征。因此，他们逃避之后，是在某一处从事农业生产，过着自由自在的生活，形成具有自治能力和形态的地方社会。第二，在强调区域内部差异性的基础上，凸显低地社会/高地社会、边疆/中原、国家/非国家在经济、文化等方面的相互依赖关系。第三，逃避之所以能实现，不在于借助家族组织的力量，也不是"家国同构"机制推动的，更不是地方社会层面的组织机制，而是单一个体或单一家庭在对自身情况有充分了解后做出的个人选择和行为。这种情况之所以能出现

---

① 王晓毅，渠敬东. 斯科特与中国乡村［M］. 北京：民族出版社，2009：301.
② 何翠萍，魏捷兹，黄淑莉. 论 James Scott 高地东南新命名 Zomia 的意义与未来［J］. 历史人类学学刊，2011（1）：77-100.
③ 庄雅仲. 书评《不被统治的艺术：高地东南亚一段无政府主义的历史》［J］. "台湾民主季刊"，2010（1）：176.

并存在，主要在于其依存的生态环境能为人群提供足够维持生活的生计资源。

总之，"佐米亚"中的居民在面对国家强硬治理时，选择"逃避策略"，依靠山地自然生态和自己利用此种自然生态的能力，以建构远离国家历史框架的日常生活和文化实践。不管是积极面对，还是消极逃避，实质都彰显出边疆民众在与王朝国家博弈过程中的主体能动性，也表征出其具有自我治理并"创制"以共生为主要内涵的治理秩序的能力。

斯科特采用同样的研究范式，在同样的研究区域中，还推出"弱者的武器"概念。该概念一方面彰显东南亚山民文化的主体能动性，以此弥补社会发展史的缺陷；另一方面，片面凸显高地社会中的山民与河谷平原王朝国家的矛盾冲突，忽视了国家大传统与地方小传统的兼容共生机制。事实上，双方除了冲突斗争的消极层面，还有在交往交流和交易博弈中构建共生秩序的积极层面。

在这方面，宋怡明的研究为我们提供了很好的范例。他将中国东南沿海由明代卫所军户形成的地方社会作为研究对象，从生活世界的现象学视角切入，试图从中发现他们在近乎严酷的卫所制度下铺陈社会生活和文化实践的逻辑。正如科大卫在为《被统治的艺术》所写的序言中所说："这本书的'制度史'，不是皇朝怎样修订制度，而是普通人在不完善的制度下怎样生活。"① 为达至这一目标，宋怡明通过大量的族谱和口述材料，为我们讲述了一个又一个的卫所军户与明王朝博弈的故事，"它们诉说着生活在明代的百姓，如何一方面苦苦应对来自国家的挑战，另一方面紧紧抓住国家提供的机会。我撰写这本书的主要动力，就是要将百姓的巧思和创意告诉读者"②。卫所军户就是通过一个又一个的"巧思和创意"，在与明王朝博弈的过程中，为自己及其家人甚或地方民众赢得一个又一个的生存机会，其生存空间也在不断地拓展。

不论是"贮存地对抗"，还是"佐米亚"式的逃避统治，甚或是东南沿海卫所军户"被统治的艺术"，皆彰显出地方民众与王朝国家创造了一种新的互动实践方式：通过军事对抗、逃避统治或被统治的艺术，为边地社会与中原王朝国家架起跨越文化鸿沟的桥梁。"双方通过对旧机制、传统的适应来适应新的需求。换句话说，就是双方都是行动者，都是变革的对象。"③ 珠玉在前，当笔者对学术先贤的思想体系有充分认知，并将其视为一种告诫铭记于心之后，从文

---

① 宋怡明. 被统治的艺术 [M]. 钟逸明，译. 北京：中国华侨出版社，2019：中文版序—6.
② 宋怡明. 被统治的艺术 [M]. 钟逸明，译. 北京：中国华侨出版社，2019：9.
③ 纪若诚. "混杂的人群"：中国西南近代早期边疆的社会变迁（1700—1880）[M] //陆韧. 现代西方学术视野中的中国西南边疆史. 昆明：云南大学出版社，2007：145-146.

化生态学的视野出发，分析论述明清时期盘江流域民众与王朝国家的博弈时，就有了扎实的方法论基础。对于他们，维权抗争、控告抵制以及表达观念秩序的多元博弈方式，不仅创造了与王朝国家政权新的互动实践方式，而且也为自己的生活世界赋予意义。正如法国学者米歇尔·德·塞托（Michel de Certeau）所说："如果'规训'的区域真的在到处扩张并且得到明确的话，那么揭示出整个社会是如何拒绝被归附到这一网络之中的将更加急迫；哪些常见的程序（也是'微小的'、日常的）在玩弄着规训的机制并且只是为了绕过这些机制才服从它们；最后，哪些'实践的方式'在消费者（或者'被控制者'）的一方，形成了组织社会政治秩序的无声的过程的对立面。"①

三、盘江流域及其周边研究的地方经验

秦汉以来的历代王朝国家皆将盘江流域视为国家版图的重要组成部分，对其实施治理。但是，与治理有关的政策、制度或手段、方式等，最终都是由王朝国家的君主作出。"君主是国家的象征，他依据自己的判断，区分出对国家好与不好的事。他们最常追求的目标就是国家的强大。一个国家总是想要得到更宽广的疆域，更多的臣民。"② 正因如此，地方社会的主体性和能动性常被遮蔽。

对应到边疆治理视野下的有关研究时，由于历史叙述话语权的非均衡分配，此种相互关系呈现出单向度的特征，盘江流域地方社会与历代王朝国家在政治、经济、文化等方面的主体能动性，被历代王朝国家的历史叙述所遮蔽。因此，我们当前所看到的边疆治理研究，"多侧重于讨论历代中央政府的治边策略与治边实践"③。

王朝国家制度设计的整体属性，以及学术研究遵循的主要范式，皆彰显出一种"大历史"观，认为在高度集权的王朝国家治理过程中，中央与地方、中原与边疆、汉族与少数民族之间存在显著的阶序性关系，导致盘江流域的治理秩序、经济发展、社会进步以及文化形塑等，皆是王朝国家政权、中原社会、汉族民众合力推动的结果。普遍认为自明朝洪武年间在盘江流域设立卫所以来，随着中原大量汉族屯军进入贵州，中原"先进"的农业生产工具和生产技能也

---

① 米歇尔·德·塞托. 日常生活实践·1：实践的艺术［M］. 方琳琳, 黄春柳, 译. 南京：南京大学出版社, 2015：34.
② 阿尔贝·雅卡尔. 我控诉霸道的经济［M］. 黄旭颖, 译. 桂林：广西师范大学出版社, 2001：17.
③ 姚大力. 西方中国研究的"边疆范式"［N］. 文汇报, 2007-05-07 (6).

进入，从而显著地提升了流域内的农业生产水平。以往的研究者往往重点关注这种治理手段之于盘江流域地方社会的贡献。殊不知，"这种贡献只是短期性的，其长期性的灾害却未曾受到学者的足够重视"[①]。这种"不重视"，实质就是对作为盘江流域地方社会和文化实践主体权利的疏忽，同时也遮蔽了他们在王朝国家历史进程中的角色和作用。因而，有研究者提出：历史是国家的历史，而不是人民的历史。[②] 或者说，盘江流域地方社会在自秦汉以来逐渐融入王朝国家的历史过程中，始终难见身影。这种研究路径，蕴含着将盘江流域地方社会治理秩序定性为王朝国家政治制度地方版本的诉求，认为他们完全是统治者凭借手中的权力魔术般地将其移植而来的，"中原中心论"倾向溢于言表，不由自主地陷入中原文化或中央集权特有的二元分立、对决排疑的传统窠臼。在他们的潜意识里，边疆社会或民众的"主体性"和"能动性"，是作为理解中原文化或中央集权的普遍性之"他者"存在。这就决定了边疆研究中的"中原中心论"与边疆社会或民众的"主体性"或"能动性"间是一种阶序关系，而非平等的并列关系。以往边疆研究中这种潜在的"价值关联性"，提醒笔者在盘江流域的研究中不要掉进"中原中心论"陷阱。

一些地方学者在研究过程中，乐于在大空间中彰显均质性，遮蔽异质性。"省级区域"是一些地方学者展开明清时期贵州研究的重要空间单位。从完整性的角度出发，的确有一定的积极意义。但是，"区域"也是一种有中心的板块结构。中心与边缘的关系是等级性的，主要通过权力、政治、军事等载体关联起来。当研究的空间单位过大时，若是内部不能作亚区划分，可能就会遮蔽空间内部由地形地貌差异过大而造成的异质性。从本质上看，此种范式支配下的研究成果，忽略了贵州境内各族民众的社会主体性和主体能动性，遮蔽了地方社会内部由人文生境和自然生境造成的文化本质差异。

这一类研究要么缺乏空间维度，要么空间维度过大，不仅遮蔽了不同空间的区域性差异，而且无法使贵州治理制度或治理秩序鲜活起来，未能在空间维度下，将制度的"实施者"与"接受者"基于各自社会生活背景而产生的丰满且有血有肉的博弈过程展现出来，使人觉得明清时期中央政府对贵州所实施的治理制度或治理秩序是凭着"一股风就被吹到贵州的"。

幸运的是，近年来一些研究者另辟蹊径，在文化生态学、历史人类学等学

---

① 赵冈. 中国历史上生态环境之变迁[M]. 北京：中国环境科学出版社，1996：56.
② 埃里克·沃尔夫. 欧洲与没有历史的人民[M]. 赵丙祥，刘传珠，杨玉静，译. 上海：上海人民出版社，2006.

科的理论框架中，结合文献史料和田野调查，对明清时期贵州的地方治理进行深入研究，取得丰硕成果。

西南研究前沿学者杨庭硕和罗康隆师徒均认为，自宋代以来，西南边疆与中原王朝的交流互动，是当时治理秩序的重要组成部分。从地方生态环境的角度出发，彰显当地民众的社会生活和文化实践是由自然生境决定的，从中原传来的所谓先进生产技术或生产技能，需要经历一个较长的"在地化"过程，才能达到预期目的。并为此专门举例说明，"在黔中地区，'改土归流'后，土司势力衰落，在原土司田庄上安置了大量的汉族移民，让他们以家庭为单位，开垦梯田，勉强维持以水稻为主要品种的耕作农业。但是，其耕作的效率远低于内地，表现为耕地经营投工大、单位面积产量低。为了弥补效率的下降，这些汉户不得不在各少数民族间进行小本贸易，以贴补农业生产的效率损失"①。

这一例子蕴含两方面理论诉求：第一，世居于贵州的土著民，其经济生活水平滞后于中原地区的汉族民众，这一事实是不可否认的。但是，这种情况并非完全因为贵州土著民"愚蠢"，也并非其生产技能、生产工具落后，主要是受其所依存的自然生境的影响。第二，即使是清朝雍正年间"改土归流"之后，大批中原汉族民众主动或被动地迁至贵州，带来了中原地区所谓的"先进农业生产技术和工具"，但当地仍面临巨大的生活压力。水稻耕作效率远低于中原地区，因而只能在农业生产之外找寻经济收入，以缓解生活压力。

表面上看，来自中原的所谓"先进农业生产技术和工具"，未必能弥补流域内喀斯特地貌导致的特殊自然生境给农业生产带来的不足。更为重要的是，此举可证伪"引入—发展"的叙事范式。或者说，中原汉族移民进入此地后，标志着此地确实完全纳入了清王朝的政治版图。但是，中原汉族移民以水稻耕作为主要内核的农业生产方式，以及由此衍生出的经济生活，并未使当地就此发生显著变化，更不可能使之达到与中原同步发展的程度。也就可以说，此种现象的存在，在很大程度上打破了以往那种以为边疆地区只要纳入王朝国家的政治版图，就能实现线性可持续发展的社会发展史"神话"。

温春来在充分利用汉、彝史籍的基础上，结合田野调查，对宋至清朝黔西北彝族地方社会与中原王朝互动交流过程进行深入细致的分析论述，认为该地内部的竞争、旧传统、族群认同等因素，是影响黔西北这样一个具有某种典型

---

① 杨庭硕，罗康隆. 西南与中原[M]. 昆明：云南教育出版社，1992：171.

性的非汉族社会逐渐与中原内地紧密整合在一起的主要因素。① 温春来在一系列研究文章中皆秉持这种立场。如《明初贵州水西君长国与中央的关系：奢香故事之考证与解读》一文，在考证关于奢香传说故事的过程中，彰显地方社会是如何看待自身与明王朝的关系，以及如何被整合进大一统国家的历史过程。② 另外如《改土归流与地方社会权力结构的演变：以贵州西北部地区为例》一文，在承认明清王朝国家对西南地区进行治理的过程中，认为任何一种治理制度、政策的产生、实施，以及由此对地方社会所产生的影响，均是在地方民众与王朝国家及其代理人的互动、博弈过程中实现的。③

陈贤波以都柳江上游地区的烂土长官司张氏为例，在田野调查的基础上，详细论述了该土司及其后裔自明朝以来是如何塑造族群历史的。该研究"倾向于考察土司政治在具体民族区域展开的历史过程，王朝国家、土司势力与地方族群三者的互动，以及这一过程如何在现实的社会生活和文化观念上反映出来"④。具体表现为"说明在国家大环境变化中一个边地土司区域内部结构的转折，而不再保持一种诠释中央政府如何通过土司机构的设置控制边地的目的论"⑤。

这些研究有一个共同特征：皆选定一个具体的人文生境或自然生境区域，将其作为研究对象；在对区域内民众社会生活和文化实践进行系统论述的过程中，彰显边疆地方民众在与王朝国家互动博弈时的主体能动性，进而阐释这种博弈之于王朝国家、地方社会的意义。这是这一类研究的可取之处。但是，由这种叙事范式主导的研究过程，在一定程度上忽略了研究区域与周边区域间的横向互动和关联，遮蔽了边疆地方社会不同亚区之间基于自然生境导致的文化差异。

孙兆霞等人⑥在承认明清时期围绕卫所、驿道而建立的国家"通道"之于

---

① 温春来. 从"异域"到"旧疆"：宋至清贵州西北部地区的制度、开发与认同 [M]. 北京：生活·读书·新知三联书店，2008.
② 温春来. 明初贵州水西君长国与中央的关系：奢香故事之考证与解读 [J]. 中山大学学报（社会科学版），2007（6）：81-85，132.
③ 温春来，黄国信. 改土归流与地方社会权力结构的演变：以贵州西北部地区为例 [J]. 台湾"中央研究院"历史语言研究所集刊，2005（2）：351-410.
④ 陈贤波. 土司政治与族群历史：明代以来贵州都柳江上游地区研究 [M]. 北京：生活·读书·新知三联书店，2011：13.
⑤ 陈贤波. 土司政治与族群历史：明代以来贵州都柳江上游地区研究 [M]. 北京：生活·读书·新知三联书店，2011：15.
⑥ 孙兆霞，金燕. "通道"与贵州明清时期民族关系的建构与反思 [J]. 思想战线，2010（3）：90-95.

王朝国家治理贵州的战略意义时,还将"通道"内部因民族结构、自然生态、地理环境、文化传统各异而形成的亚区域间的结构性差异纳入研究视野,既彰显明清王朝国家在治理贵州过程中的"国家力量"和"国家化"视野,也不遮蔽贵州不同自然亚区中民众对国家治理秩序的回应。该研究主张一种自下而上的理念:民众对于国家治理秩序的回应,亦是推动地方社会、民族文化发生变迁的重要力量。

2012年,杨志强等学者提出"古苗疆走廊"概念①。他试图以交通线为中心,分析论述元明清时期贵州纳入王朝国家政治版图的过程。"明代为了构建国家从西北到西南的整体国家防御体系,构筑一条自湖广经贵州至云南的'通道',将云南与中南、江南联络起来,由此,不仅西南纳入全国经济圈,也开启了西南非汉族群内地化的进程。"②从围绕"苗疆走廊"概念而展开的一系列研究成果来看,明清王朝国家的强势推动,是包括贵州在内的西南边疆与中原内地产生关联进而内地化的重要力量。正如杨志强所言:"苗疆走廊初为明清时期国家赖以控制西南边疆的首选,甚而一度是唯一的通道……是一条借由国家力量开辟的汉人移民文化走廊,是一个具有浓厚的'国家化'特点、儒家文化与各少数民族文化交相辉映的'线性文化空间'。"③"苗疆走廊"概念支配下的学术研究,虽然超越了自然或行政因素所界定的空间范畴,但是,由于过于注重"国家力量"和"国家化"视野,忽略了"苗疆走廊"内不同自然生境之中的人群与明清王朝国家互动、博弈的主体性和能动性。

吕燕平④对以明代贵州屯军后裔族群为主体的多民族之间的迁徙、互动而形成的文化空间进行研究的同时,着意彰显明代贵州屯军后裔族群在明清王朝国

---

① 杨志强,赵旭东,曹端波.重返"古苗疆走廊":西南地区、民族研究与文化产业发展新视阈[J].中国边疆史地研究,2012(2).此后改名为"苗疆走廊",杨志强、曹端波等学者"古苗疆走廊"围绕这一概念,展开一系列相关研究。杨志强.文化建构、认同与"古苗疆走廊"[J].贵州大学学报(社会科学版),2012(6);杨志强."国家化"视野下的中国西南地域与民族社会:以"古苗疆走廊"为中心[J].广西民族大学学报(哲学社会科学版),2014(3);曹端波.明代"苗疆走廊"的形成与贵州建省[J].广西民族大学学报(哲学社会科学版),2014(3).杨志强,安芮.南方丝绸之路与苗疆走廊:兼论中国西南的"线性文化空间"问题[J].社会科学战线,2018(12).
② 曹端波.明代"苗疆走廊"的形成与贵州建省[J].广西民族大学学报(哲学社会科学版),2014(3):14-21.
③ 杨志强.苗疆:"国家化"进程中的中国西南少数民族社会[N].中国民族报(理论版),2018-01-05.
④ 吕燕平.苗岭走廊的族群互动与建构研究:以明代贵州屯军后裔族群为例[M].(未刊).

家政治版图中的生存性智慧。该研究在对分布于苗岭山脉沿线的屯堡人、喇叭苗、雷公山区顾氏家族、锦屏隆里所屯军后裔进行横向比较分析之后，发现他们呈现出的生存性智慧总是与居住空间的自然生态、地理环境、生计条件相同构，在苗岭山脉沿线构建出多元文化并存且互动的文化通道——苗岭走廊。

这一研究理念和路径，在时间维度上增加了空间维度。正如郑振满所言："只有这样，我们看到的历史事件才能鲜活起来，具体起来，因为时间本身虽然是唯一的、不可重复的，但过程却是可以多样的、可重复的，不同空间、不同个体对时间的感知、意识和表达也可以是多种多样的。"[①] 从这个角度看，孙兆霞等人的研究，既能丰富"一体多元"的理论内涵，又能为研究明清时期贵州地方治理和民族关系奠定方法或范式的基础。沿着这一研究理念，杨志强、吕燕平等人在研究明清时期贵州治理的过程中，相继提出"古苗疆走廊""苗岭走廊"的概念，进一步丰富了空间维度之于明清王朝边疆治理秩序生成的价值。建构了一种需要充实边疆、底层或边缘文化资源、价值观念的叙事语境。

前述诸位学者的研究成果，以传统制度史为起点，在明清王朝国家框架下，着重深入分析边疆地方社会融入王朝国家的过程。实质上，作为西南边疆的地方社会，在王朝国家的框架下，通过发挥其主体能动性，以弥补王朝国家所实施的治理制度对其社会生活、文化实践带来的负面影响。这一过程繁复琐碎且隐蔽，甚或被文献史料所忽略，但其是"实际存在的"。这些研究给我们的启示，主要表现为：边疆地方社会融入王朝国家的过程，其实就是边疆地方社会人文多样性内生活力的展现过程。如此，则可得出如下结论：边疆地方社会的治理秩序初期，可能是王朝国家统治者在权力的作用下，强制性推广实施的结果。其后期则可能是边疆地方社会民众与王朝国家统治者互动博弈的结果，此乃边疆地方社会民众主体性和能动性的体现。凸显并承认相互之间的差异，将对方纳入己身，是明清时期盘江流域治理秩序的主要内涵。

第二节 研究过程、调查方法与章节安排

一、研究过程

2017年11—12月，为对盘江流域中下游的布依族聚居区形成书面上的整体

---

① 郑振满，黄向春．文化、历史与国家：历史学与人类学的对话 [J]．中国社会历史评论，2004（2）：17．

认知，笔者进入黔西南州安龙县、册亨县和望谟县境内的10余个乡镇做选点调查。分别为：安龙县龙广镇，册亨县冗渡镇、巧马镇、丫他镇、坡妹镇，望谟县王母街道、新屯镇、大观镇、桑郎镇、麻山镇等。其间，访谈了30余名地方人士，包括地方文化研究者、作家以及普通官员、布依族民众等，获得10余万字口述资料。

此次田野调查中，还搜集到数种地方文史资料。主要有：《兴义府志》《兴义县志》《安龙县教育志》《龙广四十八寨之纳桃》（村志）、《安龙县少数民族古籍选辑》（第一辑）、《安龙县民族志》《贵州风物志》《册亨县民政志》《册亨县志资料选辑》（第一辑）、《册亨风物志》《黔西南州教育志》《望谟县志》《望谟县教育志》（油印本，3册）、《望谟布依族百年实录》《望谟县民族志》《贵州望谟苏铁自然保护区科学考察集》《新屯村志》，等等。

2018年7—9月，贵州省文史研究馆组织实施黔中苗族历史文化存世资料抢救项目——"亘古'茂饶茂穰草根说'"，对盘江流域集水区域内苗族民众的日常生活、文化事项和历史记忆进行田野调查，具体包括贵阳市花溪区、黔南州龙里县和贵定县。该区域是布依族、苗族与汉族的交汇区。明清时期，该区域是土司制度、卫所制度、州县制度并存施行过的区域，不仅是把握族际关系的良好场域，更是分析论述明清王朝国家治理边地社会原则理念的重要载体。笔者参与负责对花溪区高坡乡云顶村、龙里县营屯村和贵定县鸟王村展开田野调查，纵深系统地了解村庄基本情况、村内经典文化事项、典型家族史传、村民家庭社会关系网络等，获得160余万字的口述资料。

2018年10月，笔者再赴黔西南州安龙县、册亨县、兴义市，对第一次田野调查中疏漏之处进行补充调查。将册亨县陂鼐寨作为重点调查村庄，该寨地处册亨、安龙两县交界处。李、王是寨内仅有的两个姓氏，共132户计600余人。在李姓村民的历史记忆中，明朝洪武九年（1376年），先祖因自然灾害自江西迁来。在王姓村民的历史记忆中，先祖王西龙于明朝洪武十三年（1380年）随傅友德、沐英迁来贵州，洪武十四年（1381年）率百余名王姓军士驻守此处。自明朝以降的长时段历史过程中，李、王二姓与周边布依族民众相互融合、彼此理解、共同生息。20世纪50年代，李、王二姓被识别为布依族，形成今天所见到的"布依屯堡文化"。在李姓村民的帮助下，笔者对相关碑刻、牌坊所载内容进行记录，收集到陂鼐寨李姓家谱，极大地帮助笔者认知和理解盘江流域布依族及其文化内涵，并可在此基础上洞察他们对地方社会以及外部世界的认识和看法。

田野调查过程中，在相关研究者和地方政府工作人员的帮助下，收集到了大批文献资料和研究成果。主要包括：《〈明实录〉贵州资料辑录》《〈清实录〉贵州资料辑录》《遵义府志》《贵阳府志》《贵州省志·民族志》《二十五史西南地区土司史料辑录》《乌江流域民族地区历代碑刻选辑》《紫云苗族布依族自治县志》《罗甸县志·民族志》《民国龙里文史》等。

田野调查结束后，通过网络搜索，获取一部分地方文化资料选辑。主要有：《黔南文史资料选辑》《福泉文史资料选辑》《贵定文史资料选辑》《贵阳文史资料选辑》《惠水文史资料选辑》《瓮安文史资料》《花溪区文史资料选辑》《开阳文史资料》《贵阳志资料研究》《龙里文史》《贵州文史资料选辑》《安顺文史资料选辑》《水城文史资料选辑》《民族志资料汇编》，等等。

田野调查过程中以及结束后，所有获取的各类原始档案、地方志、官修史书、地方文史资料以及相关研究者针对某一问题而撰成的资料选辑，为本书的撰写奠定了翔实的材料基础。其中，2017年11月在安龙县田野调查所获取的《望谟县教育志》（油印版，3册）、《新屯村志》等尚未正式出版。更为重要的是，结合田野调查过程中的参与观察、口述访谈等方式获取的田野材料，本研究力图从文化生态学的视角呈现盘江流域民众的社会生活和文化实践的内生活力，并管窥此地民众在共生秩序生成过程中的主体能动性。

需要指出的是，本研究所涉及的主要区域，几近于半个贵州省的面积。因此，田野调查是分阶段、多层次展开的。首先，对盘江流域中下游的黔西南布依族聚居区的田野调查，主要基于面上整体性、多点开展的方式进行。其次，重点选择盘江流域的集水区域，对贵阳市与黔南州交界区域的典型村庄云顶村、营屯村、鸟王村进行深入细致的田野调查。这些村庄虽为苗族民众的聚居地，但该区域土司制度与卫所屯堡叠加，苗族、布依族与汉族共居，为在微观层面考察族际交往交流交融的逻辑提供了宏观社会背景。再次，笔者的工作单位地处黔中屯堡文化区，之前多年积累的田野调查资料，以及本研究开展过程中多次短时的田野调查，是本研究对多族共居的黔中丘原亚区展开相关论述的资料保障。最后，以彝族为主的黔西北疏树草坡区，地处盘江流域上游。囿于时间因素，本研究开展过程中，未能深入当地展开系统的田野调查，实为遗憾。有关该区域的自然地理、人群构成、生计方式、族际互动等，主要通过爬梳文献史料和阅读相关研究成果获得。总而言之，关注局部的同时，不忽略整体层面的认知；注重微观的同时，也对宏观有一定观照。

二、调查方法

2017年11月以来，笔者先后深入盘江流域的各自然亚区，以具体村庄为观察点，获取了大量珍贵的调研资料。其中，田野访谈的录音文本达170余万字，相关的地方文史资料50余册，区域性专题地图、村庄资源图和田土（茶园）分布图、村庄姓氏系谱图、酒席礼单近20张。

（一）实地考察区域自然、人文与历史空间

首先，到田野调查点所在的地方政府或史志办、档案局等单位。一方面，采取座谈或集体访谈的方式，整体性地了解面上情况，以对调查研究对象有一定的感性认识；另一方面，搜集与之相关的地方文史资料等。其次，在感性认识基础上，实地踏勘，观地形地貌、察人文遗存，希冀对当地人地关系有结构性把握。最后，进入调查村寨，对寨老、祭师、歌师等民族民间文化传承人进行深入访谈。一是对从地方文史资料或实地探勘中所获信息的真实性与局限性进行确认；二是详细了解和把握村寨的区域人文生境，如土司衙署、卫所屯堡、交通驿道、市场体系，以及超越村寨的营盘、洞葬、碑刻等文化遗存。

（二）绘制村庄资源图，整体把握所调查村庄的基本情况

村庄资源图，一种用于展现村庄内部自然资源和人文资源的示意图。首先，进入村庄之初，调查者在地方文化志愿者的带领下，实地察看村内道路、河流、水井、古树、田土、学校、墓地等物化标志，以对村庄轮廓有初步印象。其次，调查者在白纸上绘出村庄轮廓，然后在地方文化志愿者和信息报道人的协助下，将主要道路、河流、学校、村委会等标注出来。对初到该村的调查者来说，这是迅速建立村庄认知框架的重要方式。最后，在调查者与被调查者之间，通过问答方式，逐一将村民组（或自然寨）、水井、古树、神树、碑刻、土地庙、桥、墓地、田土等在图中标注出来。田土资源的绘制过程异常烦琐，因为它要分水田和旱地两类，且水田还需区分秧田和大田。无论哪一种类型，除在图上相应位置标注名称和面积外，还需了解土质、水源，适于品种、肥料的用法用量，耕犁步骤及次数等相关情况。

村庄资源图给人以生活世界的空间感，能让人迅速直观地把握村庄概况。但如何在图中彰显村民与物化标志的关系？村庄的每次演进和发展，都是人与自然互动博弈的结果，其过程却难以在图中用标志彰显，但也不是毫无办法。

其实村庄资源图的绘制过程，就是开放式的田野访谈过程。其间，当涉及能体现村庄历史的物化标志时，首先标注在图中相应位置，然后通过深入访谈的方式，了解人与物化标志的关系，或物化标志间的相互关系，等等。如此，调查者可从空间和时间方面，快速掌握村庄基本情况。更关键的是，这一过程有利于发现不同村庄间的共性和个性，便于调查者在后续的田野调查中提炼出主题和切入点。故此，绘制村庄资源图费时略多。如果协助绘图的地方文化志

愿者和信息报道人熟谙情况，领悟和表述力强且逻辑清晰，当天就能做好。否则，就需要2~3天且须不断修补。

(三) 通过系谱法纵深把握所调查村庄的典型家族史传

系谱法，是生物学在对人类单基因遗传病进行分析时常用的系谱表示法，通常包括性别、性状表现、亲子关系、世代数，以及每一个体在世代中的位置等指标。后来的植物学在杂交育种时，为培育优质的新品种，常选择系谱法。具体而言，从杂种的第一次分离世代开始，各代以入选单株为单位分系种植，经过连续多代培育，直至物种株系性状稳定一致时，才将其确定为新品种。系谱法与人文社会科学研究建立关联，肇始于英国人类学家 W. H. R. 里弗斯（W. H. R. Rivers）。"英国人类学家里弗斯开创了人类学田野考察的系谱法，这是默多克收集资料的一贯方法。"[①] 他在人类学田野考察中，利用系谱记号与象征的方法研究亲属、继嗣与婚姻等社会制度。如此，人类学家可在较短时间内，整体系统地掌握研究对象的社会生活和文化实践，并以此为基础，重建研究对象的社会历史。

笔者在实地也多用系谱法。绘制系谱图时要根据实际情况，调整要素标志位置，包括世代、通婚范围、汉名出现时间、迁徙流布，以期系统、纵深地把握目标村庄的社会生活和文化实践，以及建基于此的内外关系和社会历史。

(四) 半结构式田野访谈

按照事先制定的田野调查方案，笔者进行了大量的个案深度访谈，形成了170万字的访谈录音整理资料。田野调查期间，笔者通过对贵阳市花溪区高坡乡云顶村、黔南州龙里县湾滩河镇营屯村、贵定县云雾镇鸟王村的20余位村民进行深入田野访谈，对村庄历史、人口结构、居住格局、生计方式、经济生活、典型文化事项等方面进行了深入的剖析。其间，还对长江师范学院李良品教授、安顺学院吕燕平副教授等学者进行访谈，以便从学术层面加深对盘江流域的历史人文、自然地理、亚区划分等的理解和认知。

三、章节安排

除导言和结语外，本研究的主体部分共有七章。

第一章，大斜坡地带的陆上通道与居民层累。盘江流域是典型的斜坡地带，喀斯特是流域内最基本的自然生境，非均衡性分布的微型地貌景观，造就了具有显著区域特征的地理单元。自秦汉以来，历代王朝国家均不同程度地在流域

[①] 张岩. 社会组织与亲属制度研究 [J]. 社会学研究, 2008 (1): 165-199, 245-246.

内修建陆上"国家通道",在二维空间中将喀斯特地貌导致的"破碎之状"整合成王朝国家相对完整的治理单元。在此种整体性的政治背景下,彝族、布依族、苗族、汉族等人群先后源源不断地迁入盘江流域,根据各自族群的人文社会属性发展出相对独立的居住空间。这样一种地理—政治—人口结构的形成和延续,依赖的是流域内不同人群在王朝国家政治框架下彰显出的内生活力,而活力来自由喀斯特地貌塑造的非均衡性地貌景观,以及不同地貌景观中人群基于生计生存而产生的以社会生活和文化实践为主旨的交往交流交融逻辑。

第二章,亚区划分、多元耕作与混融治理。盘江流域由地形(斜坡地带)地貌(喀斯特)塑造的崎岖不平、分散破碎的高原山地环境,在塑造与自然生境相适的人地关系基础上,建构了分散而又异质的耕作文化。在明清王朝高度集中且均质的政治制度体系中,既形成了与王朝国家博弈共生的地方法则,又拥有彰显自身主体地位的物质基础和凝结机制。总之,盘江流域地方社会将分散且异质的生存智慧、耕作文化,作为与明清王朝国家博弈共生的"工具组合"。这一定程度上解构了王朝国家高度集中且均质的制度设计,在盘江流域地方社会与王朝国家之间塑造出一种与各自主旨诉求相符且具有混融属性的治理秩序。

第三章,集市体系、物品交换与国家治理。盘江流域的集市缘起及其体系形成,不仅与明朝初年中央王朝在西南边陲的政治军事拓展紧密相关,更与明朝中后期"改卫设县"、清朝"改土归流"等治理举动的实施和推进同频共振。从微观上看,明清时期的盘江流域,一方面,多族属人群共居、不同亚区内田土资源结构性差异明显,不同族属民众生计方式多元;另一方面,囿于微地形和喀斯特地貌,流域内不同族群或聚落的民众,既缺乏共同合作设计、修建和维护河流的机会,也缺乏在分配水资源过程中互动、博弈和竞争的机会。本章将对盘江流域的集市体系展开讨论,从而为探讨该流域在被纳入王朝国家直接治理的过程中,多族群或聚落间的经济关系、社会关系和文化关系,以及王朝国家中心与边缘地带的关系等问题提供了一个全新视角。

第四章,拟血亲、姻亲与社会整合。本章将从拟血亲、姻亲两方面着手,在对"打老庚""坐花园""射背牌""主客—陪客"制度等典型文化事项进行深入系统描绘的基础上,整体呈现盘江流域的社会生活和文化实践系统。进而论述这些蕴藏在盘江流域民众日常生活中具体文化事项的源起、功能和变迁,试图从中发现当地民众如何借助文化整合社会,并且分析在这种社会中又是如何形塑新的文化事项的。实质上,本章希望在论述盘江流域中文化与社会关系的同时,发现该地的社会整合机制。

第五章，维权抗争：卫所制度下的共生表达。干把猪率领族众对都匀卫及其周边屯堡的攻劫行为，仅是明朝盘江流域民众诸多攻劫行为中具有一定规模且较为典型的个案。即便如此，通过对其进行深入详细的分析，有助于建立对明朝盘江流域民众发起维权抗争举动的整体认知。本章将从盘江流域民众被"再域化"的日常生活、盘江流域地方社会维权抗争类型和天顺石门战事考察三方面展开分析论述。尤其在论述天顺石门战事的发生逻辑时，试图凸显当地民众维权抗争的社会意义。

第六章，博弈求秩序：流官治理下的共生三角。清朝雍正年间，清王朝在盘江流域大规模实施的"改土归流"，彰显王朝国家对边方社会治理手段和方式的转型，它渴求从绵延悠久的间接治理进展为直接治理，建立流官政治。这种转型表征出之前历代王朝国家政权在盘江流域建立的治理秩序和构建的社会结构被置换，不仅彰显了清朝雍正年间"改土归流"的波澜壮阔和显著成就，而且这只是王朝国家政权对边方社会治理手段和方式转型的开场，还有更加深刻和重要的时刻尚未到来，需要边方民众通过更具智慧性的方式来将其现实化。本章将在文化生态学视野下，以流官政治为基本切入点，从"改土归流"得失辨析、控告土官、抵制胥吏三方面着手，重点分析论述经历过"改土归流"后的盘江流域地方社会，哪些方面彰显了清王朝在治理能力和水平方面远超前人想象的成就，进而阐释论述隐藏在这些成就背后的困境和挑战。

第七章，观念秩序：民间传说共生超越。本章将从斯科特"隐藏的文本"概念出发，将背牌图案中印章的源起传说及其异文、衍文等亚类，置于盘江流域民众日常生活空间中进行考察，分析他们在日常生活中如何利用"隐藏的文本"建构自我与"他者"的关系，进而从历史角度论述其频繁出现的原因。它不仅蕴藏着民众对其生活空间的想象与建构，而且也隐喻了他们对外部"他者"的意志，从而导致日常生活中，他们在明确与外部"他者"界线的前提下，与之保持一定距离。这不仅是盘江流域民众对区域历史集体记忆的结果，更是他们在历史过程中充分发挥"隐藏的文本"隐喻功能表达意志、建构观念秩序的主要载体。

第一章

大斜坡地带的陆上通道与居民层累

由南盘江、北盘江及其交汇成的红水河诸支流以及周边集水区所覆盖地理空间构成的盘江流域，总体处于云贵高原向东南低山丘陵过渡的斜坡地带，从属于珠江流域。喀斯特地貌是流域内最基本的自然生境，喀斯特岩石的强溶蚀力和强透水性，在流域内造就了非均衡性分布的微型地貌景观，形成具有显著地域性特征的地理单元。考古学的研究表明，诸多远古人类曾以此为文化生态家园。流域内文化文明的产生时间、演化历程以及与中原王朝国家的互动博弈，媲美东亚、东南亚和中国任何地区。

秦汉以来，历代王朝国家为了经营更远处的南亚、东南亚，均不同程度地通过修建陆上"国家通道"的方式，在二维空间中将由喀斯特地貌造成的"破碎之状"整合成王朝国家相对完整的治理单元。尤其是明朝以降，随着"调北征南""设卫建省""改卫设县""改土归流"等王朝国家的重大军事政治举动的实施和推行，盘江流域成为王朝国家政治版图中不可或缺的组成部分。在此种整体性的政治背景下，彝族、布依族、苗族、汉族等民众先后源源不断地迁入盘江流域，根据各自族群的人文社会属性发展出各自相对独立的居住空间。在较长的历史时段中，层累而成当前盘江流域的人口构成和居住结构。

这样一种地理—政治—人口结构的形成和延续中，依赖的是流域内不同人群在王朝国家政治框架下彰显出的内生活力，而活力源于由喀斯特地貌塑造的非均衡性地貌景观，以及不同地貌景观中人群基于生计生存而产生的以社会生活和文化实践为主旨的交往交流交融逻辑。

第一节 大斜坡地带的盘江流域

一、流域基本构成

"盘江有二源,其出乌撒境内者曰北盘江……其出云南境者曰南盘江。"① "北盘江,界滇黔于西南,源自威宁州西界山,入滇霑益、宣威二州界,仍流自黔。东迄普安厅、普安县、安南县、郎岱厅、永宁州,而由三江口东合于红水河。……南盘江,导源沾益州之花山东,经南宁县东,为东小河,又经陆凉州东,为中延泽。又经宜良县东北,为大赤江。又南经路南州西,为巴盘江。又东南经师宗、弥勒二县,环曲靖、云南、澄江三府、广西一州之境,至罗平州入贵州界,经郡城南,谓之红水江,亦曰巴皓河。经册亨,亦曰八渡江,划黔粤之界,会北盘江入粤达于海。"②

对应当前地理学的叙事语言,盘江流域的基本构成可作如下表述。南盘江源自乌蒙群山中的马雄山南麓,流域面积54 900平方千米③,自黔西南州兴义市坝达章入贵州境后,主要流经黔西南州安龙、册亨、兴仁、普安以及六盘水市盘州等县市。

北盘江源自乌蒙群山中马雄山的北麓,经贵州西北部达西南部,并连接长江、打邦河等11条支流,流域面积26 557平方千米④。按当前行政区划,主体覆盖黔西南州兴义、普安、晴隆、安龙、册亨、兴仁、贞丰、望谟8县(市),安顺市普定、紫云、镇宁、关岭4县,六盘水市全境暨水城、六枝、盘州3县(区、市),毕节市威宁县。

南盘江与北盘江在望谟县蔗香双江口汇合成红水河,继续东流,经西江汇入珠江。总体看来,南盘江、北盘江、红水河基本位于贵州高原西部及滇黔桂交界区域,覆盖滇、黔、桂3省(区)50多个县市,流域面积8万多平方千米。

---

① 顾祖禹.读史方舆纪要:卷一百二十[M].贺次君,施和金,点校.北京:中华书局,2005:5241.
② 爱必达.南北二盘江考[M]//张锳.兴义府志.贵州省安龙县史志办公室,校注.贵阳:贵州人民出版社,2009:286.
③ 贵州省地方志编纂委员会.贵州省志:地理志:下[M].贵阳:贵州人民出版社,1988:910.
④ 贵州省地方志编纂委员会.贵州省志:地理志:下[M].贵阳:贵州人民出版社,1988:914.

流域主体位于贵州境内，主要涵盖今黔西北、黔西南以及黔中安顺的大部分地区。

由南盘江、北盘江及其交汇而成的红水河诸支流共同构成的流域，理所当然是盘江流域的主体部分。但是，以贵阳为中心的黔中和黔南部分地区，是长江水系与珠江水系的分水岭地带，尤其是自贵阳而南的部分县（区），如花溪、长顺、龙里、贵定、惠水、罗甸等县（区），境内诸多支流皆汇入红水河，笔者将之纳入盘江流域的空间范畴，谓之盘江流域集水区。

> 贵阳之为郡，北阻乌江，南极红水，岭亘其中。在岭之北者曰贵阳，曰贵筑，而修文、广顺踞其西，开州、龙里、贵定拓其东。西以滴澄为限，而中赅清镇之城；东以瓮城为池。而外连平、清之势，《水经》沅水谷即贵定东南之朵蓬山也，沅水出焉，而东流注于洞庭。瓮城之水出焉，而北流注于乌江。乌江者，延江也，水势东北通于荆梁，故其民有荆梁之风。在岭之南者曰定番，而大塘传其东南，长寨、罗斛蔽其西，广顺之地亦大半在南。其水，西以桑郎划界，东以藤茶分山，皆北出而南注于红水。红水即盘江，《史记》《汉书》所云牂牁将者也。上流蟠屈于滇东，而下控汇群川，经两粤以入南海。①

如此看来，黔西北、黔西南、黔南与黔中的交界区域，是盘江流域的主要空间构成，亦是本研究的主要区域。具体而言，在今贵州省地图上，将毕节市威宁县、贵阳市、黔南州罗甸县、黔西南州册亨县和兴义市五个县（市）城作为五点，其连线构成的几何空间，就是本书的主要研究区域。

二、大斜坡地带内涵

20亿年前，盘江流域及其周边地域，跟"世界屋顶"青藏高原一样，曾是一片汪洋，谓之古地中海。自青藏高原而下，经云贵高原直到广西丘陵的广阔区域，有共同的发育环境和自然因素。地质构造学研究发现，随着漂移中的印度板块向欧亚大陆冲撞挤压，自中新世至上新世，喜马拉雅山开始抬升。到第四纪更新世时，抬升速度加快，云贵高原随之抬升。② 云贵高原在此时开始发育，同时也意味着云贵高原与青藏高原自此时开始有共同的发育历史。

---

① 周作楫，朱德璲. 贵阳府志：上［M］. 贵阳市地方志编纂委员会办公室，校注. 贵阳：贵州人民出版社，2004：657-658.
② 秦启万，何才华. 岩溶洞穴形态沉积与贵州地貌发育［J］. 贵州师范大学学报（自然科学版），2004（2）：24-26.

青藏高原早期的抬升运动，主要集中在高原中南部的拉萨地块和羌塘地块，大致呈现2000~3000米高的雏形。① 由于抬升速率不同，云贵高原的海拔与青藏高原的海拔有显著差异，整体呈西北—东南逐渐倾斜下降之势。简言之，位处东南方的云贵高原，海拔明显低于位处西北方的青藏高原。

云贵高原（Yunnan-kweichow Plateau）是中国四大高原之一。它主要包括云南省东部、贵州省全境、广西壮族自治区西北部和四川、湖北、湖南等省边境，是中国南北及东北—西南走向两组山脉交汇处，整体呈西北高、东南低之势，与中国自西向东倾斜地势基本同构。具体而言，云贵高原由云南高原和贵州高原组成。两部分虽无明确可辨识的地质和地貌界线，但地方社会惯于以乌蒙山为界，将乌蒙山以西的夷平面视为云南高原，将乌蒙山以东的夷平面视为贵州高原。

云南高原和贵州高原皆经历多阶段、掀斜式、同步异幅的抬升过程。有研究发现，云南高原地壳的形成演化过程，自晋宁运动以来经历过造山期（震旦纪）、拗陷期（寒武纪—志留纪）、裂谷期（泥盆纪—二叠纪）、造陆期（三叠纪）、陆盆期（侏罗纪—白垩纪）、高原期（古近纪）、湖盆期（新近纪）、峡谷期（第四纪）8个主要演变时期。② 自元古宙以来，贵州高原同样先后经历多次构造变动。中新世至上新世是广泛发育和形成山盆期地面时期，抬升活动相对宁静；早更新世早期形成大量张裂盆地；早更新世中晚期，抬升活动加强，地表侵蚀剥蚀广泛，早更新世末至全新世，碧痕运动使得贵州地壳大幅度整体性自西向东掀斜抬升③；到晚三叠世晚期时，海侵运动结束④。"贵州现代的地貌，主要是燕山运动以后形成的。地貌发育分为三个时期：大娄山期是贵州地貌长期侵蚀夷平的时期；山盆期是在喜马拉雅造山运动后又一剥蚀夷平期，贵州现存的高原面主要就是这一时期形成的；乌江期则是河流深切的峡谷及阶地形成期。"⑤

无论怎样区分云南高原和贵州高原的演变或构造时期，更新世时期皆是一个重要的时间节点。自更新世的下半期开始，人类才出现在华夏大地。此前，

---

① 方小敏. 青藏高原隆升阶段性 [J]. 科技导报，2017（6）：42-50.
② 何发荣，杨荆舟. 云南地质构造基本特征：兼论高原地壳演化形成机制 [J]. 云南地质，1982（1）：5-16.
③ 林树基. 贵州晚新生代构造运动的主要特征 [J]. 贵州地质，1993（1）：10-17.
④ 秦守荣，张慧，王天华. 贵州的多级剥夷面 [J]. 贵州地质，2002（2）：86-92.
⑤ 贵州省地方志编纂委员会. 贵州省志：地理志：下 [M]. 贵阳：贵州人民出版社，1988：710.

发生在云南高原和贵州高原上的抬升，主要是地壳运动的结果，地形地貌和地理景观以自然为主。此后，随着古人类出现并落脚于此，云南高原和贵州高原上的地形地貌和地理景观逐渐有了人文属性，在一定程度上彰显出古人类之于自然环境的能动性。

据文献史料记载，在早更新世早期，大概170万年前[①]，元谋人出现在云南高原上。他们掌握石器加工技术和使用火的知识，具有改变所在地区生物覆盖层的能力。云南高原上的景观发生了一些自然变化，抬升强度明显加强，从西部向东部逐渐推进，导致云南高原面东部于早更新世中期破碎解体，使高原面呈西高东低之势。"东部于早更新世中期解体，现今残留的夷平面分布从滇西北向滇东南逐渐降低，滇中地区抬升了1500米。"[②]

在中更新世和晚更新世的某一时期，大约1.2万~24万年前，黔西人、桐梓人、盘县人、水城人、兴义人等古人类，相继出现于贵州高原。他们除掌握石器加工技术和使用火的知识外，还掌握骨器制作技术、制陶技术、纺织技术等。相较于元谋人，更晚出现在贵州高原的古人类，改变地区生物覆盖层的能力可能更强。"自新近纪以来主要经历了8次上升—停滞活动周期，各次间歇上升幅度200~500米，累计上升高度已达2700米左右。"[③] 受燕山运动影响，贵州地壳于早第三纪末或中更新世早期形成整体起伏不大的大娄山期地面。在早第三纪末到中更新世中期，受"喜马拉雅运动"影响而抬升，中新世中期之后形成山盆期夷平面。之后，受"青藏运动"影响导致的抬升，并未形成广泛的夷平面。到早更新中期碧痕运动以后，间歇式抬升使得各级层状地貌肢解破碎。[④] 自新生代以来，贵州高原及邻近区域共经历了3次以上"抬升—停滞"活动周期，各次抬升的幅度为300~500米。[⑤]

地壳长期间歇性抬升，将直接影响相关区域的地形地貌和地域景观。一方面，"促进流水强烈的侵蚀切割，使构造地块逐步高原山地化，形成高原—峡谷

---

① 另一种观点认为，应是在中更新世，距今70万年左右。
② 程捷，刘学清，高振纪，等. 青藏高原隆升对云南高原环境的影响 [J]. 现代地质，2001 (3): 290-296.
③ 秦守荣，张慧，王天华. 贵州的多级剥夷面 [J]. 贵州地质，2002 (2): 86-92.
④ 周德全，刘秀明，姜立君，等. 贵州高原层状地貌与高原抬升 [J]. 地球与环境，2005 (2): 79-84.
⑤ 闫鹏，杨农，叶宝莹. 基于ASTER-GDEM的贵州及其邻区地貌面提取及研究 [J]. 国土资源遥感，2011 (2): 98-103.

地貌景观结构"①；另一方面，"溶蚀动力作用促使喀斯特更强烈壮盛发育，高原面被喀斯特切割而进一步肢解，塑造出世界上锥状喀斯特发育最典型、地域景观类型最丰富的一片喀斯特高原山地"②。

喀斯特（karst）作为一种地貌类型，在世界范围内广泛分布。地中海沿岸、东亚和拉丁美洲三大片区是主要区域，欧洲的阿尔卑斯巴尔干山也有局部发育。中国地处东亚地区，喀斯特地貌集中分布在南方的贵州、云南、广西、四川、重庆、湖南、湖北等省（区、市），面积约130万平方千米，约占全国总面积的1/7。对照前述云贵高原的区域空间，发现云贵高原是中国南方喀斯特地貌的主要分布区。在云贵高原内部，盘江流域主体所在的贵州，是一个典型的强烈喀斯特化的高原山区，处于中国南方喀斯特集中分布6省（区、市）的核心位置，并将桂北、滇东、湘西以及川东南连为一体。喀斯特面积"超过55万平方千米，是世界最大、最集中连片的喀斯特区，也是世界喀斯特发育最典型、最复杂、景观类型最多的一个片区"③。据统计，贵州全省仅赤水、雷山、榕江、剑河4县基本无喀斯特分布，其余县（市、区）均有不同程度的喀斯特发育。如此看来，盘江流域所涉县（市、区）都有喀斯特分布。"如果把喀斯特面积比重大于50%的县称为'喀斯特县'，贵州的'喀斯特县'共有68个，土地面积占全省土地面积的78.3%"④，贵州民谚"八山一水一分田"中的"八山"因此得名。

盘江流域地处第二级阶梯向第四级阶梯的过渡区⑤，宏观地形呈西北向东南缓降之势。"贵州屋脊"正位于西北部，有"贵州屋脊"最高峰之称的小韭菜坪，海拔2900米。整体而言，西北部的海拔为1500～2900米。中部海拔1000米左右。东南部由于地处贵州高原边缘河谷，海拔多在500米以下。黔桂边界河谷地带，海拔仅400米左右。望谟县地处云贵高原的东南边缘，全县海拔为300～1000米，县境内蔗香村是南盘江和北盘江的汇合点，海拔仅310米。如此看来，盘江流域是云贵高原向东南低山丘陵过渡的斜坡地带。"全省大于10°的

---

① 高贵龙，邓自民，熊康宁，等.喀斯特的呼唤与希望：贵州喀斯特生态环境建设与可持续发展［M］.贵阳：贵州科技出版社，2003：4.
② 高贵龙，邓自民，熊康宁，等.喀斯特的呼唤与希望：贵州喀斯特生态环境建设与可持续发展［M］.贵阳：贵州科技出版社，2003：4.
③ 高贵龙，邓自民，熊康宁，等.喀斯特的呼唤与希望：贵州喀斯特生态环境建设与可持续发展［M］.贵阳：贵州科技出版社，2003：1.
④ 高贵龙，邓自民，熊康宁，等.喀斯特的呼唤与希望：贵州喀斯特生态环境建设与可持续发展［M］.贵阳：贵州科技出版社，2003：3.
⑤ 程裕淇.中国区域地质概论［M］.北京：地质出版社，1994：1.

坡地面积占 85.76%，大于 25°的占 35.07%。……一些峰林石山山坡常达 42°~47°。"①

总而言之，盘江流域上可接横断山脉承青藏高原，下可凭广西盆地接东南低山丘陵，总体处于云贵高原向东南低山丘陵过渡的斜坡地带。这种情况的形成，主要由其所处宏观区域地壳运动规律和地质构造特征共同决定。

三、地貌景观体系

从盘江流域所处斜坡地带的宏观地形看，流域内的主要河流（北盘江、南盘江）及其支流和集水区域，理论上是自云贵高原自西北向东南奔涌而下。但是，流域内以喀斯特为外显载体的地貌特征，使得某些地段或区域中的地形急剧下切，再加上水的溶蚀、土壤层的溶蚀、森林植被的作用以及非可岩溶区的外源水②，合力导致喀斯特高原面被层层剥蚀降低，不仅改变了流域内河流及其支流自西北向东南奔涌而下的壮观景象，更是借此塑造出以喀斯特为整体意象的地貌景观。

（一）峰林（峰林洼地、峰林谷地、峰林溶原、峰林盆地、峰林台地）

峰林，又称锥状或塔状喀斯特（kegel andturm karst），指碳酸盐岩石峰高耸林立，密集分布，远望如林，故名峰林，或以云南石林为典型。明朝旅行家徐霞客到达盘江流域时，见有如此景观，发出"有石峰界平坞中，削骨擎空，亦独秀之峭而险者"的惊叹。江盈科将之描述为："一山如戟一如环，列嶂层层杳莫攀。风雨岂无魑魅啸，月明应有鹤笙还。"③盘江流域的峰林，"集中分布在地形平缓的高原分水岭夷平面上，峰体分散矮小，呈星状散布，负地形开阔宽广，河流密集，曲流发育，地下水埋藏浅，泉潭众多"④。具体而言，峰林主要分布在流域集水区域的贵州中部和地处流域下游的西南部，如位于贵阳市城内的东山、黔灵山，安顺市平坝区的天台山，清镇的青龙山，等等，皆是典型的喀斯特高原峰林。盘江流域内最典型的峰林，当然莫过于流域下游西南部的兴义万峰林。

---

① 高贵龙，邓自民，熊康宁，等.喀斯特的呼唤与希望：贵州喀斯特生态环境建设与可持续发展[M].贵阳：贵州科技出版社，2003：10-11.
② 李兴中.晚新生代贵州高原喀斯特地貌演进及其影响因素[J].贵州地质，2001（1）：29-36.
③ 郭子章.黔记：卷五十九[M].赵平略，点校.成都：西南大学出版社，2016：1169.
④ 高贵龙，邓自民，熊康宁，等.喀斯特的呼唤与希望：贵州喀斯特生态环境建设与可持续发展[M].贵阳：贵州科技出版社，2003：12.

兴义万峰林是个物理空间，"万"是泛指，形容该区域峰林聚集之多，像人的心脏跳动时起伏连绵，有"高原心搏"之称。"远观石峰成林，拔地而起，琳琅荟萃；近看河流蜿蜒曲折，绿水青山。"① 西峰林属严格意义上的峰林，是一种典型的高原喀斯特景观；东峰林连座丛聚形成峰丛，下文将详论，兹不赘述。东峰丛海拔高于西峰林。峰林间的空间，通称负地形，主要以洼地、谷地、溶原、盆地、台地等形式显现。峰林与负地形组合，形成峰林洼地、谷地、溶原、盆地、台地等地貌景观。盘江流域地方社会将这些地貌景观统称为山间盆地或山间田坝。它们与一般平坝的最明显区别是，山间盆地田坝小而分散。据统计全省范围内，"6.7平方千米以上坝地共19个，占平地总面积的30.42%，绝大部分平地在0.67平方千米以下"②。正因如此，盘江流域地方社会，有"斗大的坝子也是宝"之说。当地民间社会流传的一个故事，生动形象地描述出山间盆地或山间田坝小而分散的特征。"喀斯特山村的一户山民，在后山有十块地，父子俩上山去挖地，挖了半天，老汉指着已挖过的土地，数了一遍才挖九块。他叫儿子来数一遍，仍然是九块。还有一块地哪里去了呢？父子俩数了又数，终于发现有一块土地被老汉取下的草帽盖住了。原来这是一块巴掌大小的石旮旯土。"③

2015年4月，笔者参与"中国百村调查·联增村"课题组在北盘江沿岸兴仁市联增村的田野调查，获知该村水田分布在联增和乜蔑两个山间田坝中。联增田坝总面积500亩左右；乜蔑田坝总面积更小，仅有300亩左右。据统计，全村人均水田0.46亩。生民百姓视田土若珍宝，给每一块田土取名，且尽可能地将山间田坝中土地分到所辖村寨的家家户户，最终导致本就面积不大的山间田坝更加"分散细碎"。据统计，该村乜蔑一组面积最大的旱地名长蔑，总面积21.1亩，被划分成61块，块均面积0.346亩。④

整体看来，流域内亚区中山间盆地或田坝名称各异、面积不等。流域上游的黔西北区域，"盆地分布广，数量多，面积大小不等，面积较大的称坝子，面积较小的称麻窝。……不少盆地内常见有相对高差小于50米的缓丘，起伏和

---

① 高贵龙，邓自民，熊康宁，等. 喀斯特的呼唤与希望：贵州喀斯特生态环境建设与可持续发展［M］. 贵阳：贵州科技出版社，2003：12.
② 高贵龙，邓自民，熊康宁，等. 喀斯特的呼唤与希望：贵州喀斯特生态环境建设与可持续发展［M］. 贵阳：贵州科技出版社，2003：11.
③ 屠玉麟，等. 独特的文化摇篮：喀斯特与贵州文化［M］. 贵阳：贵州教育出版社，2000：63.
④ 张建，宗世法，陈斌，等. 城乡互动与农村家户现代化［M］. 北京：社会科学文献出版社，2022：36-40.

缓。盆地面积不大，分布零星，土层深厚，是耕地的主要集中区"①。据不完全统计，该区域中的盆地数量多达数百个，主要有威宁盆地、水城盆地、中北盆地、妈姑盆地等。其中，威宁和水城盆地面积均在20平方千米以上。②流域下游的黔西南区域的丘陵盆坝，主要有兴义市的下五屯、桔山、丰都、郑屯、顶效、万屯等。③望谟县有桑郎田坝，面积达5000余亩。以贵阳为中心的黔中和黔南的流域集水区域，位于贵阳以西的安顺市是黔中的主要构成，安顺东面一线地势平旷，山间田坝面积较大。位于贵阳以南的惠水、长顺、贵定、龙里等县是黔南主体部分，境内主要有湾滩河田坝（龙里县）、涟江田坝（惠水县）。

（二）峰丛（峰丛洼地、峰丛谷地、峰丛峡谷）

丛聚且基底连座的峰林形成峰丛④，"多分布在地形起伏、河流切割度较大的高地或河谷地区，峰体密集且呈带状分布，负地形狭窄封闭，地下水埋藏深，河流深切"⑤。北盘江沿岸是峰丛主要分布区。当峰丛与洼地、谷地、峡谷等负地形交错分布时，易形成峰丛洼地、峰丛谷地和峰丛峡谷等裸露性地貌景观。

峰丛洼地，"由深而封闭的洼地与基座相连的峰丛组合而成"⑥，"密度可达3~4个/km²"⑦。洼地底部到顶部海拔悬殊，"峰丛锥峰相对高度100~150米，坡度常达35°~55°，洼地深可达80~150米，一般直径200~500米"⑧。麻山腹地主要分布在贵州中部，具体指紫云、罗甸、望谟、长顺、惠水5县毗连地带。如紫云县宗地乡有100余个峰丛洼地。最密集的地段，1平方千米的范围内分布有6个洼地。峰丛洼地内部地势起伏大，地形坡向逐级降低，农耕地像玉带一样盘山分布。大部分区域中岩石裸露、乱石林立。"石峰的基部相连围成环状，

---

① 贵州省毕节地区地方志编纂委员会. 毕节地区志: 地理志［M］. 贵阳: 贵州人民出版社，2004: 187-188.
② 屠玉麟，等. 独特的文化摇篮: 喀斯特与贵州文化［M］. 贵阳: 贵州教育出版社，2000: 18-19.
③ 贵州省兴义县史志编纂委员会. 兴义县志［M］. 贵阳: 贵州人民出版社，1988: 104.
④ 屠玉麟，等. 独特的文化摇篮: 喀斯特与贵州文化［M］. 贵阳: 贵州教育出版社，2000: 7.
⑤ 高贵龙，邓自民，熊康宁，等. 喀斯特的呼唤与希望: 贵州喀斯特生态环境建设与可持续发展［M］. 贵阳: 贵州科技出版社，2003: 12.
⑥ 屠玉麟，等. 独特的文化摇篮: 喀斯特与贵州文化［M］. 贵阳: 贵州教育出版社，2000: 17.
⑦ 高贵龙，邓自民，熊康宁，等. 喀斯特的呼唤与希望: 贵州喀斯特生态环境建设与可持续发展［M］. 贵阳: 贵州科技出版社，2003: 21.
⑧ 张雅梅，熊康宁，安裕伦，等. 花江喀斯特峡谷示范区土壤侵蚀调查［J］. 水土保持通报，2003（2）: 19-22.

每一个环状石山都围绕着一个溶蚀洼地，各洼地间相互毗连密集排列，呈蜂巢状；由于洼地间有石峰阻隔，因而相互封闭。水土资源和生物物种都以洼地为单元，自成体系。"① "顽劣的石头总要与田土争占一席之地"②，石峰之间零星残存的较厚土壤层，便是当地居民主要耕地。峰丛洼地中常发育有斗淋、落水洞，加上漫山遍野分布的岩石裂隙和石缝，导致区域内地下水网系统十分发达，自然降雨通过地下水网潜入地下就几乎不可能再出露，使得峰丛洼地区域中水资源极度缺乏。

峰丛谷地多是峰林基座相连且谷地沿褶断带发育而成。峰丛峡谷内部宽度不大但通畅，通常是洼地沿地质构造走向发育演化而成的喀斯特干谷。但也有例外："有些则为早期化石河网所在的古河道，谷底相对平坦，一般无现代地表河。"③ 总而言之，峰丛谷地中岩石裸露，仅少数区域覆盖残积和坡积物，石漠化程度较高。和峰丛洼地一样，斗淋、落水洞发育程度高，水资源极度缺乏。

因北盘江及其支流深切，呈"北陡南缓"状向斜构造，河流沿岸多发育出峡谷地貌，且易形成"宽谷套峡叠罗谷"。④ 北盘江位于黔境的干流沿岸峡谷密布。"岔河—茅口段长125千米，河流穿行于喀斯特峰丛山中，河谷呈V形峡谷，河岸狭窄，谷岸陡峭，滩险林立，80千米河段落差即达135米，有险滩50余处。茅口—百层段长116千米，河谷深切，峡谷与宽谷束放相间，其中峡谷段即长达79千米……而左格、茅口、茅草坪等处则是镶嵌在峡谷中的宽谷。百层—河口（双江口）段，由于主要是流经三叠系砂页岩地层，河谷侵蚀切割成V形谷。"⑤ 典型的峰丛峡谷有北盘江花江峡谷、涟江天生桥峡谷、马岭河峡谷。为系统彰显以峰丛峡谷的结构特征为基础形成的地貌景观，此处将以花江峡谷为例进行详细论述。

花江峡谷，由包含峡谷和两岸土地的完整谷地组成，总面积47.6平方千

---

① 杨庭硕. 论外来物种引入之生态后果与初衷的背离：以"改土归流"后贵州麻山地区生态蜕变史为例 [J]. 云南师范大学学报（哲学社会科学版），2010（1）：37-42.

② 屠玉麟，等. 独特的文化摇篮：喀斯特与贵州文化 [M]. 贵阳：贵州教育出版社，2000：83.

③ 高贵龙，邓自民，熊康宁，等. 喀斯特的呼唤与希望：贵州喀斯特生态环境建设与可持续发展 [M]. 贵阳：贵州科技出版社，2003：17.

④ 李阳兵，王世杰，李瑞玲，等. 花江喀斯特峡谷地区石漠化成因初探 [J]. 水文地质工程地质，2004（6）：37-42.

⑤ 高贵龙，邓自民，熊康宁，等. 喀斯特的呼唤与希望：贵州喀斯特生态环境建设与可持续发展 [M]. 贵阳：贵州科技出版社，2003：13.

米①。位于安顺市关岭县和黔西南州贞丰县交界处的北盘江花江段，走势呈东西向。首先，峡谷两侧峰丛山地高耸且深切，呈"北（侧）陡峭南（侧）平缓"状。据相关研究结果，北侧的岩层倾角为 50°~70°，南侧的岩层倾角多为 10°~20°。其次，谷底与谷顶海拔高差大。"峡谷区海拔高度 448~1470 米，相对高差常达 600 米 800 米。"② 花江峡谷的此种结构特征，易形成两种地貌景观。其一，峡谷北侧坡顶的喀斯特峰丛密集，坡脚则与一个相对和缓的碎屑岩台地相接；峡谷南侧主要是由坡度和高度均不大的峰丛洼地、峰丛谷地构成的斜坡，且长度常达数千米。其二，峡谷内部难以有冷湿气流进入，甚至还可能产生焚风效应，形成静风的干热峡谷，简称干谷，导致花江峡谷的喀斯特地貌更其明显。岩体破碎，保水保土性能差，易形成以裸露型喀斯特为主体标识的斑块。"区内碳酸盐岩出露面积达 88.07%……出露底层为中三叠统碳酸盐类岩石等，碳酸盐岩层的总厚度 700 米左右，质纯层厚。"③ 斜坡状、大气干热和大面积分布的出露型碳酸盐岩，共同塑造出一种对传统农业极不友好的生产环境。"峡谷两侧坡向与岩层倾斜一致，形成顺倾坡，径流沿岩面流动。同时，峡谷区土层浅薄，土壤直接覆盖于岩层面上，缺乏过渡层，形成石灰岩层面和土壤之间软硬明显不同的界面，一遇降雨激发极易产生顺层滑动。"④

（三）岩溶洞穴系统

洞穴是人能进入的天然地下空间，其间可部分或全部为沉积物、水或冰填充。洞穴系统是由较小通路所连接的洞穴集合体，对于彼此邻近的若干洞穴（洞穴簇），不管（现在）是否连通，但是它们在发育过程中，必定存在某种类似于河道那样的联系，至少空气和水能相互交流。⑤

岩溶洞穴系统由碳酸盐岩经溶蚀作用形成。"喀斯特"一词源于南斯拉夫，是其西南部沿海一带石灰岩高原的地理专名。经过近百年演化，成为地理学和地质学研究中的常用名词。1966 年，我国相关领域学者公定其学名为岩溶。因

---

① 李阳兵，王世杰，李瑞玲，等. 花江喀斯特峡谷地区石漠化成因初探 [J]. 水文地质工程地质，2004（6）：37-42.
② 李阳兵，王世杰，李瑞玲，等. 花江喀斯特峡谷地区石漠化成因初探 [J]. 水文地质工程地质，2004（6）：37-42.
③ 李阳兵，王世杰，李瑞玲，等. 花江喀斯特峡谷地区石漠化成因初探 [J]. 水文地质工程地质，2004（6）：37-42.
④ 李阳兵，王世杰，李瑞玲，等. 花江喀斯特峡谷地区石漠化成因初探 [J]. 水文地质工程地质，2004（6）：37-42.
⑤ 朱德浩. 岩溶洞穴成因研究和实验研究综述 [J]. 中国岩溶，1993（3）：104-110.

此，岩溶洞穴系统与喀斯特洞穴系统，是同种地貌景观的两种不同称呼。本书一般使用"岩溶洞穴系统"一词，引用内容遵循原文习惯。

1. 洞穴

洞穴的发育形成，"需要具有溶蚀能力的运动水流，需要岩石具有水渗透的空间（空隙）"①。从这个角度看，贵州境内的岩溶洞穴基本以水洞为主。受喀斯特地貌作用的影响，盘江流域的洞穴，"分支多，分层少，峰顶多见穿洞，峰腰见水平短洞，峰麓发育脚洞，内源水对洞穴形成起重要作用"②。"贵州多洞壑，水皆穿山而过，则山之空洞可知。"③ 全省73.8%的国土皆有岩溶洞穴分布。④ 以数量论，贵州岩溶洞穴可达上万处。根据已有的相关研究成果，典型者有34个。

位于盘江流域的岩溶洞穴主要有织金洞、安顺龙宫、水城县吴家大洞暨龙凤地宫、紫云县紫云洞和穿洞、清镇仰天窝和白龙洞、龙里县古佛洞和莲花洞、关岭县高景洞和老硝洞、贵阳白龙洞和仙人洞、普定县莲花洞、盘州市碧云洞、晴隆县石膏洞等。其中的织金洞最为知名，长达12.1千米，洞穴内部堆积物丰富，目前已勘测20万平方米。"洞中廊道纵横，石峰四布，流水、间歇塘、地下湖错置其间。"⑤ 水城县吴家大洞深达430米，为世界上最深的岩溶洞穴。紫云县穿洞，又名苗厅，总面积11.6万平方米，仅次于面积达16万平方米的马来西亚穆鲁洞穴沙捞越厅。龙里古佛洞长达20余千米，关岭高景洞和老硝洞皆长10余千米。

若是以县级行政区划为考察单位，区域内的溶洞数量令人咋舌。紫云县位于麻山腹地，喀斯特地貌发育完整。县境内有14个知名的溶洞。"已开辟为公园的有县城西郊的五峰山溶洞。经考察有开发前景的有牛场坡乡的高寨溶洞（又叫双龙洞），岩脚乡的银子洞，坝寨乡的格必河穿洞，猴场乡的出水洞溶洞群。……待考察的溶洞还很多，如猫营乡普卡桥附近的海马洞，洛河乡与牛场坡乡打扒河接界的天生桥——犀牛洞，牛场坡乡的翁弄大洞，座马河乡的洞

---

① 高贵龙，邓自民，熊康宁，等. 喀斯特的呼唤与希望：贵州喀斯特生态环境建设与可持续发展 [M]. 贵阳：贵州科技出版社，2003：15.
② 高贵龙，邓自民，熊康宁，等. 喀斯特的呼唤与希望：贵州喀斯特生态环境建设与可持续发展 [M]. 贵阳：贵州科技出版社，2003：15.
③ 王士性. 广志绎 [M]. 吕景琳，点校. 北京：中华书局，1981：132.
④ 高贵龙，邓自民，熊康宁，等. 喀斯特的呼唤与希望：贵州喀斯特生态环境建设与可持续发展 [M]. 贵阳：贵州科技出版社，2003：42.
⑤ 屠玉麟，等. 独特的文化摇篮：喀斯特与贵州文化 [M]. 贵阳：贵州教育出版社，2000：8.

口——小寨关穿洞，青海乡的甘桥落水洞，白石岩乡的陇峭岩洞，县城的地下溶洞，等等。……境内深的竖井也不少，经中法洞穴考察队勘测查明：红岩乡的摆通朝天洞，深达227米，居贵州省第二位；四大寨乡的撮箕湾龙洞深28米。还有不少已知名而待考察的竖井。"①

根据文献史料记载和考古发现，岩溶洞穴曾是贵州高原上远古人类的主要生活空间。截至当前，在贵州高原上考古发现的古人类，皆生活在岩溶洞穴中。盘江流域中远古人类曾经生活过的岩溶洞穴有安龙观音洞、盘州市大洞、水城硝灰洞（"水城人"）、普定穿洞（"穿洞人"）、兴义猫猫洞（"兴义人"）等。安龙观音洞、水城硝灰洞、兴义猫猫洞皆是旧石器时代古人类遗址。盘州市大洞，是一个巨大的石灰岩溶洞，"洞厅纵深250米，宽23~56米，高22~30米，总面积达9900平方米"②。

2. 地下河（伏流、暗河）

具有溶蚀能力的运动水流，是促生形成岩溶洞穴的主要动力。或者说，碳酸盐岩必须具有透水性，只有这样才能使地表水渗入地下，成为地下水。从这个角度来看，岩溶洞穴其实是地下水流通道。地下河（伏流、暗河）是岩溶洞穴伴生景观。甚至有学者认为，岩溶洞穴的前身就是地下河或伏流。"贵州已知的长度大于5km，流量大于50L/s的地下河有1130条，探明规模较大的有23条。其中，流域面积50~100km^{2}的地下河系有3条，100~150km^{2}的地下河系有7条，150~200km^{2}的地下河系有5条，200~300km^{2}的地下河系有4条。300km^{2}以上的地下河系是：罗甸沫阳大小井地下河系、独山架桥地下河系、独山天生桥地下河系、晴隆龙摆尾地下河系。"③ 对照盘江流域，4条300平方千米以上的地下河系中，有2条分布在盘江流域，分别是罗甸沫阳大小井地下河系及晴隆龙摆尾地下河系。由喀斯特地貌导致的地下水资源异常丰富，占贵州地下水总资源的80.6%④。与密布的地下河系相比，贵州境内的地表河系相对较少。据不完全统计，"全省长度大于10km、流域面积大于32km^{2}的河流共984

---

① 紫云苗族布依族自治县县志编纂委员会. 紫云苗族布依族自治县志 [M]. 贵阳：贵州人民出版社，1991：88-89.
② 屠玉麟，等. 独特的文化摇篮：喀斯特与贵州文化 [M]. 贵阳：贵州教育出版社，2000：26.
③ 高贵龙，邓自民，熊康宁，等. 喀斯特的呼唤与希望：贵州喀斯特生态环境建设与可持续发展 [M]. 贵阳：贵州科技出版社，2003：15.
④ 高贵龙，邓自民，熊康宁，等. 喀斯特的呼唤与希望：贵州喀斯特生态环境建设与可持续发展 [M]. 贵阳：贵州科技出版社，2003：32.

条。……河网平均密度 17.1km/100km², 东密西疏"①。

地下河系密布,导致很多地表河有季节性。丰水季节易形成"水淹坝",积水成涝;枯水季节随着降雨量减少,仅存的地表水极易渗漏转化成地下水,易形成旱灾。根据文献史料记载,"贵州旱灾发生频繁,近五百年来,平均 5 年出现 1 次旱灾。1749—1993 年的 244 年内,发生旱灾 124 次,平均 2 年 1 次"②。更有甚者,局部地区在相当大的区域内没有地表河。自黔西南州册亨县冗渡镇向西经安龙县境至兴义市泥凼镇,共 1500 平方千米的区域内没有地表河。整体看来,密布的地下河系,虽有丰富的水资源,但由于贮存运动规律复杂、河岸"石壁千仞",生民百姓水资源利用仍异常困难。

结合盘江流域地形地貌和水文地质的实际情况,除洞穴、地下河(伏流、暗河)外,喀斯特溶潭、湖泊亦是岩溶洞穴系统的重要构成部分。总体来看,喀斯特溶潭、湖泊皆是岩溶洞穴系统的伴生景观。地下河(伏流、暗河)系较深的地下水,受静水压力影响,地下水位高出附近水位,容易在地表或洞穴中形成水域。规模较小者如潭状、井状水域,即溶潭;规模较大者,如湖状水域,即湖泊。喀斯特湖泊也可能由漏斗或落水洞的淤塞聚水而成。这两类地貌景观,在盘江流域内密集分布。就溶潭而言,典型者有贵阳市天河潭、普定县九十九潭。"天河潭溪洞如蚁穴般多,大洞套小洞,小洞连中洞,上洞接下洞,下洞通阴河。"③ 至于湖泊,典型者有威宁草海、清镇红枫湖等。威宁草海位于盘江流域上游的威宁县,海拔 2100 米,湖面 22~36 平方千米,湖深 2~5 米。湖泊不仅受群山环抱,其周边更有面积不等的 100 多个"海子"(面积较小的湖泊),与草海形成众星拱月之势,从而使得草海成为盘江流域中独特的喀斯特高原湖泊系统。

同处盘江流域上游的织金县,县城内溶潭、湖泊系统极其发达。"城内分布着七十二泉,泉水流入低洼处积水成湖,城西有西湖,城东有东湖,城南有南池,城北有北池。在城东门外约 300 米处,有三个名潭,人称猪巴巴龙潭、瓦窑龙潭、黄泥龙潭。"④ 除上述三类主要的微观地貌景观外,还有坡立谷、泉

---

① 高贵龙,邓自民,熊康宁,等.喀斯特的呼唤与希望:贵州喀斯特生态环境建设与可持续发展 [M].贵阳:贵州科技出版社,2003:32.
② 高贵龙,邓自民,熊康宁,等.喀斯特的呼唤与希望:贵州喀斯特生态环境建设与可持续发展 [M].贵阳:贵州科技出版社,2003:60.
③ 曹如人.天河洞 [M]//谢红生.贵阳地名故事.贵阳:贵州人民出版社,2009:389.
④ 屠玉麟,等.独特的文化摇篮:喀斯特与贵州文化 [M].贵阳:贵州教育出版社,2000:205.

点、瀑布、断隐盆地。

本节概要描述了处于斜坡地带中盘江流域的基本地理空间。喀斯特地貌是这一空间中最大的地形地貌。由地表河系—地下河系构成的双重水流体系，给喀斯特地貌的形成、延续提供了双重动力。"自然界中的水由于水生生物的呼吸作用，加上水与大气圈之间的气体交换，水中总含有一定的二氧化碳，因此也就具有一定的溶蚀性。……流动不息的水不会因岩石成分的溶蚀而发生饱和，因而也就不会失去其宝贵的溶蚀能力，喀斯特作用也就不会停止。"[1] 当然，正是喀斯特岩石的可溶性、透水性，塑造了流域内的微观地貌景观体系（峰林、峰丛、岩溶洞穴）。这种地貌景观体系对历代王朝国家和流域内生民百姓的意义，因他们对地貌景观体系的依存度不同而存在差异。王朝国家政权可以借助高度集权的军事政治力量对盘江流域实施各种形式的治理，也可以通过各种方式强化或弱化与盘江流域的关系，但是时间有限。因此，对王朝国家政权来说，这一地理空间或地貌景观体系，对历代王朝国家基于治理诉求的政治制度和文化传递，或许是主要的通道，或许也可能是主要的障碍因素。流域内的生民百姓，其一生的足迹基本局限在这一地理空间中，已完全彻底融入这种地貌景观体系之中，时间弥补空间。对他们来说，遍布在这一地理空间中的地貌景观体系，未必就是传统意义上的景观。该景观既是维持生计的资源基础，又是创造生存智慧的依托载体；既是与王朝国家政权接触博弈的环境优势，也是促进区域内不同人群间交往交流交融的触发器。

第二节　陆上通道构建的盘江流域

作为自然地理空间，盘江流域是一个整体。曾经在很长的历史时段内，盘江流域分隶湖广、云南、四川等省区，是典型的军政"拼接地带"。秦汉以来的历代王朝国家努力通过建设"陆上通道"的方式，将其纳入王朝国家的政治版图，在二维空间中构建出盘江流域的多维人文社会空间。一种主要由王朝国家主导的社会生活和文化空间最终整体性地凌驾于自然地理空间之上。如此，盘江流域以"大斜坡地带"和"喀斯特地貌"为主要标识的自然地理空间，被王朝国家表述为"舞台"或是"背景"，世居于此的生民百姓则是"演员"；将

---

[1] 屠玉麟，等. 独特的文化摇篮：喀斯特与贵州文化 [M]. 贵阳：贵州教育出版社，2000：4.

"流域"设想为等同于"区域"的自然空间，流域中的生民百姓之于多维人文社会空间的塑造是消极无为的。这种思路在别的场合或许颇有价值，但是对认识地方社会生民百姓的主体能动性而言，势必形成扭曲遮盖局面。南盘江、北盘江以及诸多支流和集水区域是盘江流域的客观存在，对长期生活在流域内的生民百姓来说，河流长期相对稳定性特征，影响着他们的社会生活和文化实践。他们的生计方式和生存智慧，也塑造着流域内的社会景观和文化生态。然而，以流域为主要标识的自然生境和多维空间，是探讨盘江流域地方社会主体能动性的主要载体。

一、"拼接地带"：腹裹之地多元隶属

盘江流域是位于西南边地的一个相对封闭区域，主体部分由源自黔西北的南盘江、北盘江以及诸多支流和集水区域，并最终在黔西南州望谟县蔗香汇合流入红水河的地理空间构成。主要涉及黔西北、黔西南、黔中和黔南交界的大部分地区。

盘江流域是贵州高原的主要构成，为更好地认知理解盘江流域的自然地理特征，本书特将其置于贵州这一地理空间中进行分析论述。西面乌蒙山（海拔1250~2200 米）、北部大娄山（海拔 1500 米左右）、东北面武陵山（海拔 1000 米左右）将贵州与云南、四川、湖南、湖北等省阻隔开来。西南面是盘江流域的中下游河段，是贵州高原呈斜坡状的边缘地带，通过河流与广西相连。山脉的此种排列结构，决定了贵州地理区位的整体属性。"贵州虽僻在西南一隅，然东楚西滇南粤北蜀，不与外夷接壤，固居然腹裹之地也，特以山箐阻深。"①

"山箐阻深"之于贵州的影响，需放置到更大的地理空间里考察。贵州东面是两湖（洞庭湖南北）盆地，主要由东北面武陵山限住贵州；西面是昆明盆地，主要由西面乌蒙山限住贵州；北面为四川盆地，主要由北部大娄山限住贵州；西南面是广西丘陵无大山阻隔，主要通过红水河将其与贵州连起。

两湖盆地是一个大型外流盆地的简称，总面积达 13 万多平方千米，主要由江汉盆地（包括江汉平原等）和洞庭湖盆地（包括洞庭湖平原）两个板块构成。长江从盆地中间流过，盆地中的地势较低处积水形成规模淡水湖，如江汉盆地中的洪湖、长湖、沉湖、排湖、台湖、伢汊湖等；洞庭湖盆地中有洞庭湖、大通湖、目平湖、半壁湖、七里湖等规模较大的淡水湖。长江流经之处，易形成冲积平原，与江汉盆地和洞庭湖盆地对应的主要冲积平原分别是江汉平原和

---

① 鄂尔泰，靖道谟，杜诠. 贵州通志：卷二 [M]. 乾隆六年刻，嘉庆修补本（一）.

洞庭湖平原。有连片且土质肥沃的土地资源，适于农业耕作。水利资源丰富，可为盆地农耕提供充足的灌溉水源。当然，对于低海拔、无高山阻隔的大规模平原，防洪防旱是历代王朝国家治理过程中不可规避的重要问题。根据"水利文明"专家魏特夫的研究，有长度、宽度适中的河流经过的盆地，基于防洪防旱需求而建的公共水利工程，不仅可构建流域社会，更可促使该地实现早期国家化。"水要治，要全治；水要治到哪儿，政权就必然覆盖到哪儿。"① 早在春秋战国时期，楚国就位于两湖盆地中，后续一直是历代王朝国家重点关注的地区。

昆明盆地俗称昆明坝，或者称为滇池盆地，位于云南高原脊梁之上，是典型的岩溶断陷盆地。主要由云南滇池及南北的昆阳盆地和昆明盆地构成。"南北长60千米，东西宽15~20千米，呈近南北向展布，由东北向西南倾斜，面积约为1070平方千米，是云南山原中最大的坝子之一。"② 昆明盆地以滇池为层状结构基座，"地势向外围增高，依次出现湖积、冲积平原，河流阶地、岗台地、山原红壤丘陵，低中山地等第一级土地类型，呈现出层状土地类型结构"③。整体来看，昆明盆地是云贵高原上的宜农区域。正因如此，自秦汉以来，云南就被纳入王朝国家的政治版图。元朝至元十一年（1274年），设置云南行省，比设于明朝永乐十一年（1413年）的贵州行省早近140年，且在当时作为王朝国家的通道保障而存在。

四川盆地，地处长江上游，总面积达26万多平方千米，主要由川东平行岭谷区、川中丘陵地和成都平原三部分构成。四周皆是1000~3000米的山地或高原；北界大别山，东北临米仓山和大巴山，东联巫山、七曜山与湘鄂西部山脉，东南及南面与贵州、湖南接壤，西面为青藏高原的东南部。④ 按照此种地理特征，又可将四川盆地区分为盆地底部和边缘山地两部分。盆地底部主要是周边大山余脉及河流交错分布的地质构造，主要包括龙泉山和龙门山、邛崃山之间的盆西平原，龙泉山和华蓥山之间的盆中丘陵，华蓥山以东的盆东平行峡谷区。其中，盆西平原系断裂下陷由岷江水系的河流冲积而成，因哺育成都而称成都

---

① 吴稼祥. 公天下：多中心治理与双主体法权［M］. 桂林：广西师范大学出版社，2014：44.
② 秦其明. 昆明盆地土地类型研究：以呈贡县附近为例［J］. 热带地理，1986（3）：232-241.
③ 秦其明. 昆明盆地土地类型研究：以呈贡县附近为例［J］. 热带地理，1986（3）：232-241.
④ 王笛. 跨出封闭的世界：长江上游区域社会研究：1644—1911［M］. 北京：中华书局，2018：15.

平原。该区域土壤肥沃、河渠密布，是都江堰的主要自流灌溉区，号称"天府之国"。盆中丘陵为喀斯特轻度发育区，海拔较低，多在300~500米，土壤为紫色土，富含磷钾，肥力较高，是四川省粮食、经济作物主要产区。盆东平行岭谷区，主要由多条近东北—西南走向的背斜山地和向斜宽谷组成，海拔多在700~1000米，是喀斯特发育区，丘陵、山间田坝交错分布。至于边缘山地，主要由东部长江三峡、南部云贵高原、西部青藏高原和北部大巴山围绕而成。总体而言，自秦汉以来，四川盆地就是一个相对独立的地理单元，不仅是高原地区开展农业耕作活动的中心区域，更是历代王朝重点关注的区域，且曾在此建立蜀汉及大西政权。

广西丘陵又称广西盆地，位于盘江流域下游，是两广（广东、广西）丘陵构成部分。在云贵高原、南岭山地、云开大山、十万大山、大瑶山、大明山等山脉的区隔下，广西丘陵主要由柳州盆地、南宁盆地、桂平盆地三个部分构成。海拔较低，仅在200米左右。土壤呈红色，因而又被称为"红色丘陵"。虽是喀斯特地貌高度发育区，但是广西丘陵在秦朝时就被纳入王朝国家的政治版图。公元前214年，秦始皇曾在此设置桂林郡、象郡和南海郡。

在对传统农业有较高依赖度的王朝国家时期，上述四个区域皆具有较好的农业生产条件。既有适于发展规模较大的农业产业，如两湖盆地；也有适于发展以家户为主体的"精耕细作+种养兼业"式"永续农业"[1]，如四川盆地、昆明盆地和广西丘陵。整体看，在传统农业社会，这四个区域是成熟且相对独立的地理单元，比较适宜人类的生存发展。贵州作为这四个地理单元的过渡地带或分割线，正处在斜坡面上，海拔较高、地表崎岖不平，且是喀斯特地貌中心区，因而在相当长的历史过程中，不足以构成一个完整且成熟的经济社会文化地理单元。

明朝以前，包括盘江流域在内的大部分贵州版图，隶属这四个相对独立地理单元中的王朝国家二级行政机构，如黔北遵义地区隶属川陕，黔东铜仁及黔西南一带隶属湖广，黔西北一带隶属云南。黔中贵阳、安顺一带未曾隶属周边行省，曾由夜郎罗甸等方国自治。由此可见，贵州曾经在很长的历史时段中，与历代王朝国家的接触沟通，在职能方面，均是作为四川、湖广、云南等行省的组成部分而发生。正如《明史》所言："民职有司则仍属湖广、四川、云南三行中书省地"，贵州在地理空间或战略地位方面，扮演着三个行省镶嵌或拼接地

---

[1] 富兰克林·H.金.四千年农夫：中国、朝鲜和日本的永续农业[M].程存旺，石嫣，译.北京：东方出版社，2016.

带的角色。这种"边关"角色早在隋唐五代时就已存在。"五代时,四川为前蜀、后蜀所据,云南为大理国,广西为南汉控制,湖南则有楚国,贵州处于四个割据政权之间。"①

二、"陆上通道":二维空间多维建构

公元前 214 年,秦王扫平六国已 33 年,"向洞庭湖盆地以南发兵,溯湘江越过南岭,凭武力建立桂林、象郡、南海三郡"②。考谭其骧主编的《中国历史地图集》(秦·西汉·东汉时期)发现,秦始皇奋力越过南岭建立的三个郡县,主要覆盖管辖盘江流域下游的地区,即今广西壮族自治区桂林、南宁、凭祥、钦州、玉林、梧州以及广东省广州市、佛山市等。宏观地看,盘江流域已被纳入王朝国家的直接治理体系中。但是,结合本书对研究空间范畴的定位,秦朝的势力仅止步于今贵州与广西交界之地,未能溯珠江、西江、红水河更进一步深入盘江流域的主体区段——今贵州腹地。秦始皇为何未一鼓作气将郡县制度推进贵州腹地,文献史料没有确切记载。但是,考虑到当时贵州腹地是夜郎国的管辖范围,作为西南地区较大的方国,夜郎国应是有能力在其所辖的盘江流域内建立起一套完整的自主性治理体系,客观上给秦王朝郡县制的深入推进制造了阻碍因素。

从秦王朝后续有关西南治理的两大举动来看,可见秦皇对盘江流域这种西南边地"既爱又恨"的矛盾心态。公元前 213 年,修筑南方长城。"适治狱吏不直者,筑长城及南越地。"③ 为何修建南方长城?新锐人类学者张经纬认为:修建南方长城尽管不是秦始皇军事理想的全部,但即位后的几次旅行或许真的让他观察到一些人群迁移的朴素规律。那么,把东亚大陆中低纬度农产区与南部游动性更强的"越"人群隔离开来,"亡秦"的可能似乎真的就能永久避免。④

关中平原和四川盆地皆适宜农耕。秦始皇"从渭河谷地向南翻越秦岭进入四川盆地,就有经过汉中的褒斜道、子午道、故道、傥骆道,以及翻越大巴山入川的金牛道和米仓道"⑤。这一通道,并未直接与盘江流域产生关联。但是,秦朝灭亡后,为汉朝进一步治理盘江流域奠定了"通道"基础。一方面,汉王

---

① 侯绍庄,史继忠,翁家烈. 贵州古代民族关系史 [M]. 贵阳:贵州民族出版社,1991:133.
② 张经纬. 四夷居中国 [M]. 北京:中华书局,2019:13.
③ 司马迁. 史记·秦始皇列传 [M]. 北京:中华书局,1963:253.
④ 张经纬. 四夷居中国 [M]. 北京:中华书局,2019:174.
⑤ 张经纬. 四夷居中国 [M]. 北京:中华书局,2019:15.

朝在此通道基础上,"凿石开阁以通南中",修建自僰道(今四川宜宾)抵达牂柯江的夜郎道(又名南夷道)。建元六年(公元前135年),唐蒙上书曰:"南越王黄屋左纛,地东西万余里,名为外臣,实一州主也。今以长沙、豫章往,水道多绝,难行。窃闻夜郎所有精兵,可得十余万,浮船牂柯江,出其不意,此制越一奇也。诚以汉之强,巴蜀之饶,通夜郎道,为置吏,易甚。"汉武帝派唐蒙为中郎将(一作郎中将)出使夜郎等国,招降夜郎侯,置犍为郡,并开通由僰道至牂柯江的夜郎道。① 此时的犍为郡,"不但包括夜郎及其旁小邑且兰等在内,而且还辖有从原蜀郡、巴郡划出的部分县,辖地大约相当于今四川乐山市以南、贵州西部、云南东边和广西西北角"②。与秦王朝治理理念相比,汉王朝对盘江流域的态度有彻底改变,不仅突破"南方长城"限制,溯珠江、西江、红水河而上,直达盘江流域的主体区段牂柯江(今北盘江),更是将郡县制推行至此立犍为郡,实现汉王朝对盘江流域的直接治理。汉王朝对盘江流域的此种治理延续数年,从其此后对盘江流域的两次重大治理举措可见一斑。

元狩元年(公元前122年),张骞出使西域回到长安,向汉武帝上书建议与身毒国(今印度)建立往来以通商贸。汉武帝遂派遣王然于带人前往西南边疆寻找身毒国道,却误打误撞首次接触古滇国。《史记》有云:"至滇,滇王尝羌乃留,为求道四十余载。岁余,皆闭昆明,莫能通身毒国。"③ 此后,修建"五尺道",以将汉王朝的治理向云南延伸。五尺道"始于今川南之宜宾,经高县、筠连入云南境过盐津、大关、彝良、昭通,又入贵州境过威宁,再入云南境走宣威到达曲靖"④。由此看来,"五尺道"虽主要为治理云南而建,但路线与盘江流域上游的黔西北边关极地擦肩而过,"总算使封闭的贵州有了一条沟通外界的官修小小动脉了"⑤。凭借这一"擦肩而过",盘江流域再次被纳入汉王朝的政治版图。

元鼎六年(公元前111年),汉武帝第二次派唐蒙以都尉身份征夜郎,顺北盘江而下大败南越(都府在今广东省番禺)。骆越西瓯越受牵连被迫渡红水河北上。次年,汉朝在盘江流域置牂柯郡,封夜郎侯为王。

---

① 司马迁. 史记·西南夷列传 [M]. 北京:中华书局,1963:2994.
② 侯绍庄,史继忠,翁家烈. 贵州古代民族关系史 [M]. 贵阳:贵州民族出版社,1991:62.
③ 司马迁. 史记·西南夷列传 [M]. 北京:中华书局,1963:2994.
④ 侯绍庄,史继忠,翁家烈. 贵州古代民族关系史 [M]. 贵阳:贵州民族出版社,1991:58.
⑤ 杨昌儒,孙兆霞,金燕. 贵州民族关系的构建 [M]. 贵阳:贵州人民出版社,2010:50.

夜郎国—犍为郡—牂牁郡的名称变迁轨迹，以及辖区变动和地方主官名称的变化，全方位地彰显出盘江流域与汉王朝的关系发生了彻底变化。盘江流域更大范围的区域空间被纳入汉王朝政治版图，成为双方关系的外显载体。汉之后相当长时间里，历代王朝在盘江流域的治理策略总体未能超出汉朝的制度框架。

唐朝作为相对稳定强大的王朝国家，在治理西南地区时面临着云南的南诏大理政权，两者间"相爱相杀"的关系维系多年，先后经历过多次的战争博弈。其间，当唐朝与南诏政权和平共处时，"贵州成为沟通唐与南诏及川、桂交通的要道"①；当唐朝与南诏政权发生战争博弈时，"贵州处于双方角逐的中间地带"②，"太和三年（829年）开始，南诏多次进攻唐朝统治下的地区，即今四川、贵州、广西和越南北部地区，进行大肆掠夺"③。盘江流域处于唐朝与南诏政权中间，受整体局势的影响，其与唐王朝接触互动的通道建设未能有新的发展，从而也就在一定程度上局限了盘江流域在王朝国家政治版图中的地位。

北宋初期，"随着都城的东移，从南阳往西穿过大别山，进入汉中，再斜向西进入巴蜀，成为临时的西南经营通道"④。遗憾的是，北宋命运多舛，屡次受到来自北方蒙古军队的打击，被迫迁都临安（今杭州市），史称南宋。南宋王朝有进退两难窘境：一方面，北方马源断绝，需要购买来自西南地区大理等地的马匹，以满足自身需求；另一方面，不想沿袭北宋时期与大理国的宗藩关系。当大理国屡请延续宗藩关系、入贡互市时，南宋王朝处于进退两难的矛盾心态中。虽然勉强"同意于邕州置提举司向罗殿、自杞、大理诸蛮买马"⑤，但宋高宗"谕大臣止令买马，不许其进贡"，意在终止与大理国在北宋朝宗藩关系。南宋王朝的此种决策，一方面，重新激发唐朝开通的由贵州一带经邕州达交趾和桂州道路的活力，"从昆明一带向东南穿过贵州西南部到达广西横山一带的交通一下子兴旺了起来"⑥。南宋周去非《岭外代答》如此论述："产马之国，曰大理、自杞、特磨道、罗殿、毗那、罗孔、谢藩、腾藩等，每岁冬以马叩边……

---

① 侯绍庄，史继忠，翁家烈. 贵州古代民族关系史［M］. 贵阳：贵州民族出版社，1991：138.
② 侯绍庄，史继忠，翁家烈. 贵州古代民族关系史［M］. 贵阳：贵州民族出版社，1991：138.
③ 方铁，方慧. 中国西南边疆开发史［M］. 昆明：云南人民出版社，1997：164.
④ 杨庭硕，罗康隆. 西南与中原［M］. 昆明：云南教育出版社，1992：10.
⑤ 方铁，方慧. 中国西南边疆开发史［M］. 昆明：云南人民出版社，1997：237.
⑥ 杨庭硕. 以贝为饰习俗成因考［J］. 贵州民族学院学报（社会科学版），1985（2）：53-56.

43

既入境，自泗城州行六日至横山寨，邕守与经于盛备以往，与之互市。"另一方面，这条贩马之路仅使用过一次即关闭。大理国与南宋王朝直接"入贡互市"的道路被关闭后，给盘江流域的自杞、罗殿等国提供了与南宋王朝接触互动的新契机。自杞、罗殿皆从大理贩马，然后与南宋"互市"，取代大理成为向南宋卖马的主要交易者。① 绍兴三年（1133年），南宋官吏胡舜亲自到罗殿买马。② 居于盘江流域上游黔西北的彝族先民在此时段，经常北至泸州南至邕州与汉僮等族人民进行盐茶马匹的互市。彝族先民除带来大批马匹外，也带来了白楮、茶、麻、酒、米、鹿豹皮等土特产③。

"通道"的稳定性和南宋王朝与大理国关系的间断性，将地处大理与南宋物理空间中点的盘江流域"擢升"成沟通两者的"中间人"。南宋王朝与大理国关系僵持时间越久，盘江流域"中间人"的角色作用越加重要。更关键的是南宋王朝并未禁止双方民间性质的交易，"蛮马之来，他货亦至"④，从而在原贩马之路的偏东区域，发展出一条便于民间交易的商道。"西起今滇黔边境，中经比喇（今织金），再于今贵阳南越过苗岭进入濛江（当时的五姓番住地），最后直接到达宜山（今广西河池市宜州区）一带。"⑤ 民间贸易延续较长，直到南宋后期仍是如此。

元朝统治者虽来自北方大漠，但对西南边疆的治理异常重视，建立驿道、完善交通是重要手段之一。据《元史》（卷十一）记载：元朝至元十七年（1280年）底，因罗氏鬼国土寇为乱，思播道路不通，于是发动千余人开通自湖南经思州、播州至水西的道路。至元十九年（1282年），亦溪不薛与元朝发生冲突。元朝于至元二十年（1283年）开通云南驿道，达至将云南与湖广乃至中原关联起来的目的。就盘江流域而言，蒙古军攻下大理数月后，便在自杞（今贵州省兴义市）一带修筑了道路。至元二十八年（1291年），开通由中庆（在今云南昆明市）经普安（在今贵州盘州市东）达黄平（在今贵州黄平西北）的交通线。方铁考证，"这条驿道经由的路线，是从昆明经马龙、曲靖、安顺、

---

① 周去非. 岭外代答 [M]. 屠友祥，校注. 上海：上海远东出版社，1996：101.
② 屠玉麟，等. 独特的文化摇篮：喀斯特与贵州文化 [M]. 贵阳：贵州教育出版社，2000：157.
③ 李心传. 建炎以来系年要录：第3册 [M]. 辛更儒，点校. 上海：上海古籍出版社，2018：1127.
④ 周去非. 岭外代答 [M]. 屠友祥，校注. 上海：上海远东出版社，1996：103.
⑤ 杨庭硕. 以贝为饰习俗成因考 [J]. 贵州民族学院学报（社会科学版），1985（2）：53-56.

贵阳、贵定、黄平达镇远，遂接通辰州（今湖南沅陵）以东的'常行站道'"①。这条驿道的开辟，为明朝统治者在东西走向上经由盘江流域（贵州）治理西南奠定了基础，更为明清两代中原移民进入西南创造了条件。同时，将盘江流域从原来的时间轴中抽离出来，镶嵌进王朝国家的历史中，不仅拓展其时间的长度和宽度，更为其涂抹上更具王朝国家色彩的时间印迹。

明洪武皇帝朱元璋吸取宋朝灭亡的教训，一度非常重视西南边地经营，尤以云南为重。但是，此时元朝梁王势力盘踞在云南，意味着沿袭以往从北方经四川南下入滇策略失效。洪武帝另辟蹊径，将贵州作为进入云南战略通道重要节点，沿用元代站赤加以深度拓展，尤其凸显横贯贵州东西驿道的战略地位。经洪武、永乐两朝的经营，贵州境内形成日臻完善的交通网络体系。宏观地看，建立起5条途经贵州的省际干线：湘黔线，从湖广常德府南下至辰州府，经平溪驿进入贵州，再经镇远、偏桥、兴隆、新添、龙里等卫到达贵阳；滇黔线，始自云南昆明府，东北向由曲靖府经普安进入贵州，后经安南、安庄、普定等卫抵贵阳；川黔线，起自四川重庆府，溯綦江、经松坎进入播州，然后渡乌江南下至贵阳；桂黔线，始自广西庆远府，经丰宁、独山、都匀一路北上接入湘黔线；川黔滇线，起于四川永宁卫，经普市所、毕节卫，到达乌撒卫。

比对发现，5条省际干线途经贵州时，除川黔驿道外，其余4条驿道入黔后皆以盘江流域为主体。湘黔驿道又名普安入黔旧路，自湖广辰州府，经平溪驿进入贵州，然后先后经新添、龙里，再经威清、平坝、安庄、关岭、尾洒、亦资孔等驿入滇。川黔滇驿道，又名乌撒入蜀旧路，自四川摩尼进入贵州，经赤水、层台、毕节、乌撒、黑张（今赫章）、瓦甸等驿入滇。黔桂驿道，自贵阳经龙里、新添、平越等地后进入广西。还有滇黔桂驿道，自云南罗平进入贵州兴义，经安笼渡红水河入安隆司（今广西隆林县）。考今贵州地图，这4条驿道在贵州所途经区域，密集分布于盘江流域中，具体有新添卫（今贵定县）、龙里卫、贵州卫（今贵阳市）、贵州前卫（今贵阳市）、威清卫（今清镇市）、平坝卫（今平坝区）、普定卫（今安顺市）、关岭、尾洒（今晴隆县）、新兴（今普安县）、亦资孔（今盘州市）等地，其中的滇黔与湘黔2条东西驿道战略价值最高。

另外，在贵州境内建有3条省际省内次干线：黔西南区域的滇黔桂线、黔东南区域的黎平至湖南靖州线、黔北区域的播州至偏桥线。同时，还建起大量短途驿道：新添经定番州（今惠水县）、广顺州（今长顺县）至安顺府的驿道，

---

① 方铁，方慧. 中国西南边疆开发史［M］. 昆明：云南人民出版社，1997：295.

普安至安笼的驿道，关岭花江至安龙大道，贵阳至定番州大道，等等。典型者当属"龙场九驿"，自龙场驿（今修文县），经陆广、谷里、水西、奢香、金鸡、阁鸦、归化达毕节，不仅将贵阳与黔西北连接起来，甚至还与另外4条省际干线连通。

若将某一城市或某一节点作为考察基点，其陆路交通体系或道路网络更显复杂。以安顺为例，其在明朝立国之初就是重要的交通节点，形成东西与南北2条主干驿道和若干支线驿道的交通网络。其中，东西向的主干驿道起自贵阳府，经平坝驿、普利驿（今安顺）、镇宁州达云南；南北向的主干驿道起自普利驿（今安顺），经纳尔里（今普定县城）、比喇坝（今织金）达大定（今大方县）。另外5条支线驿道为：自新添卫（今贵定县）经贵定（今贵定县旧治）、定番（今惠水县）、广顺州（今长顺县）、驿马站（今安顺双堡驿马寨）达普利驿（今安顺），自镇西卫（今清镇市卫城）经柔远所（今平坝区）、驿马站（今安顺唐官驿马寨）、跳蹬场、十二营长官司（今普定县）、高羊达定南所（今普定县城），自杨武经甘堡、黎儿所（今林哨）、宁谷司（今宁谷镇）至普定卫城（今安顺），自杨武经驿马站（今安顺双堡驿马寨）、安顺州（今旧州）、张家庄、阿若铺（今二铺）达普定卫城（今安顺），自安顺经和绍寨（今火烧寨）、马军屯、马官屯至驿马站。①

明朝之前，中央王朝均自北南下修建经四川、云南再进入盘江流域或贵州的通道。即便如此，通道所涉贵州境内之处，仅为黔西北或黔西南一小部分，其余绝大部分均在其覆盖范围之外。盘江流域所在的贵州全区，都是地道的"边缘"地带，或是西南边地之"边地"。这种情况的出现，与当时贵州作为四省边地的区位条件有关。明朝统治者自中原而西南，以湖广为起点建立驿道，试图以贵州为节点建造进入云南的"陆上新通道"，同时还在盘江流域或贵州内部建造能连接不同区域、人群的驿道。由此，盘江流域或贵州，在王朝国家政治版图中的结构性地位得到根本改变。明朝永乐十一年（1413年），贵州建省，成为明朝的二级行政单位，即明证。

清朝时期，"沿用元、明时期开辟的驿道干线，但根据实际需要，加强了湖广至云南驿道（包括湘黔和滇黔驿道）的建设和管理，增设驿站、递铺，并进行局部改线"②。"改土归流"后，统治者对贵州的"驿道进行了修复和重建。

---

① 周道祥. 明代时期安顺的交通概况 [M] //中国人民政治协商会议贵州省安顺市政协文史社会联谊委员会. 安顺文史资料：第十五辑. 1994：79-80.
② 《贵州六百年经济史》编辑委员会. 贵州六百年经济史 [M]. 贵阳：贵州人民出版社，1998：170.

在广大苗族地区新修了从定番到罗斛、都匀至古州、台拱至施秉、八寨至清江、古州至广西怀远这5条道路"①。后来,"把大道延伸到各府、厅、州、县乃至一些偏远山乡,全省大道里程达9375华里,设铺534处"②。盘江流域有:贵阳府至罗斛厅(今罗甸县)道,全程297里,设铺21处;贵阳乾堰塘至广顺州道,全程107里,设铺10处;贵阳府至开州(今开阳县)道,全程170里,设铺11处;贵定至都匀道,全程135里,设铺4处。……阿都田经安南(今晴隆县)、新城(今兴仁市)、兴义府(今安龙县)至册亨道390里,设铺18处;安南至郎岱道47里,设铺4处;永宁州(今关岭县)花江至兴义府(今安龙县)道150里,设铺8处;者党至册亨道150里,设铺5处;普安县崧归至江西坡90里,设铺5处。③

驿道体系之于清朝的历史意义和战略价值,清朝史地学家顾祖禹有如下论述:

> 常考贵州之地,虽偏隅逼窄,然驿道所经,自平溪、清浪而西,回环达于西北凡千六百里。贵阳犹人之胸腹也,东西诸府犹人之两臂然。守偏桥、铜鼓以当沅、靖之冲,则沅、靖未敢争也。据普安、乌蒙以临滇粤之郊,则滇粤不敢难也。扼平越、永宁以拒川蜀之师,则川蜀未敢争也,所谓以守则固矣。命一军出沾益,以压云南之口,而以一军东指辰、沅,声言下湖南,而卷甲以趋湖北,武陵、澧阳不知其所守。膺击荆南,垂头襄阳,而天下之腰膂已为吾所制矣!一军北出思、黔,下重庆,敌疑我之有意成都,而不疑我之飚驰葭萌也。问途沔北,顾盼长安,而天下之噤吭且为我所搤矣!所谓以攻则强矣!如是,而日贵州蕞尔之地也,其然乎哉!④

顾祖禹并非论述贵州地理区位第一人,但是其论述成为一种范式并被后世学者频繁引用,主要在于他能从沿革地理的角度,站在王朝国家西南边疆治理层面立论。当然,我们须知,贵州成为行省,乃顾氏立论基础。在此之前,其未必得出此种结论。因为,建省前,需要将贵州放置在湖广、四川、云南的整体区域背景下思考其地理区位。如此,贵州属于"拼接地带"或"镶嵌地带",

---

① 方铁,方慧.中国西南边疆开发史[M].昆明:云南人民出版社,1997:396.
② 《贵州六百年经济史》编辑委员会.贵州六百年经济史[M].贵阳:贵州人民出版社,1998:170.
③ 《贵州六百年经济史》编辑委员会.贵州六百年经济史[M].贵阳:贵州人民出版社,1998:171-172.
④ 顾祖禹.读史方舆纪要:卷一百二十[M].贺次君,施和金,点校.北京:中华书局,2005:5231-5232.

盘江流域则处于这一"拼接带"或"镶嵌"全图的边缘区域。

三、陆上通道的启示与局限

"通道"作为一个二维空间，可直观地想象为将历代王朝国家与盘江流域关联为一体。在王朝国家与盘江流域两点之间的连线有无数条。但是，在历代王朝国家的"通道"建立过程中，都会选择一些固定路线。人类早已对山脉河流集区隔与交流于一体的结构性特征了然于胸，可根据山形水势、地形地貌构建适宜通行的道路。若将历代王朝国家的战略诉求考虑进来，"通道"的空间布局和路线选择，就有了更加丰富的军事政治和社会人文意蕴。

首先，"军政通道"是王朝国家的象征。从其所经之地或者修建的具体位置来看，秦汉以来历代王朝在盘江流域修建的通道主要取"陆上"，构筑起对外能联通东南亚大片区域，对内可通达中南、江南的"国家通道"，赋予其勾连东南亚及云贵、湘川、两广的枢纽区位。

盘江流域在中原边地，但历代王朝修建"陆上通道仍不遗余力"，实质是为其构建"天下"体系格局打造"关键"枢纽。秦朝至元朝，通道以南北向为主，且以在今贵州境"擦肩而过"为特征。秦"五尺道"就在盘江流域上游的黔西北与贵州擦肩而过，可能是为弥补当年的遗憾——在盘江流域下游建立郡县，但始终未能逆盘江流域而上至今贵州境内，将其治理制度深入与此毗邻的贵州西南部。南宋构筑的"贩马之路"仍是如此。明清通道则以东西向为主并横贯贵州境，如朱元璋规划的"通道"就把盘江流域置于"南北向"和"东西向"通道的边缘区域中。通道走向的变化趋势，概与"中国古代经济重心逐渐南移"同步同构。[①]

其次，陆上通道基于山脉或地陷的宏观走向，的确将物理空间"通道"与社会文化通道整合为一体，且潜在地规定了文化传递传播和交流交融的具体方向和范畴。如此看来，"陆上通道"不仅构建了盘江流域与历代王朝国家的关系，而且也将其内部不同亚区甚或周边迥异的地理单元整合为一体。就此而言，秦汉以来的陆上通道建设，因其时空超越性和稳定性特征，将"大斜坡地带"和"喀斯特地貌"两方面塑造的"拼接地带"构建为一个完整的政治单元和文化整体。

[①] 冀朝鼎《中国历史上的经济区》记载，秦汉至明清，中国经济重心南移动态为：秦汉"泾水、渭水、汾水和黄河下游流域"；三国两晋南北朝"四川与长江下游流域"；隋唐及以后"长江流域"；明清以后"西江—珠江流域"。

第一章 大斜坡地带的陆上通道与居民层累

显然，历代北方王朝统治者钟爱陆地，为便于治理建有不计其数的陆上通道或陆上建筑，万里长城的反复修建就是这方面的典型。对于河流或水域，不到迫不得已时，统治者不愿兴工。文献史料记载，中央王朝统治者对河流水域的兴工改造屈指可数，典型者有京杭大运河、灵渠、都江堰、郑国渠等，后两者且是地方王国举意。就盘江流域治理而言，历代统治者对河流也不感兴趣，几乎很少沿河流建设"水上通道"。史书虽载"秦汉时开辟了自黔西经北盘江、红水河、黔江、西江至番禺的航线"[1]，但后续文史资料就很少见"水上通道"修建记录，直到清朝"改土归流"后，才在北盘江沿途大建渡口、置官船。"（贞丰）城南七十里有下江龙渡，设有官船以渡行人。百层、者坪、罗炎乡民自置小船通行下江并粤西。"[2]"由者相塘至花江渡口，为赴省要津，商贾不绝，官设渡船。"[3]

陆上通道建设和浪漫想象狂潮迭起时，河流水域仍是自由自在且无休止地流向远方，仍是那样柔和偏远含混无序。区域和地方文化在名不见经传的一朵朵浪花中诞生，又在它的千曲百回和上下交错中日渐多样。当然，盘江流域地处大斜坡地带和喀斯特地貌这两方面因素，导致了其在自秦汉以来的历代王朝国家统治者眼中的结构性地位。自西北向东南呈斜坡状的地形特征，决定了水流自西北向东南畅流不息。但喀斯特地貌险些将这一景观遮盖在襁褓里。一方面，喀斯特地貌造就地下暗河；另一方面，喀斯特地貌易导致阶段性河流，导致"地下水滚滚流、地表水贵如油"的不利于农业生产之景观，还形成不利于王朝国家通过河流大规模进入其中的天然屏障，如灵渠之设。但它有助于流域内民众自发地交往交流交融，也使得流域内生民百姓个人与外界社会交流沟通成为可能。林满红的研究发现，云贵川等西南地区的私铸现象泛滥，主要在于当地可以通过河流与外界沟通交流。乾隆年间，西南地区甚至一度成为私钱中心。[4] 清朝时期，安顺成为西南地区的商业重镇，与当地商人主要通过南盘江进入西江、珠江等水系与外界建立商业联系紧密相关。这彰显历代王朝或不钟爱河流或忽略了其对于治理国家的价值。

---

[1] 方铁，方慧. 中国西南边疆开发史 [M]. 昆明：云南人民出版社，1997：68.

[2] 爱必达，罗绕典. 黔南识略·黔南职方纪略 [M]. 杜文铎，等点校. 贵阳：贵州人民出版社，1992：234.

[3] 爱必达，罗绕典. 黔南识略·黔南职方纪略 [M]. 杜文铎，等点校. 贵阳：贵州人民出版社，1992：233.

[4] 林满红. 银线：19世纪的世界与中国 [M]. 詹庆华，林满红，等译. 南京：江苏人民出版社，2011：30-31.

与之相反的是，当地的生民百姓通过河流与陆上通道相遇时，内部迁移融合、对外交往交流的空间范围越加扩大。盘江流域的此方面特征，实质上是将王朝国家"阻挡"在外，但当地生民百姓则可借助河流塑造自己的社会生活、生存智慧和文化实践。公元前214年，秦始皇发兵越过南岭，凭武力在盘江流域下游的广西建立桂林、象郡、南海三郡，却未曾溯红水河北上，将其郡县制度推行至此。但是，壮族先民屡次越红水河北上，彰显出盘江流域的地方民间属性。因而，河流沿岸民众创生了与河流有关的传说故事和生计方式、生存智慧。

由王朝国家主导的"陆上通道"，导致流域内的治理体系和共生秩序具有典型的"国家性"，凌驾于"靠山吃山靠水吃水"的自然逻辑之上，塑造出当地民众在治理体系和共生秩序营造过程中"消极无为"的假象。实质上，盘江流域作为一种特殊的地理空间，其间的河流及其沿河生活的生民百姓，亦是治理体系和共生秩序的重要塑造者。

第三节 层累视角下的多民族共生

以当前的族称看，布依族、苗族、彝族、汉族民众是生活在盘江流域的四个主要民族，他们分别居住在由地表径流、地下暗河、河谷、湖泊、峰林、峰丛等地貌景观和陆上通道共同界定的地理区隔中，既有相对独立的居住空间，彼此又无法清楚划分居住边界，形成"大杂居、小聚居"的整体居住结构。在长时段王朝国家陆上通道形塑盘江流域多维人文社会空间的演替过程中，多民族共居是如何形成的？这是历史人类学探究的问题。本节将借用顾颉刚先生的"层累造成"视角，通过田野调查和历史文献梳理的方式，"用故事的眼光研究盘江流域民族结构形成史"，分别简要论述这四个民族在盘江流域的空间分布和形成过程，进而在层累视角下论述他们相互之间的关系。

一、沿水系河流而居的布依族

布依族，旧称"仲家"，源自部分布依族自称"仲布"，广西壮族也有这个方言支系。民国时期，"个别方志对'仲家'解名含侮蔑之义，引起部分地方布依族群众对'仲家'族称反感，该族称现已废止不用"[1]。按照布依语，"布"

---

[1] 田晓岫. 略论布依族的来源问题[J]. 贵州民族研究, 1992 (2): 1-10.

意指"人们共同体","依"或指"夷"？贵州是中国布依族主要分布区，其聚居在盘江流域内的黔南州、黔西南州、安顺市和贵阳市郊区。

布依族的来源众说纷纭。一说九种①，一说六种②，本书无意且无力加入争论。但多样的观点不仅折射出不同论者的民族、地域心态，也彰显出一个整体事实：布依族的形成具有多元性和多阶段性特征，乃至各种观点都有其合理性，也可能存在局限性，导致难以获得共鸣且不足以完全服众。盘江流域布依族来源，则主要是原居广西的越人、俚人、柳州八姓兵和侬人相继四次的北上迁徙③。

第一次迁徙发生在公元前214年，秦始皇向洞庭湖盆地以南发兵，沿湘江到达南岭地区（今黔桂交界区域）发起武力征战，当地越人顽强抵抗但囿于双方力量悬殊而败北，秦王朝最终在南岭一带建立桂林、象郡、南海三郡。此后，"两粤境内的许多越人氏族、部落，沿着珠江水系的红水河、南北盘江、浔江、都柳江、龙江等贯通今黔、桂二省（区）的河流谷地，大量往今贵州境内迁徙"④。

第二次迁徙发生在魏晋南北朝时期。当时战乱频仍，居于各地的民众频繁迁徙。受宏观社会形势的影响，原居岭南地区的俚人开始向岭北迁徙，进入贵州南部地区，并长期居于此地，成为今布依族的一部分。

第三次迁徙发生在五代十国时期，楚王马希范自长沙发兵降服溪州刺史彭士然，"南宁州长莫彦殊、都匀酋长尹怀昌、牂牁酋长张万浚皆率部归降马希范"⑤。马希范在据有贵州南部之地后，又派遣龙、方、石、程、韦、洪、卢、张八姓兵镇守其地。考今地图，马希范所据有的"贵州南部之地"，主要指今黔南州惠水县一带的涟江流域。"八姓兵后裔因而演变为'西南五姓蕃'、'西南七姓蕃'，至元初始称'八蕃'。今据家谱及社会调查，'八蕃'的居民主要是布依族。"⑥

---

① 田晓岫. 略论布依族的来源问题 [J]. 贵州民族研究, 1992（2）：1-10.
② 谷因. 布依族族源研究综述 [J]. 贵州民族学院学报（社会科学版）, 1998（1）：53-57, 75.
③ 罗大林. 布依族族源 [M] // 罗大林. 中国贵阳布依族文化. 贵阳：贵州民族出版社, 2017：21-23.
④ 侯绍庄, 史继忠, 翁家烈. 贵州古代民族关系史 [M]. 贵阳：贵州民族出版社, 1991：124.
⑤ 罗大林. 布依族族源 [M] // 罗大林. 中国贵阳布依族文化. 贵阳：贵州民族出版社, 2017：21-23.
⑥ 史继忠. 贵州汉族移民考 [J]. 贵州文史丛刊, 1990（1）：26-33.

第四次迁徙发生在北宋皇祐年间，广西侬智高举兵，最终在邕州被北宋名将狄青所败。狄青所部将士驻守广西，"镇守今南宁、宜山、融水三路"①。他更派部将进驻今黔西南贞丰、册亨、望谟和黔南罗甸等县。"王、黄二姓则向红水河以北进军，占领罗斛、桑郎、长坝、上江等地，形成了'上江黄，下江王'的局面，以王、黄二姓为主，岑、侬、陆、周等姓皆分地而治，分亭设甲。"②北宋此举，不仅促使广西部分侬人向盘江流域下游的黔西南地区迁徙，而且为南宋开拓自广西横山经贵州西南部到昆明的贩马之路奠定了基础。

盘江流域布依族先民的四次大规模迁徙，虽时间不同、原因各异、规模有差，但皆彰显出一个事实：迁徙路径皆是溯红水河北上，迁徙目的地始终未曾脱离出其所居河流或水系覆盖辐射的空间范畴。

一方面，布依族先民是一个临水而居擅长驭水的部族。《越绝书》中明确记载："水行而山处，以船为车，以楫为马，往若飘风，去则难从。"③考古学的研究成果证实了这一观点，早在公元前5000—3000年，作为布依族先民的百越部族，就已经能够建造独木舟，并在环中国海地区广泛航行。④"善用舟船，是百越民族共同的文化特征。"⑤另一方面，布依族先民充分利用盘江流域内密布的河流以及河流河道较窄的特点，沿水系或河流迁徙定居。河流密布的特征，本章第二节已有详细论述，兹不赘述。受喀斯特地貌影响，盘江流域内的河流在多数地段的河道均较窄，便于当地民众沿河迁徙。黔西南州巴结镇地处南盘江北岸，"与广西壮族自治区隆林县的革布、祥播隔江相望。……镇前江面宽约120米，除洪水季节外，多数时间沙平浪静，碧水缓流"⑥。位于兴仁市境内的九盘河，是北盘江上的重要支流，河面仅宽50米，水深2~15米。⑦

当他们沿河流水系迁徙到某地后，仍选择沿河流或水系而居。扁担山地区，位于镇宁、关岭、六枝三县（区）交界区域，是贵州境内布依族重要聚居区。该区域内河流密布，甚至有河流穿村而过。"红运河发源于洛别境，东流经扁担

---

① 罗大林. 布依族族源 [M] // 罗大林. 中国贵阳布依族文化. 贵阳：贵州民族出版社，2017：23.
② 侯绍庄，史继忠，翁家烈. 贵州古代民族关系史 [M]. 贵阳：贵州民族出版社，1991：151.
③ 佚名. 越绝书：卷八 [M]. 沈阳：春风文艺出版社，1985：36.
④ 张光直. 古代中国考古学 [M]. 印群，译. 沈阳：辽宁教育出版社，2002：227-232.
⑤ 杨式挺. 试从考古发现探索百越文化源流的若干问题 [J]. 学术研究，1982（1）：105-112.
⑥ 贵州省兴义县史志编纂委员会. 兴义县志 [M]. 贵阳：贵州人民出版社，1988：599.
⑦ 贵州省兴仁县编史修志委员会. 兴仁县志 [M]. 贵阳：贵州人民出版社，1991：308.

山地区，至洞口与丁旗汇合，名白水河，即黄果树瀑布的上游，长30余里。"①望谟县王母渡口逆北盘江而上，可直行至安顺市镇宁县坝槽渡口。这一水上通道，据传是历史上夜郎王竹筒漂来之道。

> 夜郎者，初有女子浣于遯水，有三节大竹流入足间，闻其中有号声，剖竹视之，得一男儿，归而养之。及长，有才武，自立为夜郎侯，以竹为姓。②

这一民间传说，在盘江流域或贵州有诸多版本，不仅证实水系或河流的确是布依族迁徙的重要通道，而且也为镇宁"扁担山是仲家分布区域靠边的一个聚居区"的认知提供历史依据。③

20世纪50年代，费孝通先生带队在贵州进行民族识别工作时发现，"仲家的中心区在靠近广西的边境，册亨、望谟"④。自这中心区开始分支，具体路线由各自区域内的水系或河流决定。一支逆红水河北上，经由区域内的涟江、濛江等河流，至黔南州罗甸、长顺、惠水、平塘等县，形成贵州布依族的一个重要分布区域。另一支逆南盘江、北盘江北上，至安龙、贞丰、关岭、紫云、镇宁等县，在此形成贵州布依族的另一个重要分布区域。费孝通先生看到，"在地理分布上看，仲家是在贵州的西南部"⑤，具体是指云贵高原上南北盘江、红水河流域及其以北地带。当然，这个区域内的布依族分布并不均衡，而是呈非均衡状态。总而言之，布依族是自南盘江和北盘江的交汇处，逆水系或河流而上，向北迁徙，越往北布依族渐少或渐稀。

二、沿山岭通道迁徙的苗族

贵州民间社会叙事里，苗族是在蚩尤与黄帝、炎帝战败之后，从黄河流域往南迁移，进入长江流域，然后再西迁到贵州的。这一说法虽缺乏严格的文献史料依据，但仍有众多值得信赖的研究显示，地质构造学的基本原理以及在此作用下构造成的通道，不仅为苗族自黄河流域经长江流域迁徙入黔提供了陆上通道和实践可能，更是为理解贵州民间社会有关这方面的叙事范式提供了地质

---

① 贵州编辑组，《中国少数民族社会历史调查资料丛刊》修订编辑委员会. 布依族社会历史调查 [M]. 北京：民族出版社，2009：55.
② 范晔. 后汉书：卷八十六·南蛮西南夷列传 [M]. 西安：太白文艺出版社，2006：661.
③ 费孝通. 兄弟民族在贵州 [M]. 北京：生活·读书·新知三联书店，1951：39.
④ 费孝通. 兄弟民族在贵州 [M]. 北京：生活·读书·新知三联书店，1951：39.
⑤ 费孝通. 兄弟民族在贵州 [M]. 北京：生活·读书·新知三联书店，1951：40.

构造学的理论支撑。

　　大陆西南侧的滇黔桂地区可能由于印支陆块的汇聚作用，右江海槽闭合，形成一条北西向褶皱带，伴有那坡、右江、靖西—崇左、南丹—紫云等长达300~400千米的兼有左旋走滑的断裂带。①

地质构造学上将这一断裂带定义为"南华活动带（Ⅱ）"②。与"绍兴—萍乡—北海"断裂带相连，为古代苗族迁徙入黔提供了地质构造学的理论可能。

　　绍兴—萍乡—北海断裂带不但联系了整个华南地区最主要的水系和平原（洞庭湖盆地、鄱阳湖盆地、金衢盆地），而且西接云贵高原，东入黄淮海平原，承接了整个东亚大陆的南部，无愧于东亚大陆南部人群迁徙"大动脉"的称号。③

苗族进入贵州后，经过较长时期的迁移和拓展，形成三大分布片区：铜仁和湘西接壤区域是东区，黔东南是中区，贵阳—安顺一带是西区。中区是贵州苗族的聚居中心区。费孝通先生对贵州苗族聚居中心区有明确界定："在地图上，把炉山④、台江、雷山、丹寨四个县城作为四点，用铅笔画成一个四方形，这个四方形就是贵州苗族的中心区，里面的山地大部分住着苗族。"⑤ 中区与东区、西区的关系若何？笔者认为：与横贯贵州东西向的苗岭山脉紧密相关。

苗岭山脉横亘贵州中部。一般是指西起惠水、东达雷公山的分水岭高地，长约180千米，宽约50千米，东西断续绵延，整体呈椭圆形。如果将视野扩大，更可将西侧起点拓展到六枝，东端终点延伸到锦屏，中部贵阳南独山以北广大区域中的分水岭高地，皆可定义为苗岭山脉。如此看来，广义苗岭，指横亘于贵州中部长约400千米、宽约100千米的断续绵延山地，主要涉及六盘水、安顺、贵阳、黔南、黔东南等行政区域，贵州境内诸如武陵山、月亮山、麻山、云雾山等皆是其重要组成部分。经地理学测量，苗岭山脉绝大部分山峰海拔在1500米以上。

　　苗岭是长江水系（贵州北部）和珠江水系（贵州南部）的分水岭，与秦岭类似。但是，苗岭不像秦岭那样，未能将贵州南北部完全分隔开。除

---

① 程裕淇. 中国区域地质概论 [M]. 北京：地质出版社，1994：376.
② 程裕淇. 中国区域地质概论 [M]. 北京：地质出版社，1994：372.
③ 张经纬. 四夷居中国 [M]. 北京：中华书局，2019：19.
④ 今贵州省凯里市。
⑤ 费孝通. 兄弟民族在贵州 [M]. 北京：生活·读书·新知三联书店，1951：23.

个别地方有较高山峰外，苗岭整体海拔低于秦岭，难以阻隔贵州南北两部。海拔较低的山脊线适于人类通行，所以，沿着苗岭应该有一条民间沟通交流的道路。苗岭山脉以南，可通过南盘江及其支流与广西相通。①

杨庭硕先生在考证明朝天顺二年（1458年）石门山战事时，认为东苗首领干把猪率领族众攻劫都匀卫及其周边卫所屯堡的主要通行路径就是苗岭中的一段。

> 由于苗岭低坡是茂密的暖温带混交林，不熟悉山林生活的布依族和汉族人，一般不会轻易闯入林中。苗岭山脊上是高山草原区，地面无大障碍，通行较为方便，故"干把猪"的部下很容易顺着山脊出没于石门山至都匀西侧间，加上低坡密林的掩护，他们的行动不会被山下的布依族和汉族注意，直到他们攻打了都匀后，才引起明军的警觉，而且事后他们又能凭借苗岭的有利地形安全地退回驻地。②

吕燕平提出的"苗岭走廊"概念，认为苗岭不仅是苗族民众迁徙和拓展居住空间的主要通道，更是多族群在交往交流交融基础上建构出互动的社会文化空间，从人文地理学角度提出贵州苗族三大聚居区均沿苗岭分布的解释框架。

盘江流域的苗族聚居区，是贵州西区苗族，主要包括：①自贵阳往南延伸而入的黔南州龙里、贵定、惠水、长顺和罗甸等县；②自贵阳往西经安顺市关岭县、镇宁县、紫云县到黔西南州安龙县、兴仁市、普安县、晴隆县，以及六盘水市的六枝、盘州、水城等地。苗族内部支系众多，20世纪50年代，费孝通先生带队在进行贵州民族识别工作时，对贵州境内的苗族支系简述如下：

> 贵州苗族内部又有很多名称，主要分黑、白、红、青、花五种。这些名称是根据他们妇女服色来区别的。黑苗穿的是一种深紫色的衣服，远望去是黑黝黝的，所以称黑苗。他们分布在黔东一带。白苗妇女的裙子上有一圈是白色的，分布在黔中。红苗在黔东北松桃一带，我们没有去。青苗穿青布衣裙，在贵阳附近。花苗的男女都披着绣着花纹的衣肩，在黔西的赫章、威宁一带。各种苗中还有分别：如凯里附近的舟溪也是黑苗，但穿短裙，裙子刚过膝，下腿另有绑腿，称作"短裙"。在龙里一带还有些苗家妇女背上挂着贝壳做装饰，称作"海蓯苗"；有些头上梳个髻子，称作"纠

---

① 2021年1月26日，陈斌访安顺学院贵州省屯堡文化研究中心主任吕燕平。
② 杨庭硕.天顺石门山战事考［M］//中国人民政治协商会议贵州省贵阳市委员会文史资料委员会.贵阳文史资料选辑：第十三辑.1984：103.

纠苗"。此处又有从他们住处称呼的,如"高坡苗"。像这类名称很多,这是山岭阻隔,经济分割,互不往来,各地方的苗家住久了,发展了各自的特点,在风俗习惯和方言上有了若干区别。但是所有的区别并没有掩盖他们基本上共同的民族特点。①

费先生对贵州苗族支系的结构性划分,彰显了贵州苗族支系宏观层次的结构特征。但笔者在盘江流域的实地调查中发现,苗族支系更加繁杂且名称更加多样:居住在贵阳市花溪区高坡乡以及黔南州惠水县摆金镇的多为背牌苗,居住在黔南州龙里县、贵定县的多为海葩苗,居住在黔西南州晴隆县、普安县交界区域的多为喇叭苗,居住在六盘水市六枝特区梭嘎的多是长角苗,贵定县有平伐苗居于其间。另外,贵阳市花溪区青岩镇周边有花苗聚居;安顺市镇宁县境内有大花苗分布。限于篇幅兹不列举。

居住在惠水县摆金镇的"背牌苗",祖先从广西柳州迁来。在"背牌苗"丧葬中,"开路"是必不可少的环节,鬼师念诵开路词时,将祖先迁徙路线贯入其中,以为亡灵回归故土提供指引,人间社会的终点是"柳州府柳城县"。摆金镇冗章村仍保存的一块立于清朝道光二十五年(1845年)的石碑,将祖先来源及迁徙路线明确记述为"始祖来自广西柳城经过黄江住居黔省里羊后移八番大坡寨"②。

"海葩",意为"大海之花",是热带海域水产,其来源应跟大海有关。"这支苗族据传来自东海之滨,后沿江西、粤西入黔,先在窑上茶山居住,又迁移到云雾山主峰之下世代定居。……从海边带来了海贝寄托了他们对故乡的思念,至今,海贝仍保留在他们的服饰之中。"③ 2018年8月,笔者在贵定县云雾镇鸟王村听村民陈家和讲述,"海葩苗"称呼跟村后山出海贝有关。"鸟王村后的一处水井中,常年有海贝出现,居住在此的苗族民众就被称为海葩苗。"④

喇叭苗,居住在北盘江南岸晴隆县、普安县交界区域,在当地村民的记忆中,"先祖于明朝洪武年间,由湖广宝庆府所辖州县迁来"⑤。

居住在花溪区青岩镇的花苗,"祖先是从今湖北、湖南迁到贵州重安江,后

---

① 费孝通. 兄弟民族在贵州 [M]. 北京:生活·读书·新知三联书店,1951:25-26.
② 岑秀文. 惠水县摆金镇苗族社会调查 [M] // 岑秀文,杨昌文. 民族志资料汇编:第二期:苗族·内部资料.1986:3.
③ 来自大海的海葩苗 [N]. 贵州都市报数字报,2014-07-07 (B07).
④ 2018年8月6日,陈斌访贵定县云雾镇鸟王村村民陈家和。
⑤ 参见吕燕平所作——苗岭走廊的族群互动与建构研究。

经龙里、二戈寨到青岩定居"①。

上述内容结构性地呈现出各区域苗族支系的来源和迁徙路径。若将考察视角降维到具体姓氏，有助于更加多层次、多视角地证实/证伪上述内容的真实性。

（贵阳市花溪区高坡乡）云顶村杨姓是由江西迁徙而来。当时正处于元明易代之际，战乱不断社会动荡。云顶村杨姓先祖兄弟俩被迫从江西省猪市巷迁出。老大去四川，老二来贵州。因害怕被贪官污吏再次抓捕，到贵州后就直接进入高坡乡云顶村。②

（龙里县湾滩河镇营屯村）王姓始祖从山西太原城猪市巷迁来。……陆姓始祖从江西省猪市巷108号迁来。……胡姓始祖从江西省猪市巷108号迁来。③

（贵定县云雾镇鸟王村）我们陈姓先祖原是江西的汉族。明朝洪武年间，朝廷用强迫手段，将他们从江西威逼恐吓来贵州。进入贵州后，他们就在今贵阳市孟关一带的苗族聚居区中居住。居住一段时间之后，我们的先祖就模仿苗族的裙装和语言，大家关系融洽相互交往，我们祖先的生活和文化逐渐"苗族化"，被称为"红毡苗"。后来因日常生活中的人情往来出现罅隙，我们的祖先又迁徙到惠水县岗度镇本底村。刚开始和村里的王姓村民结为兄弟，并共同建立斗牛场。由于王姓是苗族，在敲牛祭祖时他们都会一起吹芦笙、跳芦笙舞。尤其是他们的服饰穿着，对我们祖先的影响很大。这种异姓兄弟之间的良好关系，并未维持多久，后又因生活琐事发生纠纷，于是我们陈姓的祖先就迁移到鸟王村中寨居住。④

从上述内容中发现，盘江流域的苗族，支系繁多，多为明清时期从两个不同方向迁来：一为江西湖南，一为广西。迁徙路线基本限定在"绍兴—萍乡—北海断裂带"和"苗岭走廊"这两条适宜人类通行的自然通道上，因而有理由相信，苗族在经由"绍兴—萍乡—北海断裂带"这一自然通道进入贵州后，基本是合并于"苗岭走廊"在省内不同区域之间迁徙。并且在与当地居民融合交流的过程中，生产出与当地生态环境和生计资源相适的苗族新支系。

---

① 黄才贵．青岩诸民族移民及其变化［M］//贵州省民族研究所，贵州省民族研究学会．贵州少数民族妇女问题·贵州民族调查：卷十二．1995：302．
② 2018年7月19日，陈斌访花溪区高坡乡云顶村村民杨文开。
③ 2018年8月5日，陈斌访龙里县湾滩河镇营屯村村民王新辉、陆跃华、陈德伦。
④ 2018年8月11日，孙兆霞、路红艳访贵定县云雾镇鸟王村村民陈光翔。

三、沿陆上通道迁入的汉族

盘江流域的汉族居民，最早可追溯到汉代。公元前111年，汉武帝开始经略西南。"政治上在西南夷地区设置郡县，经济上在西南夷地区设立盐铁官，实行盐铁专营制度，文化上将汉文化大量而源源不断地输入西南夷地区。"[①] 设置郡县，是在经济、文化层面使"西南夷地区"成为中国文化体系中重要亚文明区之一的重要步骤。今贵州绝大部分地区皆由当时设置的犍为、武陵、牂柯三郡管辖。牂柯郡辖17县，皆在贵州省境内，是王朝国家在贵州设立的第一个地方政权机构，郡治"可能在黔中腹地的安顺、平坝、清镇一带"[②]。为巩固统治，政府在当地实行屯兵戍守，令士兵开垦田地，就地耕种，以满足自身生活需求。

随着政治、经济、军事和文化四方面建制的逐步完善，汉人开始进入贵州。《史记·西南夷列传》有载："楚威王使将军庄蹻将兵二万，略巴蜀、黔中以西，欲归报，会秦夺楚巴、黔中郡，道塞不通，因还，以其众王滇，变服从其俗以长之。"已有研究发现，盘江流域是他们定居的主要区域。

>当时移入南夷地区的汉人，大都自巴蜀通过僰道南下，分布地区主要在原"西南夷"中生产发展水平较高的地方、交通道路沿线的平坝、河谷地区和郡县所在的集镇据点附近。大体说来，自僰道（今四川宜宾）西南行，经朱提（今云南昭通）、味县（今云南曲靖）、滇池（今云南晋宁）、云南（今云南祥云），而抵于不韦（今云南保山）。又自僰道南下经南广（今四川高县珙县）、汉阳（今贵州赫章）、夜郎（今贵州普定、盘州、兴仁）、宛温（今贵州兴义）。又自夜郎东达于故且兰（今贵州安顺）。[③]

考古成果为这一观点提供了坚实的证据。20世纪50—70年代，贵州省博物馆在清镇市、平坝区、赫章县、黔西县等地发掘出诸多汉墓。[④] "不但出土了许多与中原风格完全相同的生活用具，同时还有相当数量的铁质农器、兵器以及

---

① 段渝，等.西南酋邦社会与中国早期文明[M].北京：商务印书馆，2015：26.
② 史继忠，等.且兰地理新考[M]//贵州省哲学社会科学研究所.夜郎考：讨论文集之二.贵阳：贵州人民出版社，1981：295-303.
③ 侯绍庄，史继忠，翁家烈.贵州古代民族关系史[M].贵阳：贵州民族出版社，1991：76-77.
④ 陈默溪，牟应杭，陈恒安.贵州清镇平坝汉墓发掘报告[J].考古学报，1959（1）；贵州省博物馆.贵州黔西县汉墓发掘简报[J].文物，1972（11）；贵州省博物馆.贵州赫章县汉墓发掘简报[J].考古，1996（1）.

陶屋、陶仓等模型发现。"① 1975年，贵州省博物馆在黔西南州兴义市万屯发现汉墓群，但从仅发掘出的7座墓的随葬品来看，"其年代上限为东汉和帝（89—105年）前后；下限可到桓帝（147—167年）、灵帝（168—189年）时期"②。"出土随葬品表明了古代贵州与邻近的地区有着密切关系。……这一批墓葬的出土，也有可能说明牂牁郡治即在清镇、平坝地区，所以出土器物才如此丰富。而随葬品种的漆器铭文，明确指出系广汉郡、蜀郡所制造的。"③

截至20世纪70年代，"全省发现汉墓的县：清镇、平坝、安顺、兴义、兴仁、黔西、赫章、毕节、金沙等11县，位于贵州高原的西部"④。考古专家论证，"汉代（墓葬）遗址在贵州的分布大致呈'Y'字形，从遵义到黔西，到安顺，再到黔西南，这是一条线；（另外一条是）从安顺到毕节……安顺一带是个中心"⑤。汉代墓葬遗址的"Y"字形分布格局，彰显出盘江流域是其主要分布区域，也表征出其分布基本与汉人迁徙进入贵州的路径一致。这不仅表明汉人是从其北面的四川迁入，而且也清晰表征出汉人在贵州境内的迁徙路径是自北而南。更为关键的是，这种迁徙路径的走向，与秦朝所筑"五尺道"、汉代所建"南夷道"一致，均为南北向。此时，可大致枸绘出汉代时期中原汉人迁入盘江流域的宏观路径：进入四川盆地后，借助"五尺道""南夷道"向贵州迁徙，直至延伸到盘江流域。尤以安顺及其周边区域为甚。"其数量及密集程度均超过省内其他地区；且墓葬之规模及出土器物之数量、品级，亦在省境其他地区之上。"⑥ "这一范围内汉墓的分布近三十个地点，总数接近一千座。汉墓主人的身份估计是郡县制的大小官吏、大姓、汉族官僚地主等统治阶级的成员。"⑦

遗憾的是，自东汉末年开始，一直到明朝洪武年间，1000多年的时间里，随着"南中"大姓、牂牁大姓等地方势力崛起，后续少有大规模汉人迁入盘江流域。直到明朝洪武年间，中原汉人才再次大量迁入贵州。

首先是军士及其家属进驻卫所。明朝洪武年间先后在盘江流域建立11个卫

---

① 侯绍庄，史继忠，翁家烈. 贵州古代民族关系史［M］. 贵阳：贵州民族出版社，1991：87.
② 贵州省兴义县史志编纂委员会. 兴义县志［M］. 贵阳：贵州人民出版社，1988：563.
③ 陈默溪，牟应杭，陈恒安. 贵州清镇平壩汉墓发掘报告［J］. 考古学报，1959（1）：85-103，139-144.
④ 李衍垣. 贵州文物考古三十年［J］. 贵州民族研究，1979（1）：15-25.
⑤ 2018年8月12日，贵州省博物馆馆长李飞在《何以贵州？何为贵州？》对谈话上的观点。
⑥ 贵州省地方志编纂委员会. 贵州省志：民族志［M］. 贵阳：贵州民族出版社，2002：493，151.
⑦ 李衍垣. 贵州文物考古三十年［J］. 贵州民族研究，1979（1）：15-25.

所，分别为贵州卫、贵州前卫、威清卫、平坝卫、普定卫、安庄卫、新添卫、龙里卫、安南卫、普安和毕节卫。卫所官兵皆由外地迁来，且以中原地区为主。毕节卫"戍此者皆中州人"①，安庄卫"士卒皆中国人"②。毗邻盘江流域的平越卫，士卒来源于江苏、安徽、湖南、河南、河北等15个省，尤以江苏、安徽为多。③"在贵州，目前还未发现卫所士卒由土人充当的情况。"④ 以明朝卫所5600人的设置标准，11卫计有61 600余中原汉民。同时，为使卫所官兵有亲属相依之势，有生理相安之心，明廷规定卫所官兵必须携带妻室儿女随行。《大明会典》有明确记载："有妻在籍者，就于结领内备开妻室氏姓年龄，著令原籍亲属送去完聚。"若无妻室者，"政府予以婚配"。⑤ 如此看来，明朝洪武年间迁入盘江流域的中原汉民，总数应接近13万。

其次，商屯诱致四川等地汉族农民到此屯田。建立商屯，募商人纳米中盐，是明朝解决卫所士卒粮食需求的一种重要手段。洪武十五年（1382年）和洪武二十年（1387年），明王朝先后在贵州发展商屯，将内地盐商招募到贵州"开中"。盐商则招民屯田耕种，以换取盐引。据统计，"洪武年间，先后在播州及普安、普定、毕节、赤水、层台、乌撒、平越、兴隆、都匀、偏桥、镇远、晴隆、铜鼓、五开等卫'开中'，招募四川等地的汉族农民到此屯田，仅正德、嘉靖间至黔的移民就不少于数万人"⑥。有关研究发现，在一些重要卫所周边，因商屯建立而引入的汉族农民达10万人之多。⑦ 由于数量不菲，部分地区的民族格局发生显著变化。隆庆二年（1568年），贵州抚按官杜拯等奏"贵竹长官司所辖，皆流寓子孙，与夷不同"，因而改司为县。⑧

再次，民间自发迁入。除了由明王朝组织的因军事征战需要而出现的大规模移民外，民间社会中亦存在因各种因素而出现的非军籍自发移民。现居住在贵阳市花溪区青岩镇谷通寨的赵氏族人，集体记忆中的始祖赵昉，原籍江西吉

---

① 李贤，等. 大明一统志［M］. 西安：三秦出版社，1990：1362.
② 谢东山修，张道纂. 嘉靖·贵州通志［M］. 1965年云南大学借云南省图书馆传抄天一阁藏明嘉靖三十四年（一五五五）刻本重抄：272.
③ 孟凡松. 明代卫所选簿校注：贵州卷［M］. 桂林：广西师范大学出版社，2020：5-107.
④ 曹树基. 中国移民史：第五卷［M］. 福州：福建人民出版社，1997：315.
⑤ 《贵州六百年经济史》编辑委员会. 贵州六百年经济史［M］. 贵阳：贵州人民出版社，1998：67.
⑥ 方铁，方慧. 中国西南边疆开发史［M］. 昆明：云南人民出版社，1997：337.
⑦ 邹逸麟. 中国历史人文地理［M］. 北京：科学出版社，2001：172.
⑧ 史继忠. 贵州汉族移民考［J］. 贵州文史丛刊，1990（1）：26-33.

安府庐陵县枫林坪。明朝洪武年间，携千金进入贵州游学样舸，由于与金筑安抚司长官友善，得买谷通前后二寨而定居于此，并繁衍至今。① 躲避灾害是明朝洪武年间中原汉民迁入贵州的另一因素。中曹长官司所辖的王宽寨，肇始于明朝洪武年间，主要由一批来自江西的灾民定居而成。灾民擅长陶工，入住后，制作陶瓷谋生。民国时期，王宽寨仍多陶工。② 研究发现，这一类移民主要以血缘、姻缘和地缘关系为结群逻辑缠属而至，日积月累，形成数量不菲的非军籍自发移民群体。

最后，明朝中后期军事镇压后留成贵州。明朝中后期卫所渐弛，原有的节制土司或"控夷"功能逐渐萎缩。每当地方社会中出现民众维权抗争时，明王朝皆需要从外地派军士进入贵州镇压。结束后，为稳定地方社会秩序，多会将军士留成此处。据明朝嘉靖《贵州通志》记载，1520年，官军讨平香炉山"苗叛"之后，"5万多士兵及其眷属迁入贵州中部和东南部"③。

明朝，大量汉人迁入盘江流域已是不争的事实。与汉朝相比，明朝汉族移民主要在朱元璋"调北征南"的形势下发生，迁徙路径与东西走向的"国家通道"一致，主要分布在卫所、驿道沿线。后期，沿卫所驿道发展出的城镇，亦是汉人的主要居住空间。这种居住格局并未随时代变迁发生显著变化。尤中先生对此有过精彩论述："贵筑县与贵阳府同城，城内居民主要是明代贵州卫和贵州前卫汉族军户的后裔……龙里县城内居民也主要是明代龙里卫汉族军户的后裔。"④

明清易代，清朝统治者曾一度改革明朝匠籍制度，提升商人社会地位，直接促进民间社会的人口流动和迁移。"改土归流"后，"蛮不出境，汉不入峒"的民族区隔状态被打破，大量中原汉人向西南边疆迁徙，盘江流域亦如此。当时的贵阳府，"五方杂处，江右、楚南之人为多，世家巨族率敦名节，士习彬雅，人户栉比鳞次，承平日久，渐习繁华"⑤。"于是江广楚蜀贸易客民，毂击

---

① 叶成勇．家族与民族之间：黔中通道上金竹金氏族属认同及其变迁探析：以《金氏家谱》为中心［J］．地方文化研究，2013（6）：1-13.
② 寿宇．贵筑县中曹司罐罐窑窑业调查报告［J］．贵州企业季刊，1943（4）：56-60.
③ 李中清．中国西南边疆的社会经济：1250—1850［M］．林文勋，秦树才，译．北京：人民出版社，2012：104.
④ 尤中．尤中文集：第3卷［M］．昆明：云南大学出版社，2009：414.
⑤ 爱必达，罗绕典．黔南识略·黔南职方纪略［M］．杜文铎，等点校．贵阳：贵州人民出版社，1992：25.

肩摩，籴贱贩贵，相因坌集，置产成家者今日皆成土著。"① "据明万历末年官方的统计，贵州在籍人口约70万。明末清初的战乱使人口锐减至50多万。从清初的'休养生息'到'康乾盛世'所实行的一系列'移民就宽乡'和开发'苗疆'的政策，100多年间使贵州人口猛增了近10倍，其中增加得最多的是汉族。"② 尤其是"改土归流"后，领主制经济日渐衰退，地主制经济发展起来。贸易、手工艺和佣工成为客民进入贵州的主要方式。就盘江流域而言，册亨县，"有客民五百二十六户，皆系买当苗产者"③。罗甸县，"境内计买当租种客民二百五十八户，贸易、手艺、佣工并无苗产客民二百四十一户，住居本城买当苗产、不填丁口客民四十三户"④。"兴郡则又地居滇省冲途，右挹水西，左联粤壤，四通八达，江广川楚客民源源而至者，日盛月增。"⑤ 清朝道光二十一年（1841年），贞丰州亲辖地有"客民五千四百三十三户"⑥。著名历史学家曹树基在研究中发现，"贵州的客民中，商业或手工业移民占有很大的比重。……商人、手工业工人、无产佣工以及居城客民的数量占全部客民的近40%，扣除佣工，商人和手工业者的数量可能占全部客民的30%左右"⑦。

表1-1 清朝贵州省客民统计表⑧

类型	户数
买苗人田土客民	31437
佃种苗人田土客民	13190
贸易、手艺、佣工客民	20444
住居城市乡场及隔属买当苗人田土客民	1973
住居城市乡场隔属买当苗人全庄田土客民及佃户	4455

① 爱必达，罗绕典. 黔南识略·黔南职方纪略［M］. 杜文铎，等点校. 贵阳：贵州人民出版社，1992：276.
② 熊宗仁. 贵州：与移民共舞［J］. 中国国家地理，2004（10）：24.
③ 爱必达，罗绕典. 黔南识略·黔南职方纪略［M］. 杜文铎，等点校. 贵阳：贵州人民出版社，1992：292.
④ 张锳. 兴义府志［M］. 贵州省安龙县史志办公室校注. 贵阳：贵州人民出版社，2009：278.
⑤ 爱必达，罗绕典. 黔南史略·黔南职方纪略［M］. 杜文铎，等点校. 贵阳：贵州人民出版社，1992：288.
⑥ 爱必达，罗绕典. 黔南识略·黔南职方纪略［M］. 杜文铎，等点校. 贵阳：贵州人民出版社，1992：292.
⑦ 曹树基. 中国移民史：第六卷［M］. 福州：福建人民出版社，1997：163.
⑧ 爱必达，罗绕典. 黔南识略·黔南职方纪略［M］. 杜文铎，等点校. 贵阳：贵州人民出版社，1992：20.

农业是促成汉民迁入的另一个重要因素。"改土归流"之后，清王朝将大量汉族移民安置在原土司的田庄中，以开垦梯田，从事农业生产。截至清朝乾隆三十一年（1766年），贵州的垦田数比清初增加一倍多。① 盘江流域内的贵阳府（今贵阳市）及府城周边地区，是客民的主要聚居地。他们"或为官，或贸易，或手艺，或佣工，或居城而在乡间置产"②。"府城和贵筑（今贵阳市）、贵定两县和定番州（今惠水县），每州、县的客民都超过了1000户。"③ 时属贵筑县的今花溪区高坡乡，在清朝嘉庆和道光年间，"已形成了汉人为主体的村寨，成为汉人和当地苗族发生直接交往的中心"④。

四、内生外发的多元彝族

彝族，西汉时名"昆明"，东汉时称为"叟"，南北朝时期以"爨"（黑爨）为称呼，唐宋时期名乌蛮，元朝以后被称为罗罗，延续至民国时期。多样的名称内部也有结构差异，对应乌蛮的是白蛮，罗罗亦可分为黑罗罗与白罗罗。时至今日，虽统称为彝族，但内部有30多种自称不同的支系，如诺苏泼、纳苏泼、聂苏泼、倮保泼、撒尼泼、阿细泼等。本书无意考证各种称呼的内涵，也不打算考察不同支系的文化形态。但是，从多样性的族称（自称/他称）中，可以窥探两方面问题：①彝族来源及其过程若何？②彝族的社会结构如何演化？

据考证，彝族的早期来源概有两个："主源是以黄帝为始祖的早期蜀人，另一源是以母系昆夷而祖古东夷族。"⑤ 商周时期，彝族先祖希慕遮部与以黄帝为始祖的蜀山氏后裔早期蜀人发生联系，自牦牛徼外迁居"邛之卤"（今成都平原）。此后与土著濮人、自西北迁来的昆夷通婚，持续31代之久。如此看来，姻缘是早期彝族来源的主要动力机制。

长期在成都平原上生活的彝族先祖，建立古蜀国。建立者武洛撮成为古蜀国的国王，亦被称为彝族先民跨入文明时代的民族始祖。古蜀国的建立标志着彝族来源进入以地缘为主要标识的动力机制阶段。后来，古蜀国遭遇洪水之灾，国王笃慕成为彝族民族再生始祖。笃慕生育六子，分别为武、乍、糯、恒、布、默。

---

① 侯绍庄，史继忠，翁家烈. 贵州古代民族关系史[M]. 贵阳：贵州民族出版社，1991：324-325.
② 方铁，方慧. 中国西南边疆开发史[M]. 昆明：云南人民出版社，1997：337.
③ 曹树基. 中国移民史：第六卷[M]. 福州：福建人民出版社，1997：156.
④ 杨庭硕，张惠泉. 贵阳市高坡公社苗族葬习调查[J]. 贵州民族研究，1981（2）：21-30.
⑤ 易谋远. 彝族史要[M]. 北京：社会科学文献出版社，2007：111-151.

武、乍二系，向今滇发展后扩散到今滇西等地；糯、恒二系，向今四川凉山、云南昭通及川南叙永、古蔺发展；布、默二系，向今云南东部经宣威向今贵州推移，后迁居到今贵阳以西的贵州西部，南抵黔西南、黔南达广西隆林、那坡等地，北至今云南省属与贵州毗邻的镇雄、彝良一带。①

笃慕的六个儿子以成都平原为基点，向四川、云南、贵州、广西四省（区）迁居，史称"六祖分支"。他们分别居住在由西南山地、横断山脉、大江大河切割出的不同地理空间中，宏观地型构出彝族的整体居住结构。"四川的大渡河以南和雅砻江支流安宁河两岸的大、小凉山地区，及云南的金沙江、元江、哀牢山、无量山之间的地区和滇东北的乌蒙山及滇西的宁蒗、华坪、永胜等县被称为云南的'小凉山'的地区，贵州的毕节、安顺两地区和六盘水市，广西的隆林、那坡两县"②，既有相对明晰的边界，又彼此存在着密切的联系，彰显出彝族进入以血缘为主要标识的扩展阶段。

具体到盘江流域，布、默二系是该区域彝族的先祖。以血缘为基础的扩展机制再次发挥作用，流域内实行子嗣分封制，不同子嗣被分封到不同地区，从而形成则溪制度。"六祖分支"过程中迁居盘江流域的布系后裔分布于今威宁、水城、赫章一带；默系后裔分布于今黔西、大方、织金、纳雍一带。前者被称为乌撒地区，后者因在乌江上游鸭池河（六广河）以西而被称为水西地区。无论是早期的姻缘起源机制，还是后期的血缘拓展机制，皆具有灵活拆合特征，且都是由彝族宗法制度下家支力量以及相互之间的争斗决定社会结构。这种结构易于规避外来力量的统治，形成"无事则互起争端，有事则相互救援"的状态。

根据明代中叶的汉文史籍，三国时期，布系后裔济火协助蜀汉诸葛亮南征，受封为水西地区的"大长"，"率领所属部落征服了仡佬族先民的普里酋长，统治了这一地区"③。这标志着水西彝族已经开始与外来力量接触，费孝通先生将其表述为"内附"④。整体看来，彝族建立在血缘基础上以家支组织为依托的宗法制度，开始出现松动的迹象。

这种状况在持续了一段相当长的历史时间后，彝族社会的宗法制度和社会结构受到严重的外部力量冲击，开始朝着内外结合的方向演化，明朝时期表现

---

① 黄才贵. 独特的社会经纬：贵州制度文化 [M]. 贵阳：贵州教育出版社，2000：295.
② 易谋远. 彝族史要 [M]. 北京：社会科学文献出版社，2007：10.
③ 胡庆钧. 明代水西彝族的奴隶制度 [J]. 历史研究，1964（Z1）：143-164.
④ 费孝通. 兄弟民族在贵州 [M]. 北京：生活·读书·新知三联书店，1951：52.

得尤其明显。一方面，明王朝改造彝族社会内部的组织机制，在水西地区进一步推行土司制度，建立贵州宣慰司，济火后裔担任宣慰使，主要管辖"东起威清、西交乌撒（威宁）、南抵安顺、北至赤水（毕节东北）"①的广大地区。另一方面，在交通要道沿线建立卫所。明王朝先后在盘江流域建立11个卫，其中，乌撒卫、毕节卫位于彝族布系后裔居住的核心区乌撒地区，以卫所屯军为主体的大量外来移民进入。尤其是随着普定卫、平坝卫、威清卫、安南卫、龙里卫、新添卫等卫所建立，原居该区域的彝族退居到以水西为中心的区域中，史称"汉到彝走"②。此时，在水西南面的安顺、安南，以及龙里、威清（今清镇）等地，汉族、苗族、仡佬族和极少部分彝族在此混居。整体看来，"过去那样一种灵活的、易于规避外来统治的社会结构无法再持续，帝国力量得以继续进入"③。

五、层累视角下的多民族共生

在秦朝到清朝的2000多年里，布依族、苗族、彝族和汉族先后因不同原因、借助不同"通道"、从不同方向，规模不一地迁入盘江流域。布依族先后四次北渡红水河，迁徙到盘江流域的黔西南境内，然后多次沿水系或河流在盘江流域的不同地理空间迁移，从而形成当前分布格局。苗族借助自然通道或地陷进入贵州后，沿苗岭走廊向省内纵深区域多次迁移，从而形成不同聚居区。汉族在由王朝国家主导的陆上通道中经多次迁移而到达盘江流域。彝族起源于西南山地，经历长时段以姻缘、血缘为动力机制的融合扩展后，"六祖分支"过程中布、默二系迁居盘江流域。元朝以降，随着王朝国家的持续进入，在外来力量的推动下，形成水西区域和水外六目地并存的居住结构。

自四个民族进入盘江流域后开始，每一次居住空间的拓展或变化，皆是盘江流域地方社会的形塑和变化过程。他们日常的社会生活和文化实践，就是在不同民族之间塑造社会关系的过程。

东汉末年，中原战乱纷扰，中央王朝无暇经营边徼之邦的贵州，即便在强大如盛唐亦是如此。原先迁入贵州的汉人，"不得不以变服易俗的方式，融入当地众多的少数民族之中生存下来，并因此一度产生了诸多族属不明、族源模糊的特殊族群，如所谓龙家、宋家、蔡家、冉家，以及白额子、里民子、土人等

---

① 胡庆钧. 明代水西彝族的奴隶制度[J]. 历史研究，1964（Z1）：143-164.
② 易谋远. 彝族史要[M]. 北京：社会科学文献出版社，2007：54.
③ 施展. 枢纽：3000年的中国[M]. 桂林：广西师范大学出版社，2018：99.

等"①。这些特殊族群，至今仍"被视为少数民族中的一部分"②。

明朝的卫所屯军与布依族、苗族、彝族亦有接触融合，通婚是一种重要的方式。正如徐问在《议处地方疏略》中论述的那样，"汉人与土人每每结亲往来及通彼处苗人耕种"。明王朝虽严厉禁止，仍未完全杜绝。

明朝洪武十四年（1381年），在傅友德、沐英"调北征南"的队伍中，名王西龙者率领百余名军士进驻黔西南州册亨县陂鼐村，后娶村内李姓女子为妻。经过数百年的发展，形成"布依屯堡文化"。

明朝万历年间，因"平播"入黔的李仁宇将军，后转至今贵阳市花溪区石板哨，择半边山建堡名镇山。驻扎后不久，李仁宇之妻病逝。后入赘当地布依族班家生育二子，按照约定，长子随父姓李，次子随母姓班，形成"汉父夷母"之李班家族延续至今。③

现居住在黔西金坡乡的高姓彝族。根据当地民间传说和家谱记载，该支高姓彝族的祖先原是江西的汉人，后随军至贵州，与贵州宣慰使第三女相配成婚，从此便成为彝族。④

清朝时期，汉族与苗、布依等少数民族间的文化融合更加明显。清代徐家干在《苗疆见闻录》中记载道："其地有汉民变苗者，大约多江楚之人，慭迁熟悉渐结亲串，日久相沿浸成异俗。"清代晚期，同化方向发生变化，少数民族被汉族同化。"生苗亦有薙发而出佣内地者，而附近居民与之相习，亦时出入各寨。"⑤

在水西地区，以黑彝为主体的奴隶主，"以威势胁诱汉户，有不从者没入田土、往往投充客户，谓之纳身"⑥。1949年以前，"分布在纳雍、织金一带的'穿青'，相传是明初进入水西地区汉族客户的后裔"⑦。在水外六目地，"与卫人错居，近亦颇为汉俗"⑧，"饶沃宜稻""居田野者以耕织为业"⑨。随着建立

---

① 钱理群，戴明贤，袁本良，等. 安顺城记：一[M]. 贵阳：贵州人民出版社，2020：105.
② 史继忠. 贵州汉族移民考[J]. 贵州文史丛刊，1990（1）：26-33.
③ 汤芸. 多族交互共生的仪式景观分析：贵州黔中跳花场仪式的人类学考察[J]. 西南民族大学学报（人文社会科学版），2013（4）：16-23.
④ 贵州编辑组，《中国少数民族社会历史调查资料丛刊》修订编辑委员会. 黔西北苗族彝族社会历史综合调查[M]. 北京：民族出版社，2009：1.
⑤ 王锡祺. 小方壶斋舆地丛钞：第八卷[M]. 杭州：浙江古籍书店，1985：42.
⑥ 瞿九思. 万历武功录（卷六）·奢效忠列传[M]. 文殿阁书庄.（按：因该古籍未正式点校出版，故未能提供出版社、出版地和出版时间、页码）
⑦ 胡庆钧. 明代水西彝族的奴隶制度[J]. 历史研究，1964（Z1）：143-164.
⑧ 沈庠，赵瓒. 贵州图经新志[M]. 张祥光，点校. 贵阳：贵州人民出版社，2015：270.
⑨ 沈庠，赵瓒. 贵州图经新志[M]. 张祥光，点校. 贵阳：贵州人民出版社，2015：286.

在卫所屯堡驻地基础上的集市出现,"汉夷不问远近,各负货聚场贸易"①。

本章小结

  盘江流域地方社会是布依族、苗族、彝族、汉族等民族在长时段历史过程中,一层一层积累的结果。每个民族在进入盘江流域后的每一次迁徙,或者他们建立在婚姻、集市、"打老庚"等事项(平台)基础上的接触互动,都可以视为对盘江流域地方社会叠加了新层。层与层之间的叠加,既可能推动人群融合,也可能产生人群分异(或裂解)现象,从而生成流域内人群构成的多元性。相互之间的博弈竞争,是他们日常生活中的常态。但是,他们在面对王朝国家或中原(外部)社会的挤压时,仍是一个整体,因而才可能出现明清时期与王朝国家博弈、抗争的诸多案例,甚或直接攻劫卫所,如明朝天顺年间干把猪率领族众攻劫都匀卫。

  站在历史人类学的视角上看,新迁入的人群和原有的自然生境、人文生境结合在一起,就构成了盘江流域地方社会。王朝国家与地方社会的互动博弈,以及多民族迁入后的接触融合,使得盘江流域在自然地理空间的属性上,更添一层以多民族共居为主要标识的人文属性。这样一种地理—政治—人口结构,使明清王朝国家以田土税赋和人口登记为主要内涵的流官政治成为可能,也在差异性的耕作选择中彰显了地方社会的主体性和能动性。盘江流域成为文化与生态多样性的典范样本,为共生秩序的创造、传承和演绎,提供了宏观意义上的自然生境和人文生境。

---

① 谢东山,张道. 贵州通志 [M]. 1965 年云南大学借云南省图书馆传抄天一阁藏明嘉靖三十四年(一五五五)刻本重抄:260.

第二章

亚区划分、多元耕作与混融治理

宏观地描绘盘江流域的基本地形、时空结构和人群构成，将其置于历代王朝国家的军事政治制度体系中，是为确定其在王朝国家版图中的结构地位。这种以"王朝国家"为主体的宏大叙事，整体性地勾勒出盘江流域进入王朝国家政治版图的历史过程。生活其间的生民百姓，人生命运、生存状况、资源拥有等，皆难以逃脱这一历史过程中建构出的诸种治理制度的束缚。

盘江流域由地形（大斜坡地带）地貌（喀斯特）塑造的崎岖不平、分散破碎的高原山地环境，在形塑当地民众社会生活和文化实践的同时，更为与王朝国家的博弈共生提供了一种可依赖的文化载体。

结合明清时期盘江流域生民百姓的生计方式和政治生活，可以清晰地看到不同亚区内以差异性的耕作选择为主要标识的生存智慧，在塑造与自然生境相适的人地关系基础上，建构了分散且异质的耕作文化。在明清王朝高度集中且均质的政治制度体系中，既有了与王朝国家博弈共生的地方法则，又有了彰显自身主体地位的物质基础和凝结机制。总之，盘江流域地方社会将分散且异质的生存智慧、耕作文化，作为与明清王朝国家博弈共生的"武器组合"，一定程度上解构了王朝国家高度集中且均质的制度设计，在盘江流域地方社会与王朝国家之间塑造出一种与各自主旨诉求相符且具有混融属性的治理秩序。

第一节 喀斯特地貌亚区划分

喀斯特是盘江流域最大的地貌类型。囿于纬度、海拔以及喀斯特发育程度的结构性差异，流域内部存在不同亚区。在长时段的历史过程中，不同自然亚区中的人群，在对亚区内部地形地貌、水源气候、土壤土质等有充分认知的基础上，探索性地创生出能满足自身生计需求的耕作方式。

为彰显不同耕作方式的源起和演变历程、基本内涵和属性特征，本节在对各区域地理区位、基本范畴、自然环境和人口构成等因素有充分把握的基础上，将盘江流域划分为以彝族为主的黔西北疏树草坡区、以布依族为主的黔西南干热河谷区、以苗族为主的麻山地区、多族共居的黔中丘原亚区，为后文分析论述盘江流域多元化的耕作方式奠定框架结构。

一、彝族为主的黔西北疏树草坡区

黔西北地处盘江流域上游，是彝族主要聚居区，虽有汉族、苗族等民族人群居于其间，但总体数量不多：具体包括毕节市的威宁、赫章、七星关、大方、黔西、纳雍、织金以及六盘水市的盘州、水城等县（市、区）。该地区为滇东高原向黔中高原过渡的斜坡地带，整体海拔呈西高东低之势，依据海拔高低、地形地貌两方面因素，可大致将该区域划分为三个阶梯。第一级阶梯：威宁县、赫章县的西部、西北部和西南部，是滇东高原向东延伸部分，平均海拔2000~2400米之间，是贵州省第一级阶梯的重要组成部分。河流溯源切割浅高差小，地面起伏和缓，高原面保存较完好。第二级阶梯：赫章县东部、七星关区、大方县、纳雍县、织金县西部，平均海拔1400~1800米之间，河流切割深，高差较大，地形崎岖，山原地貌景观显著。第三级阶梯：金沙县、黔西县和织金县东部，平均海拔1000~1400米，是贵州省第二级阶梯的重要组成部分。黔西北的山原和丘陵地貌主要集中分布在该阶梯中，山间坝子较多。[1]

在第一级、第二级阶梯中，因高原面保存完整，中高山丘陵、盆地布于其间；海拔相对较低的山原地貌景观显著，是贵州省境内高山草场的主要分布区域。囿于地形破碎，该区域的高山草场未能有西北地区草原那样大的面积规模。受盘江流域整体斜坡状地形的影响，该区域中的草场呈斜坡状，坡度较大、土层较薄；冬季霜期和凝冻期较长，不利于木本科植物生长，难以发育成连片的森林。但是，不可否认这是灌木类植物生长的良好生境。黔西北的田土资源主要分布在第三级阶梯中，水田少，旱地多。旱地以坡地为主，土壤质量偏低。"土壤以黄壤为主，黄棕壤、石灰土、紫色土次之，水稻土零星分布。"[2] 更为关键的是，第三级阶梯中的主体毗邻黔东北，并非盘江流域的构成部分。鉴于此，笔者将以彝族为主的黔西北称为疏树草坡区。

该区域是典型的高寒山区，属低纬度、高海拔的大陆性亚热带湿润季风气

---

[1] 贵州省毕节地区地方志编纂委员会. 毕节地区志：地理志 [M]. 贵阳：贵州人民出版社，2004：182.

[2] 贵州省毕节地区地方志编纂委员会. 毕节地区志：地理志 [M]. 贵阳：贵州人民出版社，2004：4.

候，正处于西南暖流控制的西部区域，季节性气候、降雨差异明显。"冬、春在西南暖流的控制下，气温较高，降水较少，形成明显的干旱季节，夏季由于同时受太平洋季风和西南季风的影响，降水较集中。"① "年平均气温 12.8℃ 以上……≥10℃ 积温一般在 3500℃~4000℃ 之间；无霜期在 279~245 天。……年内降水量在 850~1400 毫米之间，降水多集中在 5—9 月，织金、纳雍是贵州省多雨区之一。"② 受海拔高度结构性差异影响，立体气候突出，当地社会有"一山有四季，十里不同天"之说。"枯水—丰水""高温—低温"两种钟摆式的季节气候交替，使得草坡中的风化土层较厚、土壤肥沃，易于牧草生长。由海拔高差塑造的垂直地形、气候，导致其生物物种亦呈垂直状分布，为草坡中生物物种多样、牧草适口性较好等有利于以牧业为主的生计方式提供了自然条件。

二、布依族为主的黔西南干热河谷区

黔西南地处盘江流域中下游，主要位于北盘江沿岸，是布依族的主要聚居区，汉族亦是该区域内人数较多的群体。虽有彝族、苗族、仡佬族等少数民族居于其间，但是总体规模不大。具体包括黔西南州的兴义、兴仁、安龙、贞丰、册亨、望谟等县（市）。区域内地势起伏不平，海拔跨度较大，整体在 1000 米以上。但是，南盘江和北盘江汇合处的望谟县蔗香村双江口海拔仅 850 多米；往下到广西与贵州交界红水河谷地带，海拔仅 400 米左右。峰林、峰丛等"正向地形"与峡谷、谷地、洼地等"负向地形"结合，装配出该区域基本的耕作空间，也从根本上规定了该区域的耕作机制和作物品类。

降水丰富是该区域的一大显著特征。黔西南州年均降水量达 1300 毫米。不同县（市、区）之间，由于微观地形差异，降水量存在一定的差异。兴义市"县境大部分地区年降水量在 1300~1600 毫米，其分布特点是山区多于盆坝地区，山的向风坡多于背风坡"③。望谟"全县各地年均降雨量都在 1000 毫米以上，大部分地区年均降雨量 1200 毫米左右"④。但是，由于河流切割度大，一般在 500~1000 米，加上喀斯特地貌的影响，水利资源用于农业生产中的技术要求较高、难度较大。北盘江沿岸的兴仁市联增村，被流经于此的北盘江呈环形团

---

① 高贵龙，邓自民，熊康宁，等. 喀斯特的呼唤与希望：贵州喀斯特生态环境建设与可持续发展 [M]. 贵阳：贵州科技出版社，2003：50.
② 贵州省毕节地区地方志编纂委员会. 毕节地区志：地理志 [M]. 贵阳：贵州人民出版社，2004：3.
③ 贵州省兴义县史志编纂文员会. 兴义县志 [M]. 贵阳：贵州人民出版社，1988：82.
④ 贵州省望谟县地方志编纂委员会. 望谟县志 [M]. 贵阳：贵州人民出版社，2001：96.

团围住。喀斯特地貌导致的河床深切、岸陡坡峭，河面与水田面垂直距离达100~500米。如此大的水位差，再加上近4000米的距离，使得农业生产时很难从北盘江中取水灌溉。①

黔西南年平均气温16.1℃，是典型的亚热带季风气候区。由于海拔、纬度存在差异，不同县（市）的气温可能存在差异。兴义市，"冬、夏季的白昼长短和温差都比高纬度地区变化小，大部分地区气温年较差只有15℃，最大的是歪染16.2℃。……大部分地区年均温在15℃~18℃之间"②。望谟县，"境内常年平均气温19℃左右，南部高温区的蔗香为20.3℃，北部低温区的二泥为15.2℃"③。年总积温高、降水量丰富但可利用水资源较少，这两个气候特征与"由陡峭高山和险滩急流构成高差极大、内部封闭性极强的地理小单元"④ 结合，形成干热河谷区。

这种干热河谷区，是当地民众生计耕作的自然空间。《新唐书·南蛮列传》载："牂牁土气郁热，多霖雨，稻粟再熟。"整体看来，干热河谷区是喜温、喜湿动植物生长的佳境，如水稻、甘蔗、芭蕉等。地面海拔起伏大，导致动植物呈带状分布，意味着同一海拔区域动植物品类基本相同。植物以丛生和藤蔓类为主。

三、苗族为主的麻山地区

麻山地区，"正南抵广西泗城府，正北抵安顺府，西北抵镇宁州，正西抵永宁州，西南抵南笼府之永丰州，东南抵州属之罗斛地方，正东抵广顺州，东北抵定番州"⑤。对照当前的行政区划，主要包括黔西南州（望谟县）、黔南州（罗甸县、长顺县、惠水县）、安顺市（紫云县）的交界区域。在此居住的民众以苗族为主，有学者将之称为麻山支系苗族。⑥

麻山之名源起既有三种说法。①由于地处喀斯特地貌区，该区域内部容易

---

① 张建，宗世法，陈斌，等. 城乡互动与农村家户现代化 [M]. 北京：社会科学文献出版社，2022：30.
② 贵州省兴义县史志编纂委员会. 兴义县志 [M]，贵阳：贵州人民出版社，1988：80.
③ 贵州省望谟县地方志编纂委员会. 望谟县志 [M]. 贵阳：贵州人民出版社，2001：93.
④ 王春光，孙兆霞，梁晨，等. 贵州省新型城镇化研究 [M]. 北京：经济管理出版社，2022：32.
⑤ 中国第一历史档案馆. 雍正朝汉文朱批奏折汇编：第十六册 [M]. 南京：江苏古籍出版社，1991：675.
⑥ 杨庭硕. 论外来物种引入之生态后果与初衷的背离：以"改土归流"后贵州麻山地区生态蜕变史为例 [J]. 云南师范大学学报（哲学社会科学版），2010（1）：37-42.

形成规模较大的封闭型溶蚀洼地或漏斗，甚至有些地方1平方千米内洼地、漏斗达6个之多。当地民众将喀斯特地貌区中的洼地、漏斗称为"麻窝"或"墒""凼"，故名麻山。① ②该区域山谷相间河溪交错，形成诸多山间盆地和田坝，层峦叠嶂杂乱如麻，故称麻山。② ③喀斯特地貌导致该地传统耕作是刀耕火种式的旱地游耕，作物品类多，产量低。"改土归流"后，这种耕作的产出，"与外界的农产品差异太大，在集市贸易中价格波动也很大，而且这样的农产品无法就地供作军粮，维持当地驻军的给养。"③ 按照美国学者詹姆士·C.斯科特（James C.Scott）的理论，这是一种典型的"逃避农业"。为改变这种状况，清王朝引进推广棉麻种植至此区域，仅有麻种植取得成功，使之成为云贵高原重要的麻产区，因而得名麻山。④

麻山之名源起的三种说法，皆指向该区域的喀斯特地貌，彰显出这种地貌特征已严重影响到当地民众的生计耕作和日常生活。历史上，麻山的地貌特征并非如此。明朝末年，盘江流域所在的贵州，总体上是一种由"树极蒙密，路极崎岖""大树蒙密，小水南流""山上树密深箐，山下有泉凉凉"共同构成的良性生态景观系统。清朝雍正年间，清政府在贵州实施大规模的"改土归流"，大量中原汉人迁入。清王朝为提升单位面积土地产出，增强其人口承载能力，缓解因人口突然涌入而引发的人地矛盾，麻、玉米、红苕等高产物种被引入。短期内，麻山地区的粮食作物产量明显增多。与此同时，这些外来高产物种挤占了原有传统作物的耕作空间，更为原有农业耕作系统形塑的整体自然生境的灾变埋下隐患。"麻类作物进入麻山，虽然渡过了生物适应难关，但麻山地区自然与生态系统，在接纳麻类作物的同时，却种下了灾变的隐患。"⑤ 有研究者指出，这种情况并非仅仅在麻山地区发生，而是整个贵州。"雍正年间对贵州施政的后果是一环接一环的，地利得到最大程度的发挥的同时，也就是土地退化的

---

① 屠玉麟，等.独特的文化摇篮：喀斯特与贵州文化［M］.贵阳：贵州教育出版社，2000：6.
② 贵州省望谟县地方志编纂委员会.望谟县志［M］.贵阳：贵州人民出版社，2001：1.
③ 杨庭硕.论外来物种引入之生态后果与初衷的背离：以"改土归流"后贵州麻山地区生态蜕变史为例［J］.云南师范大学学报（哲学社会科学版），2010（1）：37-42.
④ 杨庭硕.论外来物种引入之生态后果与初衷的背离：以"改土归流"后贵州麻山地区生态蜕变史为例［J］.云南师范大学学报（哲学社会科学版），2010（1）：37-42.
⑤ 杨庭硕.论外来物种引入之生态后果与初衷的背离：以"改土归流"后贵州麻山地区生态蜕变史为例［J］.云南师范大学学报（哲学社会科学版），2010（1）：37-42.

开始，到一定程度，也就产生了石漠化。"①

当前所见到的麻山地区，喀斯特峰丛洼地高度发育。"地表石峰林立，石峰的基部相连围成环状，每一个环状石山都围绕着一个溶蚀洼地，各洼地间相互毗连密集排列，呈蜂巢状。"② "顽劣的石头总要与田土争占一席之地，土壤便只有零星地在石与石之间残存。"③ 地表石多土少，易形成漏斗、落水洞等地貌景观，为地表水渗入地下提供完整且系统的"通道"。加上地表河流缺乏，导致该区域内地表水资源异常匮乏。农业生产全靠雨泽，每逢久旱不雨，当地生民百姓的日常生活用水难以保证。总而言之，麻山地区石多土少，地表河缺乏，极度干旱。

四、多族共居的黔中丘原亚区

该区域主体是盘江流域的集水区域，处于长江水系和珠江水系的分水岭地带。按照当前行政区划设置，以贵阳市东南部为中心，往南主要辐射黔南州惠水县、长顺县、龙里县、贵定县和罗甸县，往西主要覆盖贵阳清镇市和安顺市平坝区、西秀区、普定县。该区域是典型的黔中丘原亚区，可分为三个自然小区：安顺—贵阳丘陵坝子小区、长顺—惠水丘陵低山坝子小区、瓮安—龙里丘陵低山盆谷小区。④ ①整体海拔较低，地势起伏较小，基本处于1200~1500米之间。②农耕历史悠久，土壤熟化程度较高，以山间田坝为主。据统计，500亩以上的山间田坝有100余个，占全省总数的6.1%。③水利资源相对丰富，农业生产灌溉条件较好，作物可一年两熟。

历史上，安顺—贵阳丘陵坝子小区的主体人群是彝族和仡佬族，长顺—惠水丘陵低山坝子小区、瓮安—龙里丘陵低山盆谷小区的主体人群是苗族和布依族，间有仡佬族居住。根据文献史料记载，仡佬族是世居于此的人群，彝族从黔西北的疏树草坡区迁来，布依族从黔西南的干热河谷迁来，苗族则是沿苗岭走廊从黔东南迁来。明朝洪武年间，王朝国家在该区域内建立大量卫所。据统计，盘江流域的11个卫所，其中7个分布在这一区域，分别是龙里卫、新添

---

① 韩昭庆. 雍正王朝在贵州的开发对贵州石漠化的影响 [J]. 复旦学报（社会科学版），2006（2）：120-127，140.
② 杨庭硕. 论外来物种引入之生态后果与初衷的背离：以"改土归流"后贵州麻山地区生态蜕变史为例 [M]. 云南师范大学学报（哲学社会科学版），2010（1）：37-42.
③ 屠玉麟，等. 独特的文化摇篮：喀斯特与贵州文化 [M]. 贵阳：贵州教育出版社，2000：83.
④ 蔡运龙. 贵州省自然区划与区域开发 [J]. 地理学报，1990（1）：41-55.

卫、贵州卫、贵州前卫、威清卫、平坝卫和普定卫。卫所建立，该区域的人口结构发生明显变化。"汉到彝走"，原先居住在此的彝族分支播勒部被动迁居他处。同时，以卫所屯军、军余为主体的中原汉族大规模进入。安顺—贵阳丘陵坝子小区的主体人群变成汉族。瓮安—龙里丘陵低山盆谷小区沿线有龙里卫、新添卫两个卫所分布，亦有相当数量的中原汉族进入。总体而言，苗、布依、汉族共居的结构基本形成，延续至今。

汉族聚居区域与卫所驿道同构，喀斯特地貌发育程度较低，地势平坦，有相当数量的山间坝子，农业生产条件相对较好，本书名其为"卫所驿道沿线"。苗族、布依族聚居区域，远离卫所和驿道，喀斯特地貌发育程度较高，地势崎岖，山间坝子数量较少，农业生产相对劣势，本书名其为卫所驿道纵深地带。

结合田野调查和文献记载发现，水田是该区域的主要生计资源，也是其与前述三个区域的主要优势所在。位于卫所驿道沿线的水田，比较集中且坡度较小、水利资源相对较好，本书名之"平田"；位于卫所驿道纵深地带的水田，比较分散且坡度较大，本书名之"山田"。

这种区分并不是绝对的。山田密集区中，亦有面积可观、生产条件相对优良的平田。如有"贵州粮仓"之称的惠水县，远离卫所驿道沿线，但是，"县境山地占全面积之六成，但高下起伏比较不大，地势东南略高，中为长形盆地。……惟其地质有局部粘土，山上可耕之地亦不少"[①]。涟江田坝是贵州省内著名的大田坝之一，亦是山田密集区中典型的平田。"全长30千米，宽2~3千米，海拔在930~990米，内有稻田37 000亩，占全县稻田面积的19.3%，是县内大米主要产区之一。"[②] 据《龙里县志》记载，今龙里县湾滩河镇，远离明朝龙里卫的辖区，是卫所驿道的纵深地带。但是，该地仍有面积可观的平田，按照当前统计数据，总耕地面积30 224亩。其中，水田26 129亩，占86.45%，主要分布于羊场、湾寨、岱林等湾滩河沿岸，有"万亩大坝""龙里粮仓"之美誉。

平田密集区中，同样有山田。如罗甸县，根据民国三十三年（1944年）的统计数据，"全县耕地面积13.82万亩，其中：农田22 682亩，占16.3%；旱地50 795亩，占36.3%；丢荒地65 704.09亩，占47.2%"[③]。这些数据彰显出，罗甸县是卫所驿道的纵深地带，属于低山峡谷小区，但整体生产条件有限，地

---

① 吴泽霖. 定番县乡土教材调查报告 [M]. 民国二十八年稿本，1965年贵州省图书馆据北京图书馆仓钞本复制油印本：22.
② 惠水县史志编纂委员会办公室. 惠水县志 [M]. 贵阳：贵州人民出版社，1989：192.
③ 贵州省罗甸县地方志编纂委员会. 罗甸县志 [M]. 贵阳：贵州人民出版社，1994：270.

表起伏较大，水田面积占总耕地面积的比例较小。

第二节 生计基础上的多元耕作

多元耕作是盘江流域地方社会文化多样和主体能动性的基础。盘江流域由地形（大斜坡地带）地貌（喀斯特）导致的地理破碎，使得当地无法形成类似平原那样的大规模农耕经济区。秦汉以来，苗族、布依族、彝族等诸多少数民族分别居住在不同的地理空间中，在长时段历史过程中各自探索性地生发出与自然生境相适的耕作方式，既实现了充分利用土地资源，缓解人地矛盾的目标，又彰显出自然亚区之间的差异性特征，促进不同人群的交往交流交融。

明王朝对西南边地的治理制度发生变化，在相对比较松散的土司制度上，叠加一种以高度集权为主旨内涵的卫所制度。汉族成为盘江流域的主体人群之一，主要沿卫所驿道分布。苗族、布依族、汉族共居区域出现，以高产为主要诉求的物种以及与之配套的农耕技术被引入，进一步丰富了多元耕作的文化内涵，同时也意味着盘江流域的政治社会生态有了外生变量，两者开始了混融的过程。经历过"改卫设县""改土归流"的混融之巅峰状态后，其间虽有一定波折，但最终成功在盘江流域内建立以流官为主体的州县治理体制。

这样一种地理—耕作—政治结构，意味着明清时期王朝国家对盘江流域的治理目标基本实现，其关于盘江流域治理的意志和主张也得到彰显。相应地，流域内生民百姓的社会生活和文化实践没有被轻易涵化，原有的耕作方式和生存智慧也得以保留传承。相互之间虽迭次发生博弈抗争，但盘江流域的治理始终呈现出良性运行的状态，为盘江流域共生秩序的生成提供文化基底和制度空间。

一、黔西北：主牧到主耕的历史转型

黔西北游牧传统悠久，考古成果发现当地自汉代开始就已饲养猪、牛、马等牲畜，"黔西汉墓中出土的陶猪模型，便颇有'可乐猪'[①] 的形象"[②]。在威宁中水夜郎旁小邑的墓地中，发掘出土牛骨、牛牙等。该墓中还"发现了作子

[①] 可乐猪，壮健、体形修长，不择食，宜放养。盘江流域上游威宁、赫章等地，民众仍有"牧猪"习惯。

[②] 李衍垣.贵州农业考古概述[J].农业考古，1984（1）：239-247，321.

母画面的东汉画像砖,这也是彝族地区养马业发达的表示,它们或许与'水西马'有关"①。贵州的考古发掘成果,与司马迁笔下"随畜迁徙毋常处"的形象契合。

地方文献史料中的记录也能证实这一观点。唐朝时期,贵州彝族地区"土多牛马,无布帛,男女悉披牛羊皮"。南宋朝廷在南方设市买马,更在一定程度上促进了该地区游牧业的发展。元朝时,该区域的彝族聚居区,是全国有名的14个大牧场之一,养育的乌蒙马、水西马被列为"国马"。明朝洪武十四年(1381年),深入黔西北的征南将士在给朝廷的奏章中提到该地区"好牲无粮"。洪武十七年(1384年),明朝在乌撒设立马市,并明确规定"乌撒发易马六千五百匹","凡马一匹给布三十匹或茶一百斤,盐如之"②。弘治《贵州图经新志》记载:"土宜羊,土人皆牧以为主。"③ 清朝乾隆《贵州通志》《黔记》等文献史料中,亦明确地记载黔西北是"牧养为业"。

除猪、牛、马等畜种外,羊也是该地区民众养殖的主要牲畜。羊是典型草食牲畜,黑山羊是黔西北民众养殖的主要畜种,该羊种以全身被以黑毛而得名,主要分布在威宁、赫章、水城、盘州等县(市、区)。时至今日,黑山羊仍是黔西北一种重要的畜产品。

在游牧之外,该区域也有比较悠久的耕种传统。但需要明确的是,这种耕种传统受自然生境中的土壤条件和气候因素影响比较大。根据文献史料记载,该区域较早期的耕作物种以荞、麦为主。

荞,彝文称"鼓",汉文文献史料中常表述为"荍"。有甜荞和苦荞两种,耕作技术和工序基本相同。这是一种典型的耐寒、耐旱且对土壤肥力要求不高,适应性和生命力极强的农作物品种。播种后,"既不中耕,亦不追肥,任其自然生长,一直到收获"④。麦有燕麦、大麦、小麦(地方文献史料中称"筱麦")之别,亦是黔西北地区彝族早期民众重要的农作物品种,和荞一样,也是耐寒、耐旱且对土壤肥力要求不高的农作物。与荞相比,麦的适应性、生命力更加强盛。"一般是在收割五月荞后,不犁不耙,也不施肥,更不中耕,将燕麦撒播,

---

① 李衍垣. 贵州农业考古概述 [J]. 农业考古, 1984 (1): 239-247, 321.
② 贵州省民族研究所.《明实录》贵州资料辑录 [M]. 贵阳: 贵州人民出版社, 1983: 43.
③ 沈庠, 赵瓒. 贵州图经新志 [M]. 张祥光, 点校. 贵阳: 贵州人民出版社, 2015: 298.
④ 贵州编辑组,《中国少数民族社会历史调查资料丛刊》修订编辑委员会. 黔西北苗族彝族社会历史综合调查 [M]. 北京: 商务印书馆, 2009: 32.

不闻不问，到第二年三月收割。"①

明朝包汝楫在《南中纪闻》中描述黔西北"禾米佳过中国，彼地人又以燕麦为正粮，间用和谷"。清朝爱必达根据巡抚贵州时掌握的情况，认为威宁"然一州之中，温饱者鲜，贫人以苦荞为常食，包谷、燕麦佐之"②。威宁"地土不宜稻米，向只种筱麦"。"日本学者佐佐木等在威宁等地考察多年后认为，荞子是山地农业文化的产物，很早就栽种于彝族先民之中。"③

明朝末年的隆庆、万历年间，彝族土司安国亨着手推动耕作转型。"亨益令夷酋开垦，劝以农桑、察下贫者，亨必赋牛具种子，于是流夷自占而还者，至一千五百一十八人。"④清朝"改土归流""移民就宽乡"等政策的实施，进一步促进了黔西北农业耕作转型。"改土归流"引发了大量外地汉民迁入黔西北；"移民就宽乡"政策的推出，初衷是为缓解中原内地沉重的人口压力。不论是何种原因迁居黔西北的外地人口，皆在此开展了一场以开垦荒地，种植玉米、洋芋和稻米的农业耕作转型运动。根据《清实录》记载，自康熙年间至乾隆年间，贵州掀起一场农田开垦运动，总计开垦农田183 824亩。其中康熙朝开垦66 657亩，雍正朝开垦25 200亩，乾隆朝开垦91 967亩。⑤马国君在研究中发现，康熙、雍正、乾隆三朝开垦的荒地，主要集中在黔西北的乌撒、水西等彝族土司领地。⑥在这种情况下，黔西北的农作物品种发生了显著变化，种类增多。当地民众"俱改种旱稻、粟米、红稗、黄豆等物"⑦。同时，玉米、洋芋也传入该地区，受产量高和与该地区的土壤、气候更相配等因素的推动，取代荞、麦地位一跃成为当地民众的主粮。在一部分山间河谷地区，也种植水稻，但是

---

① 贵州编辑组，《中国少数民族社会历史调查资料丛刊》修订编辑委员会. 黔西北苗族彝族社会历史综合调查 [M]. 北京：商务印书馆，2009：33.
② 爱必达，罗绕典. 黔南识略·黔南职方纪略 [M]. 杜文铎，等点校. 贵阳：贵州人民出版社，1992：215.
③ 王春光，孙兆霞，梁晨，等. 贵州省新型城镇化研究 [M]. 北京：经济管理出版社，2022：31.
④ 瞿九思. 万历武功录：卷六·安国亨列传 [M]. 文殿阁书庄.（按：因该古籍未正式点校出版，故未能提供出版社、出版地和出版时间、页码）
⑤ 古永继. 元明清时贵州地区的外来移民 [J]. 贵州民族研究，2003（1）：135-141.
⑥ 马国君. 清代至民国云贵高原的人类活动与生态环境变迁 [M]. 贵阳：贵州大学出版社，2012：79.
⑦ 中国科学院地理科学与资源研究所，中国第一历史档案馆. 清代奏折汇编：农业·环境 [M]. 北京：商务印书馆，2005：12.

种植面积极小。如在威宁县龙街地区，种水稻的总面积仅占总耕地 0.3% 左右。①

黔西北的发展历史过程中的生民百姓，在对当地自然生境有充分认知和掌握的前提下，有针对性地选定生计方式，以满足自身的生计需求。对于该地的这种生计方式，有学者将其概括为混成耕牧制②，也有学者将其概述为农牧兼营制③。从内涵来看，两种说法没有本质区别，但有个共同缺陷：在彰显空间的同时忽略了时间。

从前述内容中发现，明清易代之后，黔西北民众的生计方式，开始出现转型或演化的迹象。农作物品类增多，农业耕作技术日渐成熟，农作物产出增多。总体来说，"耕"或"农"跃居于"牧"之上。整体看来，明朝及其以前的时期，该地区的生计方式呈"耕辅牧主"结构。经历过明朝末年安国亨的推动和清朝"改土归流""移民就宽乡"政策的实施，其生计方式的结构转型为"耕主牧辅"。

二、黔西南：水稻为主的山地多样耕作

该区域有较好的适于稻作农业的自然条件，生活于此的布依族很早就掌握了水稻耕作技术。1975 年，贵州的考古工作者在兴义市万屯、兴仁市交乐发掘的 12 座汉墓中，发现多件陶制水田池塘模型。

> 该模型作圆盆状，中间一泥条（直径）把它分隔成两个半圆，泥条象征着把两边的水塘和稻田隔开的堤坝，从水塘流向稻田供水灌溉的水流，是由"堤坝"中间的一座拱形顶的闸门控制着。闸门上面，水鸟昂立：象征稻田的半圆，由三道竖、曲的田埂，把水田分隔成四块，田中的秧苗正在成长。可谓灌溉渠道纵横、水源充沛。另一个象征池塘的半圆中，雕塑着不少水生动植物，栩栩如生。计有：大鱼一尾，泥鳅、田螺、菱角、荷叶、莲瓣等数种；值得注意的是塘边、田旁均刻画出参天的树木，以示对绿化环境、水土保持的重视。④

---

① 贵州编辑组，《中国少数民族社会历史调查资料丛刊》修订编辑委员会. 黔西北苗族彝族社会历史综合调查 [M]. 北京：民族出版社，2009：24.
② 杨庭硕. 相际经营原理 [M]. 贵阳：贵州民族出版社，1995.
③ 马国君. 清代至民国云贵高原的人类活动与生态环境变迁 [M]. 贵阳：贵州大学出版社，2012.
④ 李衍垣. 贵州农业考古概述 [J]. 农业考古，1984（1）：239-247，321.

第二章 亚区划分、多元耕作与混融治理

这种水田池塘模型，主要分布在四川、重庆、云南、贵州、两广（广东、广西）地区，陕西南部的汉水谷地中亦有分布。对照当前地图，这一区域是云贵高原的主体部分及其西北边缘。高原山地中分布着面积不等的谷地或田坝，适宜种植水稻。考古专家对在盘江流域中下游兴义市、兴仁市汉墓中所发现水田池塘模型的解读，表征出该区域在汉朝时已有较高水平和较大规模的水稻种植。属山地稻作农耕类型[1]，与司马迁笔下的"耕田有邑聚"式社会经济类型高度吻合。

在考古成果外，文献史料对该区域种植水稻的历史亦多有记载。《旧唐书·南蛮西南蛮传》："上宜五谷""道粟皆再熟"。宋朝周去非在《岭外代答·惰农》中，对该区域以水稻为主体的耕作方式有精彩论述："深广旷土弥望，田家所耕，百之一尔，必水泉冬夏常注之地然后为田。……其耕也仅取破块不复深易，乃就田点种更不移秧。既种之后，旱不求水涝不疏决。既无粪壤又不籽耘，一任于天。"

延至今日，该区域仍有优良的水稻种植条件。2017年11月，笔者在田野调查中了解到，望谟县、兴义市等地是该区域重要的水田分布区。据统计，望谟县有水田22.10万亩，占全县面积的4.30%，占全县田土总面积的20.23%。通过田野调查了解到，桑郎田坝是全县规模较大的山间田坝，稻田13 169.3亩。[2]对典型喀斯特山区来说，如此大规模的水田布于其间，为水稻种植提供了重要的生产空间。兴义市水田达247 422.9亩[3]，主要分布在下五屯、顶效和七舍三个区域，以坝子田和河谷田为主，地形平坦，水源灌溉便利，有较好的水稻耕作条件。

除水稻外，薏仁米是该区域的另一种重要农作物。薏仁米又名薏苡，1979年版《辞海》记载薏苡俗称"药玉米""回回米"。清朝咸丰《兴义府志》中将其俗称为六谷米。薏仁米属禾本科，是一年生或多年生草本作物，适于生长在湿润温暖之地，且耐涝。中国薏仁米种植历史达千年之久，截至当前，已在全国形成四大主产区："以兴仁县为核心的贵州薏仁米产区，以师宗县为核心的云南薏仁米产区，以西林县为核心的广西薏仁米产区，以蒲城县为核心的福建薏仁米产区。"[4]

---

[1] 罗二虎. 汉代模型明器中的水田类型[J]. 考古, 2003（4）：362-368.
[2] 贵州省望谟县地方志编纂委员会. 望谟县志[M]. 贵阳：贵州人民出版社，2001：70.
[3] 贵州省兴义县史志编纂委员会. 兴义县志[M]. 贵阳：贵州人民出版社，1988：105.
[4] 李发耀，石明，秦礼康. 中国薏仁米产业发展报告（2017）[M]. 北京：社会科学文献出版社，2017：1.

据2017年统计的数据，贵州薏仁米产区种植面积最大，达77万亩，占全国薏仁米种植总面积的73.33%。① 对照盘江流域的空间范畴，贵州薏仁米产区主要集中在盘江流域中下游的黔西南区域，主要涉及兴仁、兴义、安龙、普安等县（市、区）。清朝咸丰《兴义府志》中记载"薏苡全郡皆产"。据统计，该区域2017年的薏仁米种植面积达60万亩，占全省薏仁米种植总面积的77.92%。

玉米在该区域的种植历史比较悠久，也是其重要的农作物。玉米，俗称苞谷、番麦，原产于美洲，明朝嘉靖年间传入中国。根据地方史志记载，玉米传入贵州的时间大约在明末清初。"万历年间郭子章所撰《黔记》，未见贵州省有包谷的记载，而乾隆年间爱必达主持的《黔南识略》则有颇多记载。"② 尤为重要的是，玉米根系发达，耐旱、耐寒且喜沙质土壤，可充分利用面积广大的旱地，因而在黔西南区域内广泛种植。兴义府，"高山陡岩宜种包谷"③。（咸丰）《兴义府志》记载："全郡皆产，全郡多山，包谷宜山，故种之者较稻谷为多，贫民多以代谷。……兴义县，包谷，山头地角无处无之。"④

自清朝"改土归流"大规模实施后，在较长的历史时段内，先后有大量中原汉民迁入该区域。"黔省固多客民，兴义府尤其渊薮，自嘉庆年间，平定苗匪之后，地旷人稀……现又有四川、湖广客民携眷而来，租垦荒山……兴义各属已无可垦之山，而四川客民及本省遵义、思南等处之人，仍多搬往，终岁不绝，亦尝出示属严禁而不能止。"⑤ 客民的大量涌入，最直接的后果是当地人口规模快速增加。"大定府和兴义府以及普安厅人口比例上升最快，清代中期以后成为贵州人口增长最快的地区。"⑥ 另一方面，汉族与布依族等少数民族的人口比例发生变化，显著后果之一是该区域人多地少、人地关系紧张，超出境内田土资源的承载能力。正是在这种沉重的压力下，当地不仅扩大了玉米的种植面积，更是丰富了农作物的品类。据清朝咸丰《兴义府志》记载，咸丰年间，黔西南区域内的作物种类主要有谷属、豆属、蔬属、瓜属、果属五大类，总计165种。

---

① 李发耀，石明，秦礼康. 中国薏仁米产业发展报告（2017）[M]. 北京：社会科学文献出版社，2017：1.
② 《贵州六百年经济史》编辑委员会. 贵州六百年经济史[M]. 贵阳：贵州人民出版社，1998：89.
③ 爱必达，罗绕典. 黔南识略·黔南职方纪略[M]. 杜文铎，等点校. 贵阳：贵州人民出版社，1992：228.
④ 张锳. 兴义府志[M]. 贵州省安龙县史志办公室，校注. 贵阳：贵州人民出版社，2009：624.
⑤ 贺长龄. 耐庵奏议存稿：卷五[M]. 台北：文海出版社，1969：102.
⑥ 曹树基. 中国人口史：第5卷[M]. 上海：复旦大学出版社，2001：265.

其中，谷属作物中涉及稻作的品类有 22 种。①

三、麻山地区：传统复合耕作遭遇外来高产物种

历史上，麻山地区长期被王朝国家视为"生界"。当地苗族、布依族民众结合地形地貌、田土水源等基本属性，发展出一种传统的复合型生计耕作。一方面，多种粮食作物混合或交替耕种，主要有小米、燕麦、红稗、天星米、荞子等。荞子收割后，可在原土地中种植燕麦，实现同一块土地中多种作物混种。另一方面，在不适宜种植粮食类作物的半山区从事林副产品的生产，如桐油、生漆等。该区域种植油桐树、生产桐油的历史非常悠久。蜀汉时期，诸葛亮南征，孟获就是用这种桐油炮制藤甲，使之"刀劈不进，斧砍不伤"，用以武装自己的"藤甲军"，最终在与蜀汉军队的交锋中占有优势。地方文史资料记载："诸葛亮南征时吃过'藤甲军'的亏。"② 在少量仅有的狭小河谷中居住的布依族民众，还有针对性地发展出"稻—鸭—鱼"的耕作模式。

传统复合型耕作，是当地民众在历史发展过程中为满足生计需求，结合当地自然生境综合选择后的结果，彰显出人与自然共生、物质循环利用两方面理念，可在满足民众日常生计资源的同时，达到保护生态的目的。当清朝雍正年间"改土归流"后，该地被纳入王朝国家直接治理的范畴，由"生界"转为"熟地"，需承担起纳粮缴赋的任务。这种耕作方式之于王朝国家"逃避"属性的"缺陷"开始显露。由于耕作产出总量较少，不仅无法进入市场交易，更难以满足王朝国家纳粮缴赋的要求，于是，以"增产增收"为主要目标的高产粮食作物被引进，如水稻、玉米、红苕等。这些高产粮食作物被引入后，将传统复合型耕作方式中的传统粮食作物，挤压至"小杂粮"的地位。整体来看，并未彻底改变该区域复合型耕作的结构。

麻就未必如此。麻对生产环境要求较高，一般需要将溶蚀湖底部的地漏打通，排干其中的水后再种植。直观上，这是对当地自然生境表面的一种人为破坏。更为重要的是，"溶蚀湖底的地漏斗被穿通以后，当地的水就存不住了。下雨的时候，水和土一起泄入地下的溶洞中。珠江下游的堤防就得年年加高。因为种麻不是只种一块地，所有的溶蚀湖都可以种上，同时也需要把所有的溶蚀

---

① 张锳. 兴义府志 [M]. 贵州省安龙县史志办公室，校注. 贵阳：贵州人民出版社，2009：621-622.
② 镇宁布依族苗族自治县民族事务委员会. 六马志（未刊）[M]. 1993：28.

湖排干。这样一来，一旦遇上暴雨，从柳州到梧州河段就会年年泛滥成灾"①。

以往的研究者，往往只是片面强调王朝国家治理盘江流域，从中原引入高产物种，推广中原的耕作方式，在提升单位面积产出、缓解人地矛盾方面有显著贡献。但是，这种贡献只是短期性的。一味地将适宜中原地区的高产物种和耕作经验，照搬到盘江流域这种以喀斯特地貌为主体地貌的生产空间，未能考虑到自然生境差异导致高产物种、耕作经验"水土不服"的情况，不仅可能造成产出效果不理想，更可能为未来的生态灾变埋下隐患。

四、黔中丘原亚区：自然与人文共同构建的复合型耕作

"耕山到处皆凭火，出户无人不佩刀。"

"绝壁烧痕随雨绿，来年禾穗入春香。"②

两诗出自明朝不同年代的两位诗人之手，皆描绘出贵州地方社会在明代以前以刀耕火种式游耕为主旨的生计景象和耕作制度，学界称这种耕作制度为"斯威顿耕作"（Swidden Cultivation）。明代以前，斯威顿耕作是黔中丘原亚区的基本耕作制度，以旱地为基础，有豆类、麦类、荞子、红稗、小米等数十种作物。

小米和红稗的种植最能代表传统斯威顿耕作的特点。他们在秋季百草结实前砍掉杂草，目的在于减少地中杂草在来年的萌芽率，然后在春季将砍下的已干枯的杂草杂树烧掉。小米可以在热灰上直接撒播，红稗则需灰冷下雨后点种，以后就可以放心地等待收割了。开始时我们担心来年杂草可能长得比庄稼还茂盛，后来才知道这是多虑了。一则他们砍荒时已经把握了有利的时机，来年主要长得出哪些野生植物，早已胸有成竹。二则长出的野生植物有不少可以派上用场，不等泛滥成灾，他们已及时将它们取而用之了。比如，蕨类植物有宿根，砍与焚都无法清除，但新发的蕨芽是菜肴，稍老时又作饲料，经多次觅集后，对庄稼的影响就十分有限了。其他旱地作物的耕地也往往几种作物混生一道，按成熟先后取用，而不像农业生产那样一块地主要种一两种作物，丰收后贮以待用。他们的技术目标

---

① 杨庭硕，孙庆忠. 生态人类学与本土生态知识研究：杨庭硕教授访谈录［J］. 中国农业大学学报（社会科学版），2016（1）：5-23.

② 万历黔记：卷五十五［M］//中国地方志集编委. 中国地方志集成：贵州府县志辑：2. 成都：巴蜀书社，2006：410.

则是有效地利用多种植物成熟的次第差，去确保食物供给的衔接。①

斯威顿耕作制度，"是一种与农业耕作制度截然不同的耕作制度类型，它不是农业的萌芽状态，更不是原始农业的'活化石'"②。这种耕作制度已成为黔中丘原亚区的一种基本耕作制度，是当地民众重要的生计来源。

明朝洪武年间，随着驿道开通、卫所建成，稻作农业传入该区域，一方面带来江南地区的稻作文化，另一方面，卫所军余及其屯军家属主动开垦荒地，增加耕地面积，扩大稻作规模。当地部分民众逐渐接受这种生计耕作方式，尤其在平田较多、生产条件较好的地区更加显著。今安顺境内，明朝洪武年间在此设立平坝卫、普定卫和安庄卫，是典型的屯堡区。稻作农业是屯堡人主要的生计耕作制度，还是多种农作物、畜禽产品、蔬菜等经济作物的产出地。不仅有平坝、旧州、双堡等较大规模的优质大米生产区，更有以山药、韭菜、茨菇为主要内容的山地特色农产品体系。

由于同处黔中丘原亚区，部分远离卫所驿道的纵深地带，在坚守原有的耕作传统时，不排斥由卫所屯军带来的耕作文化和作物品种，欣然接纳之。如程番府（今惠水县），是八番土司的主要辖区。但"八番子者，服食居处与汉人同"③。当然，也有部分远离卫所驿道的纵深地带，由于缺乏平田，"斯威顿耕作"仍是当地民众的重要生计来源。杨庭硕先生在考证天顺石门战事时，发现在此之后的200多年里，"游耕烧畲的锄耕农业"仍是该区域民众的重要生计来源。④

清朝，人口急剧增长，国家治理的重要任务是解决日益凸显的人地矛盾，以缓解或避免由此给社会带来的不稳定因素。因此，清政府倡导中原民众向边疆地带迁移，以缓解中原地区的人口压力。贵州地广人稀，是中原民众的主要迁居地。据统计，"从乾隆三十二年（1767年）到咸丰元年（1851年）的百多年间，（贵州）人口由340余万增加到540余万，增长了200万"⑤。这新增的200多万人口，外来移民应占有不小的比例。

---

① 杨庭硕. 苗族生活方式的变迁：贵州杉坪的例子 [M] //高丙中. 现代化与民族生活方式的变迁. 天津：天津人民出版社，1997：240.
② 刘锋. 对当代"原始农业"的再认识 [J]. 中国农史，1995（1）：6-15，25.
③ 沈庠，赵瓒. 贵州图经新志 [M]. 张祥光，点校. 贵阳：贵州人民出版社，2015：140.
④ 杨庭硕. 天顺石门山战事考 [M] //中国人民政治协商会议贵州省贵阳市委员会文史资料委员会. 贵阳文史资料选辑：第十三辑. 1984：104.
⑤ 《贵州六百年经济史》编辑委员会. 贵州六百年经济史 [M]. 贵阳：贵州人民出版社，1998：93.

大量外来人口突然涌入，将荒地开垦为水田、改良耕作技术，作为应对人口压力的两种主要方式。顺治十八年（1661年），清朝推出奖励垦荒之策，尤其鼓励向西南边疆地区推进。"'滇黔田土荒芜当亟开垦，将有主荒田令本主开垦，无主荒田招民垦种，俱三年起科，该州县给以印照永为己业。'康熙四年（1665年），贵州巡抚罗绘锦奏：'黔省以新造之地，哀鸿初集，田多荒芜，粮无由办，请不立年限，尽民力次第开垦，酌量起科。'"① 康熙九年（1670年），时任贵州巡抚佟凤彩在给康熙皇帝的奏章中论述道："黔省土地，或岩畔或溪涧，随其形势，零星开垦。"雍正年间，经"改土归流"干将鄂尔泰力推，贵州进入开垦荒地的高峰期，垦地面积大幅增加。据统计，到雍正三年（1725年），贵州总共开垦出40万亩耕地。② 盘江流域集水区域中的贵筑、定番、贵定、龙里等地，在此时期新垦出面积不菲的耕地。1729年，贵州贵筑等地共新垦耕地9900亩，1745年，定番、贵定、龙里等地新垦耕地2803亩。③

经过清朝统治者的多年经营，"黔省高地山坡俱已开挖成田，大道两旁空土，亦俱耕犁种植"。新开垦出的水田，受水源和微观地貌等因素影响，类型多样。"水源浸溢，终年不竭者，谓之滥田；滨河之区，则编竹为轮，用以戽水者，谓之水车田；平原筑堤，可资蓄池者，谓之堰田；地区洼下，溪洞可以引灌者，谓之冷水田；积水成池，旱则开放者，谓之塘田；水泉泌涌，井汲以资灌者，谓之井田；山高水乏，专恃雨泽者，谓干田（又称望天田）；陂陀层递者，谓之梯子田；斜长诘曲者，谓之腰带田；等等。"④ "山头地角零星地土及山石掺杂……或依山傍岭虽成丘段而土浅力薄。"

总之，清朝统治者在盘江流域力主倡导开挖的水田，多是山田或梯田。生产条件较劣，生产力低下。尽管缺乏精确的统计数据，但是一些描述性的史料足可证实这一观点。清代郎葆辰有诗曰："层岩上越盘盘岭，碎石中开薄薄田，十二郡城三十县，女墙多傍乱山边，石田收取几多粮，即遇丰年也类荒。"⑤ 康

---

① 《贵州六百年经济史》编辑委员会. 贵州六百年经济史［M］. 贵阳：贵州人民出版社，1998：98.
② 李中清. 中国西南边疆的社会经济：1250—1850［M］. 林文勋，秦树才，译. 北京：人民出版社，2012：185.
③ 李中清. 中国西南边疆的社会经济：1250—1850［M］. 林文勋，秦树才，译. 北京：人民出版社，2012：185-189.
④ 周春元，王燕玉，张祥光，等. 贵州古代史［M］. 贵阳：贵州人民出版社，1982：247.
⑤ 郎葆辰. 黔中杂咏十首［M］//周作揖，朱德璲. 贵阳府志. 贵阳市地方志编纂委员会办公室，校注. 贵阳：贵州人民出版社，2005：2104.

熙三十九年（1700年），"时任贵州巡抚王燕亦有类似描述。"①"黔省田亩，俱在万山之中，秋收籽粒，难抵内地腴田三分之一，人工牛种，又倍于他省，五年之后，始有收获。"面对如此的稻作环境，以玉米为主的旱地作物，在黔中丘原亚区获得相应的种植空间。

玉米，又名苞谷、番麦，"原产于美洲，大约在明嘉靖初年由中亚传入我国。明末清初传入贵州，万历年郭子章所撰《黔记》，未见贵州有包谷的记载，而乾隆年间爱必达主持编纂的《黔南识略》则有颇多记载"②。关于玉米在黔中丘原亚区种植面积的具体数据，史无确载。但是，可以从一些描述性的史料管窥其大致轮廓。在广顺州，"垦土种植，接畛连畦……赖以济荒，故种之者广"③。安顺府"山地遍种，民咸赖之以（包谷）济食"④，贵阳府"玉蜀黍，居人谓之包谷……山农种以佐谷"⑤。若将视野扩大至整个盘江流域，种植玉米的面积会更大。兴义府"全郡皆产，全郡多山，包谷宜山，故种之者较稻谷为多"⑥。

玉米之所以能被黔中亚区民众青睐，主要在于其相较于水稻的多方面优势。一是产量较高，收成稳定。"不论高山峻岭及岩石之中，均可种植，功省收倍，而且粘谷一石得米五斗，包谷一石竟可抵食米八斗，味甘养人，略亚于稻谷。"⑦玉米的收成比较稳定，"一株常二三包，上收之岁，一包结实千粒，中岁每包亦五六百粒，种一收千，其利甚大"⑧。二是生长期短，可与其他作物品种混种。三是玉米根系发达，耐旱、耐寒且喜沙质土壤，适宜在缺水的山地中种植，还能在多变的气候环境中生长。除玉米外，小麦、燕麦、马铃薯等旱地

---

① 鄂尔泰，靖道谟，杜诠. 贵州通志：卷三十五［M］. 贵阳：贵州人民出版社，2019.
② 《贵州六百年经济史》编辑委员会. 贵州六百年经济史［M］. 贵阳：贵州人民出版社，1998：89.
③ 周作楫，朱德璲. 贵阳府志［M］. 贵阳市地方志编纂委员会办公室，校注. 贵阳：贵州人民出版社，2005：918.
④ 常恩，邹汉勋，吴寅邦. 安顺府志［M］. 安顺市地方志编纂委员会，贵阳：贵州人民出版社，2007：332.
⑤ 周作楫，朱德璲. 贵阳府志［M］. 贵阳市地方志编纂委员会办公室，校注. 贵阳：贵州人民出版社，2005：918.
⑥ 张锳. 兴义府志［M］. 贵州省安龙县史志办公室，校注. 贵阳：贵州人民出版社，2009：624.
⑦ 刘祖宪，何思贵，等. 安平县志［M］. 政协安顺市平坝区委员会，贵阳：贵州人民出版社，2019：116.
⑧ 参见严如煜，三省边防备览：卷十一·策略.（按：该条史料引用的是未经点校出版的版本，故无法补全出版地、出版社、出版时间、页码等信息）

作物也获得较大的种植空间。

卫所权力系统不断延伸，稻作农业逐渐拓展到黔中丘原亚区，明朝初期，集中分布在卫所驿道沿线。卫所驿道的纵深地带，多是采用"斯威顿耕作"制度。明朝末年，精耕细作农业技术"落地生根"，加上清朝实施"改土归流""移民就宽乡"等政策，稻作农业逐渐向卫所驿道的纵深地带延展。宏观看，黔中丘原亚区存在稻作农业与斯威顿耕作共存的状况；微观看，无论是卫所驿道沿线，还是纵深地带，内部各自然小区中也存在两种耕作方式共存的情况。这是一种典型的复合型耕作。总体来看，这种耕作方式的形成，是自明朝以来，由王朝国家主导的卫所建设、驿道开通、"改土归流""移民就宽乡"等军事政治举措，与以喀斯特地貌为基本底色的地形地貌叠加，经过汉族移民和苗族、布依族等诸多民众共同作用后形成的。

本章小结

明朝以前，盘江流域内各自然亚区中的民众，主要践行一种以"游耕烧畲"和"采集和山地农作物并行"为内涵的斯威顿耕作制度。他们在对地形地貌、自然环境、生产条件有充分了解的基础上，同时种植多种作物，如豆类、麦类、荞子、红稗、小米，等等。一方面，充分利用这些作物的自然属性，实现保有或改善土壤肥力的目标。如豆类作物具有固氮功能，在保有土壤肥力、减缓土壤板结方面具有显著效果。另一方面，利用不同旱地作物成熟时间的次第差，按成熟的先后顺序依次收割食用。此类多种旱地作物混生的耕作制度，核心内涵是有效利用不同作物成熟时间不一的自然属性，在民众的合理安排下，满足日常生活的实际需求，塑造出区别于以稻作为核心内涵的传统农业生产"丰收后贮以待用"的社会属性。与此相反，"农业生产是一种季节性很强的经济类型，错过了季节，就意味着大幅度减产，生活将失去保障。斯威顿耕作则不然，它执行的是随收随种，即收即用的政策"①。

斯威顿耕作制度的这种特性，一方面给外界"描绘"出"居无恒址""家无常粮"的社会形象，外界将此视为落后、贫穷的象征。已有的研究发现，斯威顿耕作是一种建立在人地关系谐调与长期稳定共存基础上的多目标、多功能、

---

① 杨庭硕. 苗族生活方式的变迁：贵州杉坪的例子 [M] // 高丙中. 现代化与民族生活方式的变迁. 天津：天津人民出版社，1997：240-241.

多阶段的综合生产系统，彰显人与自然共生的理念，不能仅仅用高产指标进行衡量，还应考虑其产品品质、储存或取用方式、对微生物环境免疫力、对土壤肥力的适应与地块肥力等指标之于地方民众的积极作用。正如斯科特所言："没有任何理由假设从事游耕和采集的人封闭在山地是因为他们落后或本来如此。与此相反，有大量证据表明，他们生活在他们想生活的地方，在做自己想做的事情。"① 另一方面，在王朝国家统治者的眼中，斯威顿耕作"不仅抵抗国家，而且抵制了所有的征收"②。明朝以前，土司制度是盘江流域主要的治理制度，与之配套的是建立在田无顷亩基础上的"税无定额"。具体而言，"按惯例由土司定征收对象和份额"——"土官名下总行认纳"。土司却很少或几乎不缴纳税赋给王朝国家。如此，王朝国家统治者将之视为具有"逃避统治"特质的生计耕作制度，与王朝国家以集约化为基本内涵的治理制度体系脱嵌。

明朝建立后，统治者着力在盘江流域建立以集约化为主要内涵的直接治理秩序。首先是设立卫所，将卫所权力系统延伸至原住民聚居区。将其纳入明王朝的政治版图，并赋予卫所节制土司的职能。"现在的贵州省在明朝洪武年间除在少数地区设立了府、州，归相邻的四川布政司和湖广布政司管辖外，绝大部分土地人口都由贵州都指挥使司治理。"③ 对于这一问题，本书第五章将有详细论述。

其次是军政转民政，建立府、州、县等行政机构。终明一朝盘江流域内先后建立四个府、州、县等行政机构。分别为成化十二年（1476 年）建立程番府；万历十四年（1586 年）建立定番州；万历十九年（1591 年）建立新贵县；万历三十六年（1608 年），析新贵县之平伐司、定番州之丹平司、龙里卫之把平司等地置县，选择县名时取新贵县之"贵"、定番州之"定"，合称贵定县，为贵阳府附廓。这些行政机构，皆隶贵州布政使司且均无属地属民，或者说，"下无立锥之地，上可通达朝廷"。正如顾诚先生所言："该布政使司下属的府、州同内地很不一样，它们是为了节制贵州部分土司而设立的，府下不设县。"④

最后是因俗设治，改造土司制度。明廷曾高度倚重土司制度，"为求慎重，明成祖对贵州境内原有的土司统治体系进行了调整和补充，并复置和新建了十

---

① 詹姆士·斯科特. 逃避统治的艺术：东南亚高地的无政府主义历史 [M]. 王晓毅，译. 北京：生活·读书·新知三联书店，2016：226.
② 詹姆士·斯科特. 逃避统治的艺术：东南亚高地的无政府主义历史 [M]. 王晓毅，译. 北京：生活·读书·新知三联书店，2016：217.
③ 顾诚. 隐匿的疆土：卫所制度与明帝国 [M]. 北京：光明日报出版社，2012：54.
④ 顾诚. 隐匿的疆土：卫所制度与明帝国 [M]. 北京：光明日报出版社，2012：54.

六个土司。"① 按照传统中国州县行政制度的体系架构，这似乎不合常理。但这种制度在由土司所辖的苗族、布依族等少数民族聚居区，却存在了相当长的时间。

明王朝在盘江流域实施的一系列举措，表面看是希望在流域内彰显朝廷威望；而隐藏在其背后的目标，皆以节制土司、挤压土司制度存续的社会空间为主要诉求。但是，卫所制度、府州县制度的顺利实施，又不能完全离开土司制度，因而仅在形式或功能范围层面对其进行改造。即便如此，以稻作为核心的集约化农业耕作机制逐渐进入盘江流域。一方面，明王朝大力推广以稻作为核心的传统农业生产，将原先适宜斯威顿耕作制度的丘原亚区的山地或山坡，鼓励民众垦殖拓荒成山田；另一方面，在传统农业生产耕作机制的基础上，建立田土税赋制度。

明王朝"见缝插针"式地将卫所制度、府州县制度嵌入到施行土司制度的社会空间中，彰显王朝国家权威、顺利征收田土税赋是主旨诉求之一。理论层面的宏伟抱负，终究还是遭遇了由盘江流域自然生境和人文生境共同建构的实践挑战。

一是来自自然生境的挑战。在盘江流域的不同自然亚区中，地形地貌、土壤质量、水源灌溉、气候条件等因素，均有显著的结构性差异，从根本上决定了不同亚区中生计耕作的多元结构。王朝国家通过军政手段将以稻作为核心的传统农业生产嵌入其中，其生产技术的集约化特征，以及对生产条件的苛求，虽然在一定程度上挤压了斯威顿耕作的社会空间，但是仍未完全杜绝，玉米广泛种植并成为当地民众的一种主要粮食作物。

二是田土税赋征收过程中的"困难"。一方面，客观意义的困难。盘江流域因地形地貌的关系，气候、植被垂直分布，即使在平面上，也可能呈散点状分布。因此，其人口和农业作物往往也是呈垂直分布或散点状分布。对于这样一个地区，王朝国家要其与中原地区一样在田亩登记、人口普查基础上征收税赋，困难显而易见。另一方面，主观上的困难。康熙八年（1669 年）五月，明确要求"各省卫所钱粮并入民粮一并考成巡抚"，但是，"由于卫所辖区征收的钱粮和人丁徭役同州县差异颇大，从基层起就加以合并相当困难，所以，在征收环节上仍然保持了都司、卫所系统"②。这种"困难"，主要表现在两方面：第一，征收时间。王朝国家根据水稻成熟规律确定征收时间，但斯威顿耕作制度的收

---

① 李宁. 明成祖经营贵州述论［J］. 松辽学刊（社会科学版），1992（4）：70-73.
② 顾诚. 隐匿的疆土：卫所制度与明帝国［M］. 北京：光明日报出版社，2012：35.

获时间与此不一致，从而导致斯威顿耕作区的民众难以在规定时间内完税。第二，赋额差异，卫所屯田承担的赋额较重，而土司民田的赋额则很轻。

以稻作为核心的传统农业生产的推广过程，与其说是斯威顿耕作制度被挑战的过程，不如说是"以简单化、清晰化为主旨和以消弭'逃避'特质"为内涵的治理秩序在盘江流域的建立过程。但是，这种以王朝国家单方面利益为根本诉求的治理秩序，在实践过程中存在明显的局限。

总之，盘江流域的生计耕作结构，是王朝国家与地方自然生境联合作用的结果。一方面，王朝国家试图通过推广"政治农业"的方式，建立一种有利于自身的地方治理秩序，如卫所制度、府州行政制度等；另一方面，地方民众则是在"道义农业"中谋取生计，并借此构建与王朝国家博弈的社会空间。自明朝以降的长时段历史过程中，两种属性差异较大的生计耕作方式，相互作用、相互交融，并在相当长的时段内难以分离，不仅促生了一种"混融"的生计耕作制度，而且也为盘江流域构建了一种"混融"的治理秩序。"混"字所凸显的是这种治理秩序在盘江流域各自然亚区中不同人群相互交融、适应的一种演化方式，看上去像建立卫所、"改卫设县""改土归流"等重大军政行动之后一种新生的治理秩序。但是，其内在的脉络和气质，并不完全是由王朝国家经由军政手段移植而来，而是在与当地自然生境、人文生境博弈适应之后的结果，自然也就可将其理解为盘江流域社会实践的一部分。

第三章

集市体系、物品交换与国家治理

20世纪60年代,美国人类学家威廉·施坚雅(William Skinner)在研究中国农村集市时,遵循两条重要进路:①作为空间和经济体系的集市;②作为社会和文化体系的集市。无论何种层级的集市,皆是一个区域空间的中心地,是该区域空间内民众进行经济交换的主要载体。不同层级的集市相互参与,使以基层市场为中心的小型地方经济连接起来,组成该区域空间的经济结构,"最终形成具有社会广泛性的经济"[1]。以经济交换为主体功能构建起来的集市体系,具有了社会和文化方面的功能性意义。或者说,由集市组织起来的当地民众日常生活中的经济关系,因此而增添了社会和文化方面的关系。正如施坚雅所言,"对于传统中国的社会一体化具有重大意义"[2]。

宏观看,盘江流域地处中国西南边陲,既是明朝以前历代王朝国家实施间接治理的区域,也是明朝初年统治者顺利治理云南的战略"通道枢纽";既是明朝中后期"改卫设县"、清朝"改土归流"的重要区域,也是中国城市化最为晚近的地区之一。盘江流域的集市缘起及其体系形成,不仅与明朝初年中央王朝在西南边陲的政治军事拓展紧密相关,更与明朝中后期"改卫设县"、清朝"改土归流"等治理举动的实施和推进同频共振。微观看,明清时期的盘江流域,一方面,多族民众共生共存,不同亚区内田土资源结构性差异明显,不同族属民众生计方式多元;另一方面,囿于微地形和喀斯特地貌,流域内不同族群或聚落的民众,既缺乏共同合作设计、修建和维护河流的机会,也缺乏在分配水资源过程中互动、博弈和竞争的机会。

考察盘江流域的集市缘起及其体系的形成过程,不仅有助于认识这一具体区域集市体系的形成机理和层级构成的区域性特征,对把握该区域内多族群或

---

[1] 施坚雅. 中国农村的市场和社会结构 [M]. 史建云,徐秀丽,译. 北京:中国社会科学出版社,1998:39.

[2] 施坚雅. 中国农村的市场和社会结构 [M]. 史建云,徐秀丽,译. 北京:中国社会科学出版社,1998:40.

聚落间经济关系的基本内涵、历史特点也具有不可忽视的价值和意义，更是在此基础上认知盘江流域内不同族群之间或族群内部不同聚落间交往交流交融以及凝结机制的重要载体。

本章拟对盘江流域的集市体系展开讨论，从而为探讨该流域在被纳入王朝国家直接治理的过程中，多族群或聚落间的经济关系、社会关系和文化关系，以及国家中心与边缘地带的关系等问题提供一个全新视角。

第一节 盘江流域集市体系

明朝在贵州建立卫所屯堡和驿道体系后，仅是以军政进入此地。作为治理制度的构成部分，经济或财政的作用不可轻视，或者说，军事政治与经济文化是王朝国家治理边疆的"两只手"，不可或缺。统治者因而就卫所驻地或驿道沿线建立集市，借经济文化之"手"强化军事政治之"手"的力量，巩固王朝国家集权式治理体系。从这个角度来看，盘江流域出现集市，是卫所制度的伴生或衍生物，所承载的经济交换是嵌入以卫所制度为核心的军事政治行为之中的。在这一阶段，集权秩序占上风，几乎没有自生秩序。经历过"改卫设县""改土归流"之后，自生秩序逐渐出现，并有占据上风之势。无论哪一阶段，以集市为主体产生的关系，是共生的。按照波兰尼（Polanyi）的观点，盘江流域的集市不是"古已有之"的自然之物，它所承载的经济行为是嵌入别的社会关系之中的。

一、集市形成机理

盘江流域的集市，并非当地民众根据自身社会生活和文化实践内生性形成的。自明朝中后期开始，由政治和军事原因引起的卫所城镇，职能逐渐突破单一性，功能变得多元化，尤其是当地方民众间经济交换功能融入卫所城镇时，集市开始出现，钟铁军将之称为"州卫同城"。"'州卫同城'将卫所的军事职能与'郡邑'的民事职能合并起来，既促进了城镇本身的发展，又有益于加深对当地的统治。"① 这种制度安排，实质是共生秩序的现实彰显，两种不同的边疆治理方式或手段的共生。"州"蕴含着地方性特色，"卫"则彰显着王朝国家的色彩，"州卫同城"有利于避免军民分治导致的不便，丰富明朝统治者治理贵

---

① 钟铁军. 释明代贵州之"州卫同城"[J]. 中国历史地理论丛, 2004 (1): 33-45, 158.

州的手段和方式，易于将中原贸易客民引入贵州，并在长期生活中融入地方社会。如贵阳市，"明初即设为省治，迄今五百余年矣。盖自元设元帅府以来，征调各省戍兵，留实斯土。明因之，改设卫所，分授田土，作为屯军，并设都指挥使以统率之，于是江、广、楚、蜀贸易客民，毂击肩摩，籴贱贩贵，相因垒集，置产成家者今日皆成土著"①。从这个角度看，贵州的集市源起及其体系的形成，是明朝卫所屯军制度的军事政治职能与经济文化职能相互嵌合并不断生长后的产物。

汤芸②等人沿着这一观点，将研究视野拓展到明代贵州全境，深入论述明朝贵州卫所所涉区域集市的形成机理。他们认为，随着卫所屯军制度而形成的贵州城镇体系，将诸多少数民族聚居区域纳入其中。虽然其经济辐射能力、市场整合能力有限，但明王朝坚持在贵州大力建设卫所城镇的同时，在少数民族聚居区域也适当建设农村集市，基本诉求是对贵州进行"早期国家化"经营，使部分少数民族聚居区域从"化外生番"演变成"比同中州"之域。

上述两种观点，都注意到明王朝在贵州集市源起和发展过程中扮演重要角色，并以此为基础，论述集市之于地方社会、王朝国家的作用。但是，在论述此类集市之于当地社会的作用时，将其置于"边疆"或"贵州"的整体框架中，遮蔽了贵州不同民族—区域间的内部差异。从历史过程和文化实践的角度来看，贵州并不是一个平面体的存在，是由多个"中心—周边"关联的复合体交错构成。明朝之前，地方邦国长期共存、各据其地，如自杞国、罗甸国、夜郎国、牂牁国等。即便部分地区被纳入王朝国家的政治版图，仍存在程度差异，如建立郡县的地区，意味着接受王朝国家的直接治理；若只是羁縻，则意味着仅仅是接受王朝国家的间接治理。元朝时，水西土司、水东土司、播州土司和思州土司各治理相应区域，既边界清晰，也未完全区隔。宏观相似微观局部景观差异明显的自然生境，造就了既有区别也有关联的人文生境。明朝，卫所制度进入，自湖广通往云南的驿道沿线密集建屯立堡，将贵州全境区分为卫所屯军治理区和土司治理区。卫所屯军治理区为"化内"之地，土司治理区则是"化外"之地。清朝，经历"改卫设县""改土归流"等大规模的军事政治举动后，原先扁平化、多元化的治理制度体系演化为单一科层制属性的府、州、县体系。当然，以二元对立的逻辑框架区分贵州自古以来的治理制度体系，并非

---

① 史继忠. 贵州汉族移民考 [J]. 贵州文史丛刊，1990（1）：26-33.
② 汤芸，张原，张建. 从明代贵州的卫所城镇看贵州城市体系的形成机理 [J]. 西南民族大学学报（人文社会科学版），2009（10）：7-12.

要以"细碎化"的意念将贵州划分为多个相互区隔的人文空间，而是希冀在"整体性"的理念下凸显地方社会内部不同生境、不同人群在社会生活和文化实践方面的结构差异，达到在文化生态学的视野下彰显地方民众在集市源起、变迁和发展过程中主体能动性的目的。

此种基于国家强力政治下的版图"一体"，是之前诸多地方学者理解贵州民族关系的主要载体。这种理解范式，存在明显的缺陷，易于将贵州内部因民族结构、自然生态、地理环境、文化传统各异而形成的亚区域间的结构性差异遮蔽。孙兆霞、金燕[1]将"省域"视为研究单位，在凸显边关通道之于明清王朝国家治理西南的前提下，提倡将贵州全省划分成四个不同的区域："彝族—黔西北""布依族—黔西南""土家族—黔东北""苗侗民族—黔东南"。这种结构性划分，不仅便于认识贵州内部各个亚区域间的个性特征和文化边界，更是认识不同区域板块内部或相互间民族关系及其建构过程的重要框架。在彰显建立于自然生态和地理环境基础之上民族文化、经济生计和社会生活方面的多元化特性时，凸显明朝贵州政治版图的"一体性"。"贵州的集镇表现出与城镇相同的特征，即由军事政治行为所形成的城镇线性特征和民族二元结构也同样嵌入了集镇的发育过程中。这使得贵州的集镇表现出了一种独特的线性特征，而这一线性特征又是以城镇的发展为基础，由城乡关系、民族结构和地理条件三个空间因素叠加而共同形成的结果。"[2] 此种观点为我们认识贵州内部不同区域之间的关系提供了方法论基础。这一观点的思想基础，可以追溯到杨庭硕等人所著的《西南与中原》一书，他们在该书中凸显了西南边疆地方社会内部不同组成部分之间文化的本质差异，尤其是在此基础上彰显了地方社会的主体能动性。

根据盘江流域的地理区位和文化时空，可将其大致视为"彝族—黔西北""布依族—黔西南"和"汉族—黔中"的复合体。微观地看，"汉族—黔中"亚区中，不仅有大量因明朝卫所屯军制度而产生的屯堡人，更居住着数量不菲的苗族、布依族等少数民族人口。他们的社会生活和文化实践的逻辑展开，既有地理区位条件导致社会发育水平较高的优势，也有王朝国家力量强力深度介入营造的制度空间。因此，地方社会自我发育和王朝国家强力深度介入共同构成该区域社会内在变迁的动力。宏观地看，上述三种"民族—喀斯特区域类型"中，在明朝时期均是王朝国家推行卫所屯军制度的重要区域，均建立过相应数

---

[1] 孙兆霞, 金燕. "通道"与贵州明清时期民族关系的建构与反思 [J]. 思想战线, 2010 (3): 90-95.

[2] 杨昌儒, 孙兆霞, 金燕. 贵州民族关系的构建 [M]. 贵阳: 贵州人民出版社, 2010: 183.

量的卫所屯堡。但是，不同亚区中的卫所屯堡数量规模存在差异，彰显出王朝国家力量对各地介入程度的差异性。并且，不同区域中主体的少数民族人群亦不同。在黔西北，彝族是主体的少数民族人群；在黔西南，布依族是主体的少数民族人群。不同区域中的自然生境决定了不同少数民族人群所拥有生计资源的品类和数量；各自不同的地理区位和历史源流，形塑了不同少数民族人群的社会生活和文化实践逻辑。他们之间既有明确清晰的文化边界，亦有未能完全区隔的社会关系。此种结构性差异，导致不同区域在明清王朝国家时期社会发育程度的差异和动力机制的不同。这种疏忽，降低了以卫所屯军制度为标识的集权秩序在促生集市及其体系过程中的作用，也遮蔽了地方民众在以军事政治为主要功能的集市中嵌入经济交换功能并生成社会秩序的主体能动性。

二、集市体系构成

根据前人研究成果，盘江流域的集市自明朝卫所制度进入之后才有较大发展。质言之，承载地方生民百姓日常生活中经济交换行为的集市，是明朝以军事政治为主要职能的卫所城镇中嵌入经济交换职能的结果。

明朝在盘江流域的核心区域先后设置11卫，分别为贵州卫、贵州前卫、普定卫、安庄卫、普安卫、安南卫、毕节卫、平坝卫、威清卫、新添卫、龙里卫。理论上，卫所驻地应该是集市所在地，且部分卫所可能有多个集市分布其间。

表3-1 明代盘江流域卫所驻地集市统计①

卫所名	嘉靖年间	万历年间
贵州卫、贵州前卫	馆驿前市、凤宪坊市、南市、四牌坊市、三牌坊市、北市、马荣街市、凤鸣桥市、小十字街市、十字街市、洪边巷口市	四牌坊市、三牌坊市、谯楼街市、马荣街市、十字街市、小十字街市、洪边巷口市、凤鸣桥市
普定卫	南市、北市、十字街市、局前街市、马场市、牛场市	南市、北市、十字街市、局前街市、马场市、牛场市
安庄卫	十字街市、江龙场、马场、猪场、牛场、蛇鼠二场	

---

① 谢东山，张道．贵州通志：卷八［M］．1965年云南大学借云南省图书馆传抄天一阁藏明嘉靖三十四年（一五五五）刻本重抄：389-407；王耒贤，许一德．贵州通志［M］．北京：书目文献出版社，1991：56-294．

续表

卫所名	嘉靖年间	万历年间
普安卫	狗场市、猪场市、龙场市、虎场市、马场市	狗场市、龙场市
安南卫	南市、北市	
毕节卫	康衢市、迎恩市、东关市、南关市	康衢市、东关市、南关市
平坝卫	鼓楼街市	龙场市、狗场市
威清卫	站市、驿前市	站市、驿前市
新添卫		早市、晚市
龙里卫	狗场市、虎场、蛇场	狗场市、蛇场市、马场市

当然，分布在交通要道沿线的屯或堡，亦具备发展成为集市的基本条件。如贵州前卫所辖的青岩堡，因交通便利，建成不久，就发展成为重要集市。

据统计，"在贵州全省的1939个集镇中，处于交通线和设立过卫所的地区的有714个，占总数36.82%；其中位于主驿道上的有434个，占总数22.38%"[1]。如果将统计时段限定在明清时期，这种结构特征会更加明显。"明朝时期的集镇处于交通线及卫所所在地的有24个，占总数的68.57%，明清两代处于交通线及卫所所在地的集镇有42个，占总数的52.74%。"[2]

土司制度作为明王朝治理盘江流域的重要制度，部分长官司驻地后来发展成为乡镇一级的集市。甚至是一些长官司辖区中的典型村庄，因区位优势或资源优势，在"改土归流"后同样发展成为集市。例如，龙里县原羊场镇集市，主要是在羊场长官司驻地嵌入经济交换功能后发展起来的；贵定县云雾镇集市，明代初期为平伐、小平伐、大平伐和大平伐西排土守备驻扎之地，历经多年，逐渐发展为较具规模的区域性集市。再如惠水县摆金镇集市，自明代洪武年间开始，就是程番长官司驻扎之地。根据文献史料记载，盘江流域中长官司驻地发展成集市的现象，屡见不鲜。"中曹正司有中曹司场、高坡场，中曹副司有小马场，白纳副司有大马场和小马场，青岩司有青岩场、大马场、小马场，养龙

---

[1] 杨昌儒，孙兆霞，金燕．贵州民族关系的构建［M］．贵阳：贵州人民出版社，2010：188.
[2] 杨昌儒，孙兆霞，金燕．贵州民族关系的构建［M］．贵阳：贵州人民出版社，2010：188.

司有茅坡场等。"① "（罗斛州）各亭皆有小集。并责亭目约束。"② 罗甸县平亭村，明清时期由望谟县桑郎王姓土司管辖。"改土归流"后，乾隆年间（1736—1796年）开始有定期的集市，光绪年间，一度发展成为覆盖辐射安顺、惠水、紫云、望谟等县以及广西边界的集市。"当时每13天赶场一次，赶场人数达1500人左右，其中布依族约占70%，其次是汉族，也有少数苗族。"③ 安龙县龙山地区北乡，由泗城州土司派出的土目管辖。清朝道光年间，北乡已发展为北乡场，"鸦片、土布、铁货成了市场上的主要商品。同治年间，北乡的蒋国民，就以贩卖鸦片起家，最后发展到拥有两百多石租子田产的地主"④。"在水西东南侧汉彝等族人民的杂居地区，出现了许多由汉商经营以十二干支命名的市集。"⑤

由此可知，分布于土司驻地或者辖区中的集市，是王朝国家军事政治功能经过契合时代需求演化后的结果，不仅是地方民众基于满足生活需求进行经济交换的主要场域，更是王朝国家践行边疆治理理念的重要载体。

清朝改革匠籍制度，提升商人社会地位，外来移民中有数量不少的商人。"贵州的客民⑥中，商业或手工业移民占有很大的比重。……商人、手工业工人、无产佣工以及居城客民的数量占全部客民的近40%，扣除佣工，商人和手工业者的数量可能占全部客民的30%左右。"⑦ 他们的到来，一方面使得盘江流域的集市数量明显增加。尤为明显的是，集市逐渐向交通线和卫所所在地的纵深区域拓展，远离交通线和卫所驻地或辖地的少数民族聚居区也出现了数量不菲的集市。

> 黔人谓市为场，多以十二支所属名其贸易之所，如子日为鼠场、丑日为牛场是也。……长寨城乡集场四处……贵筑场市有八，四境不通舟

---

① 史继忠. 说"场"[M]//谢红生. 贵阳地名故事：2. 贵阳：贵州人民出版社，2010：442.
② 侯绍庄，史继忠，翁家烈. 贵州古代民族关系史[M]. 贵阳：贵州民族出版社，1991：318.
③ 贵州省编辑组，《中国少数民族社会历史调查资料丛刊》修订编辑委员会. 布依族社会历史调查[M]. 北京：民族出版社，2009：29.
④ 贵州省编辑组，《中国少数民族社会历史调查资料丛刊》修订编辑委员会. 布依族社会历史调查[M]. 北京：民族出版社，2009：48.
⑤ 胡庆钧. 明代水西彝族的奴隶制度[J]. 历史研究，1964（Z1）：143-164.
⑥ 明清易代，那些在明朝时期迁入贵州的汉民已成为土著，所以，在清代文献中就用"客民"一词，专指清代由中原地区迁入贵州的汉民。
⑦ 曹树基. 中国移民史：第六卷[M]. 福州：福建人民出版社，1997：163.

>>> 第三章 集市体系、物品交换与国家治理

楫。……定番场市有东关、三都、断杉、廖家、卧龙、甲戎、河口、卢山、养牛、代化、木瓜、摆金、甲浪、岗渡、羡塘、上马、雅水、翁巴、小龙诸处，……。大塘场市六，……。广顺场市十，……。龙里城乡集市五处：小场、大坝、比盂、湾寨、虎场，……。贵定场市四，……。①

集市，紫云习惯称之为场坝，史志书籍记为场市。据清咸丰《安顺府志》记载，归化厅境内有场市23个，即猪场、蛇场、火烘场、播东场、关盘场、打邦牛场、打邦羊场、板当场、坝羊场、猫营场、狗场、龙场、兔场、鸡场、虎场、羊场、克座猴场、打哈马场、宗地龙场、猪史寨猫场、白牛屯场、那稍场、打记羊场。②

以十二生肖定期集市的场市遍布全省。一般府州县有场市7~8处，多者达20余处。省会贵阳府属，有鸡场、牛场、鼠场、养龙坑场、巴香场、水田坝场、谷定场等8个市场，6日一集，周而复始。③

乾隆年间，贞丰已有场市21处，其中，较著名的有本城场、罗炎场、那山场、石屯场、者相场、乐宽场、鲁贡场、王母场、长坝场、打宽场、乐康场、罗王场、渡邑场，等等。④

咸丰年间，（册亨）计有城内场、新会场、花陇场、央坝场、乐烦场、板楷场、坡稿场、打舍场、百弼场、团烘场、坡屯场、冗渡场、板蟀场、咸牛场、八渡场、那梭场、坡昧场、石灰窑场等。⑤

另一方面，集市经济交换功能得以凸显的同时，王朝国家通过军事政治手段治理边疆的功能也在不断以新形式表征出来。更多低层级集市的出现，重要原因在于当地民众有交换的需求，需要通过集市来销售农特产品或购买日常生活用品。在集市的形成过程中，地方民众的日常生活需求一定程度上充当了推动者的角色。集市的此种生成逻辑，是否挤压了王朝国家通过集市践行边疆治理理念的社会空间？实践证明并非如此。集市形成后，地方行政机构或州县主

---

① 周作楫，朱德璲.贵阳府志：上［M］.贵阳市地方志编纂委员会办公室，校注.贵阳：贵州人民出版社，2005：662-663.
② 紫云苗族布依族自治县县志编纂委员会.紫云苗族布依自治县志［M］.贵阳：贵州人民出版社，1991：461.
③ 侯绍庄，史继忠，翁家烈.贵州古代民族关系史［M］.贵阳：贵州民族出版社，1991：318.
④ 柏果成.布依族的亭目制度［M］//贵州民族学院民族研究所.中国南方少数民族社会形态研究.贵阳：贵州人民出版社，1987：355.
⑤ 张锳.兴义府志［M］.贵州省安龙县史志办公室，校注.贵阳：贵州人民出版社，2009：244-245.

官，可通过制定助推集市规范经营的规章制度，规约民众经济交换过程中的言行举止，维护经济交换中各方的利益，达到确保王朝国家与地方社会、不同交换主体共生共存之秩序的目的。

兴义县（今兴义市）黄草坝集市，地处云南、广西、贵州三省（区）交界区域，自集市形成之时始，就是跨越省区的经济交换场地。"清末和民国年间，邻省邻县及本县产的鸦片烟、桐油、药材、蓝靛、农产品及手工产品，通过兴义集市销往外地；运进的棉纱、布匹、食盐等又由兴义集市销往邻县各乡镇。"① 兴义是传统的棉花产地，当棉花成熟采摘后，民众将其拿到黄草坝集市销售。此时，来自四川、湖北等省区的商贩聚集于此，或收购或从外地贩卖棉花至此销售，以满足市场的需求。为保障正常的交换秩序，确保交换各方的利益，避免"无知小民各挟私秤互相欺诈"，早在清朝咸丰五年（1855年），作为王朝国家代表的兴义县正堂蒯（官保）、军功胡"设公所""置公秤""举公正首事"，为集市中的交换过程制定明确的规章规范。

> 缘邑三江出产棉花，赴城售卖，并无一定行市，以至无知小民各挟私秤互相欺诈。而远方忠朴肩挑贸易者，种种受害琐屑细故，欲鸣公而无所哭泣。……照库平砝码，置造公秤一杆，举公正首事一人。设立公所，以为准则。买方卖方，公平交易，酌取厘金。嗣后凡有贩卖棉花、菜油、桐油、蓝靛、白盐等项，务须挑赴场坝过取公秤，毋许私买私卖。②

这一类集市与交通线或卫所所在地或土司制度中长官司驻地集市的关系，大致可概括为基层集市与区域中心集市的关系。明朝初期，王朝国家为便于卫所军士的生活，在卫所地赋予其集市功能，并逐渐将卫所周边民众纳入集市辐射的范围，使得卫所从单纯的军事功能扩展为集军事、民事功能为一体，并产生一定的经济辐射能力和社会整合能力，从而可能在一定程度上将土司长官司驻地或辖地中的典型村庄发展成为集市，在满足地方民众生活需求的基础上，稳定王朝国家的治理秩序。相比武力镇压或强制推行政策，建设或拓展集市，是一种相对缓和的边疆治理方式。清朝时期，这种趋势不仅得以延续，而且更进一步地发展成熟。在贵州城乡、汉夷等社会空间中形成一系列的次级基层集市，虽辐射能力有限，但与交通线或卫所驻地的集市共同形成集市体系，互通有无，分工合作。

---

① 贵州省兴义县史志编纂委员会. 兴义县志 [M]. 贵阳：贵州人民出版社，1988：6.
② 贵州省兴义县史志编纂委员会. 兴义县志 [M]. 贵阳：贵州人民出版社，1988：576.

地处滇黔驿道上的安顺,素有"黔之腹,滇之喉,粤蜀之唇齿"之誉。自明朝立国以来,在明王朝治理西南边地的国家战略中,安顺的区位重要性得以凸显。明朝洪武十四年(1381年),设普定卫。洪武十五年(1382年),安陆侯吴复主持建普定卫城(今安顺城)。成化年间(1465—1487年),安顺州治迁入普定卫城,实现"州卫同城",辅以便利的交通条件、丰富的地方物产,在以军事政治为主要标识的卫所城镇中嵌入民间自发的经济交换行为,使之发展成为明清时期自东向西"国家"通道上的重要商业重镇。以纺织业为基础的规模化生计方式,终在清朝嘉庆、道光年间孵化出以手工业为谱系的区域中心集市。清朝咸丰、同治年间,生民百姓"以物易物"式的"赶场"经济,将安顺集市中的经济交换进一步细化为集生产(种植、养殖、手工业)、销售、消费于一体的分工体系。尤其是光绪初年,江浙、湖广等地商旅往还渐多,行商渐兴、会馆愈众。在这一宏观历史背景下,安顺发展成为自外输入洋纱洋货、向外输出土产手工的"黔中商埠"。

盘江流域内依托驿道交通体系发展起来的集市,数量不菲。如位处今贞丰县境内的白层集市,通过白层渡口向南通航,与珠江水系连通,构建起一条出海通道。正如爱必达所言:"东迳普安厅、普安县、安南县、郎岱厅、永宁州,而由三江口东合于红水河。……划粤黔之界……入粤达于海。"[1] 清朝末年,在这条出海通道沿线,形成以"一(普安县)青山、二(贞丰县)者相、三(安龙县)龙广"为核心的乡村集市体系。另如,位于今关岭县境内的花江集市,建于清朝顺治元年(1644年),因地近花江渡口,"南通广西,西接云南",便利的交通条件,使之发展成为"贵州八大农贸集市"之一。"采购者除本地人外,另有河南、云南、湖南等省的商贩采购牛马,安顺、镇宁、贞丰、兴仁、兴义等地的商贩贩运仔猪、土布、蛋、禽和部分土特产品。"[2] 再如,位处滇黔桂驿道上的兴义黄草坝集市,是盘江流域中传统的商品集散地。总之,经由卫所城镇中日渐成熟且规范化的经济交换秩序推动,盘江流域集市体系逐渐形成。

三、集市交换的社会性

集市体系的形成、拓展以及功能的转型,往往会萌发于不同人群接触的社会空间之中。一般情况下,"不同人群",可广泛地定义为生产者和消费者。生

---

[1] 爱必达.南北二盘江考[M]//张锳.兴义府志.贵州省安龙县史志办公室,校注.贵阳:贵州人民出版社,2009:286.
[2] 关岭布依族苗族自治县志编纂委员会.关岭布依族苗族自治县志[M].贵阳:贵州人民出版社,2002:479.

产者需将某种物品销售出去，消费者则需要购买这种物品，以满足自身生活需求。交换正是发生在不同人群对同一物品的不同诉求之间。

具体到盘江流域，"不同人群"有了特定的专门指称。在明代，集市数量少，主要分布在交通线或卫所驻地时，所涉及的人群，主要是汉族屯卫居民和当地少数民族。此种集市的功能，主要表现为："贵州的农村市场是汉族屯卫居民与当地少数民族进行农具、布匹等生产生活用品交易的重要场所。"① 清朝时期，在已有相当数量基层市场基础上，形成集市体系，辐射范围更加广泛。集市上交易物品的人群，除卫所屯军外，外迁入黔的汉族、世居当地的少数民族亦是重要主体。

  兴立场市，各寨苗民商贩俱按期交易称便并无强买强卖，军苗实属乐业。②

  环山风静普坪开，四野苗人趁市来。俗尚不分男女积，货交无异米盐该。③

  贸易诸场者，皆荷重而逾崇山峻岭。④

经历过"改卫设县""改土归流"后，盘江流域内的民众，仍是依靠着由卫所制度衍生出来的集市体系展开自己的经济交换行为。当然，这种夹杂着民族文化等方面因素的经济交换过程，在一定程度上是当地民众个体性、民族互动的结果，意味着在军政经济等职能外赋予集市体系促进民族交流交往交融的职能。相对于王朝国家采取自上而下的方式，以总体控制为主旨诉求的集权秩序，这是一种自生秩序。两种秩序存在一个长时段的历史转换过程，单一集市出现、集市体系形成，是彰显其转换过程的显性载体。集市或集市体系在集权秩序和自生秩序博弈的夹缝中，将跨越民族的普通民众经济交换行为嵌入其他社会关系之中。具体该如何定义经济交换中双方的社会关系？日本学者竹村卓二在这方面有过重要论述，他将华南、东南亚山地以不同自然生态、生产技能和产出物品为依存的两个民族作为研究对象，认为他们的经济交换过程蕴藏着

---

① 汤芸，张原，张建. 从明代贵州的卫所城镇看贵州城市体系的形成机理 [J]. 西南民族大学学报（人文社会科学版），2009（10）：7-12.
② 清高宗实录 [M] //清实录：第10册. 北京：中华书局，1986：581.
③ 李其昌. 过普坪市 [M] //张锳. 兴义府志. 贵州省安龙县史志办公室，校注. 贵阳：贵州人民出版社，2009：239.
④ 张锳. 兴义府志 [M]. 贵州省安龙县史志办公室，校注. 贵阳：贵州人民出版社，2009：245.

民族共生关系。①

盘江流域是明朝贵州卫所屯堡分布的重要区域，卫所屯军从平原地带迁移到盘江流域的喀斯特山地，在承担军事任务的同时，需通过屯田方式自我供给粮食。于是，他们将中原地带的农耕生计方式带入盘江流域，不仅面临着耕地来源问题，而且面临着生产技能落地的问题。但在此之前，盘江流域是一个在长时段历史过程中，经历了地方邦国、土司制度的多民族聚居区。母体文化的差异，在共同的整体自然生境和各自小区域内稍有差异的人文生境联合作用下，不仅形塑出多样性文化，而且在生计资源分配方面亦有固定的分配方式。当卫所屯军突然大规模进入，在多样性文化形塑方面增添了新的动力的同时，也可能因此打破原有的社会关系和生计资源格局。

> 民间贸易为六天一期的赶场，场坝大多设在城镇、村寨内，边远山区的场坝也设在偏僻的山坳中。每逢场期，场上挤满了各族男女，其中妇女穿戴各异，服饰别致，特别引人注目，使场坝上呈现出一派情趣盎然、生机勃勃的热闹场面。人们在这里出卖牲口或农产品，并添置、购买自己不能生产、制作的生活必需品，在我们住地周围的一些场坝上，非汉部落的人数超过汉人十倍，而有些地方情况则相反。②

多民族聚居的事实，使得嵌入在集市体系中经济交换的社会关系，的确更多是以民族共生关系呈现出来。中原与边疆、汉族与少数民族间的社会生活和文化实践，也随之出现交流、互动、融合和重构的情况。开设集市，既是卫所屯军解决粮食或日常生活用品的主要渠道，也是造就人文生态多样性的重要源头，更是缓解卫所屯军大规模进入基于生计资源分配而导致民族关系紧张的重要方式。主动或被动建设、拓展集市，是明清统治者在盘江流域实施的一种相对缓和的治理方式。集市或集市体系与卫所屯堡、"改卫设县""改土归流"等重大军事政治举动一样，是明清王朝国家治理盘江流域的两根支柱，一根撑起了自上而下的"军事政治"部分，另一根撑起了以经济交换为触点的民间自下而上的"社会文化"部分。

贵州在明朝政治框架中战略地位的凸显，以及当地自然地理破碎化而导致生计资源不均衡分配，是促生盘江流域出现集市或形成集市体系的两方面主要

---

① 竹村卓二. 瑶族的历史与文化：华南、东南亚山地民族的社会人类学研究［M］. 金少萍，朱桂昌，译. 北京：民族出版社，2003：3.

② 塞缪尔·克拉克，塞姆·伯格理. 在中国的西南部落中［M］. 苏大龙，译. 贵阳：贵州大学出版社，2009：12.

因素。参与到集市中的单一个体，皆会在一定的规则框架中，获取自己所需的物品或社会关系。在这个意义上，集市是自生秩序的载体。王朝国家作为一个整体，可通过集市获取和谐的民族关系和稳定的治理秩序。如此看来，集市又成为集权秩序的彰显者。与集市有关的个体或整体，都可在不同秩序的营造生成过程中付出自己的努力、做出自己的贡献，共同致力于明清时期盘江流域的治理秩序，最终以王朝国家对盘江流域实施直接治理为主要内涵总体社会事实彰显出来。

第二节　卫所乡镇集市与国家治理

盘江流域早期因卫所屯军制度而形成的城镇，随着王朝国家对此治理秩序的深化，其职能逐渐突破单一的军事政治属性，呈多样化发展之势。尤其是当地方民众的经济交换职能嵌入后，这些城镇逐渐演化为集市。经"改卫设县""改土归流"等大规模的国家军事政治举动后，流域内的集市体系逐渐形成。本节将以青岩集市为例，从名称及地理区位的角度切入。该集市形成虽早，但在明朝，集市的主要职能是在满足军事政治需求的形势下，达至王朝国家对该地实施治理的目标诉求。进入清朝，青岩之于王朝国家的军事政治需求稍逊，以满足民事经济交换为主要职能的集市逐渐占据主要地位。但是，集市上所交换物品的来源、去向规律仍维持不变。区域内不同族群、生境中的民众，借助该集市的经济交换功能弥补生计资源的不足，构建出一幅幅族际互惠的图景。在这一过程中，王朝国家收获了以共生为主旨内涵的西南边地治理秩序。

一、名称区位治理战略

青岩，又名青崖[1]，在治城南五十里。"因附近多青色岩峰故名青岩。"[2] 布依语将"青岩"称为"四只把"，意指"人用四肢从大山里扒出来的地方"[3]，彰显此地原为一片原始森林之区，渺无人烟，行路艰难，民众生存环境恶劣。苗语将其表述为"格养"（Geil Yangx），意为地处相对靠北的羊场。"场"是当地民众对"集市"的一种俗称，"羊"则是当地苗族民众按十二生肖对场期排

---

[1] 明代文献多书为"青崖"，而清代文献皆书为"青岩"。
[2] 寿宇. 贵筑县青岩市场调查 [J]. 贵州企业季刊，1944（1）：114.
[3] 戈良俊. 首建青岩城的班麟贵父子 [M] //政协贵阳市委员会文史资料委员会，政协花溪区委员会文史资料委员会. 贵阳文史资料选辑：第38辑. 1993：94.

序的结果。这意味着生活于此的苗族民众与自然生境、人文生境的关系已发生明显变化,用汉语表述则意为"军兵驻地"或"官营房"或"屯兵营寨"。

认识到同一地名被多种语言表述,并被赋予多种寓意,充分彰显出该地在不同历史背景下具有不同的战略地位。尤其是进入明朝后,青岩与王朝国家的关联越发紧密。对明王朝而言,青岩逐渐从自然自在的状态演变为政治版图的重要组成部分,接受明王朝的直接治理。

根据文献史料记载,明朝洪武四年(1371年),建立贵州卫,将青岩作为其权力系统拓展延伸的重要目标;建立百户所青岩屯,位于今青岩以北1千米处的双狮峰下主驿道旁。明朝洪武二十四年(1391年),贵州前卫建立,辖地主要包括青岩在内的区域,即今贵阳南部,建立青岩堡。据《贵阳府志·疆土图志》记载:"其东四里至余庆堡(今歪脚寨),南七里至广顺州首善里新哨,西六里至广顺州首善里龙井寨,北十里至桐木岭。""贵州前卫仍领前、后、左、右、中五个千户所,中千户所的第九百户所就驻青岩。"① 相较于贵州卫,贵州前卫对青岩的治理更进一步,驻守的卫所军士直接在此屯田戍种。明朝弘治《贵州图经新志》有明确记载:"青岩在治城南五十里,贵州前卫屯田其下。"无论是青岩屯,还是青岩堡,皆是青岩早期历史上明显带有军事性质的机构,尚未成为明王朝政治框架体系中的一级政权组织,以负责卫所军士屯田、监控水东宋氏土司、确保驿道畅通为主要功能。

青岩之所以能取得如此重要的军事战略地位,与其地理区位之于明王朝对云南实施直接治理的重要性紧密相关。就明朝时期的交通条件而言,从湖广、四川通往云南的驿道,多在此交汇或延伸至此。黔桂驿道虽建于元朝,且途经青岩,但因当时贵州在全国政治版图上处于邻近四省的边地,"不同民族以无政区统辖、更无规模化内在关联的地理和文化碎片状态'锁居'于自己的狭小环境之中"②,从而导致其通行性较差。明朝统治者将贵州视为战略要地后,便开始整修驿道,大大提升通行性。为广西、独山、都匀、罗甸、长顺、惠水各地通往贵阳的必经之路。青岩也由此成为主驿道上贵州去往云南、广西的要塞。

连通贵阳与定番州(今惠水县)的官道,亦途经青岩。"从省城南门出发,经四方河哨、乾堰塘哨、尖山哨、毛栗哨、花犵猪哨、桐木岭哨、簸箕山哨、青岩、新哨、姚家哨、赤土哨、洞口哨、土桥哨至定番州。"③ 1912年,该驿道

---

① 贵阳市地方志编纂委员会.青岩镇志[M].贵阳:贵州人民出版社,2004:29.
② 杨昌儒,孙兆霞,金燕.贵州民族关系的构建[M].贵阳:贵州人民出版社,2010:174.
③ 陆雯丽.明代贵州田野景观的分析[D].上海:复旦大学,2010.

停废。1939 年，修建贵惠公路，全程 35 千米，主要由木炭车承担通行重任。另外，经青岩还可至广顺州。

青岩地理区位之于明朝治理西南的战略地位，或者说青岩之于贵阳或者全省的重要性，还需要将惠水及其周边区域的生产条件和生计资源纳入分析范畴。根据蔡运龙的研究，这一区域为"长顺—惠水丘陵低山坝子小区"①，地势起伏小，农耕历史悠久，土壤熟化程度较高，作物可一年两熟，水资源充分。吴泽霖先生在其所纂的《定番县乡土教材调查报告》中，对该县地形地貌、生产条件和生计资源进行了更为详细系统的论述。

> 定番县境山地占全面积之六成，但高下起伏比较不大，地势东南略高，中为长形盆地。定番东南部高达 1500 公尺，虽多不少连续之峻峰，惟其地质有局部粘土，山上可耕之地亦不少，尚能种植包谷（玉蜀黍之俗称）、杂粮、叶烟等产物。若得灌溉之便，耕种稻、麦亦甚适宜。至于盆地之处，田野平衍沃饶，定番因产米独多，而为省垣民食的重要供给地。②

吴先生统计"现计全县田地共三七五三零五亩四分一厘，水田有八六九二六亩一分四厘；旱田有一八五六七三亩七分一厘；旱地有一零二七零五亩五分。"③ 因而，定番历来有"贵州粮仓"之称。在明清时期，是贵阳粮食的主要供应地。

> （贵阳）阖城老幼，俱候苗粟入城廓，计升合贸易。有不足者，出重息以称贷于人。故苗粟一日不至，则饥。称贷不得，嗷嗷待哺而已。④

> （清朝）乾嘉时贵阳"食米，全赖定番，广顺，若定番之米，数日不至，价则陡昂"。⑤

> 定番因之产米独多，而为省垣民食的重要供给地。⑥

---

① 蔡运龙. 贵州省自然区划与区域开发 [J]. 地理学报, 1990 (1): 41-55.
② 吴泽霖. 定番县乡土教材调查报告 [M]. 民国二十八年（1939）稿本, 1965 年贵州省图书馆据北京图书馆仓钞本复制油印本: 22.
③ 吴泽霖. 定番县乡土教材调查报告 [M]. 民国二十八年（1939）稿本, 1965 年贵州省图书馆据北京图书馆仓钞本复制油印本: 24.
④ 万士和. 义仓记 [M] // 郭子章. 黔记: 卷十六. 赵平略, 点校. 成都: 西南大学出版社, 2016: 400.
⑤ 《贵州六百年经济史》编辑委员会. 贵州六百年经济史 [M]. 贵阳: 贵州人民出版社, 1998: 94.
⑥ 吴泽霖. 定番县乡土教材调查报告 [M]. 民国二十八年（1939）稿本, 1965 年贵州省图书馆据北京图书馆仓钞本复制油印本: 22.

<<< 第三章 集市体系、物品交换与国家治理

定番州……且产量盛丰，省城食米多仰给于此。①

要将该地的粮食运往贵阳，青岩是必经之地，因而青岩成为明清时期各方必争之地。历史实践证明，凡能控制青岩者，将成为全局形势的掌控者。

明朝天启二年（1622年），永宁（今四川省叙永县）宣抚使奢崇明联合水西宣慰司同知安邦彦攻贵阳，遣其党李阿二督四十八庄兵围青岩，阻断由贵阳通往定番的粮道。抚臣王三善使别将王建中救青岩，解青岩之围，疏通贵阳通往定番的粮道。时任监军道刘锡玄在《禀军门征定番兵粮》中如此论述道：

> 现在该州（定番州）守城兵药弩兵，名曰三千，少亦一二千。闻有勃勃来省建功之意，请乞本院即发黄都司兵数千往彼。将官兵一二千留守州城，换彼药弩杀手一二千，同我兵一面护粮前来。顺将青岩阻路之贼一为扫除，径援省城。②

青岩之围得以解除，青岩土民班麟贵有功，得授指挥同知，青岩已由明朝初年的百户所上升为指挥同知署。20余年后，青岩再次成为各方争夺的焦点。顺治元年，清朝虽已定鼎北京，但滇蜀黔未隶版图。顺治三年（1646年），清王朝军队南下至西南边地时，张献忠为大兵所败，死于四川。此时，其属下孙可望率军破永宁、陷遵义，于顺治四年（1647年）正月进入贵阳。"官军如鸟兽散，进楚掠原野道路人绝。"定番州牧陈新第③"集绅士、土官、郡民于公堂，商议御策""会按察使张耀、参议曾盖、都司陈瑞征"，一番运筹帷幄后，"回定番州募兵，为恢复省城计"。从其"排兵布阵"状况来看，占据青岩，斩断孙可望部通往定番的粮道是其重要一环。

> 飞檄□韦番司佐程番司为城守；小龙、小程为左翼；方番、洪番为右翼；金石、卢番、罗番为应接。又□□以拒敌，以咸远手背陶世顕为左帅，军士乔大龙、土官龙在天佐之。勇士筠戍书为右师，军硐口、卧龙土舍龙起潜、龙飞佐之。张陈□公坐中军，调庐山、木瓜等四司由椒山出水申坝抵青岩，绕城后，以断粮道。木官、通州由平伐趋上马、张旗□为疑兵，

---

① 《贵州六百年经济史》编辑委员会. 贵州六百年经济史[M]. 贵阳：贵州人民出版社，1998：110.
② 刘锡玄. 黔牍偶存：1·黔南军政[M]. 1965年贵州省图书馆据北京图书馆仓钞本复制油印本：146-146.
③ 陈新第，四川长寿人，明朝崇祯十五年授定番州牧。慈惠蔼如、爱民礼士，郡人戴如父母。

布置精详、众志成城矣。①

局势逐渐大定，清王朝对青岩的治理战略呈螺旋式变化趋势，彰显出青岩在王朝国家政治框架中的重要性是不断变化的。顺治十六年（1659年），将青岩改为青岩土弁（从七品，相当于长官司副职），属土司系列。康熙年间，清朝对土司的管理理念发生变化，青岩在王朝国家政治框架中的序列逐渐降低。康熙十二年（1673年），改青岩土弁为青岩营，营长官称为土千总（从八品）。乾隆三十四年（1769年），将其青岩营改为外委土舍（从九品）。道光年间，再次从青岩土弁改为青岩长官司（正长官为正六品）。光绪七年（1881年），改青岩长官司为青岩土千总（正八品）。

二、形成变迁治理实践

文史资料记载青岩堡的首任百户长是王荣，字元贵。"起自卒位，因战功拔为百户长。"② 他人微言轻，在明朝卫所系统中的政治地位较低，但他"为人英雄仗义、胸襟高旷"③，赢得屯军和地方民众的信赖和支持。所以，仅仅依靠一些简陋的房屋设施，就顺利将青岩堡建立起来，进而在明王朝下拨耕牛、种子及农具的支持下开始进行农业生产，学术界将这种行为称为屯田。

青岩堡建成，屯田军士进入，原先在此居住耕种的"当地居民"也就只能迁出。但鉴于其便利的交通条件，外来人群源源不断地迁入，并在此定居生活。具体而言，受卫所屯军制度影响，"外地迁来"是明清时期青岩人口的主要来源。即便发展到今天，在今青岩镇辖区诸多姓氏民众的记忆中，先祖都是从外地迁徙而来。如居住在青岩谷通寨的赵姓，其先祖赵昉原籍江西，在青岩堡建立后携带千金入黔，购地居于青岩堡附近，以致形成今青岩谷通寨赵氏一族之盛景。④ 在今青岩镇龙井寨龙、罗、蒙等布依族民众的记忆中，其祖先大致在明朝永乐年间（1403—1424年）从定番（今惠水）迁移至此定居。⑤ 今青岩"北

---

① 王睿.殉难记［M］//年法尧，夏文炳.定番州志.康熙五十七年稿本，1985年贵州省图书馆据钞本复印本.
② 曹如人.有趣的青岩地名［M］//谢红生.贵阳地名故事.贵阳：贵州人民出版社，2009：630.
③ 曹如人.有趣的青岩地名［M］//谢红生.贵阳地名故事.贵阳：贵州人民出版社，2009：630.
④ 叶成勇.家族与民族之间：黔中通道上金筑金氏族属认同及其变迁探索：以《金氏家谱》为中心［J］.地方文化研究，2013（6）：1-13.
⑤ 黄才贵.青岩诸民族移民及其变化［M］//贵州省民族研究所.贵州少数民族妇女问题·贵州民族调查：卷十二.1995：303.

街村李姓花苗传说，其祖先是从今湖北、湖南迁到贵州重安江，后经龙里二戈寨再到青岩定居。"① 与青岩堡毗邻的扬眉村，开寨的肖、谭、谢三姓皆在明朝洪武年间迁入。后谭、谢二姓因故迁走，仅肖姓定居至今。加上多个姓氏民众纷纷迁入，今已形成以肖姓为主的多姓村。无论是汉族或者苗族等，都在商业或农业的名义下，紧紧地嵌入青岩堡的地方社会中。如此看来，生计资源交通条件是明朝时期青岩人口构成的两方面主要因素，他们紧紧嵌入以青岩堡为主要彰显载体的屯堡卫所制度体系中。生计资源的结构性差异，加上便利的交通条件，为他们之间以经济交换为主要形式的交往交流交融提供了前提条件，从而使得他们共同塑造着青岩堡的地方社会。在这一整体性的共生背景下，王荣"爽朗慷慨，广交朋友，和睦四邻，善待商旅，且对本寨弟兄们之事十分关心"②。因此，无论是青岩的土著人群，还是从外地迁来的民众，都敬慕王荣其人，于是渐渐地将青岩堡称为"王荣堡"。

若是将"王荣堡"的形成视为青岩治理实践过程中的"安内"过程，那么，王荣联合周边其他屯堡，共同控扼要道，则是典型的"攘外"之举。"青岩堡背靠狮子山，面由青岩河环抱，居高又守险，控制当时贵阳通往惠水、长顺、罗甸、都匀的驿道，一兵屯此万军难过。"③ 狮子山地势较高，山顶宽广且视野开阔。正如道光《贵阳府志》记载："突起河干，登其上，可眺望数十里。"并且，"狮子山后有杨眉堡，顺河而下三五里有余庆堡，均是屯兵驻扎的地方"④，形成掎角之势，共同守护驿道。此驿道之所以重要，是因为其既是当时贵州卫、贵州前卫与全国驿道网络相连通的重要节点，又是连通定番（今惠水县）、广顺粮仓的关键之处，徐霞客将其称为"贵省南鄙要害"。

在"建卫设堡—他者迁入—土著融入"的螺旋式进程中，外来移民越来越多，青岩及周边村寨规模也不断扩大。为更好地践行王朝国家的治理战略，隆庆六年（1572年），明王朝在此设立青岩司，为贵阳府直辖司。需要注意的是，明王朝在此地已开始"改土归流"，同时为何还要在青岩新设土司？对此，地方学者李祖运将其理解为："明政府改土归流中不在这里设置流官而设土官，是因

---

① 黄才贵.青岩诸民族移民及其变化［M］//贵州省民族研究所.贵州少数民族妇女问题·贵州民族调查：卷十二.1995：302.
② 曹如人.有趣的青岩地名［M］//谢红生.贵阳地名故事.贵阳：贵州人民出版社，2009：631.
③ 戈良俊.首建青岩城的班麟贵父子［M］//政协贵阳市委员会文史资料委员会，政协花溪区委员会文史资料委员会.贵阳文史资料选辑：第38辑.1993：95.
④ 李祖运.青岩堡、青岩司、青岩镇之由来［M］//谢红生.贵阳地名故事：5.贵阳：贵州人民出版社，2013：541.

为'苗夷杂处急之则乱',设土官比派流官好得多。"① 其管寨二十七,"范围东起高坡乡甲定村,南到广顺州孙家寨和栗木寨,北到孟关乡上、下板桥和花溪桐木岭,辖地方圆百余里"②。

在此后的50年里,青岩司与贵州诸多土司一样,在地方社会与明王朝之间扮演"桥梁"角色。直到明朝天启三年(1623年),"以土人从苗征,四年从解贵阳围有功,授指挥同知"③。继而于天启四年(1624年)建青岩土城。天启七年(1627年),为增强城墙的抵御能力,奉命改修为青岩石城。总之,明朝时期的青岩,既是王朝国家通过军事手段实施直接治理的重要平台,又是将土司密集分布区所产粮食等生活资料调往贵州卫城的重要交通节点。

在青岩石城建成17年后,即1644年,明朝被关外兴起满人推翻,清朝建立。青岩在王朝国家政治框架中的重要性发生变化,军政职能逐渐降低,民事经济职能逐渐凸显。清朝时期,青岩发展成盘江流域内重要的区域性集市。经历清朝267年的治理后,进入民国,随着公路的修建,青岩集市的规模受到明显影响。"周西成主政时兴筑公路,各地客商或改取捷径迳去贵阳,或过本镇而不住宿,以是市况一落千丈,货物之聚散数大非昔比,今日之市况仅及全盛时十之二三已耳。"④ 无论其市况如何萎缩,但其为"贵州粮仓"惠水、长顺与贵阳间商业要道的地位始终未曾变过,并且由于青岩无甚产出,同样吸引周边民众将农特产品运往此处销售。时至今日,青岩仍是盘江流域地方社会中非常典型的集市,是当地民众日常生活中不可或缺的集市。由于历史沉淀和岁月变迁,其在维持集市功能的基础上,成为古镇,旅游业是其另一重要产业形态。2017年,青岩古镇被评为5A级旅游景区。

三、青岩集市交换范例

(一) 经济交换的区域条件

清朝初年的统治者为笼络中原的汉民族,以达到在中原建立政权、稳定社会秩序的目的,因而有针对性地废除明朝一系列具有明显等级性的治理制度。

---

① 李祖运. 青岩堡、青岩司、青岩镇之由来 [M] //谢红生. 贵阳地名故事: 5. 贵阳: 贵州人民出版社, 2013: 541.
② 刘遗伦. 相伴相生: 青岩历史流变与班氏土司 [J]. 教育文化论坛, 2013 (6): 133-136.
③ 周作楫, 朱德璲. 贵阳府志: 下 [M]. 贵阳市地方志编纂委员会办公室, 校注. 贵阳: 贵州人民出版社, 2005: 1600.
④ 寿宇. 贵筑县青岩市场调查 [J]. 贵州企业季刊, 1944 (1): 114-121.

比较典型的有两项：取消匠籍；提高商人的社会地位。其直接后果是大大激发社会活力，民间手工艺人可自由流动、自主生产（钱币、武器除外），商人也是如此。对贵州而言，"改卫设县""改土归流"差不多与之同时实施。

这两方面治理制度的变化，是后来王朝国家统治者从内地招徕民众进入贵州等西南边疆地区的前提条件，民间手工艺人、匠人、商人自是其重点招徕对象，从而引发大规模移民运动。本是为巩固内地政权统治的制度改革，却引发大规模移民，可谓"种豆得瓜"的意外后果，清朝时期的大规模移民进入贵州因此成为可能。此乃明清时期贵州的第二次大规模移民，第一次发生于明朝洪武年间因广设卫所屯堡引发。当这两波移民潮都在盘江流域内发生时，不仅从结构上改变了流域内人口结构，而且也使经济制度从领主所有制演变为地主所有制。

首先，盘江流域地方社会的农业生产水平和产出能力明显提升，在这一宏观社会背景下，盘江流域内的驿道沿线、卫所屯堡以及部分少数民族村寨中出现或形成数量不菲的集市。如驿道沿线的贞丰白层成为北盘江上的重要渡口。"东迄普安厅、普安县、安南县、郎岱厅、永宁州，而由三江口东合于红水河。"[1] 今关岭县花江集市，建于清朝顺治元年（1644年），亦位于驿道沿线，且花江渡口也是北盘江上的重要渡口。兴义黄草坝是滇黔桂道上的重要物资集散地。

其次，随着外来移民增多，出现专业性种植、手工生产人群、村庄或社区，这些村庄或社区主要由外来移民构成。新编《罗甸县志》中记载有外来迁移人口在当地从事专业种植的案例。

> 许雄华，生于嘉庆年间，男，汉族，四川重庆府酉阳人。雄华通武术，善植黄果（柑橘）技术。青年时代，社会混乱，战火频繁，灾荒严重，家境窘迫，携带黄果种，逃荒到罗斛哨流外亭边僻的羊角井落户。当时该地荒无人烟，一片原始森林，雄华带领两个弟弟开荒栽黄果、种粮食。十几年后黄果成林，罗斛始有黄果。（许）雄华培育的黄果，品质好，果子无核，个大皮薄，肉厚汁多，甜中微酸，清香可口，产量较高，最大的一棵年产果两百多斤。[2]

清朝乾隆年间，贵阳广东街成为贵阳丝线业的中心，是由两位自湖南迁移

---

[1] 爱必达. 南北二盘江考 [M] //张锳. 兴义府志. 贵州省安龙县史志办公室, 校注. 贵阳：贵州人民出版社, 2009: 286.
[2] 罗甸县志编纂委员会. 罗甸县志 [M]. 贵阳：贵州人民出版社, 1994: 553.

来的手工业者推动的结果。

贵阳的丝线业,在乾隆年间兴起,最初由湖南常德人钱韦高、刘一重传入,后渐发达,以臻使城内广东街为丝线业中心。①

贵阳中曹司王宽寨的罐罐窑业生产,虽肇始于明朝洪武年间,但仍能反映出外来移民对盘江流域地方社会经济的影响。故将此案例列举于此,以供参考。

(中曹司王宽寨)有人口之始,据传当明季洪武年间,江西一部分灾民奉命迁移,遂来本土。其中多为擅长陶工者,偶在梯田边缘发现白色陶土,乃多方探掘终于寻获。是为本村陶业所以兴旺原因。数百年来此业日见发达,现下从事陶工者全村共三十六家。其分布为高寨六家,朱家堰十九家,科米田十一家,擅陶工者约共一百六十余人。②

据不完全统计,截至清朝道光初年,贵州省境内共有"附房苗地"的客民71 300余户。其中贸易、手工艺者20 400余户,约占全部客户的28.6%。③ 无论是贸易者,还是手工艺者,甚或是专业种植户,皆是具有相对独立性的经济主体,产品种类不同,分布空间亦有别,实质上却又无法完全隔绝、自产自销。集市为他们之间的物资交换提供平台,盘江流域内不同民族、人群间的经济交换由此产生。

(二) 经济交换的物品来源

青岩集市是这方面的典型代表。一方面,青岩南面各土司区粮食及生活资料等物产,能通过青岩集市源源不断地供给贵阳市民。另一方面,外来移民(如匠人、手工艺人和商人)种植或手工生产的生活用品通过青岩集市销售给土司区民众,满足其日常生活需求。总之,便利的交通流通条件,可将区域内外诸多农产、土产甚或手工制品汇集于此,弥补青岩境内无甚出产的劣势,确保集市繁荣。农业生产条件优良的惠水及周边区域,也是农产品以及木板木料的主要来源地。

如表3-2所示,青岩集市上的粮食主要出自惠水,大米、玉米、黄豆各占50%交易量,麦子更是全部由惠水提供,蔬菜亦达90%。甚至基于田土资源的

---

① 《贵州六百年经济史》编辑委员会. 贵州六百年经济史[M]. 贵阳:贵州人民出版社,1998:151.
② 寿宇. 贵筑县中曹司罐罐窑业调查报告[J]. 贵州企业季刊,1943(4):56-60.
③ 郭松龄. 清代的人口增长和人口流动[M]//中国社会科学院历史研究所清史研究室编. 清史论丛:第五辑. 北京:中华书局,1984:114.

日用制成品，也主要出自惠水，如土布交易量的80%来源于惠水。土布生产需先种植棉、麻，然后加工成线再织成布染色，总之步步需要田土劳工。

表3-2 青岩集市主要物品来源情况①

物品	来源地名	占比（%）	物品	来源地名	占比（%）
大米	惠水	50	土布	惠水	80
	青岩	25		青岩	20
	龙里	25	洋布	贵阳	100
	马场		茶叶	思惹	100
玉米	惠水	50		青岩	
	青岩	25		桐农	
	龙里	25		赵司	
	马场		麦子	惠水	100
黄豆	惠水	50	蔬菜	惠水	90
	青岩	50		青岩	10
菜油	龙里	85	木板	惠水	95
	青岩	15		青岩	5
枫油	三都	100	木料	惠水	95
猪肉	青岩	100		青岩	5

惠水及周边生态区域草木植被繁密，能为青岩集市提供木料板材。表3-2显示，青岩集市销售的板材95%来源于惠水。直到20世纪80年代，执教于青岩附近高坡乡的杨庭硕先生，仍对当地村民到青岩场出售木板木料记忆颇深。"旧社会，高坡的林业一直很发达，春水勃发的季节，高坡扰绕大坡的峡谷里就是一片繁忙的伐木景象，木材沿马场河拉至青岩，在青岩市上出售。"②

2018年7月，笔者在高坡乡云顶村访谈，得知历史上云顶村民制作的木桶、粪桶、甑子、柜子等木制品，都供应青岩集市。前述罗甸县许雄华种植的黄果，也是青岩集市货源。"远近客商以粮食或银元、纸币兑换购买，运到通州、牙州、平州、独山、定番、贵筑等地销售。"③

反之，凡无须土地资源的人工制成品，就来自贵阳市等地，如青岩集市洋

---

① 寿宇. 贵筑县青岩市场调查 [J]. 贵州企业季刊，1944（1）：114-121.
② 潘年英. 百年高坡 [M]. 贵阳：贵州人民出版社，1997：145.
③ 罗甸县志编纂委员会. 罗甸县志 [M]. 贵阳：贵州人民出版社，1994：553.

布100%来源于贵阳市。另外，经济皂、毛巾、袜子、香烟、毛笔、墨汁等均来源于贵阳。

（三）经济交换的物品去向

青岩集市的粮食、木板、木料、手工制品等各类田土产品，最终购买者都是贵阳或花溪民众。换言之，就是流向比之集市层级更高的贵州卫和贵州前卫驻地的贵阳、花溪等地非农居民乃至外来移民。

表3-3 青岩集市主要物品去向①

物品	去向地名	占比（%）	物品	去向地名	占比（%）
大米	贵阳	70	茶叶	花溪	50
	青岩	30		青岩	50
玉米	花溪	90	麦子	花溪	90
	青岩	10		青岩	10
黄豆	花溪	70	蔬菜	花溪	80
	青岩	30		青岩	20
菜油	青岩	100	木板	花溪	90
枫油	青岩	100		贵阳	
猪肉	青岩	100		青岩	10
土布	青岩	80	木料	花溪	90
	广顺	20		贵阳	
洋布	青岩	100		青岩	10

表3-3显示，青岩集市大米、玉米、黄豆、茶叶、麦子、蔬菜，分别有70%、90%、70%、50%、90%、80%最终由贵阳或花溪市民购买。或经中转商贩运到花溪集市，"纵观各种主要物品之集散，其（花溪集市）输入物品以惠水转青岩来者为多……因惠水去贵阳过远，其产品先经青岩集中再经本场过手而达贵阳"②。

需要指出的是，青岩集市木板木料的90%销往贵阳或花溪，且多由市民购去制作棺木。民国四年（1915年），《贵州公报》曾记载："龙里高坡场居保凤以森林为业，省垣所用棺椁均购原料于其家"。著名民族学家杨庭硕先生就此记述：

---

① 寿宇. 贵筑县青岩市场调查[J]. 贵州企业季刊, 1944（1）：114-121.
② 寿宇. 贵筑县花溪市场调查[J]. 贵州企业季刊, 1944（1）：114-121.

在民国时代，贵阳市几家大木行的木料来源，基本上由高坡供应，尤其贵阳人所用棺材，几乎全由高坡拉来。人们对高坡的木料也十分羡慕和喜爱，甚至以能有一副高坡木材制作的棺木为荣。我祖母的棺木就是从高坡买来的，至今人们还时常谈起那副漂亮而扎实的棺木。①

高坡的木板、木料，或者以此为原材料制作的棺木，之所以备受贵阳市民青睐，主要在于其经由长时期的恶劣自然生境造就的良好木质。

高坡的木料多为原始森林遗留下的古木，十分坚硬，杉木称为"阴沉杉"或"阴沉木"，其硬如铁，是制作家具及棺木的最好原料。由于土薄、山高、风大，高坡杉木不易成长，一般树木成材须十几数十年，杉木成材须50年以上。②

高坡民众也将木料制作成日常生活用品，到青岩或花溪集市出售。这意味着花溪是此类物品的主要去向地。这种情况一直延续到20世纪80年代。

我们去花溪卖床，都是自己一个人扛着走路去。当时公路虽然已经修通，但是只有一部客车从花溪开往高坡。因为床的体积大，比较占用空间，根本就不会让我们上车去。从云顶村走路到花溪，一般需要5小时左右。每到周日赶场时，我们都是凌晨3点左右就从家里出发，走到花溪集市上的时候，差不多9点。有些走路慢，或者出发晚的村民，到集市上可能更晚。③

青岩附近区域人群虽然多从事手工艺制造赚取收益，但其日常生活中用品也要到青岩等集市上去购买。或者说，这一类人群、村庄或社区，也是青岩集市上所汇聚物品的重要去向地。"如黔陶、燕楼二乡，因系陶瓷器之产地，二处人烟稠密，然产品则以陶瓷为大宗，此外所需物品咸须来本场（青岩集市）购买。"④ 王宽寨罐罐窑所出陶器同样如此。"本村陶器产品以销贵阳为大宗，约占全产量三分之二，其一部则销花溪、青岩、清镇、狗场等处。"⑤

（四）场期规定

青岩集市场期概分三类：大场、小场、粮食场。"大场逢寅、未，小场逢

---

① 潘年英．百年高坡［M］．贵阳：贵州人民出版社，1997：144.
② 潘年英．百年高坡［M］．贵阳：贵州人民出版社，1997：144.
③ 2018年7月24日，陈斌访花溪区高坡乡云顶村村民杨文开。
④ 寿宇．贵筑县青岩市场调查［J］．贵州企业季刊，1944（1）：114-121.
⑤ 寿宇．贵筑县中曹司罐罐窑窑业调查报告［J］．贵州企业季刊，1943（4）：56-60.

己、亥，粮食场则逢酉、丑、辰诸日。"[①] 大场与小场的区分，以赶场日中所集货物、摊贩以及赶场人员数量为准则。一般而言，小场中的货物、摊贩以及赶场人员数量，仅为大场的1/3。所谓粮食场，指以买卖粮食为主形成的赶场日。田野调查了解到，虽然所有赶场日中均能买卖粮食，但粮食场期则专门买卖主粮，其他物品甚少交换。当地人在12天里，计有7天有场可赶：大、小场各2天，粮食场3天。"其赶场日较花溪为密，全年赶场日数占1/2以上，即平均两场间隔不及一日。"[②] 从这个意义来看，青岩已成为以民事职能为主的区域中心集市。

明朝以降，从青岩堡到青岩司，无论其历程如何坎坷，青岩在这一过程中都具有集市职能。需要特别指出的是，集市规模、汇聚物品数量以及辐射范围随着时代的发展而产生明显变化，并最终成为区域中心集市。不管是青岩堡，还是青岩司，其作为明王朝治理盘江流域的重要政治设施和制度安排，一项重要的功能就是将不同自然区域或不同人群区隔开来。但是囿于不同自然区域的生产条件，或者不同人群的生产技能差异，他们之间需要通过"物"的交换才能满足日常生活的需求。青岩作为集市自源起之日，其物品交换就同时满足着明朝卫所屯军粮食及不同族属民众日常生活需求，更将盘江流域地方社会与王朝国家，乃至原先被作为政治设施的青岩堡区隔之后的民众关联起来，成为一个不可分割的整体。

第三节　土司驻地集市与国家治理

盘江流域土司，随着明王朝卫所权力系统不断深入，被赋予的王朝国家代理人角色越来越逼真。清代大规模"改土归流"后，土司驻地或者土司制度所辐射的人文空间多半发展为集市，成为盘江流域集市体系的重要组成部分。地方民众日常生活的外显形式和实践空间，也在这一过程中发生显著变化，形成地方民众社会关系建构和王朝国家践行治理理念的重要场域。本节以龙里县营屯村民的经济交换为例，从区位村名村史角度切入，彰显该地在王朝国家政治体系中的结构地位，在详细介绍嵌入村民经济交换行为中的社会关系建构和文化生活实践所涉空间范畴后，论述多民族聚居区中不同族属民众参与对方经济

---

① 寿宇. 贵筑县青岩市场调查 [J]. 贵州企业季刊，1944（1）：114-121.
② 寿宇. 贵筑县青岩市场调查 [J]. 贵州企业季刊，1944（1）：114-121.

生活的交往交流交融逻辑是彰显国家治理功能的。

一、地理区位多族共居

营屯村，清咸丰年间村内建有营盘得名。"据碑文记载，清咸丰七年（1857），正值乱世，为躲避贼害，方圆数十里二十二个村寨的苗族、布依族和汉族组成结义团，在三面峻峭一面较缓的岩山上修建营盘，以条石依山垒两道墙垣，形成坚固的防御工事。倘若贼人来犯，各寨男女老幼均上山躲避，青壮年持械守卫，以保平安。为怀念建营之事，勒石树碑，且将营盘所在之地取名为营屯。"① 营屯之名沿用至今，其间，营屯村的行政隶属和建制虽经历 6 次变迁，名称始终未变。

2018 年统计，营屯村有 301 户，1495 人，皆为苗族。在苗族众多支系中，外界将其称为"海葩"苗，因其女性传统服饰中缀有海葩（海贝）而得名。

营屯村位处龙里县东南部，距离湾滩河镇政府所在地 15 千米②，距龙里县城约 80 千米。龙里县地形总体"南北狭长、东西窄短"，境内群山起伏，连绵不断，但其南部地区属于低山丘陵地形，山地较少，丘间河谷中，分布有大小不同的盆地和坝地。"本区耕地集中连片，水源丰富，自然和地理条件均优于其他地区，全县 100 亩以上的坝子一半以上集中在本区，全县 1000 亩以上的坝子 8 个，本区占 100%，其中羊场镇和湾寨乡的坝子连成一片，面积达 1.2 万亩，且土质肥沃，水源充足，有龙里粮仓之称。"③

羊场、湾寨的坝子之所以能连成一片，在于两地间开阔平坦的断陷盆地和莲花河谷盆地共同接收了湾滩河流的沉积物。湾滩河，"主源于贵阳市花溪区高坡乡，流经摆省乡摆主、穿越湾寨全乡、由羊场镇吴兴寨流入贵定县境。河长 30 千米，流经县境的汇水面积为 244 平方千米"④。

营屯村虽然不在羊场—湾寨坝子中心但也邻近，低山丘陵地形塑造的密集丘间溪流，将营屯村与湾滩河连为一体，在宽谷地段形成面积可观的岱林盆地。该盆地虽用岱林村名，但实际由木马、营屯、岱林、云雾山等苗族村庄共享，

---

① 马朝忠. 南阳营屯记 [M] //政协龙里县文史资料委员会. 龙里民国文史，2011：281.
② 营屯村原隶属湾寨乡，距离 5 千米左右。2014 年，龙里县行政区划调整，将同处龙里县南部且地形地貌相似的原摆省乡、湾寨乡和羊场镇合并为湾滩河镇，镇政府驻地为原羊场镇驻地。同年，湾滩河镇实施村居撤并，将原营屯村和木马村合并为营盘村。为彰显传统地名之于地方社会的历史价值和文化意义，本书仍在学术意义上使用营屯村之名。
③ 贵州省龙里县地方志编纂委员会. 龙里县志 [M]. 贵阳：贵州人民出版社，1995：392.
④ 贵州省龙里县地方志编纂委员会. 龙里县志 [M]. 贵阳：贵州人民出版社，1995：106.

延伸到云雾山脚下。当地文史学者如此描述道："崇山峻岭，沟壑交错，平坝相嵌。湾滩南岸，十里之遥，广袤盆地……难望山脉，黛绿屏蔽。曲身俯瞰，阡陌纵横，田园禾稷，袅娜炊烟，尽收眼底。"① 营屯村处于该盆地中心地段，其稻田由大小田坝两部构成，总计1200余亩。

丘间溪流的流向取决于山脉走向，且能充当文化界线。营屯村对面的观音座山脉，将其与湾滩河沿岸的村寨隔离开来。山脉北面的湾寨社区、园区村等，村民以汉族、布依族为主；山脉南面的木马、营屯、岱林村、云雾山村等，村民主要是苗族。由此看来，观音座山脉是当地苗族与布依族、汉族居住区的分界线。

二、历史空间国家治理

营屯村所处地方社会，自宋朝开始就与更大的历史社会进程发生直接关联。宋廷南迁后失去北方领土和军马来源。为此，不得不将云南大理作为军马来源，沿途形成"贩马之路"。"从昆明一带向东南穿过贵州西南部达到广西横山一带的交通一下子兴旺了起来。"② 在这条通道影响下，其偏东区域中形成商业通道。"西起今滇黔边境，中经比喇（今织金），再于今贵阳南越过苗岭进入濛江（当时的五姓番住地），最后直接到达宜山一带。"③ 对照当今地图，比喇（今织金）、贵阳以及濛江，皆在盘江流域，其中的濛江更与营屯村毗邻。从这个角度来看，南宋时期，营屯村就已是王朝国家政治军事版图上的重要枢纽。

元朝，土司制度进入营屯周边区域。史料记载今羊场镇驻地，元朝时就为土官郭氏辖地，世有部族居处。明朝洪武四年（1371年），郭九龄内附，"宣慰使札授长官世袭。无朝命，故明史地理志不载"④。"天启二年（1622年）郭天章归顺，朝廷始授予长官司官职。"⑤ 此后又传8代，至清朝道光年间的郭继汾为末代土司。

毗邻的贵定县云雾镇，原名平伐场。明朝此地因是平伐、大平伐、小平伐长官司以及大平伐西排土守备驻地得名。

---

① 马朝忠.南阳营屯记 [M] //政协龙里县文史资料委员会.龙里民国文史，2011：280-281.
② 杨庭硕.以贝为饰习俗成因考 [J].贵州民族学院学报（社会科学版），1985（2）：53-56.
③ 杨庭硕.以贝为饰习俗成因考 [J].贵州民族学院学报（社会科学版），1985（2）：53-56.
④ 龚荫.中国土司制度史：下编 [M].成都：四川人民出版社，2012：640.
⑤ 贵州省龙里县地方志编纂委员会.龙里县志 [M].贵阳：贵州人民出版社，1995：218.

（元）大德元年（1297年）裁撤龙里州。改龙里县为平伐等处长官司。隶属管番民总管府（今惠水县和平镇）。①

洪武二十八年（1395年），平伐、大平伐二长官司改属龙里卫。②

惠水县摆金镇在营屯村集市圈内。其历史可追溯至元朝，当时此地为程番武胜军安抚司辖地。明朝洪武四年（1371年），武胜军安抚使程谷祥率先归附，次年被改为程番长官司，"治前面涟江，治后枕程番关，通平塘大道"③。包括程番长官司在内的16个长官司，隶属刚建立的贵州卫。明朝正统三年（1438年），改隶贵州宣慰司。明朝成化十年（1474年），程番府建立，程番司归其管辖。随着清朝雍正年间"改土归流"的实施，程番司归为流官辖地。

今贵阳市花溪区高坡乡地处营屯村北面，不仅在地理空间与营屯村毗连，且历史上曾与营屯村同为龙里县辖地。明朝时期，高坡乡北区为贵阳府亲辖地，又是青岩进入高坡的咽喉要道。高坡乡南区曾有部分土地为青岩土守备属地。整体看，该区域与前述地区不一样，并不是某一具体土司的驻地。但是，受地形地貌和战略区位影响，该区域历来是"苗岭以北水西、水东两大势力与苗岭以南八番势力争夺角逐的交错地带，是各土司争相霸占和掠夺的战场"④。

后续历史均有"通道"将营屯村所处的地方社会与外界关联起来。《龙里县志》记载：现代公路修通前，曾有三条古驿道依山势、地形分别在县境北部、中部和南部贯穿东西。其中，南部驿道"从贵阳市孟关经水场入境，至混子场（今比孟乡）折向东南，经杨梅树、岳家寨、陆家寨、麻若（今民主乡）、兰地关、马家桥、六广、叫水冲、河围寨、甲摆同、谢桥山、黄泥塝、羊场出境"⑤。1980年，龙羊公路修通，勾连起营屯村与贵定县的沿山镇、昌明镇、平伐镇（今云雾镇）以及贵阳市属的甲定村。"龙羊公路（龙里—民主—羊场），可经贵定县的云雾之沿山新路口与湘黔公路交汇；从羊场至摆省与贵阳市属的甲定相连；还可经谷大公路直达惠水县。"⑥ 今日营屯村交通更便利，服务于村民社会交往和经济生活。

---

① 贵州省龙里县地方志编纂委员会. 龙里县志 [M]. 贵阳：贵州人民出版社，1995：5.
② 贵州省龙里县地方志编纂委员会. 龙里县志 [M]. 贵阳：贵州人民出版社，1995：6.
③ 龙明逵. 惠水前八番十三司的演变 [M] // 贵州省惠水县政协文史资料研究委员会. 惠水文史资料选辑：第一辑.1983：26.
④ 潘年英. 百年高坡 [M]. 贵阳：贵州人民出版社，1997：6.
⑤ 贵州省龙里县地方志编纂委员会. 龙里县志 [M]. 贵阳：贵州人民出版社，1995：494.
⑥ 贵州省龙里县地方志编纂委员会. 龙里县志 [M]. 贵阳：贵州人民出版社，1995：68.

三、集市结构与交换空间

结合文献史料和田野调查信息,笔者发现营屯村民可用集市 7 个,分别为湾寨、羊场、摆金、云雾、岗度、高坡、甲定。

表 3-4 营屯村所涉集市的时空情况

序号	集市	现实区位	历史空间
1	湾寨	龙里县湾滩河镇	羊场郭氏土司
2	羊场	龙里县湾滩河镇	羊场郭氏土司
3	摆金	惠水县摆金镇	程番长官司
4	云雾	贵定县云雾镇	平伐、大平伐、小平伐长官司
5	岗度	惠水县岗度镇	/
6	高坡	贵阳市花溪区高坡乡	苗岭以北水西、水东土司与苗岭以南八番土司拉锯争夺地带
7	甲定	贵阳市花溪区高坡乡	苗岭以北水西、水东土司与苗岭以南八番土司拉锯争夺地带

湾寨集市,原湾寨乡政府驻地。它跟羊场集市一样,生计资源相对丰裕,生产条件优良,是龙里粮仓重要组成部分。因此,2014 年湾寨乡撤销建制后集市犹存。

羊场集市。龙里县 1949 年 11 月 28 日成立龙南区(羊场区)人民政府。1961 年行政区划调整,羊场区辖羊场、岱林、湾寨和摆省四个公社。后来取消区级建制,四公社分别变身为羊场一镇和岱林、湾寨、摆省三乡。1991 年,岱林乡建制撤销,辖地改隶湾寨乡。2014 年,龙里县行政区划再调整,合并羊场镇、湾寨乡、摆省乡为湾滩河镇,行政驻地仍在原羊场镇。

摆金集市位于惠水县摆金镇政府驻地,俗称摆金场,周边是苗汉杂居区。它位于惠水县东北,是都匀市到惠水县、贵阳市到平塘县和惠水县到祥摆三条公路交会处。该地虽处"摆金—断杉峰丛洼地区",但峰洼相对高差不大,且有部分小坝适宜农业生产,主要产稻米,黑糯米更为当地特产。当地民众还利用峰丛地种植土烟、柿子等经济作物。"种烟户中以苗族为最多,约占三分之二,布依族和汉族仅占三分之一。"① "摆金手工业比较发达,有 104 户,主要有竹器、土陶、饮

---

① 王昌益. 惠水特产摆金烟 [M]//贵州省惠水县政协文史资料委员会. 惠水文史资料选辑:第八辑. 1990: 66.

食、铁制小农具等。其中摆金镰刀远近闻名，晒席、箩筐也销至外地。"① 摆金镰刀的历史可溯至清光绪年间。"光绪二十九年（1903年），猛摆银匠杨文茂在继承传统工艺的基础上，集各家之长，打得一手好镰刀，后经世代相传，逐步改造提高，流传至今，形成了摆金地区的民族传统优良产品。"② 摆金集因而也是泛云雾山区域的中心集市，"主要产品是大米、黑糯米、仔猪、土烟、干鲜水果、竹器、木炭等"③。20世纪70年代，每遇场期，"上场人数一般为一万人左右"④。

云雾镇地处龙里县与贵定两县接壤处，属泛云雾山区域。它距营屯村15千米，有乡村公路直通。云雾集市是泛云雾山区中心集市之一。民国时期每遇场期，赶集者多达三四千人。⑤ 直至当前，中心集市地位仍未动摇。2018年7月29日，笔者到营屯村联系房东陆华泉时，就曾在云雾集市采购生活物资。房东告诉笔者：云雾集市无所不有，自己所需生活物资可一次采购齐全。

岗度集市俗称岗度场，为当前惠水县岗度镇政府驻地，位于"祥摆—岗度中山溶丘盆地区"。其中岗度为溶丘宽谷区，农业生产条件相对优良。场坝规模较小，基础设施差，赶场人数千人左右。

高坡集市民间称高坡场，是贵阳市花溪区高坡乡政府所在地。甲定集市，又称甲定场，历史上曾称"甲抵"。虽为贵阳市花溪区高坡乡所辖村庄，但其地位于黔南州龙里县与惠水县相邻的三角地带，是盘江流域为数不多设在村庄中的集市。两个集市皆处于喀斯特地貌核心区内，不利农业生产，缺乏粮食，但村民了解地形地貌根据自身需要，有针对性地种植经济作物和从事手工业，以谋取生计资源。"（石门村）村人多靠扛运木料为生"；"（扰绕村）以农业为本，兼作茶叶加工及养殖、种植等业"；"（街上村）村人多数从事商业，或作中药材加工，或作牛皮收购和买卖，或从事酿酒和养殖业，或以种植蔬菜出售"；"（摆笼村）旧时主要依赖林业和编织业维持生计，现以农业和养殖业为主，兼作编织"⑥；等等。自然生境形塑的生计方式，实质也就决定了当地民众在集市

---

① 唐世海. 惠水县集镇集市 [M] //贵州省惠水县政协文史资料研究委员会. 惠水文史资料选辑：第五辑. 1987：80.
② 杨绍华，赵崇友. 久负盛名的摆金镰刀 [M] //贵州省惠水县政协文史资料委员会. 惠水文史资料选辑：第三辑. 1984：76.
③ 唐世海. 惠水县集镇集市 [M] //贵州省惠水县政协文史资料研究委员会. 惠水文史资料选辑：第五辑. 1987：80.
④ 唐世海. 惠水县集镇集市 [M] //贵州省惠水县政协文史资料研究委员会. 惠水文史资料选辑：第五辑. 1987：80.
⑤ 民国贵定县采访处. 贵定县志稿 [M]. 民国八年钞呈本，不分卷.
⑥ 潘年英. 百年高坡 [M]. 贵阳：贵州人民出版社，1997：2-5.

上所交换物品的来源和品类。如高坡集市，"上市物资多为农副产品，粮食、土烟、蛋禽等，商贩设摊销售商品"①。农具、草鞋等手工制品亦是高坡集市和甲定集市上的主要交换物品。值得指出的是，高坡猪是上述两集市特色浓郁的地方物品。文史资料记载，高坡猪是花溪区地方优良品种，主产区是高坡乡甲定、高寨、硐口、杉坪、五寨等村寨。

整体地看，"改土归流"为该区域土司驻地或辐射空间发展集市提供了社会条件。早在元明时期，羊场、云雾、摆金都是土司驻地，在王朝国家的政治制度框架下，行使地方军政权力，维护社会秩序。这些地方是由元明王朝特殊的军政制度设计催生，最初职能单一，具有集权秩序中介属性。明朝中后期的卫所制度溃退、清朝时期强制推行"改土归流"，客观上促进土司驻地和土司制度突破空间局限和功能单一性，朝着多元化方向发展。这一变化证明制度的设计理念转换可导致特定区域空间的职能转变，能为地方民众的社会生活提供与地形地貌、生计资源、文化逻辑更加契合的发展空间。结合营屯村所涉 7 个集市的基本情况和形成过程，这种"合力主导空间"表征为不同村寨人群的经济交换场所。这类场所嵌入在以土司制度军政空间里，隐约证明集权制度仍有可能成为自发秩序生成条件。

营屯村民眼里的集市大致可分三类：区域中心集市（羊场、云雾、摆金），乡镇集市（岗度、高坡、湾寨），中心村寨集市（甲定）。区域中心集市基本遵循"政治+经济"形塑路径。例如，羊场集市由明朝至"改土归流"的历史时段内是羊场长官司驻地；1949 年后，仍是"羊场区""羊场镇""湾滩河镇"行政中心。再加上其相对丰裕的生计资源和优良的生产条件，为羊场成为龙里县南部地区较大的集市奠定了政治和经济基础。云雾、摆金集市的产生延续，亦是遵循此种逻辑。乡镇及村寨级集市，能辐射营屯村，除地域邻连外，更重要的是居民有族裔同构性。具体讲就是岗度、高坡、湾寨或甲定的集市人群，概与营屯村民同族。

表 3-5 营屯村周边集市概况

序号	集市	场期	时间（小时）	距离（千米）	主要民族构成
1	湾寨	龙、狗	1	5	汉族、布依族
2	羊场	羊、鼠	2.5	12	汉族、布依族
3	摆金	兔、马	5	25	苗族、汉族

---

① 贵阳市花溪区地方志编纂委员会. 花溪区志 [M]. 贵阳：贵州人民出版社，2007：497.

续表

序号	集市	场期	时间（小时）	距离（千米）	主要民族构成
4	云雾	猴、牛	3	15	苗族（海葩苗）
5	岗度	蛇、猪	2	10	苗族（海葩苗）
6	高坡	虎、鸡	6	30	苗族（背牌苗）
7	甲定	马、猪	4	20	苗族（背牌苗）

注：①云雾镇原为贵定县平伐镇，1999年更为现名；②2014年，龙里县将原湾寨乡、羊场镇和摆省乡合并为湾滩河镇，但原各乡镇集市场期沿袭不变；③此表中所列的"时间""距离"，概以常人步行速度为参考标准测量。

如前述，集市之于某一村寨民众概有两方面功能：购买生活用品与出售农特产品。营屯村民认为能同时具备两个功能的集市就是核心集市，否则即是外围。湾寨不仅是原湾寨乡驻地，营屯村民来此赶集，是有共同政治、经济、文化归属感选择的结果。更关键是，湾寨距离营屯村仅5千米，即使是老年人步行，仅需1小时左右就可到达。羊场、云雾则是区域性集市，距离适中、交通便利，能一次性满足营屯村民的购物或出售农特产品的需求。营屯村民一般将黄豆、饭豆、高粱和苞谷等杂粮，拿到湾寨、羊场和云雾集市出售。这三个集市周边的村庄多水田，杂粮产出有限，但居民日常生活普遍喜吃杂粮。

> 如云雾镇、湾寨和羊场周边的民众也有种植饭豆的。他们种植之后，杆长得很高，但由于气候和土壤的原因，就是很少结籽。……每次赶集的日子，我们拿的这些杂粮，一到集市上，早前就在集市场坝上等待的民众就开始抢着买，并且价格由我们定，他们也从不讨价还价。70%是卖给汉族，20%是卖给布依族，剩下的10%是由苗族买走的。①

外围集市则主要是营屯村民出售农特产品的平台。

> 我们卖大米一般到甲定村、高坡乡、岗度镇、摆金镇集市。这些集市所覆盖的村庄，虽然也生产稻米，但是受农业生产条件所限，他们所生产的粮食比较少。有很大部分民众需要从市场购买大米，才能满足家庭的日常生活需求。所以，我们就将谷子打成大米，拿到这些地方去卖。在这些集市中，我们拿去的大米，60%左右出售给苗族，30%由布依族买走，剩下的10%是由汉族买走。②

---

① 2018年8月7日，陈斌访龙里县湾滩河镇营屯村王新辉。
② 2018年8月7日，陈斌访龙里县湾滩河镇营屯村王新辉。

当然，如果这些外围集市中，有营屯村民需要的某种特殊商品而核心集市没有，他们也会到外围集市赶集。正如营屯村民所说："高坡乡场，我们平时都不去赶集。当需要的某种特殊商品只有高坡场能提供时，我们才去。"①

四、村民在夹缝中求生存

王新辉，1945年出生。现居住在营屯村楼梯院，是王姓入村始祖第三子后裔。约200年前，居住在楼梯院的长房因砍伐村寨中的一颗古树引发灾难，原本人丁兴旺的楼梯院，最后只剩下一两户人家。20世纪50年代初期，刚从羊场回村的王新辉一家，在为数甚少的楼梯院王姓族人应允下到此居住。

1954年，9岁的王新辉开始上学，6年小学教育后，正准备到惠水县上中学时，受"粮食关"影响而回家务农。由此，他以营屯村所涉集市体系为基本的空间范畴，在谋取家庭生计资源名义下，开展了近20年的经济交换生活。

（一）到孟关集市卖木料（1960年前后）

曾有较长一段时间，卖木料是营屯村民的主要生计来源。"那个时候，（营屯）村中有力气的年轻人都去卖木料，每次都是数百人一起去。反正那个时候也没有人说乱砍滥伐的问题。"② 据不完全统计，营屯村近50%的村民都有过卖木料经历。

孟关集市，位于贵阳市花溪区，距营屯村30多千米。单纯从空间距离角度来看，明显超出前述营屯村所涉集市体系的范畴，但它是营屯村民卖木料的首选之地。营屯村民为何舍近求远到孟关集市售卖木料？原因有二：①羊场、湾寨、云雾、摆金、岗度等集市，与营屯村自然生境相似，同样盛产木材，形成供大于求局面，导致木料价格偏低。②从营屯村到孟关集市，必经甲定高坡集市，但营屯村民也很少将木料就近在这两个集市出售。原因同样是价格低，起码比孟关集市的价格低1/3。

出售木料时，营屯村民之间不会互相压低价格，各人对自己木料的价值有比较准确的定位，只有当价格与木料价值相当时才会出售。木料售出后，他们要做的第一件事，就是去买米。据王新辉讲述，村民几乎会将所有钱都用来买米，每次差不多可以买几十斤米，足够全家人7天左右的生活所需，如此循环往复。他们挣的其实是运脚钱。

砍伐树木出售换取粮食，在相当长的一段时间内，的确已成为营屯村民一

---

① 2018年7月30日，陈斌访龙里县湾滩河镇营屯村陆京仪、陆跃华。
② 2018年8月7日，陈斌访龙里县湾滩河镇营屯村王新辉。

种稳定的生计模式。但是,自 1952 年开始,龙里县管控树木砍伐行为。"禁止机关单位或个人到林区采购木材,所需木材需经政府批准通过龙里工作站收购,工作站于县城、洗马、羊场各设 1 个收购点经营当地木材生产。"① 到 1958 年时,受"大跃进"影响,"各地砍伐林木烧炭支援炼铁,森林资源遭到破坏,同年,为支援铁路建设,砍伐了 34 500 根枕木"②。在这种情况下,营屯村山林基本被砍伐殆尽,村民原有的生计模式受到挑战。

1960 年,王新辉从学校回来时,村里去集市上卖木料换粮食的村民大大减少。即便如此,仍有少数村民想尽办法通过卖木料来获取粮食。他们或者将早前储存的木料拿到集市出售,或者到村内或者周边村寨中,向那些没有劳动力的家庭中去收购木料,然后转手出售,甚或将其加工成某种木制品再出售。王新辉就是在这种情况下跟着村民去孟关集市卖木料的。

依靠肩扛长途行走到孟关集市出售木料并换取粮食的经历,虽然已过去 60 多年,但是,其中一次经历给王新辉留下非常深刻的印象。他在将自家储存的木料拿到集市出售后,照例在集市上购买一定数量的大米,每次都会留存一部分钱。经过较长时间的资本积累,他和堂哥开始到周边村寨收购木料来卖赚取差价。有一次收到一副寿木总价 90 元。他和堂哥两人分三次,将盖子、墙子和底子扛到孟关集市出售。买主皆为同一人,每次赶集时,买主就会在集市上等着他们。每次交货时,都只将相应的钱给他们,三次总共卖得 270 元钱。除去 90 元成本,纯赚 180 元劳力钱,两人各分得 90 元钱。他们每次都会将所得的钱,一部分用来买米,一部分留存下来,作为流动资金,以备不时之需。木材资源虽逐步减少,但农业生产收成不断提高。营屯村民徒步远赴孟关集市卖木料获取生计资源的生计模式,彻底成为历史。

(二) 走村串寨买卖银圆(1972—1975 年)

结束卖木料后,王新辉曾经历过 11 年的煤场生活。在此期间,他家的经济收入、生活水平和居住条件等方面都有明显改善,但由于新建住房负上债务。正当他为此发愁时,堂哥王兴州约他到周边乡镇走村串寨合伙买卖银圆。当村寨成为买卖银圆的主要场域时,就具有了集市的部分功能和属性,因而将其列举于此。

买卖银圆虽然都在周边乡镇村寨中进行,但不同村寨居民的民族不同,对银饰物品需求有所不同,导致他们对银圆需求有差。经过一段时间的走村串寨后,

---

① 贵州省龙里县地方志编纂委员会. 龙里县志 [M]. 贵阳:贵州人民出版社,1995:440.
② 贵州省龙里县地方志编纂委员会. 龙里县志 [M]. 贵阳:贵州人民出版社,1995:441.

王新辉清楚地知道应该到哪些村寨中收购银圆，然后又该到哪些村寨出售银圆。

表3-6 买卖银圆所涉乡镇统计表

序号	名称	所属县	民族结构（%）			路程（千米）
			苗族	布依族	汉族	
1	大新乡	龙里县	62	4	34	30
2	六广乡	龙里县	30	50	20	10
3	湾寨乡	龙里县	20	60	20	5
4	羊场镇	龙里县	30	40	30	12
5	沿山镇	贵定县	60	30	10	30
6	昌明镇	贵定县	60	30	10	25
7	云雾镇	贵定县	60	30	10	10
8	摆金镇	惠水县	80	10	10	25
9	岗度乡	惠水县	30	40	30	10

注：①本表中数据主要根据王新辉口述内容统计，并非经过严格的数据测量，但基本能总体反映此区域内各乡镇的民族结构；②表中龙里县各乡镇名称，以1991年龙里行政区划调整前的名称为准，主要目的是彰显区域内的民族结构。

从表3-6中发现，买卖银圆的乡镇或村寨，主要是苗族、布依族和汉族聚居区。银圆买或卖的行为同时进行。据王新辉讲述，银圆主要来自区域内的汉族民众。一方面，他们祖先经济条件可能比较好，家里有留存的银圆；另一方面，在汉族文化中，对银饰的需求不强烈。来自汉族民众的银圆，经由王新辉之手，最终主要销售给此区域内的苗族、布依族民众。

> 在我收购的所有银圆中，起码有70%是汉族民众卖给我的，只有30%是苗族和布依族民众卖给我的。但是，所有售出的银圆，主要出售给苗族、布依族等民众，因为他们的日常生活对于银手镯、手圈和项圈有非常强烈的需求。①

苗族、布依族民众对银圆的强烈需求，基于两个原因：①日常生活中，女性习惯于戴银手镯、手圈或项圈等；②姑娘出嫁时，父母要送银手镯、手圈或项圈作为嫁妆。所以，苗族、布依族是购买银圆的主要群体，他们自己家的银圆也极少卖出。营屯村就几乎没有民众卖银圆，尤其是居住在棉花寨的村民，虽然他们祖上以打银为生，很多村民家中都留有银锭或者银圆，但他们都不愿

---

① 2018年8月7日，陈斌访龙里县湾滩河镇营屯村王新辉。

意将之卖出，而是留在家里代代相传。他们知道子孙后代生活，仍需要用这些银锭或银圆来打制银手镯、手圈和项圈等。1975 年，王新辉停止买卖银圆时，手里仅剩 7 个，他都留着准备在女儿出嫁的时候给其打制银首饰等，后来碍于亲戚关系，将其中 3 个卖给居住在摆咕噜的姑表兄弟。

不同民族日常生活对银饰的差异性认知，为王新辉穿梭村寨买卖银圆提供了空间。但当时当地实行人民公社治理制度，对这种因文化差异而生的经济交换行为存续的社会空间造成挤压。当时制度规定：①成年村民均需参加生产队的集体出工；②私自买卖银圆是投机倒把行为。为了能在这种制度规约下将银圆买卖延续下来，王新辉和堂哥两人一般只能在晚上或农闲时走村串寨，并对本村民众说是外出做客吃酒。这种秘密状态持续一年多，正反影响皆逐渐暴露。正面影响是周边乡镇村寨很多民众知道他们收银圆，所以急需用钱时就会在晚上或农闲时主动将银圆送来换钱，急需银圆时，也会主动上门用钱购买。负面影响是寨中民众也逐渐知晓内情，难免私下说三道四，且有村民去公社举报，同时邻村买卖银圆的同行在被抓时供出他们，导致他们只能匆匆结束走村串寨买卖银圆的生涯。据王新辉讲述，在买卖银圆的二年时间里，曾被当作投机倒把分子经历了一次批斗。

（三）周边集市买鸡卖鸡（1975—1978）

停止买卖银圆后，王新辉与堂哥王兴州开始在周边集市买鸡卖鸡。具体操作模式可简要概括为：趁 A 集市赶集时，从当地民众手中收购鸡；在 B 集市赶集时，就拿去出售。利用不同集市之间的价格差，赚取收益。

表 3-7　买鸡/卖鸡所涉集市统计表

序号	名称	所属县区	路程（千米）	买/卖	场期
1	湾寨	龙里县	5	买	龙、狗
2	羊场	龙里县	12	买	羊、鼠
3	云雾	贵定县	15	买	猴、牛
4	岗度	惠水县	10	卖	蛇、猪
5	摆金	惠水县	25	卖	兔、马
6	高坡	花溪区	30	卖	虎、鸡
7	甲定	花溪区	20	卖	马、猪

注：①表中路程数，根据王新辉口述内容整理统计，并非经过实地测量得出，但基本能结构性地反映出不同集市与营屯村的距离差异；②表中场期，按照十二生肖计时方式统计，盘江流域地方社会中当前仍遵循十二生肖的场期制度。

表3-7显示,他们买鸡/卖鸡的集市都在周边。买鸡集市主要有龙里县湾寨、羊场和贵定县云雾镇集市,为营屯村的核心集市。卖鸡集市主要是惠水县岗度镇、摆金镇和花溪区高坡乡、甲定村集市,是营屯村的外围集市。这种操作模式之所以能实现,主要在于这两个区域存在显著的地形地貌和农业生产条件差异。

> 因为湾寨、羊场和云雾镇这三个地方的稻田面积宽,几乎全部是种稻谷的,且粮食产量较高,每年的粮食收割之后,不仅能满足人的基本生活需求,还有多余的粮食可以用来养鸡养猪。而岗度镇、摆金镇、高坡乡、甲定村等地,由于地处海拔较高的山区,稻田面积相对较少,且稻田的土壤质量、水源条件都没有这边的好。所以,他们生产出来的粮食,除了自己吃之外,也就没有多余的粮食来养鸡养猪。①

他们正是因为对不同乡镇由自然地形地貌导致的生计环境、生产水平差异有很清楚的了解,所以选择在湾寨、羊场和云雾等核心集市中收购鸡,然后到岗度、摆金、高坡和甲定等外围集市出售。

从集市上收鸡后,需将其挑回家中暂时喂养,到别处场期再将鸡担去出售。我们且按十二生肖的固定顺序,排出各个集市场期,当地居民也是一样。

表3-8 买鸡/卖鸡场期顺序表

场期	鼠	牛	虎	兔	龙	蛇	马	羊	猴	鸡	狗	猪
集市	羊场	云雾	高坡	摆金	湾寨	岗度	甲定/摆金	羊场	云雾	高坡	湾寨	甲定/岗度
买/卖	买	买	卖	卖	买	卖	卖	买	买	卖	买	卖

表3-8的内容可从以下三方面展开分析:(1)如果是在湾寨集市上收购的鸡,不管是龙场日还是狗场日,都只需要在家过一个晚上,就可到岗度或甲定出售。但是,由于羊场和云雾连着两天都是收购鸡的日子,这样所收购的鸡需要在家养的时间可能会长一点。(2)如果是鼠场日在羊场集市和牛场日在云雾集市上收购的鸡,未能在虎场日的高坡集市和兔场日的摆金集市全部售出,那么就需要在家再养一天,待蛇场日到岗度集市出售,或者甚至可能要到马场日在甲定/摆金集市出售。如此算来,这些鸡最长需在家养5天。(3)如果是羊场日在羊场集市和猴场日在云雾集市上收购的鸡,未能在鸡场日的高坡集市全部

---

① 2018年8月7日,陈斌访龙里县湾滩河镇营屯村王新辉。

售出，那么就需要待猪场日到甲定/岗度集市出售。这也意味着这些鸡需要在家多养3天。

此处之所以花费如此大的篇幅，计算从集市上收购的鸡，到底需要在家养多长时间，是因为关涉收益。鸡是活禽，在家多养一天不仅耗费粮食且多增加一分死亡的风险，无形中增加了收购鸡的成本，也就相应降低了收益。

> 以前，我们挑着鸡去赶集的时候，若在路途中突然下雨，由于没有遮雨的设备，鸡一旦淋雨，死亡的概率就会增大，有时候会一次性死好几只鸡。如果再加上粮食消耗或者其他意外情况，我们的成本就会明显增大。①

与其说是在为他们算经济账，不如说是从经济角度透视他们在选择买鸡/卖鸡集市时的经济理性。它决定了买鸡/卖鸡的空间范畴，也能彰显出经济收益厚薄，这是决定营屯村甚或盘江流域民众经济交换空间边界的主要因素。

理论上，王新辉每天都可穿梭于不同集市中买鸡/卖鸡。但是，由于当时还处于公社时期，以规约民众个体行为的集体出工制度、以约束私自交换行为的公有制设计，从根本上挤压了王新辉在不同集市上从事以买鸡/卖鸡为主要内涵的经济交换时长。据王新辉讲述，农忙时期需要在生产队从事农业生产，只有农闲时候才能去集市买鸡/卖鸡。每年买鸡/卖鸡的时长，大概仅能有100天。即便如此，每年仍能有2000元的纯收入。虽然辛苦，但整个家庭的生活条件有很大改观。

> 有了这些钱，主要用来给家里买粮食或其他生活物品，完全可以满足全家人的生活需求，并且还生活得比较好。②

营屯村所涉集市的起源和变迁，卫所制度的溃退、土司制度的"改弦更张"，并非唯一因素却是决定因素。尤其是"改土归流"后，王朝国家从制度层面在土司驻地或辐射空间中嵌入，为经济交换行为提供了可能。当地民众的生活需求和生存智慧，将王朝国家的制度设计具化为实在的经济交换过程。在实际的交换过程中，从形式和实质两方面赋予了土司驻地或辐射空间的经济交换功能，在促使集市覆盖范围扩大、功能多元化的拓展方面起着重要作用。一方面，他们对地形地貌及生产条件有充分认知，能根据实际情况有针对性地种植或生产物品。在满足自身需求的同时，为社会性互惠奠定物质基础。另一方面，他们对共同自然生境中的人文生境差异有充分了解，能准确地知道自己该到哪

---

① 2018年8月7日，陈斌访龙里县湾滩河镇营屯村王新辉。
② 2018年8月7日，陈斌访龙里县湾滩河镇营屯村王新辉。

个集市购买日常生活用品，又能到哪个集市去出售农特产品。这两方面因素共同促成了营屯村周边社会民众自发形成小规模或以村寨为主要空间的基层集市，构建起能促进不同族属、村寨中人群间以经济交换为载体的社会文化交往交流交融网络。营屯村所涉集市以苗族为主体，同时又不排除布依族、汉族在其中的作用。在物源方面，也是苗族根据自身社会生活和文化实践的需求、实际生产条件逐渐形成。

营屯村所涉集市具有中间性。表面看，集市既是当地民众进行经济交换的主要空间，也是他们拓展社会关系、开阔文化视野的主要载体。不同层级的集市，不仅对附着于经济交换过程中的社会关系拓展有不同的价值，对地方社会秩序的生成亦有不同的作用。基层集市类似固有的熟人社会，有基本相同或相似的社会文化体系，以民众自发行为为主导的自发经济交换的可能性比较大，也就更加可能促生出自发秩序。核心集市，更多可能是国家治理制度设计或演化过程中的产物，是国家集权秩序的主要承载体。此类集市更加需要按照国家的制度设计变迁运行。由此看来，作为撑起王朝国家治理该地"社会生活"支柱的主体力量，以经济交换为外显功能的集市，不仅是王朝国家集权秩序的承载体，更是当地社会自生秩序的重要生发空间。

本章小结

本章勾勒出来的盘江流域集市体系，反映了制度和集市的"功能复合性"。功能复合性的含义有两层，第一层指集市是"复合型集权自主"的治理体系[①]。集市的起源、变迁，以及集市体系的形成及拓展过程，皆包含王朝国家集权秩序和盘江流域地方社会自生秩序的互动。第二层指集市具有共生性。盘江流域地处西南边地远离中原。明朝洪武年间随着屯军卫所设立而产生的集市，是明王朝在盘江流域实现"早期国家化"目标的手段。这类集市除能帮助明王朝稳定盘江流域的社会秩序外，还能满足大量卫所屯军的粮食等生计资源的诉求，通过集市的交换功能，将产自土司区的粮食等生计资源，协调分配给卫所屯军。为将集市的这种功能发挥到最大，在卫所权力系统不断向土司地区纵深延伸过程中，集市也随之拓展到土司长官司驻地，最终使得明清王朝国家与盘江流域

---

① 李怀印. 现代中国的形成：1600—1949 [M]. 桂林：广西师范大学出版社，2022：76-87.

地方社会之间促生出以博弈为主要内涵的共生秩序。以喀斯特地貌为总体内涵的自然生境，将盘江流域内部区分为四个亚区，不同亚区居住着不同民族，边界既清晰又未完全区隔。盘江流域中密布的河流，囿于喀斯特地貌，未能为流域内不同民族的人群交往交流提供物理机制。集市发挥经济交换功能，将不同区域、族属间的物产进行协调分配，以满足不同人群的日常生活需求。正如阿尔贝·雅卡尔（Albert Jacquard）所言："把交换的能力看作人类的特征并不为过。正是交换让人类得以团结，让集体中的每一个成员找到自我。为他人而存在着，却以为自己而存在告终。"① 尤其当不同亚区、族属人群的生计模式、生产技能、日常生活等方面存在差异时，文化边界就越加明显，集市的经济交换功能越加彰显，且将原本寓于经济交换的文化互动社会交往推到前台。盘江流域地方社会，将集市区分至中原王朝中心与西南边地博弈共生的军政功能之外，同时将集市通过经济交换促进多民族交往交流交融式共生纳入己身。这种功能复合性是明清时期盘江流域集市作为国家与地方、中心与边疆、汉族与少数民族、少数民族与少数民族接触中间地带的必然产物。

---

① 雅卡尔. 我控诉霸道的经济 [M]. 黄旭颖，译. 桂林：广西师范大学出版社，2001：58-59.

第四章

拟血亲、姻亲与社会整合

盘江流域地方社会是累世叠加形成的。不同来源、族属且有不同历史记忆的人群，居住在由喀斯特地貌塑造的不同自然亚区中，经过较长历史时段的适应后，基于自然生态、地形地貌、生计资源、生计技能等方面的考量，已形成一套以社会整合为基本主旨的社会生活和文化实践系统，当地民众对世界的这种态度，挺起了地表破碎、石漠化严重、河流深切、暗河密布且呈斜坡状的盘江流域。

鉴于此，本章将从拟血亲、姻亲两方面着手，在对"打老庚""坐花园"、射背牌、"主客—陪客"制度等典型的文化事项进行深描的基础上，整体呈现盘江流域的社会生活和文化实践系统，进而论述这些蕴藏在盘江流域居民日常生活中具体文化事项的起源、功能和变迁，努力从中发现当地民众如何借助文化整合社会，分析在这种社会中又是如何形塑新的文化事项。实质上，我们是希望在论述盘江流域亲族文化与社会关系的同时，发现区域社会的整合机制。

第一节 拟血亲建构村寨圈

亲属研究（kinship study）是民族学人类学的核心研究领域，因为这是人类社会最初级组织和最根本关系。亲属关系包括宗亲和姻亲两大类别，因为人类是实行婚姻制的社会生物，所以两大类别相辅相成：没有婚姻就没有家庭，没有家庭就没有宗亲血亲及拟血亲；同理，没有不同的家庭家族宗族相互提供合格的适婚男女，婚姻和姻亲就将无从产生。中国古史自西周开始基于血缘宗亲建构五服五方等宗法政治制度，成为最初的多元一体国家同构的天下治理模型。本书注意到，盘江流域"以家构村"的村寨发生学机理，对于中国历史大传统里"家国同构"机理既有继承也有发展。一方面，它以亲密兄弟关系话语展开先民迁徙、村寨发生的原因追溯，将个体纳入村寨结构。村寨则成为村民社会生活和文化实践的主要场域。另一方面,"以家构村"又以相互制约的方式,塑造不同村寨的生活实践和文化边界。通过鼓励民众个人走出家庭、村寨,以拟血亲的方式取消"小我"之家,达到整合盘江流域地方社会的目的。

本节将以云顶村、营屯村和鸟王村三个典型案例,历史地考察盘江流域地方社会的民众,在村寨发生时是如何通过"打老庚"的方式建构拟血亲关系,试图发现盘江流域民众所居村寨的起源与拓展机制,以及同居一村之中不同姓氏民众间的关系,并在此基础上阐释盘江流域"以家构村"的地方逻辑。

一、"以家构村"的宗亲伦理

盘江汉语是西南官话。其中的"打老庚",是指同居于一定空间区域中的异姓或异族男性民众,基于深化认同的考量,相互间称兄道弟,且将对方父母视为至亲长辈。他们通过这种拟血亲关系的方式拉近彼此距离。举凡"打老庚"的两人,他们的家庭也会相互保持非常亲密的关系。双方像亲戚一样常年走动,当家中有大事发生时,一般也会找老庚商量。老庚知道对方家庭有红白喜事或遇到困难时,皆会倾力相助,可谓"一人亲,亲一家"。

作为地方社会中拟血亲关系的重要彰显载体,"打老庚"的历史渊源可追溯到远古。孔子曰:"孝乎惟孝,友于兄弟,施于有政。是亦为政,奚其为为政?""以家庭的伦理、道德来组织运行国家事务,以实现和睦、友好的家—国政治。"[1] 这种治理方式,"中央权威引力必定相应增强,中央集权和君主专制程度必定同比例加深,而人口繁衍和社会财富增加,也为更深的专制提供了物质基础"[2]。但是,这种以中央集权和君主专制为核心内涵的治理方式,将民众作为呵护教育对象而无主体权力权益,导致"社会免疫细胞——忠谏之士全部被清除,社会开始停滞萎缩"[3]。于是,后世的统治者开始谋划在既有的制度框架中激发社会活力。周朝立国伊始,周文王在全国各地大量封王,将自己的子弟派往全国各地,由他们对分封区域实施治理。分封制客观上杜绝了全国一盘棋的整齐划一式的政治制度,尤其是当这种制度与施治区域的自然生境差异相结合时,塑造出多样化的人文生境,同时在全国范围内建立起一种多中心治理模

---

[1] 戴莉. 论新英雄传奇对儒家"家—国"思想的继承与改造 [J]. 社会科学辑刊, 2010 (6): 235-237.

[2] 吴稼祥. 公天下:多中心治理与双主体法权 [M]. 桂林:广西师范大学出版社, 2014: 122.

[3] 吴稼祥. 公天下:多中心治理与双主体法权 [M]. 桂林:广西师范大学出版社, 2014: 125.

式,"多中心治理,有为规模减压的功能"①。

从表现形式上看,相较单中心式辐辏型政治机制,多中心治理模式的确更能满足当时社会的需要。但是,无论何种方式,本质上均彰显了"以家构国"的理论禀赋。在具体实践过程中,这种机制建构出的王朝国家是一种宗法制下"家—国"一体的血亲共同体。首先,对王朝国家来说,国家君主与家庭家长集于一身,易于产生专制政治,不利于选拔有德性者。正如吴虞先生所说:"君兼父母之恩(养育、教诲)……此实乃吾国天地君亲师五字辈之所由立,而君主们既握政教之权,更兼家长之责,作之君,作之师,且作民父母,于是家族制度与君主政体遂相依附,而不可离。"② 其次,对个人来说,在严格的宗法制血缘共同体中生活工作,不利于独立人格思想的养成。最后,易于产生子嗣、兄弟不和的结构性因素,最终动摇王朝国家的治理秩序。

周天子在分封"天下"时,为规避"家国同构"的制度缺陷,依据治理天下的需要,把结拜兄弟纳入宗亲封臣范畴,凸显德性之于政治体制的重要性,"并强调相互性伦理,即在于以拟血缘建构天下一家,必须使居于下位的异族感受到血缘亲情"③。从这个角度看,结拜异族兄弟的实质是建立拟血亲的关系和地位,也是王朝国家对地方社会实施治理的重要手段。后经周公旦的整理和设计,在氏族基础上发展周礼周制,且将伦理道德、社会规范包括在内,"遍及政治、经济、军事、伦理、教育、司法、宗教等,几乎囊括一切领域"④。这一制度在中国历史上具有"经国治民的典章"之地位。

所谓"治民",指以周礼中的德性和相互性伦理来教化广大人民,经"历朝历代不断演绎和阐释的礼典"⑤ 和"古代学校教育"⑥ 传至民间社会。尤其是社会中的年轻人不依傍他人,通过学校教育就可获取相应的知识,养成独立的人格和思想。此乃周礼被地方民众广泛认同并接受的一个重要因素。

由于屡经战乱,周礼所依存的社会环境遭到破坏,社会秩序随之"礼崩乐坏"。周礼的发展路径也出现分歧:一方面,自西周厉王开始,尝试建立君主专制体制。"西周末年,周礼体制已显现种种弊端,使得西周王朝难以为继。为了

---

① 吴稼祥. 公天下:多中心治理与双主体法权 [M]. 桂林:广西师范大学出版社,2014:129.
② 吴虞. 吴虞文录 [M]. 合肥:黄山书社,2008:44.
③ 李若晖. 主权在上 治权在下:周礼德性政治要论 [J]. 中山大学学报(社会科学版),2016(3):112-120.
④ 杨善群. 论周礼的制订在历史上的进步作用 [J]. 学术月刊,1984(11):39-44.
⑤ 杨志刚. 汉代礼制和文化略论 [J]. 复旦学报(社会科学版),1992(3):74-79.
⑥ 艾红玲,陈成国. 古代学校对礼制的传播 [J]. 社会科学家,2009(7):29-31,35.

维持政权，厉王只能变革周礼，在中国历史上第一次尝试建立君主专制体制。"① 另一方面，南宋理学大家朱熹倡导在民间社会强化宗法。"以男性血缘关系为纽带，将一个祖先的子孙团聚在一起，形成一个严密的社会组织。"② 朱熹倡导建立的宗法，既是对传统周礼的继承，也是在对民间社会有充分认知的基础上对其作出的新发展。

生活在这一社会组织中的所有人，相互之间都有特定的身份和固定的称谓，并将他们之间的关系归纳概括为血缘、姻亲和继嗣三种，统称为亲属制度。《礼记》将"亲属"解释为"亲者，属也"。汉朝刘熙在《释名·释亲属》中，提出："亲，衬也，言相隐衬也；属，续也，恩相连续也。"这些解释已超出仅由血缘关系构筑亲属的范畴，不知不觉中将因非血缘而建构的亲属关系也包括在内。或者说，只要相互间能"言相隐衬、恩相连续"者，就可视为亲属。的确如此，在社会发展过程中，亲属制度的内涵也不断丰富和变迁，"继嗣和姻亲的社会功能逐渐凌驾血缘之上并产生了兄弟易于不和的结构性因素……兄弟界别族属的功能也转向以扩张性的拟血缘方式打消个体或群体间的界限"③。由此开始，拟血亲成为地方社会中构建相互关系的一种重要途径。在人类学的研究中，将由这种途径构建的关系称为社会亲属。

20 世纪 30 年代，英国人类学家埃文斯·普理查德在研究阿赞德人时，发现有结拜兄弟（blood brotherhood）的现象存在。这是拟血亲关系，属于社会亲属的范畴。它的存在和被发现，对人类学研究反思传统亲属关系具有重要意义。受此启发，中国学界也将此种现象纳入研究范畴，并认定这是一种广泛存在的现象。④

笔者确认盘江流域地方社会也广泛存在拟血亲关系，并推断这与人口流动相关。基于不同微观地形地貌的自然亚区对这种拟血亲关系有不同称谓：黔中丘原亚区的安顺屯堡居民称为"打伙契"，贵阳市花溪区高坡乡云顶村将其称为

---

① 李若晖. 厉始革典——中国专制君权之萌生 [J]. 政治思想史，2011（1）：1-14，197.
② 王学泰. 礼俗：社会组织的粘结剂 [J]. 读书，2013（12）：47.
③ 刘肇阳，王处辉. 兄弟关系定位转向与周代制度建设：基于"兄弟"亲称及亲属制度的考察 [J]. 齐鲁学刊，2016（2）：33-39.
④ 尚会鹏. 中原地区的干亲关系研究：以西村为例 [J]. 社会学研究，1997（6）；麻国庆. 拟制的家与社会结合：中国传统社会的宗族、行会与秘密结社 [J]. 广西民族学院学报（哲学社会科学版），1999（2）；黄涛. 村落的拟亲属称谓制与"亲如一家"的村民关系 [J]. 中国人民大学学报，2001（2）；黄涛. 村落拟亲属称谓制的社会功能 [J]. 社会科学研究，2003（6）；张希玲. 拟亲属称谓习俗及其文化思考 [J]. 边疆经济与文化，2004（12）；李虎. 壮族拟亲属关系的研究 [D]. 厦门：厦门大学，2008.

"认兄弟",龙里县营屯村则称为"打老庚"——以布依族为主的黔西南干热河谷区中的册亨县,同龄男性结为兄弟称老庚,同龄幼童经双方父母同意后亦可称为老庚,俗称"背带老庚";结拜双方年龄较大者则称友谊老庚。① 毗邻广西的册亨县,称此为"打老庚、打老同、打同年"②。另外,有些地方"打老庚"不受年龄限制。无论何种称呼,均属拟血亲关系的重要范畴。对于盘江流域这种经移民层累而成的地方社会,拟血亲关系对村寨形成、拓展以及地方社会建构,均有重要作用。

二、云顶村:陈杨二姓共建村寨

云顶村位于贵阳市花溪区高坡乡最东端,距乡政府所在地8千米,距花溪区政府所在地32千米。村庄北、西、南三面,分别与高坡乡境内的平寨、摆龙、五寨三村接壤。村庄东面"紧靠云顶大坡,坡高1626米,突起于断谷深崖之中,与龙里地界遥遥相望"③。

云顶村在高坡乡海拔最高,全村平均海拔1500米,最高点云顶草原海拔1650米。高海拔给该村的农业生产带来非常明显的负面影响。"该队地势高,土层薄,水源深,凌冻大,风力猛,故生产条件很差,是全社最为贫困的地区。"④ 该村是黔中丘原亚区的重要组成。经过30多年发展,村民收入显著上升。截至2017年年底,人均收入10 675元,在高坡乡19个行政村位居第九。

(一)居住格局

云顶村共有孟耳寨、大院寨、小云顶、大云顶4个自然寨。截至2017年年底,全村计1463人,村民皆苗族。除少数因婚姻而来的异姓村民外,陈、杨为村内重要姓氏。陈姓村民居住孟耳寨,杨姓村民分别居住小云顶、大云顶和大院寨。两姓格局边界分明,至今未被打破。

> 杨文开:云顶村的祖先们来到这里后,陈姓就住在孟耳寨,杨姓最初住在大院寨,然后拓展到小云顶、大云顶。后续发展中,陈姓村民不会到大院寨、小云顶和大云顶来居住,杨姓村民也不会到孟耳寨居住。全村只有杨、陈两个姓,不允许其他姓氏进来住。

---

① 贵州省册亨县地方志编纂委员会. 册亨县志 [M]. 贵阳:贵州人民出版社,2002:1051.
② 王晖. 打老庚:滇黔桂交界地区的民族关系 [J]. 广西民族研究,2010 (4):86-90.
③ 潘年英. 百年高坡 [M]. 贵阳:贵州人民出版社,1997:6.
④ 杨庭硕,张惠泉. 贵阳市高坡苗族的地理分布 [J]. 贵阳志资料研究,1981 (3):3.

第四章 拟血亲、姻亲与社会整合

陈斌：为什么呢？

杨文开：有规定的嘞，现在每个寨子都没有杂姓。

陈斌：为什么不能有杂姓呢？

杨文开：没有杂姓就是平安。若有杂姓，怕有些人家的后继人强大了，就把我们拱了。之所以坚持这样，主要是为防止这种情况。

陈斌：怎么做到没有杂姓的呢？

杨文开：不准从外面招亲进来。若某家没有儿子，就从哥或弟家过继一个儿子，照顾晚年生活。从外面招亲，村民是100%不同意的。自古以来皆是如此。

陈斌：一直都分得这么清楚吗？

杨文开：是的。直到现在，孟耳寨里从来没有姓杨村民居住，大院寨、大云顶和小云顶居住的村民都姓杨。

但这并不意味着两姓村民完全"对立"。随着岁月流逝和社会发展，两村有日渐"靠近"之势。自20世纪80年代修建云顶公路以来，这种趋势更加明显。

陈斌：从高坡乡通往云顶草原的公路是什么时候修建的？

杨文开：起码有30年了，我们都叫它云顶公路。

陈斌：村民沿着公路修房子，大概是从什么时候开始的？

杨文开：还不到20年，大概是2000年前后。

陈斌：村民都在公路边修房子，是不是就破坏了原来的规矩呢？

杨文开：是的。假设陈姓某村民家在公路边有一块地，他要在此修房子，杨姓村民不能干涉他。同样，若杨姓某村民也在公路边自家地上修建房子，陈姓村民也不能干涉。所以，公路边新修的房子，分不清哪个是杨家的，哪个是陈家的。表面看，这是破坏了规矩，但本质上并没有破坏。因为，自然寨还是原来的样子，杨姓村民同样不会到孟耳寨去修房，陈姓也还是不会到大院寨、大云顶和小云顶来居住。历史上规定杨陈两姓不许相互买卖地基。

云顶公路修通，村庄格局稍有变化，但未根本打破村庄传统格局。自古形成的"陈姓孟耳寨，杨姓大院寨、大云顶和小云顶"格局维持不变，相关行为规约仍在发挥作用，也没有人刻意打破它。边界分明规约有效，是其居住格局的根本内涵。新出现的沿公路分布居住区域，实质是村内陈、杨两姓村民共同建设的"混居地带"。

135

(二) 先祖来源

云顶陈姓村民公认始祖生牙公。① 杨文开讲述生牙公之名源于其牙齿脱落后能再生。那在古代显得很异常，当时人多在四五十岁时掉牙且不会再生，但生牙公能像儿童那样再生牙齿。当地人说生牙公明洪武年间从江西落难迁来。

> 我们陈姓祖先原是江西的汉族。明朝洪武年间，朝廷用强迫手段，将人们从江西威逼恐吓来到贵州。进入贵州，朝廷就不管了。他们就在今贵阳孟关一带住下。当时这一带居民都是苗族，我们祖先与他们居住时间长了，就随之变成红毡苗。后来由于人情往来等问题，我们祖先才又迁徙。②

杨姓先祖来源更为复杂，概有三种说法："土著被赐杨姓"③、"元末明初江西迁来"④、"明朝洪武年间重庆迁来"⑤。

说法一：土著被赐杨姓

"云顶村东有古驿道一处，为明朝所修，直通龙里、贵定及贵阳孟关。当时驿道守卫，多为湖南征调屯军，且多为杨姓汉人，今高坡部分汉族即为当年屯守士兵后裔，明廷为编户籍将云顶苗族也赐姓杨，所以今日云顶村苗族多为杨姓。"⑥

说法二：元末明初江西迁来

2018 年 7 月 19 日，笔者在云顶村就云顶村杨姓来源问题听村民杨文开讲述：云顶村杨姓是元末明初由江西迁来，当时元明易代，战乱频仍，人与人相互欺负。云顶村杨姓始祖兄弟俩被迫从江西省猪市巷迁出，老大去了四川，老二来到贵州，因为害怕贪官污吏抓捕，到贵州后就直接进到高坡乡云顶村。当时该地山高林密、树木繁盛与外界隔绝，是躲避战乱的绝佳安居地。

云顶杨姓先祖叫达汪，汉名杨旺达。定居后成家育有四子分别立业：长子好旺住小云顶，次子车旺住大云顶，三子雷旺住大院寨，四子建旺住平寨。平寨原为云顶村的一个自然寨，1984 年行政区划调整时，将平寨、中院等自然寨析出新建行政村。如今杨旺达四个儿子的后裔分别居于云顶和平寨两村中。

---

① 生牙公，又称落牙公、獠牙公。也有人称之为陈落牙、陈獠牙、陈生牙。为统一起见，以下统一称之为生牙公。
② 2018 年 8 月 11，孙兆霞、路红艳访贵定县云雾镇鸟王村村民陈光翔。
③ 潘年英．百年高坡 [M]．贵阳：贵州人民出版社，1997：6.
④ 2018 年 7 月 19 日，陈斌访高坡乡云顶村村民杨文开。
⑤ 2018 年 7 月 20 日，陈斌访高坡乡云顶村村民杨永先。
⑥ 潘年英．百年高坡 [M]．贵阳：贵州人民出版社，1997：6.

说法三：明朝洪武年间由重庆迁来

相对于杨文开的言之凿凿，村民杨永先的叙事前后矛盾。2018年7月20日，他接受笔者访谈时，承认自家是杨文开所说四房中第二房后裔，又提及家里保存的家谱记载其祖先来自重庆。"我始祖公，松，字会川。原住蜀重庆府长寿县大龙山丁家桥。系丁家桥杨氏宗族第十四世公。因受江东黔省首府之聘，赴筑设计建修甲秀楼，立下功勋，深受筑人赞叹。后留居筑九安煤炭窑，为入黔杨氏第一世祖公，娶陶氏为始祖太，自此子孙兴旺发达，迄今已达十六世矣。"①

其实那部家谱1991年（辛未）修撰。当时，贵阳市花溪区石板镇摆勺村杨姓后裔来到云顶村梳理祖先谱系，由杨永先接待。来人说两村杨姓其祖名杨松，明朝初年从重庆府迁来。此次修撰黔中杨姓家谱特将两村杨姓合谱。考虑到云顶村杨姓多达200余户，故将其隶属二房。云顶杨姓在这部新家谱中的第一人是杨天福（名纪报），但未注明出生地。吊诡的是家谱记载："其父文选公生于凯佐②葬于凯佐。……其子应贵，生于高坡云顶葬于龙里。"如此推算，杨天福应是云顶杨姓第一人。墓碑记载，杨天福生卒年是1825—1895年。这时间不仅与杨文开说的"元末明初从江西直接迁到云顶村"相差400多年，且与杨永先自述内容不尽相同。

杨永先犹豫不决的说辞，其他地方也有。彭静、杨清昌等人在对其访谈时，他就说云顶杨姓是东汉宰相杨震后裔。

云顶杨氏，系东汉布衣宰相杨震后裔。明朝时期流落到重庆市永川区金龙镇丁家桥。明朝洪武年间，一个叫杨松的后生来贵州贵阳为官，定居繁衍。后因逃避政治迫害，一部分人迁居今高坡乡云顶村。③

历史烟云缥缈，云顶杨姓来源扑朔迷离。但上述三说也有共同点：皆不出600多年前"调北征南"宏大叙事框架。某一姓氏来自何处及何时迁入仍可考证，但片区民众日常生活、文化形态和社会秩序的认知理解合当采用长时段视角。

笔者在云顶村接触的报告人，无论陈姓还是杨姓，均承认陈姓来云顶最早，杨姓迟来50年左右。这是我们分析和论述陈杨二姓入村先祖关系的前提条件。

---

① 2018年7月20日，云顶村民杨永先所提供的《杨氏家谱》。按：该段引文原文照录《杨氏家谱》中的相关内容，部分字词、标点符号使用有误，为尊重家谱原意，引用时未做改动。
② 笔者疑为长顺县凯佐乡。
③ 彭静，杨清昌. 黔中印牌苗族族源初探：以黔中高坡苗族乡为例[J]. 河池学院学报，2018（3）：42-47. 按：摘录时，对字、词、句稍有调整，内容主旨、梗概皆未变。

(三) 关系建构

杨文开和杨永先都承认杨姓始祖初到时,靠的是跟早前定居的陈姓始祖"认兄弟"获取其认可,才有了在此立足的资格。对陈姓来说,杨姓是外来且是后来者。杨姓先祖为获得定居资格而与陈姓先祖"认兄弟",结成兄弟后,就向陈姓先祖借房子住。"当时我们云顶村都是以陈家人为主,他们比我们先来。所以我们杨姓先祖来到这里时,向他们借房子住。"① 借住三个月后,杨姓先祖就在大院寨建造房子,正式在此落地生根。截至2018年,大院寨与陈姓祖居的孟耳寨毗邻并成为该村人口数量最多的自然寨。

一直到现在,云顶村都只有杨、陈两姓村民。吊诡的是,陈姓作为最先入村的发展至今,无论是人口总数,还是居住空间,皆仅占全村的1/4,后入村的杨姓则占3/4。即使如此,两姓间仍能和睦相处,未曾发生过矛盾和冲突。

三、营屯村:"打老庚"与资源再分配

现在将视野再转回到营屯村(宏观背景参见第三章第三节)。

(一) 居住格局

营屯村辖8个自然寨:小寨、屯脚、小棉花、大棉花、井边院、陆家院、楼梯院、蛤蟆院。其中小寨、屯脚、井边院、陆家院、楼梯院、蛤蟆院等院寨连体构成该村主体部分,小棉花、大棉花则与主体部分遥相对望,中间还隔着大田坝相距1千米左右。田野调查中发现,当前全村5个姓氏的村民,分别居住在这8个自然寨中。但是,每个姓氏皆有相对独立的居住空间。

表4-1 营屯村各姓氏所居自然寨

自然寨	姓氏	户数	自然寨	姓氏	户数
小寨	陆	3	屯脚	胡	10
	陈	10	井边院	陈	15
	胡②	14	楼梯院	王	40
小棉花	王	7	蛤蟆院	陈	/
大棉花	王	30	陆家院	陆	80
	刘	5			

注:本表据陈斌访谈营屯村陆京仪、陈德伦、陆跃华、王新辉等人口述资料整理。

---

① 2018年7月21日,陈斌访花溪区高坡乡云顶村杨文开。
② 胡姓在进入营屯村后才改姓"陈",但两姓皆知其不与陈姓同祖。本书为避免混淆,在表述中沿用胡姓。

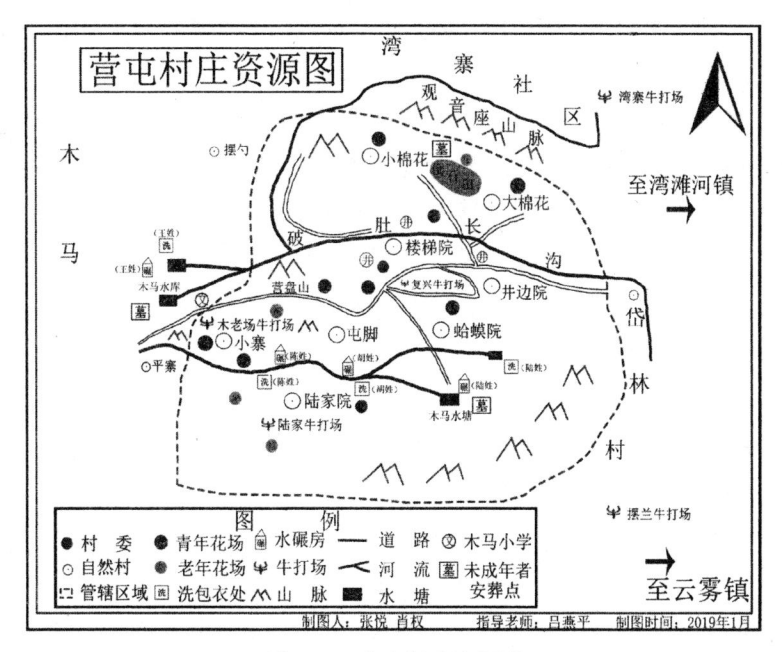

图 4-1 营屯村庄资源图

陆家院，因完全是陆姓村民居住而得名。屯脚，因其位于营屯村东面的底部而得名。井边院位于村中唯一的一口井边。棉花寨原名银花寨，因居住在这里的王姓祖先会打银子而得名，在历史发展过程中，逐渐被讹读为棉花寨。该寨有两部分：①"小棉花"居住 7 户王姓村民；②"大棉花"则居住 35 户。

（二）入村顺序

营屯村各姓氏先祖来源说法各异。《龙里县志》不区分姓氏，笼统地将其记载为"营屯、棉花寨、岱林等村寨的 300 多户苗族又是从龙里附近迁去的"[1]。2018 年 8 月，笔者听到村民对每个姓氏先祖的来历有不同表述。但是，均未超出《龙里县志》所载信息的空间范畴。现在的关键是各姓村民对先祖入村时间没有明确记忆，对入村的先后顺序存有一定争议。田野调查获知三种不同说法。

第一种：杨—陆—胡—王—陈—刘[2]

第二种：杨—王—陆—胡—陈—刘[3]

---

[1] 贵州省龙里县地方志编纂委员会.龙里县志[M].贵阳：贵州人民出版社，1995：148.
[2] 2018 年 7 月 31 日，陈斌访龙里县湾滩河镇营屯村陈德伦。
[3] 2018 年 8 月 1 日，陈斌、龙秋香访龙里县湾滩河镇营屯村王新辉、王元兴。

第三种：杨—陆—王—胡—陈—刘①

上述三种不同的说法中，杨、陈、刘三姓先祖的入村顺序最确定，陆、胡、王三姓先祖入村顺序有明显争议。在当前的时代背景和社会环境下，入村先后顺序的本身已并不重要，重要的是可以从他们不同的叙说中，管窥村民的社会心理；他们是希望通过将自己先祖入村时间提前的方式，彰显不同姓氏之间的等级结构。一方面，可以占领更多、更优质的生存空间和生计资源；另一方面，在双方交流互动的关系建构中占有主导地位。将历史照进现实，在当前的日常生活中，整个村庄的民众也就可以凭此来进行等级性划分。先入村始祖的后裔，理所当然地在心理上具有优越性。

（三）关系建构

"打老庚"是各姓氏的始祖或历代祖先建立横向关系的主要方式。

表 4-2　营屯村各姓氏关系构建方式统计

	杨姓	王姓	陆姓	胡姓	陈姓	刘姓
杨姓		／	／	"打老庚"	／	／
王姓	"打老庚"		"打老庚"	"打老庚"	未"打老庚"但很快开亲	大棉花王姓二房引来
陆姓	／	／		／	／	／
胡姓	／	／	"打老庚"		／	／
陈姓						
刘姓						

注：依据营屯村陆京仪、陈德伦、陆跃华、王新辉等人的口述资料整理。

表 4-2 显示，陆姓进村之初分别和杨姓、王姓、胡姓"打老庚"。王姓则分别与杨姓、陆姓、胡姓、陈姓和刘姓建立联系。其中，与杨姓、陆姓、胡姓"打老庚"而与陈姓联姻。更关键的是，当年棉花寨王姓二房后裔由于人口少，特意从湾寨对门河邀请刘姓前来同住。陆姓与王姓的"打老庚"，陆跃华有如此讲述：

> 王姓始祖进入营屯村，居住大棉花寨。该寨原名银花寨，因他们会打银得名。寨里经济条件好，但缺田少地缺乏粮食。寨门口那坝稻田，当时归陆姓祖先所有。某日陆姓祖先到此耕田时，见王家小孩在寨门口哭，家

---

① 2018 年 7 月 30 日，陈斌访龙里县湾滩河镇营屯村陆跃华、陆京仪。

长用碎银哄，仍不能止。陆姓村民上前问道，得知小孩是因饿肚子而哭，于是，将自己带来的饭团打开给小孩吃。吃完饭团小孩就破涕为笑非常高兴，小孩父母顺势说道：我们两个有缘分，干脆"打老庚"吧。①

共享或分享生计资源，是不同姓氏两人"打老庚"的关键因素，受惠的一方一般会主动提出与对方"打老庚"。该定律也适用于那些后入村者，他们入村后，都要从先入村者处分享一定的生计资源，他们因而也能受惠。如陆姓与胡姓"打老庚"关系的建立，就是由后入村的胡姓先提出。

当然，有些生计资源的分配格局一旦形成，就难以再与后入村者共享或分享，如居址。文献记载，明清时期，营屯村及周边村寨的民众，常遭土匪袭击。

> 他们每次来的时候，都是浩浩荡荡的一群人进村。我们这里以前村寨很小，村民比较少，再加上距离城镇远，自己又没有武器等，所以每次土匪一来，所有村民家都被洗劫一空。②

> 以前土匪横行时，有钱人家最怕土匪。当时岱林村有一位县太爷姓彭，他家为躲土匪已经在岱林村的羊蹄庄修建了一个营盘。但是，那个营盘很小，难以防御土匪的攻击，于是，就来修营屯的这个营盘。③

由此看来，躲避土匪是营盘最重要的功能。居址离营盘距离越近，安全系数就越高，土匪来时更能很快将财物等转移到营盘中。从这个角度来看，距离营盘最近的居址自然就是优势资源。笔者曾在村民陆华泉、陈光平等人带领下实地看过陆姓和胡姓的居址：陆家院位于营盘山腰，胡姓居住营盘山脚，因名屯脚。海拔高低的实质差异，是日常生活安全系数的高低。正如营屯村民所言："哪个来赶前，哪个就住在上面。住在上面，由于距离营盘比较近，躲土匪方便些。"④

四、鸟王村：陈姓屡迁中的"打老庚"

鸟王村隶属贵定县云雾镇，位于县南部，距县城60千米。矗立在村庄西北部的云雾山海拔1583.6米⑤，它将该村与龙里县湾滩河镇联合村甲架寨隔开。西南部与惠水县岗度镇接壤。村庄南部、东南部、东部分别与贵定县云雾镇所

---

① 2018年7月30日，陈斌访龙里县湾滩河镇营屯村陆跃华、陆京仪。
② 2018年7月30日，陈斌访龙里县湾滩河镇营屯村陆跃华、陆京仪。
③ 2018年8月5日，陈斌访龙里县湾滩河镇营屯村陈德伦。
④ 2018年7月30日，陈斌访龙里县湾滩河镇营屯村陆跃华、陆京仪。
⑤ 摘自贵定县人民政府网之"贵定县云雾镇概况"。

辖的摆城村、东坪村、铁厂社区连接。全村 12 个自然寨分成 20 个村民组,截至 2019 年 1 月,鸟王村共有 647 户,计 3271 人。①

田野调查期间,笔者未了解到历史上鸟王村内不同姓氏在入村时的"打老庚"行为。但是,居住在鸟王村中寨的两位陈姓报道人陈光翔、陈光福,给笔者讲述了他们的入村先祖多次与他人"打老庚"的经历。

中寨陈姓村民是"生牙公"后裔。据说"生牙公"自江西迁贵州,先居住在贵阳市孟关。"生牙公"本为汉族,在定居孟关之后,先后娶汉族、布依族和苗族女子为妻。现居住在中寨的陈姓村民,为其与苗族妻子所生孩子的后裔。

当时孟关主体民族为苗族,因为居于大山之中,被称为大山苗。"生牙公"的后裔长期和大山苗生活在一起,关系融洽,受大山苗文化影响很深。"跟大山苗居住以后,就仿着大山苗的裙装,仿着大山苗的讲话。"② 但是,由于双方之前的文化不同,最终还是不可避免地发生矛盾纠纷。陈光翔讲述,这些矛盾和纠纷都是日常生活细节。这场冲突后,"生牙公"的后裔抵不过大山苗,最终只能选择离开。

离开的人中,就有莫尼兄弟俩,他们居住在今惠水县岗度镇本底村。原住这里的王姓村民虽为苗族,但与孟关一带的大山苗有显著区别,尤其在服装方面。莫尼兄弟来到本底后,为尽快地在此立足,便与王姓村民结为兄弟。能彰显异姓结拜兄弟情谊的是,双方共同建立一个斗牛场。"斗牛场建立后,就经常举行杀牛祭祖的仪式,在举行仪式的过程中,大家就会一起吹芦笙、跳芦笙舞。"③ 这种比较稳定的交往交流过程产生了交融效应,当地苗族服饰文化对陈姓先祖的影响最明显。"我们现在的穿着,就是从那个时候开始,仿着他们的穿着来打扮的。"④ 就是在这种和睦相处的场景中,陈姓先祖再次迁徙。再次迁徙的具体原因,陈光翔和陈光福有不同表述。陈光翔认为,陈王两姓先祖虽然和睦相处,但是时间长久之后,仍不可避免地因日常生活中的琐碎事项发生矛盾。

> 我们陈姓和王姓虽结为兄弟,但兄弟关系仍然没有维持很久。后来因为一些生活中的琐事发生纠纷,于是我们陈姓的祖先就迁移到中寨来居住。⑤

---

① 2019 年 3 月 1 日,贵定县云雾镇鸟王村民陈光福提供。
② 2018 年 8 月 11 日,孙兆霞、路红艳访贵定县云雾镇鸟王村陈光翔。
③ 2018 年 8 月 11 日,孙兆霞、路红艳访贵定县云雾镇鸟王村陈光翔。
④ 2018 年 8 月 11 日,孙兆霞、路红艳访贵定县云雾镇鸟王村陈光翔。
⑤ 2018 年 8 月 11 日,孙兆霞、路红艳访贵定县云雾镇鸟王村陈光翔。

陈光福的表述与此相反：莫尼兄弟俩在本底居住后与王姓村民"打老庚"结为兄弟。但王姓与本底陆姓村民在一场争端中失败，迁居摆若。一两年后，陈姓村民觉得形单影只无助，于是选择再次迁徙。这次他们目标就是鸟王村的新寨。

"打老庚"既是盘江流域地方社会民众在特殊背景下囿于生存需求"发明"的共享资源的社会性关系，也是当地村寨基于资源逻辑考量而必须经历的社会过程。"生计资源的自然属性，任何人都可对其行占有之实……但这种生计资源承载能力的有限性，是促发村寨拓展的关键因素。在村寨拓展过程中，先进入者被自然地赋予优越性。从而使得后进入者只能通过'打老庚'拉近与先进入者的关系，以获取进村定居的资格。"[①] 实质上后入村者手中分得生计资源，他们为报答恩情主动提出与先入村者"打老庚"。总之，盘江流域历史上"打老庚"关系的建立，多与生计资源的共享或分享有关。

经过时间的涤荡，当前"打老庚"的动机已发生明显变化。双方之间只要性格相和，相互"谈得来"就会"打老庚"，且可超越村庄界限。2018年8月，村民陈光平主动向笔者说出与鸟王村陈姓村民"打老庚"的原因和过程。后来，笔者到鸟王村田野调查时，他专门带笔者到其"老庚"家，双方交流互动轻松亲密。

双方关系很好但还不是"老庚"的，为延续这种感情和关系会让各自儿子"打老庚"。例如，营屯村陆家院的陆华泉与同村屯脚的陈俊，他们各自儿子之间的"老庚"关系，就是这么建立的，虽然陆华泉的儿子才13岁但仍不影响"打老庚"。

五、"打老庚"："以家构村"的新路径

表面看，"打老庚"是后来者与先到者建立的拟血亲关系，实质却是后来者要获取入村定居资格、共享生计资源和生存空间，它表征的是早期盘江流域地方社会建立在资源分配基础上的村寨建构机制。如今的"打老庚"动机、范围和表现形式虽有明显变化，但它仍是将不同姓氏民众关联起来的重要方式。

这是盘江流域村寨建构的重要机制，也是我们认识和理解盘江流域地方社会的重要切入点。当前"打老庚"在盘江流域地方社会仍广泛存在，仍是不同村寨、不同人群维持关系的重要手段，实质上，拟血亲关系是中国传统社会宗

[①] 陈斌. 黔中苗族"主客-陪客"制度的人类学阐释[J]. 安顺学院学报，2019（6）：88-92，110.

法制度下男性血缘纽带内涵的延伸和丰富,为我们认识和理解盘江流域地方社会及其整合功能提供了新的视角和路径。结合盘江流域自然生态、地形地貌、生计资源、生存智慧等方面因素,拟血亲关系是盘江流域村寨源起和拓展,以及建立秩序、组织社会和凝聚社会的一种重要机制。在这个意义上,男性拟血亲关系作为盘江流域村寨发生拓展的重要途径,能为理解"以家构村"的实践逻辑提供新视角。

第二节 结姻亲拓展交际网

美国社会学家欧内斯特·伯吉斯及其合作者认为:"动物求偶而人结婚。求偶是生物性的,而婚姻是社会和文化的。"[①] 婚姻的社会和文化属性,不仅由婚姻形态、婚姻结构、婚姻观念、婚姻类型、婚姻礼俗、婚姻禁忌等一系列与婚姻有关的文化事项彰显,更需通过婚姻缔结双方及其家人、村寨或民族间的社会互动所承载的社会关系来表征。婚姻结成的姻亲也是村寨在社会互动基础上拓展交际网的重要途径。

通过"打老庚"结成的拟血亲关系,的确能促进不同姓氏民众间的合作,为盘江流域早期的村寨发生和拓展提供一种文化机制,但这种机制排除了姻亲关系,从社会文化方面对没有血亲关系的两姓青年男女姻缘产生束缚。按照"打老庚"的基本内涵,凡在村寨发生初期有"打老庚"关系的两个姓氏,青年男女不能结为夫妻。基于此,姑舅表婚是盘江流域地方社会中传统的基本婚姻制度。实践过程中,这种婚姻制度逐渐暴露出诸多负面影响。为此,盘江流域地方社会发明出"射背牌"。表面看,这是一种文化事项,实则扮演传统婚姻制度"减压阀"角色,在缓解姑舅表婚给青年男女带来心理负担和思想压力的同时,满足他们对美好爱情的渴求和想象。随着时间推移,越来越多负面影响暴露,盘江流域地方社会中发明出"坐花园"。这是一种跨越姓氏、村寨甚或区域的自由恋爱机制,它在充分尊重青年男女通过自由恋爱缔结婚姻的基础上,为他们的家人、村寨或民族间通过这种互动结成新的社会关系、拓展交际网提供了一条新的路径。

[①] BURGESS E W, LOCKE H J. The Family: From Institution to Companionship [M]. New York: American Book Company, 1945: 1.

一、姻亲规约

"婚姻,通常被作为一种表示社会制度的术语。"[1] 婚姻虽仅发生在男女个人之间,但必须得到双方所属姓氏、村寨的民族民俗或法律承认。他们的婚姻因此才能在地方社会合法,他们的子女才能得到地方社会认可,也就才能享受地方社会的相应权利。在这个意义上,"婚姻乃男女结合关系,经社会认可而确定其权利与义务者也"[2]。为规训青年男女在婚姻方面的行为,地方社会中发明了诸多约束机制。布依族作为盘江流域主要人群,其约束机制之一就是"烂布鬼"[3]。"凡是非婚生和与血亲所生之人,皆会被认为是'烂布鬼'。"[4]

> 在布依族中,将那些乱搞两性关系而生孩子的男女称作"毒奢",即认为他们是一种邪恶,身上有"私儿鬼"。而"私儿鬼"发生在某寨某家,人们就认为此寨此家将因它而衰败。乱搞不正当关系的人将被当作"私儿鬼"遭到惩罚。[5]

不同氏族宗亲通过"打老庚"形成的拟血亲关系,是盘江流域地方社会在特殊历史背景下,维持和拓展不同姓氏关系网络的重要手段,它对立村建寨和拓展村寨圈也有重要价值。但互不通婚乃是有"打老庚"关系两姓氏交往基本准则,或者说"打老庚不婚",乃是盘江流域血亲外婚的重要内涵。2018年7月,笔者从贵阳市花溪区高坡乡云顶村民杨文开、杨永先处得知,该村陈杨两姓先祖自"打老庚"结为异姓兄弟后,谨遵该准则,营屯村有"老庚"关系的双方不能通婚。正是因为地方社会中有各种约束机制,所以民众严格遵守这一准则,即便在当前形势下,"打老庚不婚"原则仍能得到很好的遵守。

男女青年通过缔结婚姻关系组成家庭生儿育女,让人类得以繁衍生息,但

---

[1] 韦斯特马克.人类婚姻史:第一卷[M].李彬,李毅夫,欧阳觉亚,译.北京:商务印书馆,2015:85.

[2] 罗荣宗.苗族的婚姻[J].国师季刊,1941(9):33.

[3] "烂布鬼",是盘江流域中下游兴仁市联增村的叫法。该流域中不同村寨、区域的布依族,都有这种约束机制,但是叫法各异,如"私儿鬼""毒奢鬼""烂布鬼"等。本书统一使用"烂布鬼"。

[4] 张建,宗世法,陈斌,等.城乡互动与农村家户现代化[M].北京:社会科学文献出版社,2022:92.

[5] 马启忠.布依族的婚俗调查[J].中央民族学院学报,1982(1):93-94.同类型的研究还有:杨昌儒.论布依族"浪哨"文化的演进[J].贵州民族学院学报(社会科学版),1997(S1);曹端波,杨元丽,刘倩倩.布依族的亲属制度与社会组织[M].北京:中国社会科学出版社,2019.

这一过程须在地方社会习俗认可的范畴里进行。盘江流域有"打老庚"关系的家门姓氏尤其认可姑舅表优先婚制：姑家之女优先嫁给舅家之子，或者说，舅家子有优先迎娶姑家女之权。这种婚姻制度在当地又称"回娘头"，就是说女孩优先嫁给母亲的娘家侄子，或有还人头之意。这种婚制是对"同宗不婚"及"打老庚不婚"规则的补充选项，是双方保对方种群延续的社会文化机制，当然也有维持阶级或族裔联盟之功效。

实践中也有例外，即"当舅家的儿子不愿娶姑家的女儿、姑家的女儿不愿嫁给舅家的儿子时；或者当舅家的儿子少于姑家的女儿，或舅家的儿子多于姑家的女儿时。由于婚姻中情感因素的不确定性和人口繁衍过程中性别比例的不对称性，这两类例外情况出现的概率绝不可能为零。"[1] 这种不确定性或不对称性对姑舅表优先婚制形成挑战，也为突破能婚范围提供文化空间，当然更为双方发展提供新条件。

二、"射背牌"

氏族血缘外婚，部落地域等级内婚乃是人类婚姻最普遍的传统规则，在此基础上又有诸多的折中或极端方案在实践中衍生。姑舅表优先婚就是最常见且够明智的折中方案，最能兼顾两个硬性条件。注重直观感情的青年男女个体，时常有人认为它有包办压迫性质，因而经常成为文学题材。但婚姻规则作为历史长河积淀下来的文化因子，毕竟是社会事实，因而也早已像血液一样融入盘江流域地方社会。只是进化生成的个人情感也不能轻易泯灭，所以各种文学作品、民间传说以及相关研究中，彰显其负面影响而伸张个体自由的作品更容易流传，笔者且将云顶村收集的一则民间故事转录于此：

> 历史上，云顶村有位陈姓女青年（简称甲）已到谈婚论嫁的年龄，父母做主将其嫁给惠水县的一位男青年（简称乙），但甲更喜欢村内一位杨姓男青年（简称丙）。这件事被甲的父母知道，认为这违背传统制度，因而反对甲丙结亲。
>
> 某日，乙先叫甲到家里玩。两天后，甲要回家又约乙到云顶村来玩。乙到云顶村后，甲趁天晴约他到水塘边玩耍。当时男性不剃头留有长发，易长虱子，甲就拢住乙给他捉虱子，早就埋伏在侧的丙乘机将其谋杀。但丙用刀从背后捅乙时，也溅起血浆喷在甲的白裙子上。

---

[1] 陈斌. 黔中苗族"主客-陪客"制度的人类学阐释 [J]. 安顺学院学报, 2019 (6): 88-92, 110.

甲丙合谋将乙的尸体掩埋后,甲一人又若无其事前往乙家。乙的父母问她乙为什么没一起回来,甲答:"和我爸爸去吃酒,他后面来。"但直到第二天都没有见乙回家。此时乙的母亲见到甲的裙子有红色血迹感觉不对,就跟乙的父亲将甲绑起拷问,甲承认自己和丙合谋将乙杀害。乙的父母就按照当地传统,通知三方父母族人对甲实施惩罚。"后面就拿四匹马来捆住陈家姑娘,两匹马拉手,两匹马拉脚,然后放两个铁炮让马就跑起来,把陈家姑娘'四马分尸'。"①

为规避或减少包办婚姻给社会带来的负面影响,地方民众"发明"出诸多文化事项或过渡机制,以缓和包办婚姻与青年男女对婚姻自由诉求间的矛盾冲突。《黔南职方记略》有载:"不耻淫奔,民间化之,于是跳月之风起矣。"《山峒溪纤志》亦有载:"苗人之婚礼曰跳月,跳月者,及春日跳于求偶也。"2018年7月,笔者在贵阳市花溪区高坡乡云顶村了解到"射背牌"就有这方面的功能。

射背牌,又称打背牌、射印牌,是一种以个人名义彰显民族集体记忆和地方文化仪式活动。正如格尔茨所言:"人类学的阐释如果是为了建立对现实的理解的话,那么把它从现实——此时或彼地具体的人说了什么,他们做了什么,他们遇到什么,整个忙忙碌碌的世界——分开就等于让它失去应用性,成为空无。对任何事物——诗歌、人物、历史、仪礼、制度、社会——的有效阐释,使我们看到阐释对象的本质。"② 基于此,为更好地阐释射背牌的社会意义和功能价值,有必要对与其源起有关的民间传说故事进行呈现和解读。

故事1:地玉和地利的爱情故事

传说男女青年地玉和地利在劳动中相亲相爱,在娱乐场中情投意合,恩恩爱爱,但不得婚姻自由,双方父母把地玉和地利另配他人。地玉和地利当然不愿意,他俩仍暗中相爱,在山坡上吹木叶、口哨为号邀约到坡上对歌,反对父母强迫婚配。时间一天天过去,他们的爱情一天更比一天深,后来男青年用优质木材制作长弓,以竹片制箭,女青年以皇帝印为样精心绣制背牌。相约于农历四月八这天,男拿弓箭,女带背牌同上山坡商量,二人对天发誓:"今世不同住,黄泉路同行",下了决心,女的把特制背牌摆在地上,男的把很亮的长刀插在一边,手拿弓箭朝天发射三箭,然后女

---

① 2018年7月20日,陈斌访花溪区高坡乡云顶村杨永先。
② 格尔兹. 文化的解释 [M]. 纳日碧力戈,等译. 上海:上海人民出版社,1999:20.

的也朝天发射三箭，表示以老天爷作证。男的又瞄准背牌射三箭，而后女的把背牌送给男的，表示真心实意。男的收起背牌，把栓在腰间的红腰带献出作纪念。他俩发誓：男的死后背牌入棺当枕头，女的死后红腰带入棺作衣裙。久而久之，射背牌活动就代代相传下来。射背牌坡也成为青年男女爱情坡。①

故事2：赞地利和俄地衣的爱情故事

从前有一男叫赞地利，一女叫俄地衣，二人相亲相爱情投意合，但双方父母另有择配。赞地利和俄地衣经常在爱情坡幽会，双方父母知道了，要抓紧按择配完婚。赞地利和俄地衣没办法，便相约在四月八这天到爱情坡对天发誓：阳世不能同生，阴间也要同行。接着，俄地衣摆背牌在地上作凭，两人先朝天射三箭起誓。然后俄地衣让背牌给赞地利射，赞地利也让裙衣给俄地衣射，就这样订下了生死的爱情。后来凡被拆散的情人都仿照他们的做法，代代相传。②

上述两个民间故事，皆源于盘江流域苗族社会。人物名称叙事细节虽有差异，但故事梗概一致。版本差异主要由不同村寨、区域自然生境和人文生境差异造成。"尽管我们确信自己的记忆是精确无误的，但社会却不时要求人们不能只是在思想中再现他们生活中以前的事件，而还要润饰它们，削减它们，或者完善它们，乃至我们赋予它们一种现实都不曾拥有的魅力。"③

民间传说刻意凸显男女青年自由恋爱和父母包办婚姻之间的矛盾冲突，这种叙事范式未必能表征历史真实，但彰显了当地民众的文化心性：通过射背牌仪式，向整个地方社会公开终结青年男女之间的自由恋爱关系，在消弭其与固有传统婚姻制度矛盾冲突的同时，督促他们回到传统婚姻制度轨道上。这既是青年男女之间借由自由交往接触机制而形成的自由恋爱，与姑舅表婚所蕴矛盾冲突的终结机制，更是缓和姑舅表婚和包办婚姻给青年男女带来心理压力的过渡仪式。总之，射背牌既可敦促青年男女遵循传统婚姻制度，又能用做阴间夫妻的愿望苦劝长辈成全有情男女。这是"在地不能结连理，在天仍做比翼鸟"的盘江流域注脚。20世纪90年代，当地民众直接将其起源传说演绎成"阴婚"

---

① 赵焜. 射背牌 [M] //贵阳市民族事务委员会. 苗族四月八. 贵阳：贵州民族出版社，1989：42.
② 潘定远，潘定智. 高坡苗族射背牌 [M] //贵阳市民族事务委员会. 苗族四月八. 贵阳：贵州民族出版社，1989：45.
③ 哈布瓦赫. 论集体记忆 [M]. 毕然，郭金华，译. 上海：上海人民出版社，2002：91.

订婚仪式。

射背牌的文化内涵,为生前不能结为夫妻的青年男女,构建一种未来意象暨精神寄托。笔者阅读盘江流域地方社会(尤其是高坡地区)的文史资料和前人研究成果,发现各地都有诸多自由相爱的青年男女在传统婚姻制度的束缚下,最终不能结成眷属。但人心人性终难泯灭,地方社会通过射背牌的方式留下情感追求印迹,也是西南山地社会承认"山盟海誓"个体价值的集体表征。大西南丽江纳西族、凉山彝族都有相似民俗传统。青年男女在此岸世界的生命走到尽头,可以凭着这种社会印迹,到彼岸世界过夫妻生活。这种以公开形式彰显的以未来为旨归的社会规约,同样对曾经射过背牌的男女具有现实的规训作用,能敦促他们在此岸世界中按照基本的伦常秩序进行交往,互不影响双方生活。

射背牌本是在一对青年男女间发生。但也有例外,一个男青年与多个女青年射背牌。"我所玩的姑娘是三个,一个叫王披生、一个叫王披同,她们两个是堂姊妹,另一个名字忘了。……与我打过背牌的两个女的,王披生时年18岁,4年后嫁到孟耳;妹妹王披同也在不久后嫁到龙里板(摆)省乡打夯寨。"[1] 当事人认为这是值得自豪的青春印记,笔者认为这是个体跟社会相互妥协的仪式表达。

通过梳理有关资料,可见射背牌彰显的仍是社会属性。首先,射背牌一般以集体的方式进行。同一村寨或者同一姓氏的多位男青年可与多位女青年同时射背牌。"举行射背牌仪式,一般是以村寨或一个姓氏为单位,参加射背牌的一般有四五对男女青年。因为他(她)们有了爱情关系,又被父母刁难或另配。在这种情况下,情人才相约于'四月八'上射背牌坡去射背牌,表示断绝爱情关系。"[2] 2000年3月,贵州民族大学吴秋林教授在高坡乡各村寨中对有射背牌经历的村民进行专题访谈。笔者详细阅读这些访谈案例,发现每位报道人在讲述自己射背牌的过程时,都会明确地提出当年和自己一起射背牌人员的姓名和数量。如云顶村孟耳寨陈德过讲述:"与我一起打背牌的另一个孟耳寨的男的叫陈德革,他也是与摆龙寨的两个姑娘玩,一个叫果优刀(苗名),一个叫培西护(苗名)。"[3] 摆龙村王岗成讲述:"那一年一起与我打背牌的有我们村的王应富、王正存,他们也都死了。"[4]

---

[1] 吴秋林. 高坡苗族背牌文化研究 [J]. 贵州大学学报(艺术版),2000(4):27-33.
[2] 潘定远,潘定智. 高坡苗族射背牌 [M]//贵阳市民族事务委员会. 苗族四月八. 贵阳:贵州民族出版社,1989:44.
[3] 吴秋林. 高坡苗族背牌文化研究 [J]. 贵州大学学报(艺术版),2000(4):27-33.
[4] 吴秋林. 高坡苗族背牌文化研究 [J]. 贵州大学学报(艺术版),2000(4):27-33.

其次，射背牌在敦促爱恋中的男女青年断绝爱情关系的同时，也在为其他男女青年提供更多且覆盖面更大的接触交往机会。"射背牌时，一般都有四五对以上男女青年参加，趁此进行社交活动。"① "在正式举行射背牌活动之前，相爱男女早已会集于男方家中，邀约同龄伙伴载歌载舞，欢聚通宵。男女双方的亲戚朋友也纷纷前来祝贺，男方父母则备足酒食，盛宴招待所有来客。其隆盛状况，不亚于举行真正的婚礼。"② 正式射背牌时，同村寨或者周边村寨村民皆前往参与观看。这些村民在参与观看的同时，一方面无形中扮演着见证人的角色；另一方面，那些尚未结婚成家的青年男女，可借此机会接触沟通、聊天谈情。

三、"坐花园"

盘江流域的"花园"指在每年正月，地方社会为村寨女性统一安排的聚集场所。这是一块用竹竿或其他植物竿围起来的空间，当然，只有被围起来的部分才能被称为花园。对来此聚集的女性而言，是"坐花园"。"坐花园"一般持续15天左右，从正月初一开始，到正月十五结束。这一时段内，当地妇女的文化价值和社会地位得到特别彰显。盘江流域女性在特定空间里尽享文化福利。若某些村寨青年女性少，"花园"时长亦可缩短，提前结束女性"坐花园"。

田野调查了解到，花园之于女性主要有两方面功能：①提供集中绣制背牌的空间；②提供接触未婚男青年的场所。前一种功能主要针对已婚女性，后一种功能主要针对未婚女性。地方社会称前一种花园为老年花园，后一种为青年花园。"老年花园属于已婚妇女，是已婚妇女们刺绣的场所，这个花园离寨子比较近，便于与家人联系；青年人的花园离寨子稍远，因为这个花园不只是姑娘们刺绣的场所，也是她们唱歌跳舞的场所，同时是青年人结识异性朋友的专属场所。"③ 鉴于本部分主要讨论婚姻制度，因而仅论述青年花园。

青年花园，一般选址在村寨外部或离村寨较远的山坡上，换言之就是更靠近别的村寨，便于那边男青年过来。笔者2018年8月在黔南州龙里县营屯村听村民说，这是由老祖先传承下来的，位置不能随意变动。在"祖先流传"的规训下，不同村寨间更不可越界互抢地盘。无论如何，青年花园都应该选址在自己村寨所辖地理空间中。这意味着每个村寨，基本都会建立自己的青年花园，

---

① 赵崑.射背牌［M］//贵阳市民族事务委员会.苗族四月八.贵阳：贵州民族出版社，1989：41.

② 潘年英.百年高坡［M］.贵阳：贵州人民出版社，1997：46.

③ 王永秀.龙里苗族坐花场［J］.（未刊）.

但若村寨人口实在少,亦可与毗邻村寨共享青年花园。

表4-3 营屯村各村寨青年花园统计

序号	寨名	青年花园(个)	备注
1	小寨	1	
2	屯脚	0	
3	小棉花	1/2	与大棉花共用青年花园
4	大棉花	1/2	与小棉花共用青年花园
5	井边院	1/3	与楼梯院、蛤蟆院共用青年花园
6	楼梯院	1/3	与井边院、蛤蟆院共用青年花园
7	蛤蟆院	1/3	与井边院、楼梯院共用青年花园
8	陆家院	2	2018年,新建1个青年花园,原青年花园已废弃

注:根据营屯村王新辉、陆京仪、陈光平、陆跃华等口述内容整理。

青年花园选址中的"村寨外部或远离村寨"规则,是盘江流域地方社会公开为未婚青年男女创造接触沟通机会使然。青年女性"坐花园"过程中,除相互交谈聊天或刺绣外,更重要的是在这一场合结识异性。一般是一帮未婚男青年吹着芦笙来到"花园"边,然后进入其中烤火,有意识地与"坐花园"的女青年交谈。若互有爱慕之情,会进行更加深入的接触沟通。每一天中会有一拨又一拨的未婚男青年吹着芦笙到来,同一帮未婚男青年也会到无数个未婚女青年的"花园"中。如此,"坐花园"期间的男女青年,理论上会与无数个异性结识接触,甚至可能会与同宗同祖的异性结识接触。也就会存在多个产生爱慕之情的机会。此时,如何避免"有悖人伦"的指责,也是对青年男女的道德考验。

一般情况下,同姓未婚男女不能在"花园"接触。对此,盘江流域集水区的贵阳市花溪区高坡乡云顶村的杨文开有言:"平寨村的杨姓,和云顶村的杨姓同宗同祖。该村的杨姓男青年,就不能到云顶村杨姓女青年的'花园'里吹(芦笙)。同样,云顶村的杨姓男青年,也不能到平寨村杨姓女青年的'花园'里吹(芦笙)。因为,两个村的杨姓男女青年都是兄弟姊妹。"[1] 由此看来,所有浪漫和美好的爱情想象,或者自由的恋爱和婚姻,皆不能在同姓且同祖同宗的男女青年之间发生。因此,无论地方社会民众如何追求自由的婚姻和爱情,

---

[1] 2018年7月21日,陈斌访花溪区高坡乡云顶村杨文开。

皆会严格遵循"同宗不婚"的底线。

四、姻亲即社会

中国传统社会无论层级高低，普遍重视两个"设置"：在皇家就是"左祖右社"，在民间就是"宗祠"与"社坛"。祖与宗祠是最典型的共同体，强调宗亲历时延续；社与社坛是最基本的社会，强调姻亲共时发展。这套机制类似一架游标卡尺：尺身代表宗亲共同体，要求价值恒定；游标代表姻亲社会，要求与时俱进且能"一表三千里"。盘江流域地方社会践行的姑舅表优先婚制，兼顾了共同体与社会两方面的价值追求。但随着时代推移，特别是现代个体自由和市场经济流行，传统婚姻制度的局限即约束性逐渐暴露。盘江流域地方社会因而更把传统的"射背牌"机制发扬光大，以求缓解传统婚姻局限导致的矛盾冲突；进而更注意营造促进青年自由缔结婚姻的"坐花园"机制，协助青年男女沿中庸之道缔结姻亲。这两种机制在当地早有流传，则说明边地民众创新能力不低。

这种姻亲关系能在多大的社会空间中实现，或者青年男女姻亲缔结，能将多大范围内的民众联结起来，地方民众社会交往空间能据此拓展到何种程度，这一问题需要分阶段讨论。

首先是村寨初开阶段，通常只能联结同一村寨异姓民众。村寨的边界同样是联结异姓民众的边界，但血缘外婚制始终具有将更大社会空间的异姓民众联结起来的能力。这一"更大社会空间"到底有多大？在传统农业生产阶段，鉴于盘江流域民众主要通过农业生产获取生计资源，加上农业对土地的依赖，导致"更大社会空间"仍有限度。笔者结合2018年8月在龙里县营屯村搜集到的7份酒席礼单和姓氏系谱图，对相关指标统计指标做比较分析之后发现，地方民众主要获取生计资源的山间盆地，就是这一"更大社会空间"的大致边界。

这种边界的伸缩性比较强，只要在同一山间盆地中，可以是同一村寨，也可以跨越村寨界线。当然，随着交通条件的优化、通信方式的便利化以及生计来源的多样化，这种边界还可伸展到另外的山间盆地中或县界、省界外。但是，鉴于盘江流域地方社会文化传统在婚姻制度中的重要地位，无论是理论上，还是实践中，在同一山间盆地中建构婚姻圈，仍是盘江流域地方社会婚姻制度的主要内涵，地方民众将之称为"盆地婚姻"。同一山间盆地中有共同的地形地貌和生产条件，导致生活其中的民众日常生活和文化实践具有高度同质性。建基于此种同质性之上的社会空间，不仅是青年男女自由恋爱并缔结姻缘关系的主要空间，而且是盘江流域地方民众交际网的主要覆盖范围。

无论如何，外婚制决定了姻缘关系是横向开放的，相互之间联系可以非常广泛，基于姻亲的表亲也够稳定且作用往往更大。姻缘关系衍生的礼仪、规约等，不仅是双方在相互交流沟通过程中的规训机制，更是双方之间多层次认同、整合和建构的文化基础，这使得它在打破村寨、姓氏的限制，为盘江流域地方民众建立更深层次的情感认同、提供更为广泛的同质性社会基础等方面具有积极意义。

结合本书第二章论述的内容，盘江流域不同民族人群居住的整体自然空间，皆可用喀斯特"山间盆地"概括。但是，囿于微观地形地貌的局限，每个"山间盆地"有比较系统且相对独立的农业生产条件和环境，边界感明显，在一定程度上挤压了跨越"山间盆地"的族际通婚的开放性和可能性。质言之，盘江流域地方社会中发生族际通婚的可能性比较小，族群内部缔结姻亲是流域内婚姻制度的主要内涵，尤以同一或具有相同生产条件的"山间盆地"的通婚为主流。

总之，姻亲在一定社会空间中形成，也能突破原有局限建构新的社会空间。一方面，由婚姻制度与宗亲制度互补而成；另一方面，具有突破原有不同生态资源空间的潜力。由此可以判断，"姻亲即社会"的确如此，但经由姻亲缔结的社会仍有其边界，等待下一代婚姻突破。

第三节 "主客—陪客"丧葬礼制

丧葬是人生仪礼系列里最重要的仪式，民族学人类学研究，常从丧葬过程中的礼物流动和互惠关系角度切入，彰显丧葬仪式背后所整合的社会关系。一般而言，这种关系主要围绕丧主家所依存的地方社会而结成，或者说，参与丧葬仪式的所有人，都与丧主家有直接的社会关系。囿于自然生境、人文生境的结构性差异，不同地方社会中的结群逻辑呈现不同面相。位处西南边地喀斯特地貌中的盘江流域，自然生境的区域性特征和内部的结构性差异，将长时段历史过程中层累而成的各族民众区隔。

盘江流域地方社会中丧葬结群逻辑的面相是什么？本节以盘江流域集水区域中的龙里县营屯村为例，结合涂尔干的宗教、仪式与社会研究的传统，通过探讨"主客—陪客"制度中的"客人"交换以主客作为中介，"客人"交换将村际、族际间的民众整合为有机团结的整体，建构和维系着流域内错综复杂以"泛亲属"观念为主旨内涵的结群逻辑等方面，展现盘江流域地方社会中"主客—陪客"丧葬礼制之于民众文化实践和社会交流的影响与意义,彰显流域内民众在破碎的生境里对于"整体共生"内涵的认同、实践和追求。

一、丧礼中的结群逻辑

传统农业社会的丧礼,一方面寄托着生者对死者的哀思与祝愿,表达着生者对灵魂的敬畏和祈求,另一方面也是前来吊唁的生者对死者家人亲属表达的情感安慰、关系确认和责任担当。已有研究成果发现,丧葬虽是家庭家族内部的神圣事件,但参与者人群的联结凝聚,由其所属地方的社会文化结群逻辑决定。

前辈学者对不同村落或地方社会中的结群逻辑早有诸多论述探讨,如美国学者施坚雅提出"六角市场模型"①,杜赞奇的"权力的文化网络"②,英国学者弗里德曼的"宗族"③。国内学者在这方面也不遑多让,如林美容的"祭祀圈"④,贺雪峰和仝志辉的"村庄社会关联"⑤,陈劲松的"伦理性关联"⑥,等等。上述学者的研究发现和理论观点,在帮助我们认识村落或地方社会内部复杂性的同时,为分析论述丧葬中结群逻辑的社会基础提供了框架性思路。这些学者所论述的丧葬结群逻辑,所关联和凝结的人群,都是与丧主家有直接关联的。共同的地缘空间、同宗同祖的血缘关系以及传统的儒家伦理,是促成这种直接关联的主要因素。

2018 年 8 月,笔者在盘江流域集水区中的龙里县营屯村发现,该村丧葬结群逻辑竟能将丧主家此前根本不相识的人群也关联起来,共同参与丧主家丧礼各个仪式环节。笔者试图通过营屯村的个案,探讨盘江流域地方社会中组织不同人群参与丧葬仪式的逻辑基础和基本内涵,以及丧礼是如何将与丧主之间仅有间接关联或根本没有关联的人群联结起来,形成一种差序格局式的结群逻辑。

---

① 施坚雅. 中国农村的市场和社会结构 [M]. 史建云,徐秀丽,译. 北京:中国社会科学出版社,1998.
② 杜赞奇. 文化、权力与国家 [M]. 王福明,译. 南京:江苏人民出版社,2003.
③ 弗里德曼. 中国东南的宗族组织 [M]. 刘晓春,译. 上海:上海人民出版社,2000.
④ 林美容. 妈祖信仰与汉人社会 [M]. 哈尔滨:黑龙江人民出版社,2003.
⑤ 贺雪峰,仝志辉. 论村庄社会关联:兼论村庄秩序的社会基础 [J]. 中国社会科学,2002 (3):124-134,207.
⑥ 陈劲松. 传统中国社会的社会关联形式及其功能 [J]. 中国人民大学学报,1999 (3):92-97,129.

二、内涵概说

营屯村有人去世，相关人员包括亲友需先后两次吊唁死者。开路仪式是确定先后两次吊唁时间的重要仪式节点。开路仪式前，客人单独到丧主家吊唁；开路仪式后，客人则要在与自己有直接关联的寨邻、族人、亲戚或朋友陪同下，再次赴丧主家吊唁。这意味着第二次吊唁人员，除了与丧主家有直接关联的客人外，还有这些客人的寨邻、族人、亲戚或朋友前来参与。

对于丧主家，这种机制能组织起较有规模的客人群体，满足其通过丧礼规模显示社会认可的需求。盘江流域地方民众传统观念认为，丧礼客人越多，说明丧主人缘越好，越加有脸面和地位。笔者且将与丧主有直接关联的客人定义为主客；跟随主客前来吊唁的客人与丧主家未必有直接关联，笔者且定义其为陪客。此种组织机制，已成为盘江流域地方社会丧葬的重要组成部分，并深深影响民众在日常生活中的社会交往方式和范围，笔者称其为盘江流域地方社会丧礼的"主客—陪客"制度。它是当地民众秉承人情往来制度，依据盘江流域自然生境、社会文化而延伸性发展出的一种能满足自身需求的地方性结群机制。

丧葬过程中的所有支出，皆由丧主家筹措担负。就盘江流域地方民众的经济条件收入水准而言，这些支出负担极重，如果人是经济理性动物，这笔负担完全可以用缩减客人规模的方式加以控制。但按照当地传统，丧礼的各项仪式又需要寨邻、族人、亲戚和朋友参与，且人数越多越好，类似于马林诺夫斯基所言的"夸富宴"，试图以较高的经济支出和经济消耗来获得相应的社会资本，如孝顺父母，名誉声望，等等。如此，丧主家希望有大量的寨邻、族人、亲戚和朋友参与到丧葬过程中。招待如此多客人的经济支出确实不少，甚或已经远超丧主家庭的经济承受能力。鉴于生产条件、收入水平等因素的年代差异比较明显，这种经济支出在不同年代之于丧主家也具有不同的意义和内涵。因而，"主客—陪客"制度的实践形式也就存在阶段性差异。

三、"约会"集资方式

山区农家经济收入有限，甚至粮食也较为缺乏，丧礼招待越多客人吃喝，丧主家经济亏空越大。营屯村民为此发明了"约会"制度，一种在村寨内部存在的临时互助方式。民族学人类学视此为用礼物交换流动实现的互惠结群[1]，其功能是在家庭生命周期的特定阶段分摊沉重经济压力渡过难关。这种互助制度不能达到预期目的时，丧主家即再进一步：争取客人理解简化餐食降低档次，特别是减少酒水消费。

囿于传统，盘江流域地方社会的丧礼，主客不仅不能拒绝来丧主家吊唁死者，还需要尽量组织更多寨邻、族人、亲友前来吊唁，提振丧主家的声势门面。陪客由主客发起组织并主导。村民知道与自己有直接关联的某人去世时，就会亲自或委托他人，到自家所在村寨，逐一询问各位家庭男主人愿否同去做客，担任陪客角色。村民听此不会觉得意外，一般也不会拒绝。愿担任陪客的村民，要按地方规范和物价水平，拿出一定量的大米交给主客或他的委托人。待陪客队伍组织完毕，主客就将收集到的大米换成白酒。营屯村民陆华泉就此解释：

> 如果我是主客，那么我自己或者我委托的人，就会在陆家院内的所有家庭都串一次，问家庭中男主人是否愿意跟我一起做客。如果愿意去的话，那么当时就拿米给我，俗称"酒米"。待我全部凑齐之后，就带着这些酒米去换酒。[2]

这些用酒米换来的白酒，在第二次吊唁时，由主客和陪客带到丧主家留存，但不交给丧主。丧主家白酒不够时，才将这些白酒拿出。"以前丧主家给每桌酒席上提供的白酒是有限的，规定一桌只能是2斤、3斤或者5斤，这些酒对都爱好喝酒的人来说，自然是不够的。如果我们自己不提前准备好，现场酒不够喝，就不好了。"[3] 当然，这些白酒只能由之前出酒米的陪客喝。当这些被带来的白酒全部喝完之后，陪客的饮酒需求也就基本得到满足。

龙里县营屯村陆华泉讲述，到2007年前后，生活条件改善，丧礼餐食已能足量供应，白酒更是管够。主客召集陪客"凑酒"的方式也就逐渐退出。

四、变通沿革

即便地方民众生活条件显著改善，丧礼餐食能足量供应，"主客—陪客"制度的核心内涵仍在延续。出席丧礼担任主客的村民，仍会在自家村寨邀请自己

---

[1] 马凌诺斯基. 西太平洋的航海者[M]. 梁永佳，李绍明，译. 北京：华夏出版社，2002；莫斯. 论馈赠：传统社会的交换形式及其功能[M]. 卢汇，译. 北京：中央民族大学出版社，2002；阎云翔. 礼物的流动：一个中国村庄中的互惠原则与社会网络[M]. 李放春，刘瑜，译. 上海：上海人民出版社，2000.

[2] 2018年8月5日，陈斌访龙里县湾滩河镇营屯村陆华泉。

[3] 2018年8月5日，陈斌访龙里县湾滩河镇营屯村陆华泉。

的亲友去担任陪客。外在变化只是不必再"凑酒",只要陪客肯出席,主客就首先感谢。这是从传统向现代方式的过渡阶段,陆华泉说这一阶段大致持续了三年。

2010年前后,人们觉得这样跟主客去丧主家"白吃白喝"不好意思,就提出陪客们也各自出钱,为死者买些香纸。香纸钱从最初的一两元,逐渐发展到四五元作为馈赠。此时馈赠的给予者是陪客,直接领受者是亡人,间接领受人情的是丧主家。这与最初的陪客"凑酒"满足自身完全不同。

2018年8月,笔者在营屯村时,丧礼的陪客馈赠内涵又有显著变化。给予者仍是陪客,直接接受者已变为丧主家。馈赠口从香纸变成礼金,金额由陪客自主裁量,20元起步,最多可上百元。礼金由主客统一交丧主家,但陪客名字要登记上账。

按照莫斯《论馈赠》的观点,当某人送礼后,接受者必须回礼,否则双方关系将无法维持延续。就营屯村的实际情况而言,陪客给丧主家送礼之后,回礼是必然发生的。但是,需要从两个不同层面展开讨论。

首先是丧主家的回礼。陪客送上礼金之后,丧主会依据数额分两个层次返礼。送小礼的陪客,返礼为一只碗和一张短帕;送大礼的陪客①,除了小返礼,还有一张长帕和一领大孝衣,司礼先生还安排他们到灵堂磕头行礼,等于给陪客以主客待遇,意指丧主家已将其视为直接亲友。

其次是主客的回礼。主客不是收礼方但对陪客也有回礼义务,因陪客由其组织召集而来,而与丧主家没有直接关联,他来参加全是主客的关系。陪客对丧主家的礼金也由其与主客的关系决定。陪客的馈赠其实就有两份,一份是其对主客的情感,一份是其对丧主的馈赠,但两份皆因主客促成,所以回礼义务亦需由主客承担。关于回礼时间,一般在陪客因故成为主客时,通俗讲,陪客有直接亲友亡故,他就成为主客,要出面召集陪客队伍前往吊唁;原先的主客理所当然就是陪客,就须按规定馈赠丧主家且秉承对等原则。

> 人家陪你去,给丧主家送多少礼,你自己心里要有数。尤其那些送大礼的,一定要牢记。以后你陪他去,就要送同样多的礼金甚至略多。否则会影响关系。比如,你跟我去我舅舅家,你送过100元给我舅舅。下次我跟你去你舅舅家,最少也要送100元,甚至可能要送150元。不然你可能就

---

① 关于大礼和小礼,没有统一标准,一般由丧主家依据自家实际情况而定。如果丧主家事先确定以100元为界,那么陪客送礼超过100元的则被视为大礼,否则就是小礼。

会生我的气。①

无论何人是主客，他仅能得到陪客的情感馈赠，没有物质收获。但他的回礼义务，除了情感更要有物质。莫斯的《论馈赠》对于前一种回礼有足够的解释力。"馈赠行为在给予者和接受者之间建立起一种双重关系：一是认同和团结，因为给予者和接受者一道分享他的所有；二是等级，因为接受者一旦接受了别人的馈赠，便负债于给予者。在他没有偿还这份馈赠之前便处于对对方的一种依附状态。如果他一直未能回赠，那么这一状态就会固定下来。"②但后一种回礼才是盘江流域构筑丧葬"主客—陪客"制度的主要支点，也是丧礼主客角色最有趣之处。陪客和丧主家本不相识，但都与主客关联紧密，因而能通过主客结成有机团结整体，彰显出盘江流域地方社会整合方面的"泛亲属"观念深入人心。每个人的一生中有无数次机会成为主客，相应也就会无数次担任陪客的角色。轮番做主模式的可持续运行不仅表征主客忠实履行回礼义务，更为盘江流域地方社会构建和维系了错综复杂的社会关系网络，或曰圈子，圈子里面装着所有潜在的主客或陪客。大家都清楚，今天的陪客，迟早有机会变成主客，因而需要众多陪客。所有人愿意担任陪客，就是为以后担任主客积累陪客资源，"陪别人"实质就是在"陪自己"。主客在丧主家与陪客之间扮演中间人角色，桥接起两个可能根本毫无直接关联的人群。盘江流域结群逻辑的地方特征和文化属性就是礼尚往来。

五、文化逻辑

基于盘江流域特殊地形地貌、共同生计基础和日常社会生活的血亲、拟血亲、姻亲关系，是当地民众发明"主客—陪客"制度的重要社会基础。经过历史涤荡，其外在形式虽有变化，但是核心内涵依旧。无论"主客—陪客"制度的外显形式发生何种变化，都遵循共同的运行逻辑。

（一）以姻亲为主的主客差序原则

姻亲是"主客—陪客"制度产生延续的根本元素。2018年8月，笔者在营屯村看到村民陈光平母亲的丧葬礼单。简单统计发现，共有34位主客带来337位陪客，平均每位主客带来近10位，彰显出强大的关联凝聚能力。进一步分析还会发现，仅有3位主客与陈光平家是非姻亲，即纯朋友关系，其余31位主客

---

① 2018年8月5日，陈斌访龙里县湾滩河镇营屯村陆华泉。
② 莫斯. 论馈赠：传统社会的交换形式及其功能［M］. 卢汇，译. 北京：中央民族大学出版社，2002：5.

全是远近姻亲，其中陈光平儿媳的爷爷陈儒平一人就带来35位陪客。

陈儒平是毗邻的摆兰寨布依族，这给苗族社区姻亲关系，同样也给苗族丧礼增添了民族因素，成了布依族—苗族关系。当这两层关系体现在一件事上，证实了当地姻亲缔结具有突破民族边界的开放性，使得原本以婚姻为介质进行社会关联的两个家庭或村寨，扩大到两个民族。蕴藏在婚姻关系之下的两个民族之间的经济、文化等方面关联的频度、广度和深度有了至关重要的社区路径和家庭载体。

（二）血亲为主的陪客组织原则

丧礼陪客是由主客组织，陪同主客前去吊唁的人员。陪客多半根本不认识死者及其家庭，他们前来吊唁，皆因自己与主客有亲朋关系。营屯村陈光平母亲丧葬礼单中涉及的陪客都是如此。陈光平儿媳的爷爷陈儒平带来35位陪客里，有29位是陈儒平的宗族血亲家门同姓且居住同一自然寨。另外6位异姓陪客里又有4位是其寨邻。

另如，陈光平的"老庚"王永德是木马村大木马寨人。他带来的21位陪客中则有7位王姓14位同寨异姓。按当地文化逻辑，这些异姓陪客不是姻亲必是"老庚"。

（三）组织原则差序格局

开放性是"主客—陪客"制度最显著的特征，但开放亦有其"序"。"主客—陪客"制度的出现并非一蹴而就，也不是村民个体的一日之功，而是当地人在长期的日常生活中，在认知当地人文生态的基础上，根据自身实际情况和生活需求，主动逐步且有序建构出来的"集体意识"或曰"习惯成自然"。经过长时段历史过程的涤荡，它就成为我们当前所见到的文化事项。

从日常生活的临时应对之策，发展成地方社会的典型文化事项，彰显出当地民众对自身所依存的自然生态和人文生态的适应能力。面对快速变迁的时代，自然生态和人文生态也随之以一定速率变迁。幸运的是这种文化事项仍能在开放中传承延续，证明岁月年轮积累的正能力始终特别重要。

横向看，地方社会的开放性主要表现为多中心散点且有弹性的"以主客差序"。主客或陪客身份，由社区中每一个人所有的寨邻、族人、亲戚和朋友的死亡而按习俗传统产生。只要某人亲友家人有成员去世，他就成为主客，而族人、寨邻、亲友等就应成为陪客。此时扮演主客角色的村民就成为临时中心，与之相关的族人、寨邻、亲友则应景成为向心波纹，甚至丧主家庭也是这些波纹的重要组成部分。波纹所及距离，不仅标志着关系亲疏，且能标示出主客陪客及丧主家庭社会空间大小。

此种差序格局的维持有赖于日常生活中的人口和交往规则的不断再生产，这种再生产由地方民众通过血亲、拟血亲、姻亲等方式实现。总之，由丧葬促发的血亲、拟血亲及姻亲友邻间的交往互动，是"熟人社会内聚性"的核心内涵。① 丧礼中陪客给丧主家送礼的习俗就在这种情况下生成。

本章小结

子夏问曰：巧笑倩兮，美目盼兮，素以为绚兮。何谓也？
子曰：绘事后素。
子夏问曰：礼后乎？
子曰：起予者商也，始可与言诗已矣。
——《论语·八佾》

孔子与弟子子夏的这段对话，提出了"绘事后素"概念。这是孔子礼乐思想的重要组成部分，要求人的美丽外形与良好内涵相统一。"质胜文则野，文胜质则史。文质彬彬，然后君子。""文质彬彬"就是"文"与"质"统一，外形与内涵和谐。华美外形是良好内涵的外显载体，良好内涵是华美外形的内在根基，两者和谐兼备且可称君子。但是华美外形与良好内涵何者为先？或者说，绘事先于还是后于素呢？后人对此有两种解读阐释。北宋朱熹持"后于素"说："绘事，绘画之事也；后素，后于素也。"他认为应是先有素地，然后方可加采，底色洁白才有灿烂描绘。东汉经学家郑玄持"达于素"说："绘画文也。凡绘画先布终色，然后以素分布其间以成其文。"他认为绘画如撰文，首先应确定核心主题整体格调，然后将各种素材布局其中，以证实或证伪核心主题，如此才有好文章。其实，无论是"后于素"，还是"达于素"，皆须将不同的素材颜色统一于文章画作，呈现美的意境，将必要元素安置和谐，秩序才能呈现"美"之意境体现人类文明。至于论语这段旨意，或应从子夏对礼与实践顺序的问询，再从孔子对此的赞叹里求解。他至少认为子夏启发他看到另一条正确答案。换言之：两说都是通解。

文化与社会的关系亦应如此。本章呈现具体文化事项与社会结群逻辑的关系问题，旨在理顺文化实践与社会认知的关系。"绘事"及"礼"即文化如同装修，"素"则是社会实践及其结构要素，两者关系大可两条路径阐释：可以说

---

① 宋丽娜. 熟人社会的性质 [J]. 中国农业大学学报（社会科学版），2009（2）：7.

文化"后于社会",就可说它"达于社会"。其中,前者指文化在社会基础上形成,如同装修之于建筑;后者指在文化基础上建构,如同建筑之于蓝图。简言之,两者相互开放、相辅相成:如同船舱与甲板、共同体与社会、文化与文明。质言之,这个问题的正解不在本身,而在具有主体能动性的社会文化生态——人。

人是社会文化的创造者、践行者和传承者,因而也是在文化与社会两个概念两种理解之间纵横捭阖的主体能动者。所谓社会文化整合,实质是指人在日常生活中参照生态生计条件,合理地将传统文化与现实社会的诸般要素列入其中,追求地方家园良性运行协调发展和生计永续。盘江流域人民能动地把血亲、拟血亲与姻亲两方面规范安排到日常生活实践里,一面遵循规章制度,一面照顾人之常情,必要时做出折中处置,是为制度创新。这些都在"射背牌""坐花园"及丧礼的"主客—陪客"制度里得到充分体现。这些事项随着社会变迁产生不同的外在彰显形式,始终表征整合社会的功能和作用。当地各民族以拟血亲、姻亲为主要载体的文化创新,将盘江流域内不同村寨、不同民族的民众联结为有机团结的整体,建构和维系着流域内错综复杂的以"泛亲属"观念为主旨内涵的结群逻辑等方面,展现盘江地方社会的文化实践和交流的意义,彰显出当地人超越自然生境局限、追求"整体共生"的价值认同和协力实践。

第五章

维权抗争：卫所制度下的共生表达

大明天顺二年（1458年）二月，东苗干把猪①率领民众，攻劫都匀卫及其周边区域。表面看，这次攻劫行动与当时盘江流域其他诸多攻劫无异。但既缺少宗族或家支宗法化组织机制，又无战具战术的"东苗"，居然追随干把猪，攻劫有严密组织机制，且有较强战斗能力的都匀卫及其周边官府官军，不仅惊动地方社会，且让明廷头疼不已，从而在《明实录》《明史》《明通鉴》、嘉靖《贵州通志》等史志文献中留下浓墨重彩的一笔。

干把猪率领族众对都匀卫及其周边屯堡的攻劫行为，仅是明朝盘江流域民众诸多"起事"中较有规模较典型的个案。对它的认知分析，有助于体认明朝盘江流域民众维权抗争举动的整体机理。本章且从盘江流域居民文化生态家园经历剧变时的生活状况、维权抗争类型和天顺石门战事三方面展开分析论述，尤其借天顺石门战事的缘起来揭示当地民众维权抗争的社会文化逻辑和意义。

第一节 "再域化"的日常生活

卫所制度是明朝军政重要组成部分，亦是边疆地方社会治理的重要手段。传统卫所军制史著作，多从制度视角论述卫所、军户、军役②、卫籍③、勾军④等，制度史专著多围绕卫所组织结构、生产关系⑤、卫学教育⑥及其疆土作

---

① 又名干把珠、干巴珠、干巴猪。
② 张金奎. 明代卫所军户研究 [M]. 北京：线装书局，2007；于志嘉. 卫所、军户与军役：以明清江西地区为中心的研究 [M]. 北京：北京大学出版社，2010.
③ 顾诚. 谈明代的卫籍 [J]. 北京师范大学学报，1989（5）：56-65.
④ 许贤瑶. 明代的勾军 [J]. 明史研究专刊，1983（6）.
⑤ 王毓铨. 明代的军屯 [M]. 北京：中华书局，2009.
⑥ 蔡嘉麟. 明代卫学教育 [M] // 吴智和. 明史研究专刊. 台湾：大立出版社，2002.

162

用①。近年本领域研究又增加了社会史视角。② 本章关注盘江流域卫所制度与当地民众的互动关联，包括对民众生活的影响及由此"倒逼"出来的社会文化生活创新。

众所周知，《明实录》《明史》及官修地方志书对卫所制度建立过程的介绍极其简略，甚至仅有建立时间和卫所名称信息。这对远离"历史现场"的人认知卫所制度构成障碍。学术研究为求深描，多将时代背景、社会形势因素融入，宏观论述王朝在何时何地建立某一卫所的战略意图。这种"大而化之"的叙事，彰显的是明朝皇室及其官吏治理边疆社会"步步为营"的"光辉业绩"。殊不知，与此相对应的地方民众，尤其是新建卫所地方的民众，他们对此有所牺牲贡献甚至有所收益，但文史资料很少记录。本节要在整体概述盘江流域卫所营建过程的基础上，以金筑土司为例呈现卫所制度与盘江流域民众日常生活的关联机理，揭示当地民众在这种背景下的生活实践，"从国家角色及其在场效果之变化的角度"讲述王朝国家与西南边疆人民生活的关系。③

一、太祖之忧与卫所营建

盘江流域卫所跟全国一样，都是明朝防御体系的组成部分。这个防御体系"规模庞大，拥有五百多个卫、四百多个守御千户所"④。其中，"北部边疆和京畿地区的卫所分布最为集中，其次是西南边疆的卫所，第三个系统是驻守大运河沿岸、维持运河畅通的卫所，广泛散布于帝国腹地的卫所构成了第四个系统，第五个系统则是沿海地区的卫所"⑤。本节主要讨论大西南边疆卫所。

大西南边疆是中国版图上的重要单元之一，主要由贵州、广西、云南、西藏和重庆、四川构成。它对内远离中原，对外毗邻南亚东南亚，是典型的喀斯特地貌、佐米亚地区和南方诸多少数民族集中分布区。明朝"调北征南"，多次大规模迁入中原腹地，民众将原有的生计方式、生存智慧、社会文化生活融入

---

① 顾诚．明帝国的疆土管理体制［J］．历史研究，1989（3）：135-150．
② 赵世瑜．卫所军户制度与明代中国社会：社会史的视角［J］．清华大学学报（哲学社会科学版），2015（3）；彭勇．卫所制度与边疆社会：四川行都司的官员群体及其社会生活［J］．文史哲，2016（6）；汤芸，张原，张建．从明代贵州的卫所城镇看贵州城市体系的形成机理［J］．西南民族大学学报（人文社科版），2009（10）；黄萍．明清贵州屯堡设置与族群文化传承史略：兼论羌族村寨灾后重建［J］．西南民族大学学报（人文社科版），2008（12）．
③ 宋怡明．被统治的艺术［M］．钟逸明，译．北京：中国华侨出版社，2020：19．
④ 宋怡明．被统治的艺术［M］．钟逸明，译．北京：中国华侨出版社，2020：118．
⑤ 宋怡明．被统治的艺术［M］．钟逸明，译．北京：中国华侨出版社，2020：118．

当地社会文化自然生态时,形塑出具有区域特征的新人文生境。其中既有中原文化观照,又有集体将当地土著社会文化生活实践的有机嵌入。总之是既要表达"中原性"内涵,又要彰显"边疆"意蕴,整体性地呈现出边疆社会的新物色。

盘江流域社会原是典型的边疆社会。考古学表明早在24万年前,这里就是黔西人、水城人等古代人群的成长摇篮和文化生态家园。秦汉王朝向南方拓地千里,在盘江流域下游西江沿线建立桂林、象郡和南海三郡实行直接统治,继而用南方长城隔开盘江流域中游的羁縻制度区。直到元朝吸取内亚经验,基于前朝羁縻制度推行土司制度。[1] 明朝初年向北方扩张受阻后转而经略南方,剑指云南蒙元残留政权。[2] 洪武帝为此"调北征南",赋予盘江流域"军政通道"地缘政治新地位,更从中原腹地迁来大量新移民。永乐十一年(1413年),贵州正式设置布政使司;次年(1414年)设置贵州按察使司。贵州至此成为明朝省级行政单位,包括完整的军事都指挥司系统、民政布政司系统和按察使司系统。过程通称贵州建省。

贵州省地处两湖、两广及川滇诸省边缘,其领地概各省边地切出。盘江流域自此纳入明朝横跨西部国防体系:一面是"边疆通道国防枢纽",一面联结中南江南与边疆民族内地化和内地移民在地化进程,共同营建人文生态新系统。这块原先与东南亚北部山地社会并无二致的佐米亚(Zomia)北缘,逐步整合于内地。

回顾分析,元朝土司制度本质,是王朝国家与地方精英的契约关系,地方精英承认王朝一统天下并让渡一部分权利,王朝通过颁赐印信等方式赋予地方精英地方社会治理的合法性,并依靠他们的知识和影响合作治理边疆地区。质言之,土司制是一种既包括地方自治,又包含王朝国家强力统治的治理制度,"自下而上"和"自上而下"并轨。但当王朝势力渐强,治理工具渐趋完善,包括完成土地丈量和人口清册,统治者就将土司视为直接治理障碍。尤其当土司势力坐大之时,统治者更担心地方经营出现"叛逆"。

明太祖朱元璋鉴于新朝初期政治形势,对西南边疆土司的态度明显异于元朝:在高度依赖的同时更有担忧之意。其盘江流域治理之策因而就有两个层次的内涵:第一是沿袭元朝土司制度,但限定其必须归顺明朝;第二是新设土司,

---

[1] 方铁. 论羁縻治策向土官土司制度的演变[J]. 中国边疆史地研究,2011(2):68-80,149.

[2] 方铁. 宋元明清的治边方略与云南通道变迁[J]. 中国边疆史地研究,2009(1):73-88,149.

增加其品类等级，变相推动"科层制"丰富其内涵。佘贻泽先生统计分析西南边疆土司沿革态势："以籍贯论，汉人与番夷之数相差不多。在汉人中以江西省为最多（29人），陕西次之（18人），山东第三（13人）。彼辈大半为其祖先从军有功而受者，尤以封于贵州者为最众。"① 据此可将明朝盘江流域土司概分两类：①土著土司，以元朝归顺明朝者为主；②外来土司，以王朝统治者派出的心腹为主。

土司方面的态度立场也有多样表现：土著土司偏向秉持自治原则，当王朝的治理举措对其利益有负面影响时，就会有维权抗争举动；外来土司则遵循科层制原则，唯王朝指令是从。研究成果显示，土著土司地方经济文化基础坚实，权力合法性来源丰厚，对王朝国家印信符号期待不高，持守辖区治理理念原则更为坚韧；外来土司则只能借助王朝所赋政治符号体现权力合法性实现辖区治理。两者各有人群基础。朱元璋深知此点，设卫建所之初，就在盘江流域将其权力系统延伸进入土司辖地，旨在取而代之。

地处贵阳的贵州卫是今贵州境内第一卫所，这与当地土司分布范围有关。贵州战略地位在南宋逆转，一跃成为王朝国家经营西南边疆的重要陆地"交通枢纽"。当时由中原经今贵州境通往云南的驿路系统概分为东、中、西三段。其中东段开通最早约在12—13世纪；中段通过水东、水西土司接壤地带；西段经过当时云南掌控的普定普安土府辖境。

一条驿路关键部位受制于不同的行政区不便于整体安全。核心路段属水东水西两大土司辖境，早有梗阻之忧。元朝曾努力使其通畅。至元二十八年（1291年）专设新添葛蛮安抚司，而后又试图避开贵阳绕道平伐、八番、金竹等土司地。

> 从当时的形势看，由于亦奚不薛叛服无常，而且势力已经延伸到今平坝白云镇至西秀区刘官鲊陇一带，元朝不得不留军镇守。从湖广至云南的驿道，在黔中一段只能选择从阻力较小的平伐、八番、金竹境内经过，大致从今贵定县出发至龙里，龙里西南向至花溪孟关，再南行经青岩至惠水北部，再西行经长顺的广顺和马路至安顺西秀区南部，与当时的普定普安驿路相连。②

经过数十年的经营和积淀，新添葛蛮安抚司和平伐、八番、金竹等土司，

---

① 佘贻泽. 清代之土司制度 [J]. 禹贡，1936（5）：14-15.
② 叶成勇. 贵州花溪燕楼乡金山洞元代摩崖石刻考论：兼论元明时期金竹土司 [J]. 地方文化研究，2017（4）：1-13.

皆已据此打下坚实的经济基础和文化基础，变身为土著土司。对元朝"阻力较小"的平伐、八番区域，对新建的明朝则有较大阻力。这些土著土司对新来的明朝颇具"敌意"。太祖对此亦有清晰认知，遂选择今贵阳作为最重要的贵州卫址。当时贵阳既是湖广、云南、四川等周边省份均未管辖的"无国家空间"，又是水西、水东两大土司辖境接壤的"拼接地带"。在此设贵州卫既可节制平伐、八番等规模较小的土著土司，又不威胁水西、水东这两个规模较大、实力较强土司的利益，更不致牵扯当时尚属湖广的思州土司和尚属四川的播州土司，堪称明智之举。

贵州卫建立后主动作为构建地方秩序。"洪武五年（1372年）七月，贵州卫指挥同知纪雄等以兵克平伐、芦山、山木等砦，其酋长皆来降，请岁输租赋。"① 即便如此，贵州卫及卫所制度在盘江流域重构地方秩序仍面临当地民众重大挑战。

> 洪武六年（1373年）三月，大平伐苗僚作乱，贵州都卫发兵讨平之。②
>
> 洪武六年（1373年）闰十一月，贵州谷峡、刺向关蛮寇的令等，聚众树栅为乱。命贵州卫指挥佥事张岱率兵讨之。③
>
> 洪武七年（1374年）正月，贵州平伐、谷霞（峡）、谷浪等苗蛮攻劫的敖诸寨，掠人畜，烧庐舍。贵州卫指挥佥事张岱等率兵讨之。④
>
> 洪武八年（1375年）三月，贵州蛮平猪、平谢等一十四寨叛。命贵州卫指挥佥事张岱率兵剿平之。⑤
>
> 洪武八年（1375年）五月，贵州江力、江松、刺向四十余寨土酋把具播、共桶等连结苗僚二千余人作乱，势甚猖獗。……命贵州卫指挥同知胡汝率兵往讨之。⑥
>
> 洪武九年（1376年）十二月，贵州新添瓮傍蛮仡佬叛，贵州卫指挥顾成讨平之。⑦

贵州卫建立五年间，盘江流域大小动荡六次，规模影响不一。但经过卫所苦心经营，地方社会秩序渐趋稳定。洪武十四年（1381年），朝廷用数十万大

---

① 贵州省民族研究所.《明实录》贵州史料辑录 [M]. 贵阳：贵州人民出版社，1983：6.
② 贵州省民族研究所.《明实录》贵州史料辑录 [M]. 贵阳：贵州人民出版社，1983：8.
③ 贵州省民族研究所.《明实录》贵州史料辑录 [M]. 贵阳：贵州人民出版社，1983：9.
④ 贵州省民族研究所.《明实录》贵州史料辑录 [M]. 贵阳：贵州人民出版社，1983：9.
⑤ 贵州省民族研究所.《明实录》贵州史料辑录 [M]. 贵阳：贵州人民出版社，1983：12.
⑥ 贵州省民族研究所.《明实录》贵州史料辑录 [M]. 贵阳：贵州人民出版社，1983：12.
⑦ 贵州省民族研究所.《明实录》贵州史料辑录 [M]. 贵阳：贵州人民出版社，1983：15.

军征伐盘踞云南的元梁王，史称"调北征南"，证明明朝已充分控制驿道。卫所节制土司维持地方秩序稳定保障驿路畅通的战略初获成功。

相比于土司制度间接治理，卫所是明朝边疆社会实施军政直接治理的制度深化。本质上，它是明朝国家强加给卫所军士的服役契约。王朝给卫所军士军籍、军职和份地，卫所军士以"永不脱籍"、毕生服役、父死子替、兄终弟及的誓约向王朝国家交出择业权。卫所军士在边疆地区"亦戍亦耕"，是卫所制度的日常生活内涵的外显形式。理论上，卫所的确能节制土司。实践中，有限的卫所面对广阔的土司辖区，军政体制职能面对辖区民众和卫所军士生活需求，"节制"功能难以得到完全彰显，甚至反向束缚。"调北征南"后，明廷转移重心，采取多种方式拓展延伸卫所权力系统，以表征其对盘江流域实施直接治理的政治决心。

首先是设置密度增加。"调北征南"后西南边疆基本稳定。但通滇驿道两侧土司辖区仍是动荡频仍。洪武二十二年（1389年）二月，"平越卫察陇、干溪、牛场苗蛮作乱"[1]；二十三年（1390年）"苗蛮作乱，平越卫管内堡寨土兵亦与官兵相拒，杀百户及军士十余人"[2]。明朝当然不惜军力，"命颍国公傅友德讨平之"[3]，"命延安侯唐胜宗统贵州等卫指挥使程暹率马步军讨平之"[4]。两月后平越卫西南部今贵定增设新添卫，再两月新添卫西南部增设龙里卫（今龙里县），此后威清卫、平坝卫、安庄卫相继增设。洪武二十四年（1391年），贵州前卫增设，盘江流域11个卫配套建成。

表5-1 盘江流域卫所基本情况[5]

名称	设置时间	辖区	治所
贵州卫	洪武四年（1371年）	/	贵阳城
普定卫	洪武十五年（1382年）	今安顺市	安顺城
毕节卫	洪武二十年（1387年）	今七星关区	七星关区
普安卫	洪武二十年（1387年）	今盘州市	盘州市
安庄卫	洪武二十二年（1389年）	今镇宁县	镇宁县城

---

[1] 贵州省民族研究所．《明实录》贵州资料辑录［M］．贵阳：贵州人民出版社，1983：63．
[2] 贵州省民族研究所．《明实录》贵州资料辑录［M］．贵阳：贵州人民出版社，1983：67．
[3] 贵州省民族研究所．《明实录》贵州资料辑录［M］．贵阳：贵州人民出版社，1983：63．
[4] 贵州省民族研究所．《明实录》贵州资料辑录［M］．贵阳：贵州人民出版社，1983：67．
[5] 贵州省民族研究所．《明实录》贵州资料辑录［M］．贵阳：贵州人民出版社，1983；郭红，靳润成．中国行政区划通史：明代卷［M］．上海：复旦大学出版社，2007．

续表

名称	设置时间	辖区	治所
新添卫	洪武二十三年（1390年）	今贵定县	贵定县城
龙里卫	洪武二十三年（1390年）	今龙里县	龙里县城
威清卫	洪武二十三年（1390年）	今清镇市	清镇市
平坝卫	洪武二十三年（1390年）	今平坝区	平坝区
安南卫	洪武二十三年（1390年）	今晴隆县	晴隆县城
贵州前卫	洪武二十四年（1391年）	/	贵阳城

表5-1显示盘江流域卫所设置集中在"调北征南"之后。时间上，洪武二十年（1387年）至洪武二十四年（1391年）五年间，增设9卫。洪武二十三年（1390年）更突击增设5卫：新添、龙里、威清、平坝、安南。这跟动荡显然有关。

空间上，盘江流域共设11卫，其中8个卫呈带状分布于今贵阳经安顺到黔西南、黔西北沿线：贵州、贵州前、威清、平坝、普定、安庄、安南、普安。今贵阳至安顺段尤为密集，除了安南和普安两卫，其余6卫均在此段，概为贵阳府和安顺州辖地。《明史·兵志》云："天下既定，度要害地，系一郡者设所，连郡者设卫。"通俗是一州或一县设所，两州或两县以上设卫。用当前里程测算，贵阳至安顺辖区段计100余千米置6卫，密集度远超"60里一堡"标准。

整体看，这一区段是明清时期滇黔驿道关键，再加上贵阳东新添、龙里两卫，更能连通湘黔驿道。湘黔—滇黔驿道沿线密集置卫所，显然意在威慑节制两侧土司。洪武帝十五年（1382年）七月《敕谕颍川侯傅友德、永昌侯蓝玉、西平侯沐英》："（各卫）军士势排在路上，有事会各卫官军剿捕。若分守各处，深入万山，蛮人生变顷刻，道路不通，好生不便。……如敕奉行。"① 敕谕虽未确指"蛮人"为谁，但可推断两侧呈对垒状态的水西水东两大土司。

明朝卫制，每卫领前、后、左、右、中5内所。盘江流域11个卫应领55所。实践中，考虑到当地土著土司的力量和地形地貌等因素，各所数量和规模也有调整。如金筑安抚司、八番土司、西堡长官司、顶营长官司等中小土司区，虽离通滇驿道较远，但力量较强且各土司区有重要关隘，如关索岭、七星关等，能左右通滇驿道畅通与否。此类区域一般多领内所且增设外所或守御千户所。文献史料记载，普安卫地处云南与贵州交界，所以领7个内所。关索岭、七星

---

① 刘文征.滇志：卷十八［M］.古永继，点校.昆明：云南教育出版社，1991：590.

关等要地且增设守御千户所各 1 个。据不完全统计，明廷盘江流域增设守御千户所多达 8 个。

表 5-2 盘江流域守御千户所概览

名称	设置时间	辖区	隶属	备注
定南所	崇祯三年（1630 年）	今普定县城		守御千户所
关索岭所	洪武二十五年（1392 年）	关索、鸡背二堡	隶安庄卫	守御千户所
安龙所	洪武三十一年（1398 年）		隶普安卫	守御千户所
新城所	洪武二十三年（1390 年）	今兴仁市	隶安南卫	
安南所	洪武二十六年（1393 年）		隶普安卫	守御千户所
新兴所	洪武二十三年（1390 年）	今普安县城	隶安南卫	
乐民所	洪武二十六年（1393 年）		隶普安卫	
七星关所	洪武二十一年（1388 年）	今毕节七星关区	始属乌撒卫，永乐中改属毕节卫	守御千户所
平夷所	洪武二十一年（1388 年）		隶普安卫	守御千户所
新添所	洪武二十二年（1389 年）	今贵定县城	隶贵州卫	千户所。洪武二十三年改设为新添卫

可见明朝盘江流域卫所主要分布在土著土司力量密集且交错的湘黔—滇黔驿道沿线。对照本书第一章定位，这些卫所集中分布在黔中、黔西南，主要涉及该流域中下游且覆盖到黔中集水区域和黔西南喀斯特地貌干热河谷区域，黔西北喀斯特地貌疏树草坡区和黔中麻山地区几无卫所分布。此种结构在保障驿道畅通和节制沿线土司等方面作用明显，且基本达至直接治理目标。但黔西北和黔中部分区域卫所稀疏处，则意味着明朝默认土司制度继续发挥间接治理功能，更为明中后期和清朝该区域地方社会与中央王朝博弈的形式性质等奠定历史背景。

明廷将卫指挥使司改为卫军民指挥使司，以军卫身份兼管民政。有学者就此解释：明廷结合边疆治理实际情形，以卫指挥使司为本融入民政要素，形成"兼管军民"的特殊行政建置。[①]"军"与"民"合成的"军民"一词，不是将盘江流域的卫所军士与地方民众机械捏合，而是彰显明廷调整了卫所功能定位，在军政功能外增加民事。这是"一种糅合卫所、府州县两种体制特点的兼管军、

---

① 蔡亚龙. 明代军民指挥使司建置标准考论 [J]. 中国历史地理论丛，2018（1）：66-76.

民事务的新型建置形态"①。

卫所与军民指挥使司是同个机构的两个称呼，没有等级区别但有管辖范围差异。明朝体制"卫"为军"土司"为民，称军民指挥使司就是兼管土司。这种做法始于"洪武十七年（1384年），改平越卫为军民指挥使司"②。据《明实录》记载，不到五年时间，盘江流域内有四个卫先后被改设为军民指挥使司。"洪武二十四年（1391年）改贵州卫为军民指挥使司。"③ "洪武二十九年（1396年）改龙里、新添、都匀三卫为军民指挥使司。"④《明史·地理志》记载，普定卫也曾改设为普定卫军民指挥使司。⑤

表5-3　盘江流域卫指挥使司改制基本情况

改设前名称	改设后名称	改设时间	治地
贵州卫指挥使司	贵州卫军民指挥使司	洪武二十四年（1391年）	今贵阳市
普定卫指挥使司	普定卫军民指挥使司	洪武二十五年（1392年）	元普定路（今安顺市）
龙里卫指挥使司	龙里卫军民指挥使司	洪武二十九年（1396年）	领长官司二（今龙里县）
新添卫指挥使司	新添卫军民指挥使司	洪武二十九年（1396年）	元新添葛蛮安抚司，领长官司五（今乌当区）

二、"借地设防"的隐形意图

卫所建立后，一系列能助其权力系统得以拓展和延伸的举动逐一展开，权力像水分子进入毛细管渗入盘江流域每个角落，"借地设防"是典型的常用方式。以金筑土司为代表的流域内民众的遭遇，有助于我们认知其具体过程和真正意图。

---

① 蔡亚龙. 明代设置的军民指挥使司考论［J］. 中国历史地理论丛，2016（4）：94-101.
② 贵州省民族研究所.《明实录》贵州资料辑录［M］. 贵阳：贵州人民出版社，1983：41.
③ 贵州省民族研究所.《明实录》贵州资料辑录［M］. 贵阳：贵州人民出版社，1983：78.
④ 贵州省民族研究所.《明实录》贵州资料辑录［M］. 贵阳：贵州人民出版社，1983：99.
⑤ 张廷玉，等. 明史：卷四十六［M］. 北京：中华书局，1974：1201.

相关史料和学术成果对金筑①土司起源、地望和世系沿袭表述不一甚至互有抵牾②，这本身就说明明朝和地方民众关系复杂。本节取各家说法的合理之处，力求梳理一条较为清晰的互动线索。笔者为行文方便，多数场合会直接称"金筑土司"。实际上，金筑土司在明朝不同时段的职衔称谓多有变化：洪武四年（1371年）称"金筑长官司"；十四年（1381年）因"献马五百匹"升"金筑安抚司"。此后隶属仍有变动，但职衔一直延续。明万历四十年（1612年），末任安抚使金大章乞"献土归流"，遂改安抚司为广顺州，"授大章土知州，予四品服色，不许管事，子孙承袭"。

明朝土司制度体系中，安抚司是仅次于宣慰司、宣抚司的中等土司。金筑安抚司的"中等土司"身份在盘江流域内具有唯一性。其行政级别的上升彰显其与明朝互动频密，且表征其"管事"权力和辖地范围都有明显增大。按照逻辑，其官衔在明朝仍有上升空间。但出人意料的是，承袭发展231年后，末任安抚使金大章居然主动"献土归流"。此举换来官衔再次上升至"四品服色"，但是已"不许管事"仅得"一里之地"供养之资。金大章此举令人费解，但详细分析其变动轨迹及原因，即可窥知明代卫所权力拓展延伸及其之于民众生活影响日深。

洪武四年（1371年）贵州卫甫一建立，就有"故元安抚密定来朝贡马，诏赐文绮三匹，置金筑长官司，秩正六品"③。"贡马"使密定获得明朝正六品长官司之职。洪武八年（1375年），升金筑长官司为安抚司，仍以长官密定为安抚使。《明史》记载，马在金筑土司与明王朝之间扮演"信使"角色，金筑土司每次入朝皆贡马。自1368年密定贡马至1612年金大章"献土改流"的245年间，金筑土司先后向明廷贡马27次。"仅洪武十四年到二十四年的十年间，在群山峻岭而又不宜养群马的金筑司就当朝贡马七次，其中三次计为六百七十匹。"④ 其中典型者洪武十四年（1381年），密定一次"献马五百匹"。

---

① 相关文史资料和学术研究中，将"金筑"书为"金竹"。为方便行文，本书绝大部分场合统一书为"金筑"。
② 杨庭硕．金筑安抚司考略［J］．贵阳志资料研究，1985（7）；何立高，罗康隆．金筑土司家族族属考［J］．贵州文史丛刊，1987（3）；寇金富．金筑安抚司［J］//黔南州政协文史资料委员会．黔南文史资料选辑：第十三辑．1996；叶成勇．家族与民族之间：黔中通道上金竹金氏族属认同及其变迁探析：以《金氏家谱》为中心［J］．地方文化研究，2013（6）；罗丽萍．金竹土司研究［D］．贵阳：贵州民族大学，2016．
③ 张廷玉，等．明史：卷三百零六［M］．北京：中华书局，1974：8196．
④ 寇金富．金筑安抚司［M］//黔南州政协文史资料委员会．黔南文史资料选辑：第十三辑．1996：325．

金筑土司与明朝间的"贡赐"互动,更像一次次明码交易。土司贡"马"购买明廷权力符号合法性,明朝付出筹码获取土司忠诚。土司由长官司升为安抚司,密定随之升任金筑安抚使。但密定及其后裔将交易规则认定成自家在盘江流域众多土司中脱颖而出的"法宝"时,明朝破坏规则:屡次用"借地设防"名义要求土司迁移司治以拓展卫所权力空间。

杨庭硕先生考证,明朝洪武四年(1371年),金筑长官司建立之初,司治位于今贵阳市花溪区花溪乡与党武乡交界处斗篷山。周边花溪南部山区、党武乡、青岩镇、孟关乡、燕楼乡等地接壤地带均是其辖地,"极可能为元时金筑一百二十五寨之地"①。道光《贵阳府志》舆图舆地追记,明朝贵州卫辖地主要在今贵阳市中部北部,金筑长官司治及辖地在贵阳南部,两家辖地相望但不毗连。

洪武二十四年(1391年)设贵州前卫,辖地达到今贵阳市南部。此时金筑土司从长官司升安抚司已有10年。土司与卫所权力直接关联,不仅地域相连且有结构跃升。贵州前卫遂要求金筑土司迁治。

> 明洪武末年金筑安抚司把治所从金竹寨(斗篷山)迁到了杏林峰……因而有理由说贵州前卫建置时,为了控制战略要地,要金筑司迁移治所,让出土地供军屯使用,金筑司接受了这一要求。②

"让出土地供军屯使用",既表征金筑土司与明军卫所,更彰显明朝意图——"借地设防"。此后100多年的时间里,金筑司治还要经历四次迁移。

> 金筑土司司治的迁移主要在明朝洪武至嘉靖年间,路线是:斗笠寨—杏林峰—青岩—坝寨—屯上—马鞍山,在花溪与广顺之间,此间应是明代金筑安抚司的管辖核心。③

诚然,司治迁移始终不出核心辖区。但详核《中国历史地图集》(元·明时期)可见历次司治迁地,都越加远离卫所核心,呈现"一路向南"轨迹,即步步进逼八番土司辖区。八番土司辖区是盘江流域集水区,亦是喀斯特地貌区中少有的稻作田土资源区,有"黔中粮仓"美誉。贵州前卫一次又一次的"借地设防",是将金筑司治进逼这块产粮区,背后隐含安置屯军、占夺民众田土资源之意。

洪武二十三年(1390年)增设平坝卫,进一步蚕食金筑土司地。平坝卫位

---

① 杨庭硕. 金筑安抚司考略[J]. 贵阳志资料研究,1985(7):4.
② 杨庭硕. 金筑安抚司考略[J]. 贵阳志资料研究,1985(7):4-5.
③ 罗丽萍. 金竹土司研究[D]. 贵阳:贵州民族大学,2016.

于今安顺市平坝区，属盘江流域集水区。明嘉靖《贵州通志》载：平坝卫所在的部分区域，"宋俱为罗甸国地，元为金竹府地"①。清道光年安平知县刘祖宪主持编修的《安平县志·地理志》更有详细记载：

> 元初隶普定路及普定府，改属顺元路，又改属金筑府。
> 元朝至元十七年（1280年）庚辰……又改今安平县地曰卢唐三寨。
> 元朝至元二十六年（1289年）己丑，改金筑寨为金筑府。
> 明初隶金筑府安抚司，寻革安抚，置平坝卫。
> 明洪武九年（1376年）丙子，沐英等克贵州，取黔中地，置行都司，改金筑府为安抚司。
> 洪武二十三年（1390年）庚寅，闰四月，以卢唐三寨及金筑府地，置平坝卫。

盘江流域内的卫所制度，在明朝洪武年间已基本建立完成，权力系统的拓展延伸并未就此停止。权力空间连年扩展，一直拉伸到明末。

> 崇祯三年（1630年）庚午，削宣慰安氏水西地置柔远所。②

综合看，卫所拓展延伸权力系统，反复要求土司移治削其建置，以安置屯军占夺当地民田，乃是明朝在盘江流域始终不变的初心本意。

三、流域内民众日常生活

随着卫所权力在土司辖地建立，数量可观的屯军及相关人员进入。以明制每卫5600人计，盘江流域11卫计有61 600人，加上军余（或余军）同步涌入，外来人群应有13万。明朝在此建立卫所对土司及辖区民众的影响可想而知：越来越多的生计资源易手，生存空间日渐缩小。盘江流域原住民自感处境日艰，采取各种策略以便生存。

麻响长官司建立之初，"由广顺金家得字辈人掌管，麻响分金得享去当长官，后皆以'得'为姓"③。该支后裔当前已是苗族。一方面，是他们自己主动与当地布依族、苗族居民融合的结果；另一方面，可能"是在大量汉移民到来

---

① 谢东山，张道. 贵州通志：卷八 [M]. 1965年云南大学借云南省图书馆传抄天一阁藏明嘉靖三十四年（一五五五）刻本重抄：237.
② 刘祖宪，何思贵，等. 安平县志 [M]. 政协安顺市平坝区委员会，点校. 贵阳：贵州人民出版社，2019：11.
③ 叶成勇. 家族与民族之间：黔中通道上金竹金氏族属认同及其变迁探析：以《金氏家谱》为中心 [J]. 地方文化研究，2013（6）：1-13.

时，为其地位找到新的合法性，也或者可能是其后人失势后，不明家族来源而随波逐流，任加附会"。① 由此可知麻响长官司的后裔更改族属之实。具体原因很多，其中一条不可忽视，即"在大量汉人移民到来时，为其地位找到新的合法性"，以免卫所军士或汉地移民给自家带来新的负面影响。

学人考证当前居住在福泉杨义司的金氏与麻响长官司金氏同祖同源，但他们建构的家族历史与广顺金氏有显著不同：

> 杨义司金氏为了适应福泉一带明代设平越府后汉移民聚居的族群分布格局和政治关系，必须改写自己的一些历史，故把祖先籍贯说成是江南浙江慈溪，虽不能说是真实的，但是这种选择背后，却是自觉地遵循了强势群体的力量决定历史发展的真实的历史逻辑。②

笔者了解到，迁居今长顺县凯佐乡的金筑土司，在明朝与官军千户唐大才等关系和谐。这"应当是金氏与明王朝政府达成的某种妥协"的外在表象。③

宋怡明（Michael A. Szonyi）在《被统治的艺术》中，提出"解域化"（deterritorialize）概念，指驻军"在局部地区的不同卫所间轮番换防，士兵会被调往远近适宜之地"④，"让士兵脱离熟悉的社会环境，切断原有的社会关系"⑤之策。这些军兵迁入新环境，必然会为生存而与新驻地居民建构出新关系，发展生计新方式，即"再域化"（reterritorialization）。"解域化"与"再域化"的旨趣，都是为避免卫所军士"借机开小差乃至当逃兵……或者……利用职务之便，在家乡作威作福、滋扰地方"⑥，以此提升卫所战斗力和维持卫所秩序。

这是明王朝卫所制度创新策略，除情感上给卫所军士造成一定损伤外，不致在福利上带来损失。这一理念在当前仍有适用性，即官员异地任职制度。人是社会性动物，当卫所军士到了新环境，当然会基于生活和情感需求，与当地居民发展新的社会关系。新关系一旦形成，又难免会形成影响战斗力和正常秩序的举动。这些举动固然不会从根本上颠覆卫所制度，也不会使卫所战斗力彻

---

① 叶成勇. 家族与民族之间：黔中通道上金竹金氏族属认同及其变迁探析：以《金氏家谱》为中心 [J]. 地方文化研究, 2013（6）：1-13.
② 叶成勇. 家族与民族之间：黔中通道上金竹金氏族属认同及其变迁探析：以《金氏家谱》为中心 [J]. 地方文化研究, 2013（6）：1-13.
③ 叶成勇. 家族与民族之间：黔中通道上金竹金氏族属认同及其变迁探析：以《金氏家谱》为中心 [J]. 地方文化研究, 2013（6）：1-13.
④ 宋怡明. 被统治的艺术 [M]. 钟逸明, 译. 北京：中国华侨出版社, 2019：49.
⑤ 宋怡明. 被统治的艺术 [M]. 钟逸明, 译. 北京：中国华侨出版社, 2019：14.
⑥ 宋怡明. 被统治的艺术 [M]. 钟逸明, 译. 北京：中国华侨出版社, 2019：49.

底衰微,这只是他们在新环境中的生存策略,宋怡明将其定义为"被统治的艺术"。

明朝在盘江流域建立卫所,土司被迫屡迁司治且面临建置被削的挑战。流域内依附土司的普通民众,也会面临生计资源侵夺和生存空间挤压的挑战。他们为规避卫所权力系统拓展延伸的压力,土司迁居新地后,也会主动融入当地苗族或布依族,导致更改族源并再次寻求与明朝妥协。整体看,被迫屡迁司治或建置被削,也是"解域化"。在新治所基于当地情况建构生存新策略,也是"再域化"。宋怡明的这两个概念对盘江流域土司及其民众在明朝的遭遇也颇有解释力。

宋怡明描述的是明朝卫所制度里的强弱两个群体行动策略。其中的"解域化"与"再域化",主要发生在强势群体与弱势群体之间。盘江流域土司及其民众遭遇的层级"解域化"和"再域化",同样发生在卫所与土司两个制度类别体制里,即土司制度和卫所制度的博弈。从结果看,作为军兵下层群体主要遭受情感损伤,明王朝作为上层,则能收获卫所制度权威性和可延续性。但盘江流域土司及其民众,不仅要承受情感成本的损伤,还要承担巨大的经济损失;明朝则不仅收获卫所制度推行之利,还要谋取土地资源等多重利益。但从明朝在盘江流域的后续治理绩效来看,遭遇失败的不仅是盘江流域土司及其民众,也不仅是土司制度,更有明朝卫所制度在当地承载的治理理念。

第二节 原住民维权抗争类别

盘江流域原住民的维权抗争,就是他们遭受生计资源侵占、生存空间挤压之后,努力与卫所屯堡重构社会新关系的必经程序,暨明朝用内地办法治理边疆的"国家后果"。本节且从常态与非常态两个层面综述原住民的维权抗争并简要阐释其实质。这实在是明朝治理盘江流域需要揭示的另外一面。目前的文献史料和官修志书及传统学术,对这一"另类方面"关注较少。本节的梳理有助于我们完整理解王朝国家治理盘江流域的过程,进而采用文化生态学视角,揭示现象学生活世界里的民众面对卫所制度挑战,彰显内生活力共生秩序的行事方式和逻辑。

一、常态抗争

盘江流域原住民的生计资源丧失和生存空间受到挤压,是明朝设置卫所扩展权力系统必然的衍生后果。这种衍生之于地方社会的负面影响常被王朝国家视而不见或故意忽略，但其引发的原住民抗争的事实是客观存在不容抹杀的，尽管其方式另类且迥然有别于本书第六、七章描述的民意表达。

设置卫所侵占生计资源和挤压生存空间，并非中原王朝在盘江流域官逼民反的唯一动力，地方土司和外来移民也是重要推力。但卫所作为明朝军政特权体制，其体系化的权力机制及毛细管般的组织系统，对地方生态压迫最深、威胁最大。

贵州卫建立之日，原住民就开始维权抗争并且贯穿了整个明朝。地方学者对此统计："明代276年中，贵州发生大小战事的年份共有145年，占有明一代一半以上时间。"① 盘江流域位处当今省境中、西北、西南三区结合部，亦属抗争的主要区域。明一代区域内共发生抗争78次，约占全省总数的23.35%，平均每3.5年一次。②

笔者为呈现维权抗争格局全景，曾努力从《明实录》《明史》《明通鉴》《贵州通志》《贵阳府志》等文献辑录寻找相关信息，其中发现一个现象耐人寻味，相关记述简略到惜墨如金："洪武六年三月乙卯（十三）（1373年4月6日），大平伐苗僚作乱，贵州都卫发兵讨平之。"③ 简单至此的记述都要彰显"王朝"立场，让人不能不对包括档案在内的"伏藏"谨慎度之。逆向思考的话，就是要对弱势群体、弱者个人在当时支配话语体系里的卑微处境有些"同情之理解"。盘江流域土著人民的生活世界在王朝文献里的地位处境大概如是。但简目集成仍能显示出动态趋势：

> 洪武五年（1372年），平伐、芦山、山木等寨发起针对贵州卫；
>
> 六年（1373年），大平伐苗（贵定）发起针对贵州都卫；
>
> 七年（1374年），平伐、谷霞、谷浪苗民发起针对明朝卫所军队；
>
> 八年（1375年），贵州蛮平猪、平谢等一十四寨民众发起，针对贵州卫；
>
> 九年（1376年），新添瓮傍蛮仡佬发起针对贵州卫；
>
> 十一年（1378年），白头蛮作乱；
>
> 十五年（1382年），西堡仡佬族15 000余人聚攻普定卫城；

---

① 刘学洙. 明清贵州沉重的军事负担 [J]. 贵州师范大学学报（社会科学版），2001（4）：62-65，133.

② 胡振. 明代贵州军事地理研究（1368—1644）[D]. 合肥：安徽大学，2018.

③ 贵州省民族研究所.《明实录》贵州资料辑录 [M]. 贵阳：贵州人民出版社，1983：8.

十五年（1382年）七月，卫所屯军围攻乌撒屠彝人，十月招致抗争；

二十三年（1390年），贵阳、开阳苗民发起，针对明朝卫所军队；

二十五年（1392年），康佐苗长官司苗民抗缴赋税；

二十六年（1393年），水东苗发起，针对明朝卫所军队；

二十八年（1395年），阿傍领导西堡仡佬族人与官军激战；

三十年（1397年），居密、必登等率水西彝族抗击屯军；

三十一年（1398年），水西彝族联合西堡仡佬族攻屯堡；

三十二年（1399年），王乃率布依族人打回白龙；

宣德元年（1426年），贵州宣慰司所辖乖西（开阳）、巴香（开阳、贵定、龙里接壤处）、底寨（开阳）诸处苗民发起，针对明朝卫所军队；

二年（1427年），水西阿闭妨宜率彝民众抗税，攻击屯军；

景泰元年（1450年），水西彝族阿雅、加纳等为首焚烧卫所粮仓，攻击城池；

天顺四年（1460年）十二月，西堡首领楚德隆率部抗争，打进安庄卫城；

成化十四年（1478年），西堡仡佬族万余，分道攻官军致道路梗塞；

正德六年（1511年），西堡人民拒向官府缴纳赋税；

嘉靖七年（1528年），陇革率芒部、乌撒等地彝苗民众攻打毕节卫属屯堡；

三十一年（1552年），金筑司蛮阿季叛，官兵讨；

四十四年（1565年），龙里卫苗族阿利率众攻击屯军夺走卫印；

万历三十七年（1609年），阿牙率定番州、金筑安抚司布依民人焚屯掠堡；

…………

简目显示，洪武年间盘江流域原住民常态抗争最是频繁，这也是明朝卫所体系全面落地的高峰年。由此可大致推断出抗争诉求主旨乃是生计维权：①为了生存家园和固有的生计资源完整性；②诉求难以实现便转向"不服输税"。"永乐年间（1403—1424年），乖西、巴香一带苗族在卓巴同率领下'不服输税'，反抗达80余次。"① 典型事件是宣德元年（1426年），"乖西、巴香等地人民以卓巴同为首抗拒纳税，土官刘德秀出面催逼，卓巴同等怒欲杀之，为邻

---

① 侯绍庄，史继忠，翁家烈. 贵州古代民族关系史 [M]. 贵阳：贵州民族出版社，1991：275.

177

寨劝解才得免脱。"①

天顺二年（1458年）干把猪率众攻劫都匀卫及其周边屯堡，才是最典型抗争。详见本章第三节。

二、非常态抗争

常态抗争内涵是武力暴动，但更有效的抗争是非学术的"逃徙"。洪武二十六年（1393年）开始，盘江流域原住民鉴于生存环境恶化、生计资源受限等因素，纷纷选择"逃徙"。遗憾的是，文史资料不把逃徙视为抗争，所以记载极少。笔者且借助《明实录》等官员及土司的奏折来做"拼图"，显示这片隐匿森林景观。

洪武二十六年（1393年）十一月，贵州宣慰司宣慰使安的上奏朝廷时："水东所统异种语言不通，虽承纳租赋而近年遭负益多，逃徙邻境无从征纳。"②西平侯沐春同年的奏折也传递出"无从征纳"数额信息并举水西例说明。"水西土官霭翠所纳税量八万石连年递减至二万石，然亦不能供也。"③永乐四年（1406年），贵州宣慰司等土官再次上奏，境内荒芜"官民田二千六百七十余顷"④。这几封奏折明确三点：一是"逃徙"现象常态化，二是田土荒芜，三是导致无由征纳。

这也是贵州全境普遍"景观"。正统四年（1439年）九月，贵州布政司上奏："所属镇远等府、普安等州，并金筑安抚司诸种苗蛮，不能买卖生理，户口食盐钞无从办纳。"⑤原住民逃徙导致田土税赋无从征纳，必然给明朝税赋收入带来显著损失。更重要的是，它使得明朝在盘江流域治理的"民众基础"严重流失。

将视野延入清朝，就会发现原住民"逃徙"并非明朝特有现象。2018年8月，笔者在高坡乡发现碑刻记载"逃徙"之状。"雍正招民复业碑"堪称典型：

> 本县恩主耿、李大老爷台前，悯念无知愚氓姑不深究。随行清查仍照四股均当。阿沙、阿烈等本系五钱，余意飞洒，抗不认纳，私自潜逃。又扬言必欲仇杀，以致该寨苗民俱畏势搬逃。

---

① 侯绍庄，史继忠，翁家烈. 贵州古代民族关系史［M］. 贵阳：贵州民族出版社，1991：272.
② 贵州省民族研究所.《明实录》贵州资料辑录［M］. 贵阳：贵州人民出版社，1983：88.
③ 贵州省民族研究所.《明实录》贵州资料辑录［M］. 贵阳：贵州人民出版社，1983：86.
④ 贵州省民族研究所.《明实录》贵州资料辑录［M］. 贵阳：贵州人民出版社，1983：126.
⑤ 贵州省民族研究所.《明实录》贵州资料辑录［M］. 贵阳：贵州人民出版社，1983：256.

整体内容看,碑文中的"潜逃"与"逃徙"同义。这方碑文昭示出原住民已将"逃徙"作为与王朝博弈的主要方式,且因易于仿效而有较强的"传染性"。即便是城镇甚或省会,亦难幸免。"省会及冲衢各郡邑,人烟疏散,铺店无几。士庶一切酬酢,率皆质朴,偏远乡曲从无酒肆。"①

囿于此类事件常被文史家忽略,笔者未能查到更多记述。但此类事件的存在毋庸置疑。明清王朝土司或官员的奏折及留存于地方社会的碑刻,大致能勾勒出明清时期盘江流域民众"逃徙"拼图。表面看,这是原住民在对当前生存环境不满意,要另寻环境优良生计资源充裕处"安家立业"。实质上这是原住民对王朝国家表达"不满"的和缓,也是他们的无奈选择。用宋怡明的话讲,这也是"逃避统治的艺术"之一种。

三、逻辑理据

原住民常态抗争是与王朝国家地方官吏及治理制度面对面的抗争行动,需要周详策划协调,通常有群体紧密互助。非常态抗争则是原住民与王朝国家的地方官吏或治理制度背靠背的非直接行动,无须协调计划,通常靠一个家庭自助。

无论哪种抗争,双方的行动主体都有结构性,即原住民 VS 明王朝。前者是西南边疆底层民间社会,后者是拥有武力系统和话语权的王朝统治集团,博弈天平具有显著不平衡特征。但原住民在漫长历史里,面对不利处境始终"乐此不疲"地"知其不可而为之",显示西南边疆底层社会的"抗争政治"(contentious politics)也有了结构性。② 要颠覆"传统叙事中底层民众在历史记录中不是作为历史书写者出现"的刻板偏见,挑战以往学术研究中"认为底层社会抗争对王朝国家和既有治理秩序构成威胁"的研究范式,就有必要理解盘江流域民间的公平逻辑。

---

① 贵州省民族研究所.《清实录》贵州资料辑录[M].贵阳:贵州人民出版社,1983:164.
② "抗争政治",是政治社会学解释农民与国家间关系的概念,凸显农民的结构性主体能动性。相关研究成果概有:查特杰.被治理者的政治:思索大部分世界的大众政治[M].田立年,译.桂林:广西师范大学出版社,2007;蒂利.欧洲的抗争与民主:1650—2000[M].陈周旺,陈辉,熊易寒,译.上海:格致出版社,2008;裴宜理,阎小骏.底层社会与抗争性政治[J].东南学术,2008(3);于建嵘,斯科特.底层政治与社会稳定[N].南方周末,2008-01-24;于建嵘.抗争性政治:中国政治社会学基本问题[M].北京:人民出版社,2010;孙培军.抗争、民主与治理:全球治理下的抗争政治研究[J].太平洋学报,2010(4).

无论是常态抗争,还是非常态抗争,都会遵循共同的动力机制——"生存伦理"或曰"好生之德"。原住民发出维权抗争行动,都是诉诸生存取向而非夺取明朝坐天下。我们看待"抗争政治"也要保持常识理性,对双方抱持同情之理解。

事实上,西南边民的生态伦理"抗争政治",多半仅能影响到王朝国家体制的边缘末梢,武力常态抗争亦是如此。明朝在盘江流域设置卫所、建立屯堡的行动终归难以阻止,其侵占原住民生计资源和挤压生存空间亦不曾止步。但行动主体的自身意志和利益诉求终须有表达渠道,客观上也能促使统治者的治理制度纳入他们的诉求。且客观上,原住民的维权抗争也往往能换来税赋蠲免或缓征以示安抚,说明王朝也不想一条路走到黑。遗憾的是,官员仗势贪腐总能把长期逻辑理性变成临时策略,即当原住民情绪舒缓消散后,原有的税赋政策往往会卷土重来,从而导致周期性抗争循环往复。著名学者秦晖概括其为"黄宗羲定律":历朝税制改革的短期减轻税赋安排,总会再用各种隐性方式变相找补回来。①

反过来看,明清时期盘江流域民众抗争的影响亦非微不足道。对民族学、人类学研究者而言,常态抗争事件固然重要,但一个人或一群民众决定不再为王朝耕田种地缴纳赋税,而是选择悄无声息地逃跑,也同样重要。从这个意义上看,非常态抗争抽空王朝治理的民众基础,同样能迫使明朝做出有利生计共生的政策调整。

第三节 天顺石门战事

明天顺年的石门战事,由干把猪及其族众攻劫卫所屯堡,而明廷组织强势武力弹压的双方行动构成。文献记载干把猪最终被捕"就义",他的族众也有多人惨遭毒手,他们的家园严重毁损。与此相对的是,参战各级官吏、官军大功而返,明廷"高调"嘉奖赞许。干把猪及其族众是失败者,明朝是胜利者,但这简单的二元对立叙事强调的只是战事结果,战事缘起、过程和属性仍隐而未彰。

本节在系统呈现战事过程的基础上,从"大历史"和"小历史"角度切入,结合当时社会背景,一方面梳理干把猪及其族众向卫所屯堡发起攻劫的原

---

① 秦晖. 并税式改革与"黄宗羲定律"[J]. 农村合作经济经营管理, 2002 (3): 6-7.

因和动机，提供战事缘起的当地人视角；另一方面呈现明朝应对事变的理念和方式，从王朝国家角度追溯战事源头，以此窥得明朝的边疆治理疏失。最后，再从原住民与明朝两个层面概括天顺石门战事的经验教训，对战事属性做出整体性阐释。

一、事件过程

干把猪，明朝贵州贵阳高坡人，"是操惠高土语苗族的首领"①，生卒年不详。明朝文献称"操惠高土语苗族"为东苗。天顺二年（1458年）二月，他率族众对都匀卫及其周边屯堡发起攻劫行动。

都匀卫原为都云安抚司，隶四川布政司。洪武二十三年（1390年），"苗民复叛，平之。平羌将军何福，筑城于中都云竹林蛮寨，奏改安抚司为都匀卫。谓云之为物变化不一，改作匀，字取均匀之义"②。都匀卫地处高坡以东，两地距离100多千米，但苗岭山脉将它们连成一体。"苗岭山脊上是高山草原区，地面无大障碍，通行较为方便。"③ 居住在山坡上的皆为苗族，"全部通用惠高土语，构成一个语言相同、习俗相近、发展水平相似的苗族支别"④。山下分别居住着布依族和汉族。干把猪沿着苗岭山脊向都匀卫移动时，多蒙同族族众掩护，致其顺利攻劫都匀卫及周边屯堡。更为关键的是，还能顺利返回高坡。

时任贵州总兵方瑛获知情况，即刻上奏朝廷。天顺二年（1458年）四月，朝廷决定武力镇压并着手部署。明英宗批阅方瑛奏折明示："已敕云南、四川都司及蜀府各调原征官军来尔处听调。复命右副都御史白圭赞理军务。"⑤ 史料记载这一准备过程竟持续近一年，直到天顺三年（1459年）三月才开始镇压行动。干把猪及其族众此时早已回到高坡住地，于是明朝调度川、湖、云、贵四省兵力及六土司土兵参与，分四路围剿高坡。白圭奏章："臣奉命同南和侯方瑛等进剿东苗，臣议以谷种等处山杂诸夷菁处乃东苗之羽翼，宜先翦除，遂分兵四进。臣同瑛兵进青崖，右副总兵都督李贵兵进牛皮菁，右参将都督刘玉兵进

---

① 杨庭硕. 天顺石门山战事考 [M] //中国人民政治协商会议贵州省贵阳市委员会文史资料研究委员会. 贵阳文史资料选辑：第十三辑. 1984：103.
② 谢东山，张道. 贵州通志：卷八 [M]. 1965年云南大学借云南省图书馆传抄天一阁藏明嘉靖三十四年（一五五五）刻本重抄：233.
③ 杨庭硕. 天顺石门山战事考 [M] //中国人民政治协商会议贵州省贵阳市委员会文史资料研究委员会. 贵阳文史资料选辑：第十三辑. 1984：103.
④ 杨庭硕. 天顺石门山战事考 [M] //中国人民政治协商会议贵州省贵阳市委员会文史资料研究委员会. 贵阳文史资料选辑：第十三辑. 1984：101.
⑤ 贵州省民族研究所. 《明实录》贵州资料辑录 [M]. 贵阳：贵州人民出版社，1983：405.

谷种，左参将都督李震兵进鬼山。"①

如此排兵布阵，目标皆在攻克石门山天险。该山位于今高坡乡境内，因"二石对峙如门"而得名，"西面和北面是壁陡的悬崖，相对高程差在水平距离不过一千米的范围内竟达到四百米以上，试想林莽未伐之时，要攀登而上，其困难可知"②。

明军攻破天险后，再次分兵四路合击，将干把猪及其族众的主力部分逼迫到六美山、翁受河等处。"贼首干把猪等势穷气丧退据六美山、翁受河等处。遂檄各路会兵进剿，生擒干把猪等及从贼六百二十人，斩首四千七百九十级，俘获男妇五千五百余口。"③ 四路合兵将其抓捕并押赴京师"就义"。

让人意外的是，如此规模庞大部署经年的镇压行动，持续竟不超一月。将文献记载地名与当前地图册相对照，可见涉事区域面积不及一县。

根据《明实录》的记载，在这次镇压过程中，朝廷兵力先后攻占625个村寨、斩杀民众11 000多人、俘7290人。朝廷兵力如白圭奏章所言，"全师回营"。

二、社会背景

要理解干把猪率领族众攻劫都匀卫及其周边屯堡的原因和动机，就有必要综述阐释当时的社会宏观和微观背景。

（一）土木堡之战及四征麓川

明正统、天顺年间（1436—1464年），皇帝受擅权太监王振怂恿，于正统四年（1439年）、正统六年（1441年）、正统七年（1442年）和正统十三年（1448年），对云南麓川平缅宣慰司思氏为首的地方土司势力，先后发起四次大军征剿。第四次征剿尚未结束，就有蒙古瓦剌部寇击明朝北疆。明英宗再次受太监王振怂恿，贸然率领五十万大军御驾亲征，结果战略指挥失当，不仅全军覆没，明英宗也被俘险失皇位。"本战对明朝而言，是一场无准备、无必要、无计划、无目标、无程序之盲目武装行动；最后全军覆没，甚至连皇帝都被俘虏，几乎撼动大明帝国国本，堪称中国历史上最荒谬、最无知、最儿戏、后果也最

---

① 贵州省民族研究所.《明实录》贵州资料辑录［M］. 贵阳：贵州人民出版社，1983：412.
② 杨庭硕. 天顺石门山战事考［M］//中国人民政治协商会议贵州省贵阳市委员会文史资料研究委员会. 贵阳文史资料选辑：第十三辑. 1984：98-99.
③ 贵州省民族研究所.《明实录》贵州资料辑录［M］. 贵阳：贵州人民出版社，1983：412.

严重的一场'御驾亲征作战'。"① 这两次大战都远离盘江流域,那它于天顺石门战事影响何在呢?

第一,繁重负担恶化盘江流域原住民生活。杨庭硕先生研究,"麓川之战,千里征途中过贵州省者占一半"②。盘江流域作为战时"边关通道",承担着王朝向云南运送兵力粮饷的沉重责任。王朝国家要强力保证战时供给,包括压制民间维权抗争,从而使盘江流域民众的徭役征发负担更为沉重。正统七年(1442年),湖广并贵州三司各奏"宜于税粮内折银布运给为便"③,又在给户部的奏折里明确提出:"湖广粮每年该运偏桥等卫者,宜令五分纳米五分折银,其所属府州县近贵州地方者,每年粮折布十万匹运赴镇远府,供给贵州迤东兴隆等卫官军。四川所属近贵州者,每年粮亦准此数折布运赴永宁卫,给贵州迤西暨南普安等卫官军,或布运沉重,民愿折纳银者听。"④ 皇帝对此一一允准。这些应急之策当然不能消弭十年麓川之战给盘江民众生活带来的负面影响。贵州清平卫诗人孙应鳌诗曰:"大道通衢流水过,杠抬日夜两肩磨。清官行李犹堪送,辎重多时更奈何。"⑤

如此繁重的徭役征发负担,导致包括盘江流域在内的贵州民众多次发起维权抗争,但在战时多被诬为"苗贼叛乱"。正统十四年(1449年),时任巡抚贵州监察御史黄镐奏:"贵州镇远等府苗贼猖獗,攻围城池,人民缺食,军储不充。"⑥ 同年八月,征南总兵官都督宫聚言称:"苗贼滋蔓,西至贵州龙里卫,东至湖广沅州卫,北至湖广武冈州,南至四川播州地界,夷众不下二十余万,俱已叛逆,围困贵州、湖广所属地方。"⑦ 景泰元年(1450年),湖广偏桥卫言:"苗贼攻围城池,杀虏军民,劫夺牛马,原立屯堡余粮籽粒,烧毁殆尽。"⑧ 同年六月,贵州宣慰司奏称:"苗贼猖獗,攻烧城堡,戕杀官民,所辖地方树艺稻谷劫掠无遗。"⑨ 面对"苗贼叛乱",明朝一概以武力镇压。

---

① 何世同. 以明朝土木堡战败为例略论军队之统帅与指挥[J]. 嘉义大学通识学报, 2007 (5): 243-265.
② 杨庭硕. 天顺石门山战事考[M]//中国人民政治协商会议贵州省贵阳市委员会文史资料研究委员会. 贵阳文史资料选辑:第十三辑. 1984: 105.
③ 贵州省民族研究所. 《明实录》贵州资料辑录[M]. 贵阳:贵州人民出版社, 1983: 289.
④ 贵州省民族研究所. 《明实录》贵州资料辑录[M]. 贵阳:贵州人民出版社, 1983: 289.
⑤ 孙应鳌. 荒城谣[M]//唐树义, 等. 黔诗纪略. 贵阳:贵州人民出版社, 1993: 324.
⑥ 贵州省民族研究所. 《明实录》贵州资料辑录[M]. 贵阳:贵州人民出版社, 1983: 318.
⑦ 贵州省民族研究所. 《明实录》贵州资料辑录[M]. 贵阳:贵州人民出版社, 1983: 321.
⑧ 贵州省民族研究所. 《明实录》贵州资料辑录[M]. 贵阳:贵州人民出版社, 1983: 335.
⑨ 贵州省民族研究所. 《明实录》贵州资料辑录[M]. 贵阳:贵州人民出版社, 1983: 336.

由此可见，明朝的两次大规模战争，明显使盘江流域民众本已窘迫的生活恶化了，他们所受生存威胁日深。相比于洪武、永乐年间卫所设置及其权力系统拓展对地方民众的伤害，新的战时伤害更加明显，这在生计资源供给数量和质量两方面都有体现。恶化的生存空间对于地方民众日常生活的影响，不仅表现为粮食产量锐减，而且表现为军役、徭役负担极其沉重。当时的布依族民歌表述为："苦！苦！苦！三年两头苦！百姓肚子空，官家粮生蛆。水打烂木柴，官差天天来。这道催魂差刚去，那道催命差又来。"①

两次战争期间，明朝官吏想方设法维持从盘江流域原住民手中苛索军役、徭役的稳定数额。地方民众则因田土资源有限、农业生产环境多变且收获不稳，还要面临着更大的压力伤害。四征麓川的伤害最为直接。

第二，宦官擅权以致政治生态恶化。这两次战争中，宦官王振扮演的角色戏份极重，且对战事发生发展起到的推动作用非小，彰显宦官左右王朝国家治理秩序，或明或暗地助长了天顺石门战事升级。干把猪率领族众攻劫都匀卫及其周边屯堡两个月后，明廷着手筹备镇压。前引明英宗批示："已敕云南、四川都司及蜀府各调原征官军来尔处听调。复命右副都御史白圭赞理军务。尔等即将所在官军及量调湖广、贵州并播州等处原调官军、土兵严督操练，候各处兵马至日一同进剿。或分或合，相机取胜，克期殄灭，以除边患。"② 英宗且派出太监阮让实地考察督战。

天顺二年七月辛卯（初六）（1458年8月14日），阮让上奏："东苗为贵州诸种蛮夷之首，负固据险，僭号称王，其他种类多被逼胁，东苗平则诸蛮莫不服从矣。……一东苗惯于马战，而我军步多骑少。"③ 其实并非如此。笔者在东苗后裔居地体验地方民众祖先记忆多是"被迫迁移"叙事。

> 云顶村杨姓祖先是元末明初由江西迁徙而来。当时正处于元明易代之际，战乱不断、社会动荡、国家不稳定，人与人之间相互欺负。云顶村的杨姓始祖兄弟俩在这种情况下，被迫从江西省猪市巷迁出。④

> 我们陈姓祖先是江西的汉族，明朝洪武年间，朝廷用强迫手段将他们从江西威逼恐吓来到贵州。进贵州后朝廷就不管他们。他们就自己在今贵阳市孟关一带居住了下来。当时孟关一带居民都是苗族，我们祖先与他们

---

① 罗甸县史志编纂委员会. 罗甸县志：民族志 [M]. 贵阳：贵州民族出版社，1994：82.
② 贵州省民族研究所.《明实录》贵州资料辑录 [M]. 贵阳：贵州人民出版社，1983：389.
③ 贵州省民族研究所.《明实录》贵州资料辑录 [M]. 贵阳：贵州人民出版社，1983：393.
④ 2018年7月19日，陈斌访贵阳市花溪区高坡乡云顶村村民杨文开。

在一起居住的时间长了，也就随之变成红毡苗。后来因人情往来出现问题，我们祖先又开始迁徙。①

五寨村的唐姓始祖从江西迁来，进入贵州之后，首先在遵义居住，然后因故迁移到毕节市大方县，再然后，不知何故迁居到惠水县摆榜乡。②

营屯村的王姓始祖是从山西太原城猪市巷迁来贵州。③

营屯村入村的陆姓始祖，是从江西省猪市巷108号迁来，到达营屯村之后才变成海葩苗的。④

营屯村胡姓始祖是从江西省猪市巷108号迁来贵州的。⑤

…………

类似记录还有很多，表达的都是同一主旨：祖先是在明朝洪武年间从外地迁来。就是这么一群"颠沛流离"的民众，何以不到百年就发展成为"贵州诸种蛮夷之首"，且"逼胁其他种类"呢？

阮让描述东苗"惯于马战"。贵州确是史上重要的产马地，典型者概有"乌蒙马"和"水西马"。贵州马进入中原王朝视野大致肇始于南宋，南宋朝廷通过广西、贵州从云南大理购马。马道其中一条横穿盘江流域。南宋李心传曾有如下论述，"盖祖宗时所市马分而为二……二曰羁縻马，产于西南诸蛮，格尺短小，不堪行阵。今黎叙等五州军所产也。羁縻马每纲五十匹，其间良纲不过三五匹，中等十余匹，余皆下下，不可服乘"⑥。李心传认定，西南马矮小不堪充作战马。

李心传观察有据。盘江流域马道仅用过一次。这间接证明西南马的确不宜作为战马。南宋朝廷未将西南马作为战马使用，那东苗民众又怎么惯于马战呢？结合文献史料和田野调查，东苗民众将马作为日常生产生活中的交通驮运工具。明代，盘江流域的土司皆将马作为地方特产上贡朝廷，尤以金筑安抚司为最。对明廷，土司贡马的象征意义重于实用功效。

太监阮让的夸张则有两个可能性：①夸大东苗战斗力，让皇帝调遣更多兵马镇压，作为战场监军的太监就可获得更大的军政权威。毕竟前有大太监王振

---

① 2018年8月11日，孙兆霞、路红艳访贵定县云雾镇鸟王村村民陈光翔。
② 2018年7月16日，孙兆霞访贵阳市花溪区高坡乡五寨村村民唐家明。
③ 2018年8月7日，陈斌访龙里县营屯村村民王新辉。
④ 2018年8月1日，陈斌访龙里县营屯村村民陆跃华。
⑤ 2018年7月31日，陈斌访龙里县营屯村村民陈德伦。
⑥ 李心传.建炎以来朝野杂记：卷十八［M］.南京：江苏广陵古籍刻印社，1981.（按：该刻印社所刻版本是原本影印，未标页码）

的怂恿御驾亲征的土木堡先例，后续筹备证明明朝也确实如此操作。②谋取经济利益。实际的情况是，阮让可能明知东苗及其所处区域不产马，但鉴于此前该区域的土司频繁向朝廷贡马，从而使朝廷或者全社会以为该区域是重要产马之地，因而就借机营造出"东苗惯于马战"的假象，希望朝廷能拨付更多军饷，最终目的是从这一过程中为自己谋取相应的经济利益。实质上，这种目的在其给明英宗的奏折中已有明显表露。"一调永顺、保靖等宣慰司土兵，乞量赉金帛赏劳以奖劝之；一东苗惯于马战，而我军步多骑少，乞给官价买马分军骑战；一调到各处官军宜量加支官银造成银牌银椀，验功给赏以作士气。"① 这一记录显示官军镇压装备精良条件"奢侈"，监军阮让寻租大开方便之门。反过来看，小地方干把猪及其族众能搞成让朝廷派监军的天顺石门战事，实在也是天灾人祸兼备。

（二）卫所制度衰败

四征麓川、土木堡之变是宏观背景，卫所制度开始衰败则是中观背景。质言之，两大战事后的明朝国力由盛转衰，表征为卫所制度衰败。"洪、宣以后，狃于治平，故未久而遂有土木之难。……宪、孝、武、世四朝，营制屡更而威益不振。……驯至末造，尺籍久虚行伍衰耗，流盗蜂起海内土崩，宦竖降于关门，禁军溃于城下，而国遂以亡矣。"② 卫所制度衰败衍生出两种次生灾害。

一是卫所军兵逃逸与屯田失额现象相继出现。据《明实录》记载，卫所军兵逃逸始于永乐年间，当时"官民田荒芜二千六百七十余顷"③。中途曾有短暂的"仁宣之治"后，社会相对安定，但四征麓川、土木堡之变发生时，卫所军兵逃逸现象再现且日渐严重。"开卫屯田美不赀，周遭二十四屯基；屯军逃尽田何在！鸡犬无声宿莽滋！"④ 明廷要为扭转颓势，一方面推出蠲免、缓征、协济等政策优惠，另一方面诏令盘江流域卫所修举屯田。经此一套组合动作，治理效果仍不理想。从景泰四年（1453年）时任贵州按察使王宪的奏章可见一斑，"贵州卫所、站、堡、旗、甲，军人往往逃亡，十去八九"⑤。

二是势要豪强兼并侵夺屯田。正统六年（1441年），兵部尚书王骥奏称："……而屯田之法久废，徒存虚名。良田为官豪所占，籽粒所收百不及一；

---

① 贵州省民族研究所.《明实录》贵州资料辑录[M].贵阳：贵州人民出版社，1983：393.
② 张廷玉，等.明史：卷八十九[M].北京：中华书局，1974：2175.
③ 贵州省民族研究所.《明实录》贵州资料辑录[M].贵阳：贵州人民出版社，1983：127.
④ 孙应鳌.荒城谣//唐树义，等.黔诗纪略.贵阳：贵州人民出版社，1993：326.
⑤ 贵州省民族研究所.《明实录》贵州资料辑录[M].贵阳：贵州人民出版社，1983：376.

第五章 维权抗争：卫所制度下的共生表达

贫穷军士无寸地可耕，妻子冻绥，人不聊生，诚为可虑。"① 孙应鳌诗曰："一番巡历一番悲，鬻箅吹寒骨肉离。军卖月粮官卖俸，更无到口上身时。"②

随着时间推移，势要豪强侵占屯田不仅延续，且有越发严峻之势。明廷派驻贵州官吏面对颓势设法扭转。弘治九年（1496年），时任巡按贵州监察御史丁养浩上奏："……初，原额地田正数之外不下数万顷，军有流亡田则具在，但为豪强兼并，宜令守臣清出不必加赋，岁收余租发于各卫所，别建仓贮之。"③ 嘉靖二十年（1541年），贵州提学副使谢东山《屯田议》明确提出："侵占田土律有明禁，侵渔之盗可不亟惩？合无通将贵州合属逃故屯粮旗军遗下无粮口食分田，悉数清查，果有山水湮塞无凭开垦，量行减免；余皆召佃于人岁收其入，贮该卫仓廒以备荒歉处济，听令于内照数支给。而无田穷丁分毫不许浪派。"④

这口气明确让人感知到，明廷迫切地希望扭转局面，但具体实施的仍是简单化治理，即在"国家统一"的名义下，对边疆山民要求实施武力弹压，侵占其生计资源，并在制度层面给边疆官吏和势要豪强以苛索原住民的机会。这种治理理念当然不能实现王朝治理边疆的基本诉求，反而引发次生灾害，使卫所制度更加衰败。

都匀卫及周边屯堡在遭受干把猪及其族众攻劫后，明英宗敕谕贵州都指挥同知陈厚曰："今乃命尔分守都匀地方，提督操练军马，修理城堡，置办军器，整治屯田抚安军民，控制蛮夷……非奉朝廷明文一军不许擅役，一毫不许擅科；尔尤须秉公持廉，连谋奋勇严切守备，毋得怯懦及扰害军民，自取罪惩朕不尔宥。"⑤ 英宗敕书让我们感知到，早在干把猪及其族众攻劫都匀卫及周边屯堡之前，贵州卫所内部秩序已经混乱。卫所军官正是在混乱中，才敢私役擅科税捐。

当然，私役军户不只都匀卫有，这几乎是当时的普遍现象。《明实录》载，弘治十三年（1501年），龙里卫都指挥佥事王颙因私役军士而被降为指挥使。⑥ 如杨庭硕先生所言："不堪役使的屯堡军民，或逃入苗山，或充内应，故东苗无

---

① 贵州省民族研究所．《明实录》贵州资料辑录［M］．贵阳：贵州人民出版社，1983：282．
② 孙应鳌．荒城谣//唐树义，等．黔诗纪略．贵阳：贵州人民出版社，1993：325．
③ 贵州省民族研究所．《明实录》贵州资料辑录［M］．贵阳：贵州人民出版社，1983：560．
④ 谢东山．屯田议［M］//顾炎武．天下郡国利病书：六．上海：上海古籍出版社，2012：3737．
⑤ 贵州省民族研究所．《明实录》贵州资料辑录［M］．贵阳：贵州人民出版社，1983：411．
⑥ 贵州省民族研究所．《明实录》贵州资料辑录［M］．贵阳：贵州人民出版社，1983：580．

187

战术、战具、部队可言，却攻破了严密设防的屯堡。"①

当盘江流域大量卫所军士逃逸到少数民族社区，且与当地民众基于共同生存诉求结成利益同盟，缺少战术战具和战士的山民，有了这些卫所军士的内应支持，其攻劫卫所屯堡维持自身生计资源和生存空间的意愿和动力更强。这种由地方民众与卫所逃逸军户"合作"而发起的维权抗争，对明王朝在盘江流域的治理秩序破坏力度更大。我们囿于文献史料，无从知道干把猪及其族众在攻劫都匀卫及其周边屯堡在何种程度上得到了逃军支持，但成果显示必有内应。

（三）周边区域民众频繁攻劫卫所

天顺石门战事发生的微观背景，盘江流域南区的原住民已经针对兴隆卫、平越卫、龙里卫、新添卫等发起数次攻劫。正统十四年（1449年）二月，今瓮安县境内的黄隆、韦保在家举义旗，义军"很快便攻陷了石阡府，杀死知府胡信，随后迅速和黄平等地各路苗军联合，先后攻陷了平越、黄平、思南各城，下游为之骚然"②。这种"秋风行草堰"般的攻势，于盘江流域原住民，具有两方面价值：①前面诸地民众的数次攻劫，经验或教训皆为后续攻劫行动的经验参考；②在此基础上，全省各地山民纷纷效仿。"赤水卫苗民乘机起义响应，攻下赤水城，打死都司张祥。镇远苗民金台起义称'顺天王'，联合播州苗民起义首领韦烈攻城略地，积极配合黄隆、韦保行动。很快，安顺被围，都匀扰乱，龙里、新添等地起义者风起云涌。"③ 黄隆、韦保则积极联合外乡民众共同攻劫卫所。"黄、韦龙骨山起义后，于同年三月联合各路友军十余万人将平越（今福泉）卫所包围达九月之久……景泰三年（1452年），兴隆苗民韦同烈率众在截洞起义，攻打清平（今凯里）等卫，占据香炉山。"④

这场由黄隆、韦保起义引发的区域性民众攻劫卫所屯堡的行动，前后持续六年，重创了贵州境内卫所。官军镇压表面获胜，其实代价惨重。显性代价是，"据方瑛手本记载：当时贵州所属地方官军，被苗民义军伤饿而死，歼击而亡者十之八九，各卫所之围解除后，官军数少，不敷防守"⑤。更有潜隐代价。明廷认为凡地方民众攻劫行为，皆可用武力镇压平息。这其实是种假象且为后续民

---

① 杨庭硕.天顺石门山战事考［M］//中国人民政治协商会议贵州省贵阳市委员会文史资料研究委员会.贵阳文史资料选辑：第十三辑.1984：106.
② 瓮安政协文史办.苗民黄隆、韦保抗暴史略［J］.黔南文史资料选辑，1990（8）：161.
③ 瓮安政协文史办.苗民黄隆、韦保抗暴史略［J］.黔南文史资料选辑，1990（8）：161.
④ 瓮安政协文史办.苗民黄隆、韦保抗暴史略［J］.黔南文史资料选辑，1990（8）：162.
⑤ 瓮安政协文史办.苗民黄隆、韦保抗暴史略［J］.黔南文史资料选辑，1990（8）：163.

众攻劫行为埋下伏笔。

天顺石门战事，乃是上述宏观、中观、微观三重因素相互作用的结构性结果：明王朝基于规模依赖推行国安举措，卫所军官军户因私利而行"恶政"，地方民众为维护生计资源和生存空间而维权抗争。土木堡之变和四征麓川，将明王朝基于规模依赖的国安举措打得体无完肤。洪武皇帝最为得意的王朝军政卫所显现衰败之势。土木堡之变后，明廷仍想用募兵制充实军力。"募兵再起，大略始自宣德九年（1434年），景泰初年后又有较大的发展，主要原因是京营精锐大损于土木之役。"① 制度衰败不仅削弱了卫所的军事功能，政治控制力也随之降低。这更给卫所内部的势要豪强侵占田土提供了制度空间，当然也给底层军户带来不安全因素，卫所底层军士逃逸范围广且人数多，迟早反噬朝廷。

这首先会产生连锁反应，迫使地方民众为生命安全计，选择迁徙逃亡；其次是连年征战的军费支出，最终会增加地方良民税赋，导致常态或非常态抗争。全国层面对地方民众抵御日常生活风险能力的伤害，迟早将反噬王朝自身。

卫所底层军士和原住民，在明朝制度框架中本是一对"欢喜冤家"，但南北两次大战，把他们都置于各自利益被侵占损害的地位。明朝国家治理的局限性，不仅将原先与地方民众对立的卫所军士推向山民，且在制度层面为他们的结合提供合法空间。社会最底层的原住民清晰认知自身境遇后，发挥主体能动性并得到逃逸军士的变相支持，对周边卫所及其屯堡发起攻劫旨在维权。明朝在西南边疆治理中的各种潜在弊端，都在山民维权抗争中陆续显现出来，并迫使统治者反思。

三、边政疏失

前文从长时段大范围的"大历史"视角，简要论述天顺石门战事的社会背景，其旨趣是揭示历史发展规律。质言之，上述三个层面的社会背景，特别是明朝的西南边疆治理意图，使得天顺石门战事有了在所难免的必然性，但战事进程因人为因素介入而有诸多偶然性，然后又出现非人力所能扭转的意外后果。这种"大历史"视角能为我们提供整体性和系统论意义上的结构，却不能在事件的"小历史"层面，清晰展现盘江流域原住民攻劫卫所的直接动因。本章借用"权力傲慢"和"治理黑洞"两个术语，分析干把猪聚众攻劫的直接动因和

---

① 彭勇. 明代卫所制度流变论略 [J]. 民族史研究，2007（1）：28.

朝廷专政根源。

　　杨庭硕先生经考证认定明朝天顺二年（1458年）二月，是干把猪率领族众攻劫都匀卫及周边屯堡的具体时间。① 这里的1458年和二月都大有讲究。

　　根据地质地理气候学家认定，1458年是地球小冰川期峰值。全球小冰川期始于14世纪，"科学证据也显示小冰川期开始于1300年。14世纪刚开始几十年极为寒冷。不过并不是整个六个世纪气温都一直很低，而是起起落落"②。小冰川期最显著特征是气温普遍偏低，中间短暂的升温间隔能导致无雨无雪的严重干旱灾害天气。"小冰川期全球平均气温降低略微超过1摄氏度"③，这就促使气候条件于农业不利，粮食产量显著减少。当时全球还是传统农业社会，其生存生计无疑受到恶劣气候的严重挑战，饥寒交迫的生活梦魇如影随形。

　　当时欧洲民众面对恶劣气候概有两种选择。首先是移民。许靖华发现促成英国民众大量移居美洲的主因是"食物链供应链短缺，而不是人口成长过快。移居美洲的人主要是想获得充其量只能算是不甚稳定的生活"④。其次就是大量饥民组织起来以劫掠求生。

　　恶劣气候造成次生社会灾害。中国自13世纪元末明初感受到小冰川期影响，且一直有次生社会灾害笼罩。朱元璋利用大量饥民衣食无着的"天时"，依托农民起义组织推翻元朝。

　　明朝洪武年间，朱元璋希冀寓兵于农广建卫所，号称"吾养兵百万，不费百姓一粒粮"。这种"养兵"理念是基于卫所驻军对地方民众生计资源，特别是土地资源的武装侵夺。这对田土资源本就稀缺的盘江流域民众而言，无异于雪上加霜。朱元璋同时"严格吏治"，力求保护底层民众，但庞大官吏及其属员体系和严苛的俸禄制度，导致官吏属员不得不"苛索""盘剥"民众以维持体面生活。这就造成了潜隐的生计资源、生存空间侵夺挤占，与明面的税赋负担交举。这种情况在土木堡之变和四征麓川期间尤为明显。

　　相矛盾的"政制"造成的社会负面影响本已不小，当其与恶劣气候周期重合时，危害就更加明显。刘昭民依据气候记录，将明朝270余年分为四个阶段：

---

　　① 杨庭硕. 天顺石门山战事考［M］//中国人民政治协商会议贵州省贵阳市委员会文史资料研究委员会. 贵阳文史资料选辑：第十三辑. 1984：95-97.
　　② 许靖华. 气候创造历史［M］. 甘锡安，译. 北京：生活·读书·新知三联书店，2014：20.
　　③ 许靖华. 气候创造历史［M］. 甘锡安，译. 北京：生活·读书·新知三联书店，2014：21.
　　④ 许靖华. 气候创造历史［M］. 甘锡安，译. 北京：生活·读书·新知三联书店，2014：23.

第一阶段，明前叶（太祖洪武元年至英宗天顺元年），气候寒冷；第二阶段，明中叶（英宗天顺二年至世宗嘉靖三十一年），中国史上第四个小冰河期；第三阶段，明末叶的前半段（世宗嘉靖三十六年至神宗万历二十七年），夏寒冬暖；第四阶段，明末叶后半段（神宗万历二十八年至思宗崇祯十六年），中国史上第五个小冰河期。①

表5-4 明朝气候周期与公历纪年换算表

气候阶段	气候周期	气候特征	年号纪年	公历纪年
第一阶段		气候寒冷	洪武元年至天顺元年	1368—1457
第二阶段	第四个小冰河期		天顺二年至嘉靖三十一年	1458—1552
第三阶段		夏寒冬暖	嘉靖三十六年至万历二十七年	1557—1599
第四阶段	第五个小冰河期		万历二十八年至崇祯十六年	1600—1643

由此可见，整个明朝上上下下的日常生活，都笼罩在恶劣气候里。朱元璋及其历代子孙的"励精图治"均不能弥补气候条件引发的次生社会性灾害的影响，明朝最终不能逃离元朝因恶劣气候而覆灭的命运。许靖华指出："明朝覆灭的直接原因并不是政府腐败，而是连续八年大旱。根据《明史》记载，崇祯六年至十六年间，全国大旱，遍地饥荒。人民在饥饿中相食。"② 刘昭民也认为："明代气候承元代气候之绪，继续为寒冷时期，但是明代比元代更为干旱，所以明中叶以后，旱灾和饥荒连年。"③ 竺藕舫在《中国历史上之旱灾》一文重申此点且直陈，明朝是除晋朝南北朝外降水量特少的朝代，旱灾频率之高为历朝之冠。④

聚焦审视天顺二年（1458年），即干把猪率众攻劫都匀卫及周边屯堡那年。据刘昭民研究，明朝在这一年正式进入中国第四个小冰河期。《明实录》记载这种气候对盘江流域农业生产亦有严重影响。

> 天顺二年六月癸未（二十七）（1458年8月6日）……贵州、东昌、兖州等府各奏所属州县去冬无雪，今春历夏不雨，麦苗无收，禾谷等苗亦

---

① 刘昭民. 中国历史上气候之变迁 [M]. 台北：台湾商务印书馆，1982：115.
② 许靖华. 气候创造历史 [M]. 甘锡安，译. 北京：生活·读书·新知三联书店，2014：17.
③ 刘昭民. 中国历史上气候之变迁 [M]. 台北：台湾商务印书馆，1982：114.
④ 竺藕舫. 中国历史上之旱灾 [J]. 史地学报，1925（6）：47-52.

不长茂。①

天顺三年九月戊申（二十九）（1459年10月25日）贵州宣慰司及贵州都司各卫……各奏今年四月至七月不雨，田苗旱伤。②

正德二年五月甲寅（十二）（1507年6月21日）免贵州所属镇远、龙里、镇宁、务川等卫、府、州、县及宣慰、安抚二司正官朝觐，以地方旱疫故也。③

…………

许靖华《气候创造历史》直指"1458年和1469年这两年温暖无雪，在连续两百年的严寒中穿插喘息的机会"④。鲁华亦有表述："天顺元年（1457年）冬，贵州各府数月不下雨雪，苗麦无收，次年春夏又数月缺雨禾谷不茂，但统治者仍然苛捐无度，不断派夫派粮。"⑤《明实录》和当代相关学人成果让我们相信：天顺二年（1458年）前后，盘江流域原住民的生计资源、生存环境均遭遇恶劣气候。

与此"严重威胁"形成鲜明对比的，是明廷"云淡风轻"的应对态度。《明实录》载天顺二年（1458年）农历六月，贵州灾害天气造成的粮食减产等情况上奏英宗朱祁镇，英宗朱批"命户部复实以闻"⑥，户部十一月才回奏"贵州地方不宁，其盐粮钞宜暂停征以纾民困"并获允准。明廷谨慎应对无可厚非，却错过了排解"民困"的最佳时机。盘江流域民众"衣食无着"惨状愈烈，为聚众"攻劫"酝酿出的情绪愈高。《明实录》显示，早在天顺二年（1458年）四月，贵州总兵南和侯方瑛已将干把猪率众攻劫都匀卫及周边屯堡的情况上报朝廷。

这距干把猪攻劫都匀卫已过两月，明廷着手安排镇压："已敕云南、四川都

---

① 贵州省民族研究所.《明实录》贵州资料辑录 [M]. 贵阳：贵州人民出版社，1983：409.
② 贵州省民族研究所.《明实录》贵州资料辑录 [M]. 贵阳：贵州人民出版社，1983：414.
③ 贵州省民族研究所.《明实录》贵州资料辑录 [M]. 贵阳：贵州人民出版社，1983：632.
④ 许靖华. 气候创造历史 [M]. 甘锡安，译. 北京：生活·读书·新知三联书店，2014：29.
⑤ 鲁华. 从生界到土司领地 [D]. 吉首：吉首大学，2012.
⑥ 贵州省民族研究所.《明实录》贵州资料辑录 [M]. 贵阳：贵州人民出版社，1983：409.

司及蜀府各调原征官军来尔处听调。复命右副都御史白圭赞理军务。"① 盘江流域恶劣气候、次生性社会灾害和地方民众攻劫卫所屯堡几乎重叠，且攻劫对象都是占有良田资源的卫所屯堡，实质上是具有逻辑因果关系的同一事件，对明朝的西南边疆治理构成重大挑战。但在明英宗眼里，这似乎是孤立的两例"小历史"事件，采取的也是两种处理方式：对干把猪率众攻劫卫所武力镇压，对地方民众衣食无着仅以免税安抚。两者都有权力傲慢无视民间疾苦造成的治理黑洞。

恶劣气候导致盘江流域农业生产减产，再加上此前周边卫所屯堡侵占良田资源，共同威胁到苗族、布依族甚至汉族移民的生计。干把猪为民生计，率族众攻劫都匀卫及其周边屯堡，无非是向明廷表达生存诉求的无奈之举，但明英宗及其臣僚不作此想，而是"云淡风轻"地将其视为常态维稳，从而给明朝后续的盘江流域治理埋下定时炸弹。这是单边权力傲慢形塑治理黑洞的必然逻辑。

四、经验教训

盘江流域原住民针对卫所屯堡及土司的维权抗争贯穿有明一代，但始终不曾建立抗衡明朝的集中统一政权，表明他们没有争夺明朝天下一统政权的野心。汉语后来所讲的"苗王"云云，都是基于汉地经验的结构性观念匹配。真实场景里的苗王，在当时条件下或与前文丧礼上的"丧家"或"主客"相似，其他的踵事增华多是汉式想象。但在大一统王朝里，他们的角色亦非无足轻重，他们的作用也是不可或缺。

一方面，他们的抗争诉求是维护传统资源权益，即夺回之前因设置卫所而被侵占的田土资源，或者在自然灾荒紧迫时劫掠卫所屯堡粮食，用共享维持生存。这一诉求在干把猪率众攻劫都匀卫及周边屯堡时表现得淋漓尽致。

另一方面，当地社会文化传统对构建集中统一王权具有免疫排斥性，垄断王权难以形成。王震中文章《祭祀、战争与国家》论述过王权的三位一体来源成分：神圣性、军事指挥权和族权。其中的神圣性"具有最广泛的代表性、最高的神圣感和最宽阔的想象力"②，这使它难以被证伪。这种特征对汉高祖刘邦

---

① 贵州省民族研究所.《明实录》贵州资料辑录［M］.贵阳：贵州人民出版社，1983：405.
② 吴稼祥.公天下：多中心治理与双主体法权［M］.桂林：广西师范大学出版社，2014：236.

称帝前的传奇话语解释力极强,"赤帝之子"塑造其为"神—圣—王"复合体,为其称王称帝提供合法基础。盘江流域苗族传统决定了干把猪无意营造这类条件。笔者检索文史并收集当地口传资料,对塑造干把猪圣王的神话传说全无见闻。

干把猪或有族权,但他所处社会有典型的平权传统,族权难以历时地巩固和世袭。盘江流域社会文化确实崇拜祖先,但每次祭祖都只能由家族祭师主持,干把猪最多只有自己家族的祭祀权。他即使拥有武装,也是有"戎"无"祀"难以持久,他率领的维权抗争因而只有抗灾应急性质。换言之,"固其巢穴","以夺回土地,能在故土安居乐业为满足"才是这场战事诉求的真谛。这种诉求一旦有所满足就算目标实现,斗志自会瓦解。明廷上下都说这是要颠覆天下秩序逐鹿皇权,实在是不了解地方社会生活和文化观念秩序,或是官吏渲染夸大意在乱政取利。

明朝在盘江流域实施的卫所与土司并存的制度,虽然取得一时之效,但官家没有借此在当地营造社会文化相互融入的氛围,而是给地方军政官吏夸大矛盾、骗取上峰信任、动夺地方资源留下了极大的操作空间,人为阻断了有机融合的自然进程和天下大势。质言之,这是明朝在盘江流域所建立治理秩序的失败,也是明朝军政体系治理西南边疆的失败。明朝面对地方民众应急维权诉求,听任军政官员恶意渲染夸大,认定其要蓄意反叛夺权,盲目调集大军镇压。这是权力傲慢病入膏肓的典型症候,前景已是不言而喻。

本章小结

盘江流域原住民在卫所制度背景下的维权抗争中具有两种属性:微观上,这是破碎地理环境基础上的民众小规模的诉求表达,显现的是"弱者的武器",即民众生计资源、生存空间的保证砝码;宏观上,它对明朝的军政制度边疆治理理念有补充性重构作用,其本质是追求业已失衡的人文生境复位,终极目标是达到边缘的盘江流域地方社会与位在中心的王朝国家共生。它所代表的是边疆地方社会与王朝国家、边缘与中心间权力关系持续协商进程,更是边疆地方社会针对"中原中心论"大行其道时的"解压阀"。本质上,它并未降低,反而是彰显了王朝国家或中原体制的主体性地位。但要指出,这应是能对边疆地方社会和民族文化尊重差异包容多样的主体性。

无论是卫所制度,还是以流官为外显形式的府州县体制,皆表明盘江流域地方社会在王朝国家的政治版图之内。地方民众卫所军户、中原汉民及流官一起生活，参与博弈维权机制，绝不是王朝国家治理制度的"破坏者"，也不会对明王朝的合法统治构成根本威胁，他们只是想向明王朝表达共生的意愿。这不但表现于抗争不外乎维护生计资源和生存空间，且有盘江流域的平权社会属性为限。

第六章

博弈求秩序：流官治理下的共生三角

"改土归流"是清朝继明朝后治理盘江流域的重要方式。雍正年间，盘江流域大规模实施的"改土归流"，彰显出中央王朝治理大西南（和西北局部）边地社会方式转型，它渴求改绵延悠久的间接治理为直接治理，建立科考流官政治。这种转型表征出之前历代王朝在盘江流域的苦心经营治理秩序和社会结构将被置换，它彰显了清朝对边疆社会的治理水平和能力远超前人，却也加深了先前就存在的诸多困境及新结构新形势即将面对的新挑战。这对本章分析也构成挑战。

本章将在文化生态学视野下，以流官政治为切入点，从"改土归流"得失辨析、控告土官、抵制胥吏三方面着手，重点分析王朝国家在盘江流域轰轰烈烈推进"改土归流"的显著成就，继而分析阐释隐藏在成就背后的困境挑战，以此彰显盘江流域民众面对"更加深刻和重要时刻"的智慧思维和理性诉求。本章的分析框架注定带有深刻矛盾：既要表明改土归流的伟大成就，又要揭示其难以挣脱的困境挑战。但底边民众的生活智慧，恰恰是在生活世界的矛盾里生成和展现。

第一节 "改土归流"得失辨

"改土归流"是帝制中国土司制度的收官之作，且是两者"生命历程中共享"的最后一章。"改土归流"后，清朝在盘江流域建立府州县派流官执掌，实施跟内地行政同质的直接治理，广受各方赞誉，号称文治武功。数量不菲的较低层级土官胥吏作为"改土归流"的副产品，与流官一道筑成盘江流域政治新体系。这又在清朝与西南边疆的整体治理体制中，衍生出三组对立统一关系：流官与土官胥吏，土官胥吏与生民百姓，生民百姓与流官府衙。这些变化映射于边疆治理实践，又产生了大一统治边理念与边疆社会文化传统的博弈新格局。

盘江流域的生民百姓日常生活和社会文化实践面对新格局挑战，自然会找到互动博弈的新路径。

本节且从土司制属性、朝廷招抚之策和"改土归流"三方面展开分析论述，重点揭示各自的实践得失并基于盘江流域"改土归流"的经验教训研讨西南边政。

一、土司制属性

土司制度是中国周秦汉诸朝依据《周礼》中"怀柔远人协和万邦"的天下理想，在实践中由中央整合四方边疆的治理模式。土司制度经历过探索孕育（羁縻制）、体制化实施到"改土归流"三个阶段。本节重点讨论阶段二而略一、三。

最早的羁縻制是由中央王朝用礼制名义向新开辟地方的统治者（头人、酋长、豪强、"土王"等）颁发职衔封号，将其纳入朝贡赏赐体系再辅以互市和亲红利，酌情推行间接统治。"修其教不易其俗，齐其政不易其宜。"羁縻制底线是双方不启动边衅不开战，目标是培植王朝远端屏藩乃至王室的施受关系舅甥至亲。它的理念简单但手法复杂多样，因而生命力极强。清朝的蒙藏关系就是其范例。

元朝开启的阶段二即体制化实施才是土司制度典范。其核心是中央王朝在编户齐民之外的边远地方，任命土司统辖土民。此时的土司王朝国家就地选任或派驻，由他们作为代理人治理当地并对王朝重大军事行动提供助力。

学界普遍认为元代土司制度是传统羁縻制度的延伸发展，即在羁縻制度地方高度自治的基础上，添加了王朝军政秩序自上而下直接治理的内涵。土司制度是羁縻制度不断补充完善后的新形式，其中既有地方自治成分，也有王朝国家治理多民族地区的因子。笔者基于蒙古王朝取代南宋前经统治中亚中东乃至东欧的事实，认为跨民族跨宗教的域外治理亦有参与。色目人在原有制度体系中且有特殊的角色地位。土司制度在全国不同民族和区域实施中产生的结构性差异，主要取决于"各民族原有的政治基础"。这种说法隐含着土司皆由各地方民族土著担任的假设。实际情况则是，土司既有各民族土著，也有新老汉人移民豪强，贵州尤其如此。"关于土司之原籍……汉人与番夷之数相差不多。……彼辈大半为其祖先从军有功而受者，尤以封于贵州者为最众。彼辈世有其土，有享祚数百年至千年者。"[①] 盘江流域亦然。笔者且将盘江流域土司分为两类：

---

① 余贻泽. 清代之土司制度 [J]. 禹贡，1936（5）：14-15.

土著和外来。

这样分类意义何在？两类土司的权力根基不同，跟王朝国家互动博弈时的理念和态度就有差别。土著土司根基在当地。"原有的政治基础"，包括其所辖土民的生计资源生态家园，是其维权抗争的动力来源和坚强后盾。土地、山林、水源等自然资源结成身土不二的命运共同体。土司与土民都必须依赖这些方式才能存活下来，因而会想方设法维持共同家园完整。何况他们还享有共同的人文社会生境：苗族有议榔，侗族有"款"组织，瑶族有瑶老制，还有共同的祖先崇拜风俗习惯。这些传统资源基础受到官家和卫所军户的扩张威胁甚至直接的挤压侵夺，他们的抵制就更有刚性。质言之，地方民众的传统社会组织和行为规范，是土著土司维权博弈乃至抗争的原生动力。他们对地方民众和地方社会文化传统也确有敬畏和维护之心，因为这些都是其深层合法性来源。换言之，深层权力根源决定了他们在危急时刻的态度抉择。

相比之下，外来土司在与王朝国家的博弈中就更能投机，或曰见机行事。他们确实是社会豪强，但缺少真正的地方民众基础，他们也努力融入原住民社会，但远未完成社会文化同化。他们的权力权威合法性多来自王朝国家的号纸印信。在非动乱时期，他们略能履行维持地方治安及王朝国家的承袭进贡等职能；中原发生改朝换代，他们迅速归附新朝换取新的号纸印信。土著土司与其相比，则更多犹疑观望；王朝的印信号纸对他们而言，更多用于官方而非用于治下民众。

盘江流域由于地处边关要道，其境内高级土司以外来大户豪强为多，有些甚至就是前朝征讨当地"民变"有功军官转任。盘江的长官司级土司多为外来者，外来的宣慰司级仅有播州、水东两处土司。外来土司多于历史特殊时段因军功由清廷册封，且多隶属布政使司卫所而极少隶属安、宋、田、杨四大宣慰司者。

佘贻泽《清代之土司制度》一文统计，盘江流域中小土司多为外来而土著甚少。他们依赖王朝政治资源，在地方治理名义下维护巩固自身权力地位，即通过侵夺地方资源和民间社会自主自治权益，换取王朝的印信封赏暨政治经济特权。

按照封建旧制，土司名号一旦拥有，无论土著或外来，都有世袭其职、世有其土、世治其民的特权。这是土司制属性和制度设计初衷，旨在让土司在王朝与边疆民众之间扮演"桥梁"角色。三者关系可用公式简述：王朝⟷土司⟷边地民众。王朝国家对土司实施平面辐辏型集权，而以贡赋赏赐为物质载体；土司对地方民众则行使领主制政治经济；民众向土司佃种田土，除了缴纳租赋还要提供劳役，本质上是强制性人身依附。

这两种不同层次的关系，使土司能在辖区上下其手、寻租牟利。盘江流域土司区田土多半未经丈量，税赋多以"概数"确定，治权意义强于经济。"弘治十五年（1502年），贵州布政司田土自来无丈量顷亩，每岁该纳粮差俱于土官名下总行认纳，入洪武间例。"① 地方民众向土司佃种土地，面积、租赋均有"定数"，经济剥削意义又大于治权声张。"概数"与"定数"之差，就是地方民众与王朝国家的关系指标。定数加大不仅能表征土司征敛"程度"提高，且能彰显土司剥削土民的程度加深，离心程度随之。土司在王朝与边民之间不仅不再是"桥梁"，反倒成为"梗阻"。这在田土税赋上的表现最为明显。

"土司寻租"如同官员贪腐，是引发生民百姓或下层土官对王朝制度不满及维权抗争的重要动因。抗争发生时，土司又会隐瞒实情文过饰非，或扩大事态挑动朝廷过度弹压，总之是瞒上欺下从中渔利。可见土司制度对上对下都是双刃剑，它能维持边疆治理秩序，也能激起民变扰动边疆局势。任何制度失去民意督察都会日久生弊，都须与时俱进做出调整。

二、招抚之策

土司制度的"双刃剑"属性致使其在明清易代后命运坎坷。清顺治十五年（1658年），盘江流域土司大量归附清王朝，贵州境内随之纳入清朝政治版图。斗转星移，岁月流逝，二十余年后，土司制度去留和土司命运成为朝廷内外高度重视的命题，朝臣与地方大吏陈奏不一，尤以云、贵、川、广为甚。"或云土司系外彝，即令土官管理，易于行事，不可遂取其地；或云土司予以大职，令其管理事务，恐有权柄，不为我节制；或云我所取之地，何复令彼管理，仍取之为便；或云设流官管理可多得钱粮。"② "或云宜补流官，或云宜补土官，或云可令管兵，或云不可管地，种种陈奏不一。"③ 面对朝臣的种种奏议，三年后，康熙二十五年（1686年）二月，康熙帝诏曰："国家削平逆孽，勘定遐荒，惟宜宣布德意，劝其畏怀。近见云、贵、川、广大吏，不善抚绥，颇行苛虐，贪黩生事，假借邀功。朕思土司苗蛮，既归王化，有何机阱，格斗靡宁。其务推示诚信，化导安辑，以副朕抚驭遐荒至意。"④ "推示诚信，化导安辑"是康

---

① 北京国图书馆古籍出版编辑组. 万历会计录：卷十四 [M]. 北京：书目文献出版社，1989：460.
② 清实录·圣祖实录：卷一百零八 [M]. 北京：中华书局，1985：103.
③ 清实录·圣祖实录：卷一百零八 [M]. 北京：中华书局，1985：100.
④ 赵尔巽，等. 清史稿：本纪七·圣祖本纪二 [M]. 北京：中华书局，1976：219.

熙帝在位六十余年对云、贵、川、广等西南边地土司的一贯理念并实践之。盘江流域麻山地区今紫云县洛河乡大寨保存刻于康熙五年（1666年）的承恩碑一通。碑文概要：当年民众进山躲避瘟疫，时任安顺知府借机强占其地，却仍要民众缴纳皇粮官赋。陆土司①代表民众向知府求免不能如愿，反而被言语侮辱其族人"猪狗"，引发维权抗争。几经周折后，贵州张都督上奏朝廷。康熙旨意："宜安抚，勿挞伐"，这才平息乱局。民众为感恩康熙帝，厚聘客家秀士张先生为文记事勒立承恩碑。康熙帝此举，旨在彰显土司在边远民族地区的正面形象，认可其是地方民众利益代表，认同其对地方社会秩序的作用。然而，雍正年间，局面开始发生剧烈变化，肇始于雍正四年（1726年）的"改土归流"是标志性事件。

清朝以降，西南地区土司制度、土司以及土民前后两种不同的命运遭遇，清朝历代统治者治理西南地区的理念差异及其变迁过程，可从何世璂署贵州巡抚之职三年多舛的命运历程中窥见一斑。

何世璂（1666—1729年），清康熙四十八年（1709年）进士授翰林院庶吉士，进入仕途，雍正三年（1725年）冬署贵州巡抚。②此前的"总督高其倬诱擒阿近，议设营汛，以控前后左右各寨"③。"雍正二年（1724年）十一月丁巳，高其倬奏官兵进剿仲苗，平之。"④何世璂有鉴于此，署贵州巡抚之初就结合雍正帝1724年饬谕的核心旨意："宜严饬土司，勿得肆为残暴，以副朕子惠元元至意。"⑤何世璂在雍正四年（1726年）四月初八日的奏折中提出，"苗人应行招抚，不必用兵。……且仲家苗药箭铦利地势险阻，亦不易于成事"⑥。何世璂与前总督高其倬截然相反的治理策略虽然引起雍正帝重视，但也为其坎坷人生埋下伏笔。

雍正帝对该奏折重视程度主要体现于朱批旨意。他首先从务虚层面开导：

---

① 查紫云县境内长官安抚级土司本无陆姓。此碑文所讲"夷人陆土司"应为低级土官土目而时人溢美之。
② 贵州巡抚全称"巡抚贵州等处地方提督军务监理粮饷，加节制通省兵马衔"。顺治十五年（1658年），清朝廷始向贵州派驻首任巡抚大臣赵廷臣，标志此时贵州完整纳入清朝版图。后续的贵州巡抚职衔时有变动。顺治十八年（1661年）停提督军务；乾隆十二年（1746年）复提督军务。乾隆十三年（1747年），加时任巡抚爱必达节制通省兵马衔，乾隆十八年（1753年）成为定例延续至清帝逊位于北洋民国。
③ 赵尔巽，等.清史稿：第四十七册：卷五百五十五[M].北京：中华书局，1986：14272.
④ 赵尔巽，等.清史稿：第三册：卷九[M].北京：中华书局，1986：314.
⑤ 赵尔巽，等.清史稿：第三册：卷九[M].北京：中华书局，1986：312.
⑥ 清实录·世宗实录：卷四六[M].北京：中华书局，1985：697.

"不可惟务虚名而废实事，不可但求洁己而不奉公，不可以因循为安静，不可以生事为振作，毋偏柔善以盗宽仁之誉，毋事姑息以邀属员之感，毋徇友朋之情而欺主，毋受权要之托而诳君。"① 其次从务实层面支持招抚："苗夷虽蠢而无知，然亦人也，若地方有司实意矜恤，令其知感，营伍严肃，令其知畏，朕可保其永远无事。"② 但雍正帝对同一奏折又有增补朱批，要求何世璂处理盘江流域原住民维权抗争，悉听鄂尔泰指挥："鄂尔泰非寻常督抚可比，其才既优心复公诚，封疆大臣中实难多得者。类斯等事当听其指挥而行，不可另立主见，掣肘以失机宜。"③ 雍正四年（1726年）十一月同样朱批何世璂奏疏："诸凡惟效法鄂尔泰可也。"④ "效法"什么呢？鄂尔泰出任云贵总督游贵阳甲秀楼赋诗有所流露："竹王城外雨丝丝，十万人家饭熟时。借问何年收济火，斜阳满树武侯祠。"⑤ 君臣初心本意念兹在兹。

雍正帝两道朱批均将何世璂与后来西南"改土归流"的首要人物鄂尔泰关联起来，彰显出他在对盘江流域民众维权抗争剿抚不定的同时，始终知道哪个是手段哪个是目的。何世璂秉持"招抚"之策，在他眼里则有把手段当成目的之忧。何世璂的认知是基于其经历背景养成的秉性。他考中进士回乡省亲时曾有"四不"之誓："一不欺天地，二不欺鬼神，三不欺君亲，四不欺同僚朋友。"何世璂显然将盘江流域的土司土民放在不欺之列，因而才力主"招抚"。"招抚"的核心是怀柔，既不是任其所为，也不是"一刀切"式的武力威胁改流，而是分区域分对象区别对待，逐渐纳入一体化政治流官体制。他在雍正五年（1727年）三月也曾上奏："安顺府镇宁州属康佐土官薛世乾以罪革职，伊子幼稚无知不能承袭，请将康佐司地方改归镇宁州管辖。"⑥ 这一含有"招抚"属性的谏言，得到雍正帝朱批允准。

但"招抚"之策毕竟更合民意。清朝道光年《贵阳府志》载，贵定县人丁允煜⑦曾上书何世璂赞同"招抚"：

---

① 清实录·世宗实录：卷四三 [M]. 北京：中华书局，1985：629.
② 清实录·世宗实录：卷四三 [M]. 北京：中华书局，1985：629.
③ 张姗. 天下一统为一家：鄂尔泰的西南治理 [M]. 北京：中国社会科学出版社，2020：71.
④ 张姗. 天下一统为一家：鄂尔泰的西南治理 [M]. 北京：中国社会科学出版社，2020：72.
⑤ 侯绍庄，史继忠，翁家烈. 贵州古代民族关系史 [M]. 贵阳：贵州民族出版社，1991：50.
⑥ 清实录·世宗实录：卷五四 [M]. 北京：中华书局，1985：822.
⑦ 据道光贵阳府志记载：丁允煜，贵定人，性鲁朴，不能记词。幼受学读私塾、毛诗，十余年不能卒业。已而学禅于释月恒，久之不见其实际，乃去。而师事丰城熊玉洲，玉洲授之以久，敬之要恍然有所得，遂守之以终身。既又教授于平伐，与弟子庭绍瑚、向霖远互相切磋，益进。居父母丧，枕块泣血未尝见齿。四方硕儒称之。久之，补县学生。

今夫夷者，亦人之类也。天以阴阳五行之气为生，同一气也；天以健顺五常之理为赋，同一理也。故外者形体耳目之不异，在内者仁义礼智之无殊，而名则有彝汉之分者，以其所生之地有不同，而习俗异之，非生而即异也。凡物之异，不可以强使之同者，以生而即异焉耳。苟生而不异，为习所拘，则习可使异，独不可使同乎？黔之苗不能为汉习，为强悍，岂黔之苗生而有异形、异性，如异物焉，不可转移之使为人乎？以其生于边方，从古未入版图，但能使其奉正朔，入朝贡，任地为治而已。……然其强悍难制，非称王作叛，掳州掠县，劫库杀官，纠千彩万之盛大也。迹其行，不过盗窃乡村，捆绑孤客，谋杀仇家种种恶习，虽属王法之所难容，要非无道以处之。究其心，苟非迫于饥寒，未免即失于教化。何乃今之言治者，由官以及士民、客商，无不以剿为宜，且无不以尽剿为快。亦因受其害之深、痛之切而然耳。盖官苦其盗案，非剿不足以利其升迁；民苦其窃盗，非剿不足以安其寝食；商苦其绑劫，非剿不足以便其往来。此剿之一字，众口同辞，无有一人能思其非者。且武臣更以为非剿不足以尽彼职，兵亦以为非剿不足以录其能，而喜功好杀之私愈有难问者矣！抑思剿者，杀也。天地生物以见用于天下，生人以爱惜天下之物，物且用爱，况于人乎？杀一人且有不可，况尽杀乎？朝廷设官分职以治民，岂设官分职以杀民乎？……然不剿之，一任其掳掠劫杀而不之罪，是又所仁在苗、所忍在汉；倒行逆施，则苗之害汉，非苗之为害，官害之矣。且堂堂盛世，威令已极于八荒之地，区区黔省数苗，乃异其服色，殊其言语，悍其性情，非独生民之害不可容，而且为国典之所深耻也。夫一方之不服王化，即一体之有所麻木不仁，一体之有所麻木不仁，非体之过，盖真气不能流通之过也。治之者必有导气之方，以引其流行。此方不效，易以别方；此药不灵，易以别药；此医不善，易以别医。多方引诱，多金购药，多访名医，未有不治之疾。不闻其以难医而引刀去其赘瘤者也。①

丁氏此书首先从文化多样性的角度，彰显边方之民社会生活文化实践异于中原之处的合理性，并强调其"异"主要由生态环境征讨方式造成，只有类型之差没有高低之别，不应成为王朝用"版图大一统"名义"尽剿之"的理由。他建议王朝统治者认清文化多样性及其正面功能，尊重边方之民社会生活文化实践以示求治理。盘江流域生民百姓之"叛"仅仅是应对生计艰困的"盗窃"，

---

① 周作楫，朱德璲. 贵阳府志 [M]. 贵阳市地方志编纂委员会办公室，校注. 贵阳：贵州人民出版社，2005：1372-1374.

而非抢夺政权夺取江山。这与何世璂的"招抚"之议一脉相通。但笔者仍认为两人的招抚策议是基于"汉族中心论",即用"和风细雨"方式达到"同化""改造"边民的目的,以此实现边区善治。这是"头痛医头脚痛医脚",远未上升到制度层面,因而不能确保边疆边区治理秩序持久性。

遗憾的是,丁允煜"书上世璂奇之,已而世璂已去职"①。雍正帝支持何世璂"招抚"之策有其功利目的,经过较长时间未见成效就开始急躁:"高其倬到京亦面奏应行征剿,以靖地方。"②雍正四年(1726年)"诏谘鄂尔泰"③,鄂尔泰上疏:"云、贵大患无如苗、蛮。欲安民必制夷,欲制夷必改土归流。……贵州土司向无钳束群苗之责,苗患甚于土司。"④疏言如此肯定,导致雍正帝立场根本改变并怪罪:"何世璂从前料事不明,性又懦弱,未必能审究此案。着将各犯交与鄂尔泰审讯,穷究详悉,分别定拟安插抚恤,使地方永远宁谧不受恶苗之扰。"⑤

何世璂的仕途命运因此逆转,《清实录》《清史稿》很少再见其名及有关记录。他在贵州巡抚任上的"招抚"之策戛然而止,盘江流域乃至整个贵州进入"改土归流"阶段且闹得轰轰烈烈。

雍正帝信任鄂尔泰,一方面是后者确有风骨:"雍正帝登基之前曾让鄂尔泰替其办事,而鄂尔泰以'皇子不可结交外臣'为由拒绝。这不但没惹怒雍正帝,反而得到了他的另眼相看。"⑥另一方面,鄂尔泰主张"改土归流"旗帜鲜明,替雍正帝说出心声,且能避免世人诟病"未遵祖制"。乃父康熙帝对盘江流域土司土民取信态度,这是维持西南边疆地区秩序的重要法宝,且是清朝治理西南边疆的重要理念。但雍正帝未能善加继承,而开大规模"改土归流"之门。"鄂尔泰既是雍正时期改土归流的提议者,也是其执行者,并且前后持续时间长达近六年。"⑦

---

① 周作楫,朱德璲. 贵阳府志 [M]. 贵阳市地方志编纂委员会办公室,校注. 贵阳:贵州人民出版社,2005:1374.
② 清实录·世宗实录:卷四六 [M]. 北京:中华书局,1985:697.
③ 赵尔巽,等. 清史稿:第三十四册:卷二百八十八 [M]. 北京:中华书局,1986:10230.
④ 赵尔巽,等. 清史稿:第三十四册:卷二百八十八 [M]. 北京:中华书局,1986:10230-10231.
⑤ 清实录·世宗实录:卷四六 [M]. 北京:中华书局,1985:697.
⑥ 张姗. 天下一统为一家:鄂尔泰的西南治理 [M]. 北京:中国社会科学出版社,2020:61.
⑦ 张姗. 天下一统为一家:鄂尔泰的西南治理 [M]. 北京:中国社会科学出版社,2020:3.

三、改土归流

传统史学研究"改土归流",多从宏观角度借助文献史料追溯其原因、目的、过程和作用[①];或者基于某一土司个案,论述"改土归流"在地方的特征、过程和社会影响。[②] 近年历史人类学介入,开始从本地人视角出发,将文献与民间叙事结合,试图做全方位把握,凸显底层土民在"改土归流"中的影响和作用。[③]

这次研究范式转换,不单是拓展了研究资料搜集范围和方式,更表征出学界对"改土归流"观念认知的转向。一些长期被边缘化、被忽视或遗忘的人群和事实,得到重新认知。这是世界后现代认知观念转型深化的结果。

其实相对于科举制官僚体系,土司土官曾是"长期被边缘化、被忽视或遗忘的人群"。从边缘看中心的后现代视角,有利于揭示土司及土司制度在历代王朝治理框架中对于边疆安全稳定的正面意义。但土司所辖土民,更是边缘的边缘,更需要重新认知展现,因为他们在边疆边区也是不可忽视的主体能动人群。

---

① 张捷夫.论改土归流的进步作用[M]//中国社会科学院历史研究所清史研究室.清史论丛:第二辑.北京:中华书局,1980;李世愉.试论清雍正朝改土归流的原因和目的[J].北京大学学报(哲学社会科学版),1984(3);王钟翰.雍正西南改土归流始末[M]//王钟翰.清史新考.沈阳:辽宁大学出版社,1990;王缨.鄂尔泰与西南地区的改土归流[J].清史研究,1995(2);侯绍庄,史继忠,翁家烈.贵州古代民族关系史[M].贵阳:贵州民族出版社,1991;方铁.西南通史[M].郑州:中州古籍出版社,2003;马国君.雍正朝"改土归流"的动因新议[J].吉首大学学报(社会科学版),2007(2);方铁.清雍正朝改土归流的原因、策略与效用[J].河北学刊,2012(3);常建华.清雍正朝改土归流起因新说[J].中国史研究,2015(1).

② 侯绍庄.清代贵州"改土归流"试探[J].贵州民族研究,1980(1);张永国.略论贵州"改土归流"的特点[J].贵州文史丛刊,1981(3);胡积德.清代盘江流域布依族地区改土归流与领主经济向地主经济的转化[J].贵州民族研究,1982(3);余宏模.试论清代雍正时期贵州的改土归流[J].贵州民族研究,1997(2);余宏模.清代雍正时期对贵州苗疆的开辟[J].贵州民族研究,1997(3);李汉林.文化变迁的个例分析:清代"改土归流"对黔中苗族文化的影响[J].民族研究,2001(3);蓝韶昱.政治文化涵化:改土归流新论:以广西龙州县域土司社会为例[J].广西社会科学,2012(1);范同寿.基于社会学视野下的明清西南改土归流[J].贵州民族研究,2015(3).

③ 温春来.行政成本、汉夷风俗与改土归流:明代贵州贵阳府与新贵县设置始末[J].中山大学学报(社会科学版),2004(5);温春来,黄国信.改土归流与地方社会权力结构的演变:以贵州西北地区为例[J].台湾"中央研究院"历史语言研究所集刊(第七十六本,第二分),2005;岳小国.从历史事件的民间叙事看改土归流:以鄂西唐崖土司为例[J].西南民族大学学报(人文社会科学版),2015(4).

<<< 第六章 博弈求秩序：流官治理下的共生三角

（一）何种改土？

元朝确立土司制度，旨在网罗边疆地方精英实行间接统治，利用其身份声望关系和知识降低治理成本。"既有土著民族的首领，也有'变服从俗'的前代'流官'及其后裔，还有原先经制州的一部分'流官'。"① 具体到贵州，"一般认为，元至元十二年（1275 年）置播州和思州两安抚司，分别封杨邦宪、田景贤为安抚使；以及至元二十年（1283 年），置'亦奚不薛'总管府，命阿里为总管；以此三大土司的确立，作为贵州地方推行土司制度的开始"②。近年统计今贵州境内曾"建宣慰司、宣抚司、安抚司及长官司或蛮夷长官司等大小土司300 余处"③。明朝一面在关键地段设置卫所，一面沿袭前朝土司制度，号称"土流并置"，但有变更如下。

一是"改装"元朝土司制度。元明易代故元土司内附。明朝仍承认其辖地，延续其对原有辖地治理之权并授予相应的长官职衔。洪武四年（1371 年）位处盘江流域中下游惠水县"八番"土司十余处集体内附。典型者如金筑安抚司元称金竹府，领金竹等数百寨。至元三十年（1293 年）升金竹府为金竹安抚司。洪武四年（1371 年），"故元金竹安抚司密定来朝贡马，诏赐文绮三疋，置金竹长官司……隶四川行省，以密定为长官"④。密定通过纳贡输诚，换取明朝保留其土司辖地，但由金竹安抚司改为长官司。十年后的洪武十四年（1381 年），密定因贡马 500 匹且参与"征讨"西南诸部有功再获嘉奖："升金竹长官司为安抚司，仍以密定为安抚使，子世袭。"⑤ 金筑土司等级地位的"U"形变迁，实质乃是明朝用增加考核干预对故元土司制度的"改装"操作，旨在不断提醒土司勿忘忠诚。

盘江流域中下游普安安抚司有相似经历："明永乐元年（1403 年）改普安土州为普安安抚司，十三年（1415 年）又改为土州。'领罗罗夷民十二部，号十二营（鲁土〈今属兴仁市〉、簸箕、归顺、毛政、普陌、狗场〈今属盘州市〉、马乃、兔场、楼下〈今属普安县〉、黄平、布雄、捧鲊〈今属兴义市〉），谓部长曰营长。'"⑥

二是对征战有功者授土司职。明初"调北征南"及后来的多次"讨平叛

---

① 黄才贵. 独特的社会经纬：贵州制度文化 [M]. 贵阳：贵州教育出版社，2000：58.
② 黄才贵. 独特的社会经纬：贵州制度文化 [M]. 贵阳：贵州教育出版社，2000：57.
③ 黄才贵. 独特的社会经纬：贵州制度文化 [M]. 贵阳：贵州教育出版社，2000：57.
④ 龚荫. 中国土司制度史 [M]. 成都：四川人民出版社，2012：623.
⑤ 龚荫. 中国土司制度史 [M]. 成都：四川人民出版社，2012：624.
⑥ 黄才贵. 独特的社会经纬：贵州制度文化 [M]. 贵阳：贵州教育出版社，2000：48.

逆",若土人或随征军士"立下战功",即得授土司,管辖一定地面。如水东长官司首任长官向四,原为土人,"洪武四年征南有功授土官,永乐元年开设水东司,二年授本司长官"①。水东副长官司首任副长官胡文英原为土人充把事,"节次调征有功授副长官"②。白纳副长官司首任副长官赵仲祖,"明初从傅友德征荆襄有功,已从入贵州,因授白纳副长官"③。笔者统计龚荫《中国土司制度史》记载,得知明初"因功"获封土司近20例。

三是在少数民族村寨直接设立长官司。安隆砦是盘江流域布依族聚居地,明朝永乐元年(1403年)置安隆长官司隶泗城州。

总体而言,贵州境内土司结构明初变化显著。"变原来大小300余土司为贵州宣慰司、思州宣慰司、思南宣慰司和播州宣慰司等四大土司,又集中设立9个安抚司及94个长官司,并将仅有的5州3县仍归入当地土司管辖。"④

清顺治十五年(1658年),新朝完全控制南方政局。原属明朝的土司土民等纷纷归附。顺治帝敕谕:"朕以南服未定,特命王等率大军进讨,湖南、四川、贵州、云南等处地方所有土司等官及所统军民人等,皆朕远缴臣庶。"⑤及至清末,贵州境内仍存长官司53处,但"并将其置于府、州、县的管辖下,或增设副司分权,或收为土舍、土弁听流官调遣"⑥。这正是"改土归流"的真谛。

明永乐建省至清末,贵州境内的"改土归流"经历如下阶段。

第一阶段:永乐十一年(1413年)至清朝康熙年间,贵州四大土司及金筑安抚司"改流",王朝行政制度推行至此并有拓展,部分土司辖地入府、州、县官府。

第二阶段:清雍正年间"改土归流",主要针对长官司级中小土司,旨在建立简易清晰的行政制度,以便土地丈量人口清册,鼓励开垦荒地推行稻作农业,拓展田赋。中原汉人随之大量迁入,影响当地社会民族结构开始同化进程。

第三阶段:嘉庆至清末,继续对低层土官、土目、亭目、土千总、土把总等深化"改流",流官政府陆续收缴其"代收赋税助力沟通"权力。这个层面的"改土归流"是清朝演化挤压土司空间,实施直接治理以对接现代体制。

---

① 龚荫. 中国土司制度史 [M]. 成都:四川人民出版社,2009:613.
② 龚荫. 中国土司制度史 [M]. 成都:四川人民出版社,2009:613.
③ 龚荫. 中国土司制度史 [M]. 成都:四川人民出版社,2009:617.
④ 黄才贵. 独特的社会经纬:贵州制度文化 [M]. 贵阳:贵州教育出版社,2000:104.
⑤ 清实录·世祖实录:卷一二三 [M]. 北京:中华书局,1985:948.
⑥ 黄才贵. 独特的社会经纬:贵州制度文化 [M]. 贵阳:贵州教育出版社,2000:58.

综上以观,"改土归流"改的正是中央王朝在边疆民族地区的治理秩序所蕴含的地方性知识和文化基础,将土司"治权"收归"国有"。从这个角度看,"改土归流"就有两层含义:一层是王朝从边疆土司手里征收"治权",另一层是用科层流官制度来治理基于地缘血缘的地方社会。具体到贵州盘江流域,就是区隔削弱当地不同人群间的横向关联,建立和强化"边疆地方/中原国家"的纵向关联,实现中央集权。"昔以土司世世相袭,而今流官矣;昔以土司雄长一方,而今丞簿矣。"这就是初心写照。

由此可见,"改土归流"中的土司利益受损最大,他们对清朝的态度随之生变。但慑于王朝武力,土司不敢轻易冲突,就会借助放纵土民维权抗争表达不满。这包括为地方民众维权性抗争提供帮助,或相互用拟血缘和姻缘等方式达成契约彰显"土司—土民共同体"的社会功能。武力镇压更使原对立双方合而为一。

"改土归流"之后,贵州境内多个地方几乎同步出现旷日持久的土民维权抗争,例如雍乾苗民起义,自雍正十三年(1735年)到乾隆十一年(1746年)持续11年。[1] 盘江流域较小规模的维权抗争则有:

雍正四年(1726年),广顺州长寨苗阿革、阿纪率众反清安设营汛。[2]
乾隆三年(1738年)三月,顽苗阿沙等作乱。[3]
乾隆三年(1738年),贵阳府属之定番州所属谷卢寨动乱。[4]
…………

笔者分析清朝应对土民维权抗争的方式,隐隐感觉"改土归流"是其原因。美国历史学者约翰·E. 赫门论述:强制改土归流"破坏了清朝试图通过和平的政治手段来整合西南非汉人民的最好选择,而且是唯一可选择的方式"[5]。

(二)流官局限

雍正四年(1726年),贵州境内土司开始"改流"。首选盘江流域的广顺州

---

[1] 中国第一历史档案馆,中国人民大学清史研究所,贵州省档案馆. 清代前期苗民起义档案史料汇编[M]. 北京:光明日报出版社,1987.
[2] 杨昌儒,孙兆霞,金燕. 贵州民族关系的构建[M]. 贵阳:贵州人民出版社,2010:146.
[3] 鄂尔泰,靖道谟,杜诠. 贵州通志[M]. 贵阳:贵州人民出版社,2019:135.
[4] 杨昌儒,孙兆霞,金燕. 贵州民族关系的构建[M]. 贵阳:贵州人民出版社,2010:146.
[5] 约翰·E. 赫门. 帝国深入西南:清初对土司制度的改革[M]//陆韧. 现代西方学术视野中的中国西南边疆史. 昆明:云南大学出版社,2007:180.

长寨。经贵州总督高其倬、鄂尔泰两度"平定"苗民起义,"遂定兵制设长寨营汛,移贵阳府同知分驻其地以资防御焉"①。雍正五年(1727年),此地增驻游击,编户口定赋额。贵州"改土归流"在此成功启动。

后人统计雍正年间"改土归流"在西南五省新设流官152处。其中贵州新设31处,占比20.39%②;盘江流域新设7处,占贵州新设22.58%,新格局大致抵定。

表6-1 雍正年间盘江流域流官设置一览表③

州县及官职名	原名称	今属地名	建置时间	隶属
长寨同知	长寨厅	长顺县	雍正四年(1726年)	贵阳府
威远通判	康佐正司	/	雍正五年(1727年)	安顺府
永丰州	江北地	贞丰县	雍正五年(1727年)	南笼府
册亨州同	/	册亨县	雍正五年(1727年)	兴义府
罗斛州判	/	/	雍正五年(1727年)	/
郎岱同知	/	六枝特区	雍正九年(1731年)	安顺府
归化通判	/	紫云县	雍正十年(1732年)	安顺府

字面意义上,流官是科举制官员由王朝派出,皆有任期且可流动,但实际操作中的流官来源属性更为复杂。首先,他要经过科举选拔进入王朝官僚体制才能成为流官。其次,他在理论上没有宗法血缘体系保障且没有辖地民众认可度基础,因而全靠个人能力或精于盘算,可谓如履薄冰步步惊心。再次,他的权力根源在上,全靠执行王朝制度法令并接受业绩考核换取,定时定量领取俸禄,实质上也是"高级民工"。最后,流官始终要面对革职或升迁的仕途曲折。他担任的任何职务都是其仕途"顶点",而非"中心"。他始终须沿着宝塔状楼梯盘旋攀爬,整个仕途没有一处可确保安身,每一次停留都可能是搁置,从顶点跌回起点。这些都貌似于中央集权有利,但于长治久安可持续就多有局限。

第一,流官出于自身前途考虑,可对辖区情况有选择地"报喜不报忧"或"隐而不报"。流官代表王朝国家来治理当地且有任期,任期内糟事太多于仕途有碍。"历来上宪下车之始,未有不以求治为心。无如官则朝更夕改,职则百务兼营。朝更夕改者,虽有良谋,施为不及;百务兼营者,虽有肫诚,分身乏术。

---

① 金台,但明伦. 广顺州志 [M]. 北京:方志出版社,2017:168.
② 李世愉. 清代土司制度论考 [M]. 北京:中国社会科学出版社,1998:72.
③ 王钟翰. 王钟翰清史论集:第二册 [M]. 北京:中华书局,2004:1389-1392.

>>> 第六章 博弈求秩序：流官治理下的共生三角

甚至有惧盗案而讳贼不报，图升迁而草草结局之弊端。"①

第二，流官缺少民众认可接纳的权威基础。流官的权威来自王朝，他接受王命来异地施治，当其指令与当地民众社会生活文化惯习抵牾时，民众多遵从惯习而表现为抗命。盘江流域上游的黔西北彝区"改土归流"后，民众仍认可原有的土著首领并接受其治理。流官面对征徭与缉盗等工作，只有委托幸存的低级土目，才能完成任务。②清代史学家赵翼有论："贵州之水西倮人更甚，本朝初年已改流矣，而其四十八支子孙为头目如故。凡有征徭，必使头目签派，辄顷刻集事。流官号令，不如头目之传呼也。……余在贵西，常讯安氏头目争田事。左证皆其所属倮人，群奉头目所约，虽加以三木，无改语。至刑讯头目已吐实，诸倮犹目相视不敢言，转令头目谕之，乃定狱。"③

第三，流官与辖区民众交流沟通缺少语言载体。流官由朝廷指派，囿于地域文化差异，多半存在文化隔膜特别是语言隔阂。世居土民平常少与外界社会汉人交流，多用苗族、彝族、布依族等民族语言或汉语方言。流官初到难以克服语言障碍，不能有效传达王朝旨意听取当地人意愿诉求，势必影响治理。

总之，"改土归流"延伸了中央王朝直接治理权力半径，能更好地彰显朝廷权威，但也会抬高治理成本，这些成本迟早将以田土人头等税赋形式转嫁给地方民众。这种情况早在西汉武帝时期在盘江流域建立郡县制度时就已出现，前辈学者侯绍庄、史继忠、翁家烈的《贵州古代民族关系史》有精准论述：

> 《史记·平准书》及《汉书·食货志》记载，早在武帝时期，对新置的郡县，除收取土著王侯的贡纳外，"且以其故俗治，无赋税"。因而西南各郡县官吏和军队的一切开支，完全仰给于"南阳、汉中以往郡，各以地比给初郡吏卒奉食币物，传车马被具"。这就是说，对这些初置的郡县，不向人民征收赋税，当地官吏军士的供给，要靠南阳、汉中及其以远各地，按道路远近依不同比例，将新郡所需的粮食、钱币、车马、被服、用具等一一运送前来。而当时"西南夷"奴隶主又不断叛乱，汉政府大量驻兵各地，加上修路，往往"作者万人"。这些封建官吏、士兵的粮食、薪俸及其他用费，数量耗费之大可想而知。……结果"千里负担馈粮，率十余钟致

---

① 周作楫，朱德璲. 贵阳府志：下册［M］. 贵阳市地方志编纂委员会，贵阳：贵州人民出版社，2005：1372.
② 温春来. 从"异域"到"旧疆"：宋至清贵州西北部地区的制度、开发与认同［M］. 北京：生活·读书·新知三联书店，2008：188.
③ 赵翼. 檐曝杂记［M］. 李解民，点校. 北京：中华书局，1982：68.

一石，悉巴蜀租赋不足以更之"，给王朝带来沉重的经济负担。①

"改土归流"后在盘江流域流官治理也有同样挑战。派驻盘江流域的流官，是清王朝治理体系中不可或缺的重要一环。但外地流官对盘江流域的人文生境多半缺乏了解，更与当地民众的社会生活和文化实践存在隔阂难以融入。另外，散布在盘江流域河流、峰林（洼地、谷地、溶原、盆地、台地）、峰丛（洼地、谷地、峡谷）、岩溶系统（洞穴、地下河）等地貌景观里的散点状聚居区，封闭性强，寨多人少，其发生学原理和裂变规则皆是当地民众与这种地形地貌长期博弈适应形成。这种自然生境特质及人文生境，能让当地人如鱼得水，也能使外来流官百般不适。流官背景与施治之地自然和人文生境反差越大，其施治局限性也就越大。

（三）土官优势

土司制里的土官是与流官相对的土司下属，包括土司继承人世子/弟。世子/弟在父兄弟去世后袭其职位。明清世子/弟袭土司位进京朝见获取授权，实质接受朝廷礼法考核，主旨是遵循宗法血缘"父死子继"或"兄终弟及"成规及忠诚不二治理有道等原则。土司自食其业而无俸禄，依礼按时入朝述职进贡可得赏赐，响应临时征召建立军功，可加升职衔等级，但不会增益属民辖地。明万历四十年（1612年），金筑安抚司安抚使金大章"献土归流"，获朝廷"授大章土知州，予四品服色"；但同时规定其"不许管事"，仅保有"一里之地"的供养之资。土官的一切权力地位职能角色皆依于土司且同样具有先赋属性。相比于流官，其在边疆治理中具有两大优势。

第一，土官对当地社会生活和文化传统有共情式的理解和认知。乾隆三年（1738年）三月，"顽苗阿沙等作乱"②，总督张广泗率官军征剿多日仍无效果。直到三月二十五日，"定广协外委吴洪业、白纳司土官周钊、方番司土官方铣等用计诱擒阿沙，其党遂擒。次日，官兵捣毁老排所居下新寨及阿沙所居石头寨，并附逆之冗心、花寨、江西寨、石板寨，以此焚毁"③。

定广协外委、白纳司、方番司"用计诱擒"，是官军平定此乱逆转局势的关键。史料中没有详细记录土司们所用何"计"。但可对老排、阿沙等人的心理状况、思维习惯有共情式理解，能准确判别其行事方式。清朝流官囿于自身文化

---

① 侯绍庄，史继忠，翁家烈. 贵州古代民族关系史［M］. 贵阳：贵州民族出版社，1991：75-76.
② 鄂尔泰，靖道谟，杜诠. 贵州通志［M］. 乾隆六年刻，嘉庆修补本（二）：494.
③ 鄂尔泰，靖道谟，杜诠. 贵州通志［M］. 乾隆六年刻，嘉庆修补本（二）：495.

逻辑判断当地敌手难免致误，长期"征缴无效"。

第二，土官长期居于地方，熟悉自然环境人文生态。清顺治十六年（1659年），安远大将军、信郡王多尼，征西大将军、平西王吴三桂，征南将军固山额真赵布泰分兵进取云南。赵布泰所部在盘江流域的罗颜渡口遭遇地方势力扼守险要隘口，无法渡江，最终靠投诚土司岑继鲁献策才得解围。"赵布泰兵至盘江之罗颜渡口，贼扼险沉船，我军不得渡。投诚土官岑继鲁献策，从下流十里取所沉船，乘夜潜师而济，贼仓惶逃溃。"① 岑继鲁长期治理当地，尽知盘江地理水流特性，知道沉船会顺流而下不会待在原地，所以能悉数捞取乘夜色而济，出其不意。赵布泰及所部外地官兵因无此知识，面对"贼扼险沉船"的意外情况就束手无策。

历史证明，流官制度面对盘江流域，整个贵州乃至大西南山区复杂多样的自然生境和地方民族社会文化，必须得到土司土官的真心配合，才能实现有效治理。土司制度貌似复杂其实简单，其复杂性源于地方民族广博多样，挑战因而在中央王朝法度和官僚的知识素质。落实到操作层面，所需者只是谦卑尊重信任理解。

相比之下，流官制度却是表面简单其实复杂。简单在朝廷按规则和需求选聘人才，只要求忠诚干练即德才兼备。复杂的是边疆民族地区施政环境千差万别，导致方枘圆凿互不相入。清赵翼《檐曝杂记》论述："贵西之水西，本朝初年已改流矣！而四十八支子孙为头目如故，凡有征徭必使头目签派，顷刻集事；流官号令，不如头目之传呼也。"② 如此，彰显出流官在西南边疆地区治理效率堪忧。盘江流域自然生境和生民百姓社会生活对流官制度的挑战大小，直接决定了流官施政局限的大小，并间接形塑了土官在边疆的治理优势。土官优势的大小，与流官面临"挑战的大小"、流官施治"局限的大小"呈正比例关系。

（三）保留土官

为用土官之长补流官之短，清朝"改土归流"初期，多方采用灵活措施。

首先是暂留土目在亭协理公事维持秩序。"亭"全称官亭，"意官修之亭，公家之亭或官宿之处"③，主要用于官员公务，如调解民间争讼收取粮赋等。土司制度在盘江流域布依族村寨建立后，为便于低层土目到土民村寨收取田土粮赋，在每个村寨中皆建有一个"亭"，并将较低层级的土官称为亭目。

---

① 清实录·世祖实录：卷一二三［M］. 北京：中华书局，1985：950.
② 赵翼. 檐曝杂记［M］. 李解民，点校. 北京：中华书局，1982：55.
③ 蔡宛平. 官亭名称与职能初探［J］. 山西档案，2018（3）：170-172.

盘江下游望谟县桑郎镇老人回忆："改土归流后，因夷苗不通汉语，暂留土目在亭协办公事而已。"① 毗邻的罗甸县亦然。"清雍正四年（1726年），罗斛厅（今罗甸县）改由流官统治。由于平亭村一带的布依族不通汉语，仍保留土目协助办理公务。"② 永丰州、罗斛州判、册亨州同都是清朝"改土归流"在盘江流域新设的流官机构，也都曾暂留相当多亭目协办公事，从而基本维持原有的封建领主制。史继忠所言极是："土司虽废，但其基层的'亭目'依然保存，计有永丰州八甲六十八亭，罗斛州判八甲半、六十一亭，册亨州同四甲半、二十四亭，大抵属于封建领主制。"③

其次是保留较低层级土官。龚荫《中国土司制度史》记载改土归流后，盘江流域保留低层级土官64处。

表6-2 "改土归流"后盘江流域保留的较低层级
土官区域分布（单位：个）④

市（州）区域	县（市、区）	保留数量	市（州）区域	县（市、区）	保留数量
毕节市	大方县	6	黔南州	龙里县	4
	纳雍县	1		贵定县	5
六盘水市	水城区	1		惠水县	19
	六枝特区	2		长顺县	3
	盘州市	5	黔西南州	普安县	1
安顺市	西秀区	1		兴仁市	1
	紫云县	1		兴义市	3
	关岭县	9		册亨县	1
贵阳市	花溪区	1			

表6-2显示惠水县保留的较低层级土官数量最多，达19个，占总数的29.69%；关岭县9个，占总数的14.06%；大方县6个，占总数的9.38%。在今贵州省地图上将三县作为三点连成的等边三角形空间，就是保留低层级土官主

---

① 莫健．桑郎土司制度调查［M］//中国人民政治协商会议贵州省贵阳市委员会文史资料研究委员会．贵州文史资料选辑：第十三辑．1983：166.
② 贵州省编辑组，《中国少数民族社会历史调查资料丛刊》修订编辑委员会．布依族社会历史调查［M］．北京：民族出版社，2009：18.
③ 史继忠．明清时期贵州地主所有制的发展［J］．贵州文史丛刊，1998（5）：5-10.
④ 龚荫．中国土司制度史［M］．成都：四川人民出版社，2012.

要区域。惠水县是苗族聚居区，且是元朝"八番"土司集中区；关岭县是布依族聚居区；大方县是彝族聚居区。如此看来，"改土归流"后盘江流域较多保留较低层级土官的区域是少数民族聚居区。该区域既非卫所屯堡驻地，也远离王朝驿道，大可不必付出过高行政成本，也算是清朝"改土归流"时不可多得的明智抉择。

最后是新设低层级土官。笔者依据龚荫《中国土司制度史》记载内容统计，"改土归流"后的盘江流域新设较低层级土官83处。

表 6-3　"改土归流"后盘江流域新设较低层级土官区域分布（单位：个）①

市（州）区域	县（市、区）	保留数量	市（州）区域	县（市、区）	保留数量
毕节市	大方县	13	毕节市	黔西县	7
	纳雍县	1		七星关区	22
	威宁县	8	六盘水市	水城区	5
	织金县	1	黔南州	罗甸县	21
	金沙县	4	贵阳市	/	1

表6-3显示七星关区新设低层级土官数量最多，达22个，占总数的26.51%；罗甸县21个，占总数的25.30%；大方县13个，占总数的15.66%。这三县新设土官总数56个，占总数的67.47%。有意思的是七星关区和大方县隶属黔西北毕节市，位处盘江流域上游，是彝族聚居区；罗甸县隶属黔南州，位处盘江流域中下游的黔南，是布依族聚居区。由此知"改土归流"后盘江流域新设低层级土官主要在彝族和布依族聚居区。

"改土归流"后，低层级土官角色异于先前：①替王朝国家向原住民收取田土税赋；②作为流官政府中的属员，在流官与原住民之间扮演翻译联络角色。

这种实用功利权宜之计也有意外后果：它在当地人眼里保留了土司的"影子群体"和心态根基。杨庭硕先生有言："'改土归流'后，小土司虽未罢废，但是只能按当时法规施政，不得自定规章。当地苗族的身份不再是土司部属，而是清王朝臣民，土司施政仅是代管性质。"② 这些低层级土官固然不再有朝廷规章赋予的自治权力，封建特权也被关进流官制度的"笼子"，但他们对待原住

---

① 龚荫. 中国土司制度史［M］. 成都：四川人民出版社，2012.
② 杨庭硕. 苗族生活方式的变迁：贵州杉坪的例子［M］//高丙中. 现代化与民族生活方式的变迁. 天津：天津人民出版社，1997：235.

民的心态仍是原状原生态，流官政府仍须借助土司制度协助其治理盘江流域边远山区。简言之就是土司制度去了躯壳却留下未散的"魂"，盘江流域生民百姓的日常生活仍须面对土官。

但按照身土不二的环境决定论，躯壳改变灵魂也会变形。流官治理体系下的盘江流域生民百姓与其土官代理人的博弈也有了新形式。

第二节 民告土官

雍正年"改土归流"把流官体制强加于盘江流域，仅在流域各亚区内保留或新设低层级土官作为保安协理。他们延续了固有的土司心态，更利用流官赋予的些微事权侵夺民众权益。底层山民则利用流官体制赋予的王朝臣民身份权利，向州县流官控告土官。流官则采取措施阻遏土官法外寻租，体现维护子民权益的朝廷旨意，具体讲就是出台"制度文件"规训土官行为，彰显朝廷的大传统文明优势。

一、新制度逻辑

"改土归流"前，盘江流域社会权力结构公式是"土民—土司—王朝军政监督"。公式里的土司当然泛指各地各级的"长官"及其属下土官甚至土兵。土民按传统向土司缴纳田土税赋概数，"定价权"当然由土司掌控；土司按程序袭职有王朝国家背书，甚至土司借纳贡之名的勒索，也能频繁取得朝廷的背锅背书。因为朝廷对土司辖区内情包括人口所知甚少，毕竟都是"田亩无顷科赋无则"。当时体制下的土民对王朝国家几乎没有直接关系，只能用土司中介维持间接治理。当时土民对苛政不满，会向土司发起抗争。土司亦可联合土民向朝廷做博弈抗争。

"改土归流"后，盘江流域社会结构公式简化为"民众—流官（及土官胥吏）—王朝国家"。此时的中介机构变为流官政府。流官"中间人"与土司角色有别：首先是王朝国家对流官有完整系统的监督约束机制，对盘江流域社会的人口、田土及税赋的数量品类都有明确规定。这些对流官施治都是限制，何况还有低层级土司。

新任的流官为保留低层土目设计的名称纷繁复杂，概有"土目""亭目""土千总""外委土千总""土把总""土舍"等。这些人多来自当地民族，甚或就是"改土归流"前的土司府正副长官，盘江流域民众因而视之为"土官"。

在清朝的制度设计里，土官如同本地"师爷"，既无法定权力更无合法辖地，仅能充当村寨保甲长角色。但既然有官府靠山，他们就难免延续土司心态，放大手中权力制造寻租机会，甚至胡作非为。那些有代征粮赋权力的土官更是如此。"改土归流"初期的流官施治最为艰难，土官寻租作恶也是最甚。

二、联名控告王由宣

元至正十年（1350年），原籍浙江绍兴府余姚县（今余姚市）杏花村的王初王旦两兄弟随岑福广征战。两兄弟及黄经帮北渡红水河占今贞丰、望谟、罗甸三县地，元朝"遂以王初分兵镇守桑郎地方，王旦镇守长坝地方"①。

桑郎今名桑郎镇，隶属盘江流域中下游望谟县布依族聚居区，距望谟县城68千米且毗邻罗甸县，是黔西南州境内数县通往广西百色必经之处。王初镇桑郎封镇远将军设游击府衙，传承十九代历560年，计粮庄29亭，私庄12亭。②

表6-4 桑郎历代王氏土目情况统计③

序号	姓名	职衔	授职时间	备注
1	王初	游击	元至正十年（1350年）	
2	王璠	游击	明洪武十四年（1381年）	
3	王贻德	游击	明洪武十五年（1382年）	
4	王经	都司	明洪武二十三年（1390年）	
5	王以仁	都司	明永乐元年（1403年）	
6	王受	守备	明成化四年（1468年）	
7	王雄	都司	明嘉靖十九年（1540年）	
8	王奎	守备	明隆庆二年（1568年）	
9	王疏	守备	明万历十四年（1586年）	
10	王朝甫	都司	清顺治十六年（1659年）	
11	王宁	都司	清康熙二十年（1681年）	

---

① 贵州民族学院民族研究所. 中国南方少数民族社会形态研究 [M]. 贵阳：贵州人民出版社，1987：273.

② 莫健. 桑郎土司制度调查 [M] //中国人民政治协商会议贵州省贵阳市委员会文史资料研究委员会. 贵州文史资料选辑：第十三辑. 1983：165-166.

③ 贵州省望谟县地方志编纂委员会. 望谟县志 [M]. 贵阳：贵州人民出版社，2001：996-998；贵州民族学院民族研究所. 中国南方少数民族社会形态研究 [M]. 贵阳：贵州人民出版社，1987：273-274.

续表

序号	姓名	职衔	授职时间	备注
12	王奠邦	都司	清康熙二十三年（1684年）	
13	王奇	/	/	绝嗣，由其弟之长子王玢承袭
14	王玢	/	/	
15	王正练	/	/	绝嗣，由其弟之长子王大会承袭
16	王大会	/	/	
17	王德荣	/	/	绝嗣，由其弟王德鉴承袭
18	王德鉴	/	/	传其幼子王由俊
19	王由俊	/	/	其位被兄王由宣夺回
20	王由宣	/	/	

除纵向传承之外，还有横向拓展。人口繁衍实力增强后，王初及后裔不断派出子弟分管各地。

王初土司统治桑郎地区以后，派他的第四个儿子王端分管渡邑、牙亭；王以仁时，派三子王高管昂武；王受时，派四子王珠管播东，五子管罗运，六子管幼里，七子管皈乐唐音；王奎时，派次子王国桂芬管上隆，四子王家桂管拜伦亭，五子王瑞管江亭；王疏时，派次子王朝涓管昂武，三字王朝伦管常境；王朝甫时，派二子王宁管罗暮，三子王顺管坪榜；王奠邦时，派弟王奠国管纳夜及十二个苗庄；王奇时，派弟王祥管古垃、周亭；王正练时，派弟王正纬管古垃打零；堂弟王正纯管坡旺。[1]

经15代经营至清末，王家辖地广大，形成以桑郎为中心，包括昂武、渡邑、上隆、床井、逢亭、拉初、坪榜、古垃、罗暮及10余个苗庄的自主治理圈。[2]

但表6-4信息显示，自王初第十二代即康熙二十三年（1684年）起，其后裔再无授予土司职衔。这与"改土归流"有关。"清雍正五年（1727年），于长

---

[1] 莫健.桑郎土司制度调查［M］//中国人民政治协商会议贵州省贵阳市委员会文史资料研究委员会.贵州文史资料选辑：第十三辑.1983：166.

[2] 黄才贵.独特的社会经纬：贵州制度文化［M］.贵阳：贵州教育出版社，2000：274.

坝设永丰州，实行改土归流。"① 此后清朝为便利流官施治，结合各地实际情况，有针对性地保留或新设部分低层级土官。史料记载桑郎王初后裔是保留土官之一，以"土千总"或"外委土千总"名之。"雍正七年（1729年），（永丰州）州治徙珉球（今贞丰县珉谷街道办），桑郎长坝等地仍归王氏土目统治。"②

理论上，此时的"统治"仅是代流官征收田土税赋，在官府与民众沟通充当翻译而已。况且清朝为分散王氏并挤压其辖地空间，早在雍正五年（1727年）就将王初族裔王盛辖地一分为五，授土千总或外委土千总：昂亭土千总管昂亭、泗亭、那副亭，计苗民134户；膏亭土千总管膏亭、周亭、磊亭、古宜亭、那登亭、罗苏亭，计苗民432户；长流土千总管长流亭，计苗民63户；罗敖外委土千总管罗敖地方，计苗民55户；何往外委土千总管何往亭，计苗民57户。③

但雍正五年（1727年）至光绪近160多年里，王氏确实仍在片区扮演"管理者"的角色。"至于粮庄（布依族村寨）的老百姓，除了按年上粮以外，则较少受王姓土司的苛扰。"④ 但王由宣继任后，其所作所为更像土司，从而坏了规矩。

> 清光绪宣统年间，最后一代土司王由宣重新设立各种维护土司统治的制度来压榨所辖人民。……土司王由宣在光绪二十年（1894年）结婚，曾经按户派收毛钱作为他结婚费用开支。据当地老年人回忆，当时王由宣征收的钱用不完，除开支外还剩余一百多两毛银。……光绪年间，土司王由宣派遣其土兵到各个农村市场收税，见货必收一物不漏，引起小商贩及农民的怨恨。……土司王由宣在其衙门内大开赌场，诱骗一些人去赌博。王土司赢了则逼得他人倾家荡产，输了则进行估骗，不给别人分文。⑤

清光绪二十五年（1899年），桑郎最后一任土目王由先结婚按户派银。这额外剥削的收入，不仅支付了王家结婚的全部费用，还剩100多两银子。乡老寨韦启高的儿子读书被王由先敲了8两银子。清光绪三十一年（1905年）10月王由先审一命案获罚款108两纹银。王由先派兵"打场"收税，

---

① 贵州省望谟县地方志编纂委员会. 望谟县志［M］. 贵阳：贵州人民出版社，2001：619.
② 贵州省望谟县地方志编纂委员会. 望谟县志［M］. 贵阳：贵州人民出版社，2001：619.
③ 龚荫. 中国土司制度史［M］. 成都：四川人民出版社，2012：647-648.
④ 莫健. 桑郎土司制度调查［M］//中国人民政治协商会议贵州省贵阳市委员会文史资料研究委员会. 贵州文史资料选辑：第十三辑. 1983：167.
⑤ 莫健. 桑郎土司制度调查［M］//中国人民政治协商会议贵州省贵阳市委员会文史资料研究委员会. 贵州文史资料选辑：第十三辑. 1983：167-175.

税额比以前增加数倍。①

王由宣的胡作非为引起了桑郎布依族民众的极大愤怒，乃至联名控告，韦清澜是关键人物。

韦清澜（1888—1933年），字文海，布依族，今望谟县桑郎镇人。他的人生历程及重要事迹多见于地方文献。②笔者翻阅发现叙事以1905年为界，此前多讲其"幼入私塾聪明好学成绩优异"③，尤其在1905年科考中了秀才；此后他出任王海平④幕僚⑤，因见当局黑暗，感到心灰意冷仕途渺茫，遂愤然辞职回乡自设私塾。然则韦清澜不仅是当地乡绅知识精英，且对时代格局颇有独立见解，也许是后辈乡贤认为这样的人生经历最值得晚生后辈记取效法，因而才反复叙说。笔者赞叹此举，但翻阅《望谟布依族百年实录》，又对韦清澜有了新的认知。

> 土目的特权引起桑郎地主们的不满，光绪三十一年（1905年），韦清澜联合几家地主，以桑郎父老的名誉（疑：义）状告王由宣。状呈罗斛厅："土目王由宣私拉逮捕督率扰害百姓，豺狼当道，善类遭殃，剥尽民膏，民难聊生……"⑥

韦清澜之所以在光绪三十一年（1905年）能联合当地民众控告王由宣，除当时整个社会形势已发生变化外，更在于他这年科举中了秀才。这一身份有双重价值：一是有资格入仕途，二是民众认定其为精英。秀才身份的双重价值在西南边地社会更为突出。所以，桑郎民众对王由宣在"改土归流"后仍"横行霸道、作威作福"时，韦清澜就利用身份联合受害人向罗斛厅控告其四大罪状："私刻印信，霸收皇场，剥尽民膏，民不聊生。"⑦

---

① 王封常. 望谟县民族志［M］. 沈阳：白山出版社，2015：55.
② 韦清澜生平史料概见于望谟县教育局. 望谟县教育志［M］.（未刊）1993；望谟县地方志编纂委员会. 望谟县志［M］. 贵阳：贵州人民出版社，2001；王封常. 望谟布依族百年实录［M］. 香港：环球出版社，2011.
③ 望谟县教育局. 望谟县教育志［M］.（未刊），1993：15.
④ 王海平（1889—1941年）本名王周道，布依族，今望谟县蔗香板陈村人。光绪三十年（1904年）考中贞丰州武生。1913年起历任贞丰县下江水上警察队长、黔桂边区清红两江独立保商营长、贵州西路纵队司令、望谟县抗日救国义勇军司令。
⑤ 望谟县教育局. 望谟县教育志［M］.（未刊），1993：15.
⑥ 王封常. 望谟布依族百年实录［M］. 香港：环球出版社，2011：137. 按：贵州省望谟县民族和宗教事务局编《望谟县民族志》记"王由宣"为"王由先"。
⑦ 莫健. 桑郎土司制度调查［M］//中国人民政治协商会议贵州省贵阳市委员会文史资料研究委员会. 贵州文史资料选辑：第十三辑. 1983：175.

罗斛厅接到诉状，查案并判决："该土司王由宣如此豪恶，贻害地方，殊属敢胆玩法已极，着即签差将王由宣提案讯究确切。如果属实革斥土司照例详办。"① 同时出告示晓谕：

> 本府清点桑郎，查悉历设市场；
> 买卖贸易商民，均被无耻打场②；
> 当经重惩禁革，土司竟敢违章；
> 今据土民公禀，签差已拿审详；
> 照例从严律办，尔民恪守如常；
> 自示一概禁革，有犯捆送公堂。③

韦清澜牵头联名控告胜诉，意味着桑郎末任土目王由宣退出当地社会生活。

三、村民智斗"刘土司"

明天启年间经历"奢安之乱"，原治贵阳高坡的水东宋氏土司覆灭，高坡进入"四分五裂"之状。清顺治十五年（1658年），清朝已经稳定掌控贵州。因高坡曾是明天顺年间干把猪进击都匀卫的大本营，清朝对高坡治理高度重视，将中曹正长官司衙门迁驻今黔陶乡半坡。④ 该长官司衙门原在中曹司大寨，"安奢之乱"时司衙遭兵燹毁。考虑其辖地多在今高坡一带，时任正长官谢天恩遂选择毗邻高坡的半坡重修司衙，取名半坡新寨。该地"上下皆是陡岩，形势十分险要。前临鼠场河，顺流而下三里外为骑龙寨——原白纳长官司治所（今属黔陶乡），再顺河三里可接去青岩和贵阳的公路。衙门后有小路绕出石门山后，可直达今高坡乡的石门、板正、石板、高坡场等村寨。这些村寨皆是该司的辖区"⑤。优越的地理位置和便利的交通条件，使该司驻此历五代。"改土归流"后，中曹正长官司"改流"，高坡乡隶贵筑县（今花溪区）由流官治理，但长官司衙犹存至今。1991年，贵阳市花溪区人民政府公布其为区级文物保护

---

① 黄蕊光. 罗斛（罗甸）县亭目调查［M］//政协贵州省罗甸县文史资料委员会. 罗甸文史资料：第一辑. 1986：107.
② 征收场内捐税。
③ 黄蕊光. 罗斛（罗甸）县亭目调查［M］//政协贵州省罗甸县文史资料委员会. 罗甸文史资料：第一辑. 1986：108.
④ 杨庭硕. 中曹正长官司及其衙门遗址简介［M］//中国人民政治协商会议贵州省贵阳市委员会文史资料委员会. 贵阳文史资料选辑：第十三辑. 1984：83.
⑤ 杨庭硕. 中曹正长官司及其衙门遗址简介［M］//中国人民政治协商会议贵州省贵阳市委员会文史资料委员会. 贵阳文史资料选辑：第十三辑. 1984：83.

单位。

清朝流官将今高坡乡境内村寨划归多个土官分治。笔者结合史料及实地观察访谈资料，初步确定今高坡乡辖境村寨在清朝曾分属6个正副长官司。

表6-5 清朝盘江流域土司分治高坡情况

序号	土司名称	所治村寨
1	中曹正长官司	云顶村、平寨村中院寨、石门村、扰绕村、大洪村、水塘村
2	中曹副长官司	
3	青岩班氏土司	格苏寨、开花寨、蒋呆（今杉坪）
4	卧龙番长官司	摆龙村甲地、甲架（今入杉坪）、甲帐、羊梳等
5	大平伐长官司	高寨、长娃、克里、长纪、蔡冲、鹞子冲、黄土坡、喇唎上排（甘掌、苏亚、竹林、石板、地坝）
6	上马桥长官司	硐口村、龙云村

表6-5显示云顶村是中曹副长官司辖地，土人刘礼宾是首任副长官。① "洪武四年归附授副长官。"② 传承十一代期间，曾两次以"兄终弟及"袭职，其中一次是副长官刘崇恩于"雍正四年革职，降副长官为外委土千总"③，其弟刘崇照袭职，可见这是"改土归流"大潮中幸存保留者。清道光二十三年（1843年），刘起渭袭职，职衔为外委土千总。总体看，刘礼宾及其后裔在土司制度体系里的职衔起点不高且因故不断降低。即便如此，云顶村民一贯称其为"刘土司"。

2018年7月，笔者在云顶村田野调查期间，报道人杨永先和杨文开两位老先生给笔者讲述了两个口传案例故事，从中略可一窥该土司在辖地内的伎俩。

（一）青杠蛀虫当田租

刘土司先人原是云顶村最早开垦田土的居民，陈杨两姓始祖来云顶村都是向他租种田土。"刚开始时用粮食交田租，具体交粮比例我不知道。但是听说后来他不要交粮了，要租种他家田地的民众交一种虫④给他。"⑤ 此种虫可以到野外捕捉，用虫抵田土租金，似乎减轻了田土租种者的负担，实际并非如此。全

---

① 注：道光《贵阳府志》和民国《贵州通志》作"应天府人"。
② 龚荫. 中国土司制度史：下编［M］. 成都：四川人民出版社，2012：614.
③ 龚荫. 中国土司制度史：下编［M］. 成都：四川人民出版社，2012：614.
④ 青杠蛀虫，一种生长于青杠木上的蛀虫，可以食用。
⑤ 2018年7月20日，陈斌访花溪区高坡乡云顶村杨永先。

村民众都到野外捕捉同一种虫时，云顶村周边的虫很快就供不应求了，并且，土司要求上交的虫越来越多，从一碗虫发展到三碗。"大概在清朝初年，云顶村的人口逐渐增多，这个虫子抓两三年就供应不上了。"① 即使如此，土司仍然要求云顶村民交虫子抵田租，村民被逼无奈，只能联合起来共同对付土司。一方面，到贵阳府告状。贵阳府经过审理，要求土司不能再强迫村民交虫子。另一方面，用民间智慧将刘姓土司家人赶出云顶村。"我们老祖在种田撒秧的时候，就想办法把那些毛稗撒到他的秧田里，导致他的秧田全部长出毛稗。"② 这番博弈，刘姓土司及其家人"自己觉得搞不赢我们老祖就走了。走时还说：'我自己走了，不在这里咯'"③。

（二）烤酒侵占田土

云顶村民杨文开回忆，刘姓土司与云顶村民关系在陈杨两姓村民立足六代后变坏。云顶村是刘姓土司辖地，村民每年都需要向其缴纳田赋。然而他不满足现状，要更多占有云顶村田土，于是就派家人到云顶村烤酒卖，然后借机占据村民所种田土。

以卖烤酒的方式占据村民田土，是利用云顶村民交往规范。村民杨文开讲述，云顶村民会烤酒但就是不烤。

> 在我们这里，全村人都是兄弟。如果某一家人烤酒卖，别人来买酒喝，最终他没有钱来还欠账的话，你也不好意思把他家的田地拿来，因为大家都是兄弟。最后也就只能说算了。④

刘姓土司家人就不一样。他们是云顶村的外人，不受陈杨两姓村民间"兄弟"关系形塑规范限制。

> 刘家就不一样了。他是外面来的，又有土司撑腰。他可以让你赊账喝酒。每年秋收时，就来跟你要账。此时若不能拿钱或者粮食还账。日积月累，欠账多到一定数量，他就要拿你的田地来抵账。⑤

经过刘家三代经营，占去云顶村民 30 多亩梯田，村民通称这些田土为"刘土司田"，该名称沿用至今。据统计，云顶村有 1000 多亩梯田，刘土司占去 30

---

① 2018 年 7 月 20 日，陈斌访花溪区高坡乡云顶村杨永先。
② 2018 年 7 月 20 日，陈斌访花溪区高坡乡云顶村杨永先。
③ 2018 年 7 月 20 日，陈斌访花溪区高坡乡云顶村杨永先。
④ 2018 年 7 月 21 日，陈斌访花溪区高坡乡云顶村杨文开。
⑤ 2018 年 7 月 21 日，陈斌访花溪区高坡乡云顶村杨文开。

多亩梯田,仅占总数的 1/30,尚未对村民的生存空间和生计来源构成威胁。但村中长老仍开始担心:一是担心他慢慢地将村里所有田土都弄走,二是担心其影响不喝酒的村民的生业。村民不喝酒,他当然就拿不走其田土。但如果某村民家周边梯田被刘家占有,刘姓人就能不许外姓人走他田坎,农耕就无法进行了。

于是,云顶村杨成龙、杨成松就联合各寨村民到贵阳告状。"主要就是说我们的老祖只欠他(刘姓土司)一袋米,他就要拿走一块田。但是,这块田却值两袋米。"① 官府最终以霸占梯田为由判其搬离云顶,回住黔陶乡半坡新寨,梯田归还村民。

刘土司与云顶村的关系虽有两种表述,梗概基本一致,都为我们提供两条深入探讨的线索,首先是云顶村史上确有汉人进入。据杨庭硕等人的考证,云顶村所在高坡区域自明天顺年间即有汉人定居。

> 据《贵阳府志》载,该地有红边庄、罗鬼寨。当是水东、水西两大土司共治贵阳时的遗制,则汉人迁入时间不会迟至水东、水西两大势力覆灭以后的明代末期。故汉人定居该地的时间,应开始于天顺之后。天启以前,目前的各汉族村寨已基本形成。②

其次是高坡汉人移民与流官政府低层级土官的关联。上述叙事对此没有明确表述,但笔者有幸收集到高坡原住民祖先与汉人博弈的记忆痕迹:

> 该地(按:指今高坡乡五寨村)与外界联系多,同时苗族势大人众,产生了不少能与封建官府周旋的人物。本队白岩悬棺葬墓主"尤动长",曾与汉族地主打官司,胜诉而归,为苗族人民争回了甘掌田坝,就是一个典型例子。③

从中可知,高坡苗民有将汉人等同于低层级土官的倾向。他们记住的是早期的高坡苗民跟汉人交往有过些许纷争,云顶村民祖先联名斗跑刘土司的事就是这种记忆的佐证。本节小结前,笔者且分享田野调查中搜集的盘江流域"改土归流"后原住民与土官关系的两个案例,其中仍欠细节但有助于加深认知。

一是定番州(今惠水县)乡贤罗应禄,清朝道光年间曾两次联合罗、韦、

---

① 2018 年 7 月 21 日,陈斌访花溪区高坡乡云顶村杨文开。
② 杨庭硕,张惠泉. 贵阳市高坡苗族的地理分布 [J]. 贵阳志资料研究,1983 (3):2.
③ 杨庭硕,张惠泉. 贵阳市高坡苗族的地理分布 [J]. 贵阳志资料研究,1983 (3):6.

谢、梁、白等姓民众状告顾土司。① 第一次因定番知州受顾土司重贿，不但未做判决反而将罗应禄监禁。罗应禄曲折出狱后，再向定番州署递交诉状，这次因更换了知州而有进展。新知州办案虽未严词革斥顾土司，却也用安民告示晓谕民众以示公道。顾土司及其下属也就没有"再像以往那样强横霸道，为所欲为了，派粮派款之举从此也有所收敛"②。二是贵定县民罗胜深巧缴大平伐长官司宋广顺印章。③ 此外还有兴义县（今兴义市）鱼龙村村民拒控"欲占卖此田"的黄姓土司后裔。④

盘江流域民众与土官博弈的新特征，就是"改土归流"后上诉次数骤然增多。这说明当地民众知道如何利用新制度的赋权，维护自身权益并挤压土官特权空间。清朝中后期这类案例越来越多，尤以田土争端为甚。

> 清查以后，凡系黔省汉民，无论居黔年分久暂，相距苗寨远近，及从前曾否置有苗产，此次曾否承领门牌，一概不准再有当年买当苗产之事。倘敢违禁私置苗产，许乡约禀究立时驱逐，田产归还苗民；追价入官仍照违制律治罪。其所置苗产，系土目管辖，私相接受者应将土目一并严惩。⑤

这种有利于土民的判决，显然有赖于"改土归流"后的新政方针：削减土司力量，建立流官政治。具体到盘江流域，"改土归流"还有两个地方性特征：①民众获得了王朝礼法明示的制度权利；②相应区域保留或新设了不少的低层级土官。换言之就是土司权力一部分归给流官，另一部分则归给土民。地方民众、流官、低层级土官三者间的共生博弈关系，成为盘江流域治理景观里的核心内容。

第三节　抵制胥吏

"改土归流"后，流官制度确立，盘江流域产生胥吏数量不菲。他们依托州县政府利用其各种权力，在协助州县府衙施治地方的同时公器私用，"纷纷贱而

---

① 木瓜副长官司副长官。
② 罗士钦，罗永春. 罗应禄二控顾姓土司 [M]//贵州省惠水县政协文史资料研究委员会. 惠水文史资料选辑：第七辑. 1989：79.
③ 祝时克. 大平土司缴印记 [M]//中国人民政治协商会议贵定县委员会文史资料研究委员会. 贵定文史资料选辑：第七辑. 1993：84-85.
④ 贵州省兴义县史志编纂委员会. 兴义县志 [M]. 贵阳：贵州人民出版社，1988：575.
⑤ 参见同治《户部则例·户口》卷四。

恶之"为自身寻租牟利，俨然成为横亘在官民之间的代理霸权垄断人。盘江流域民众则一面利用蕴藏在地方知识里的生存智慧抵制，节制胥吏"贱而恶之"的恶行；一面利用新的制度资源，引起流官集权体制关注，使之正视民众情绪，书面警示训诫胥吏，承认最基本的民生权益，达到新的秩序平衡，形成相对合理的治理。

一、吏在官与民之间

传统胥吏包括书役、书吏、书办、胥役，它是官的附庸却从未入列中国古代官制。这一群体在不同时期名称不同：战国时多称官奴婢，秦汉时称"隶臣妾"即官府杂役，宋代始称胥吏并沿用到清朝终结。不同的名称标志出其在当时官僚系统中的社会地位，但相对于官，总有低贱属性。学人指出战国官奴婢"受到歧视列为贱业"[1]，秦汉如之，宋代"政府虽然未再为胥吏专设一种贱籍，但仍称其工作为贱役"[2]。可见这个群体从不齿于官僚系统，甚至不算普通民众，只有剧烈变法时期"以法为教以吏为师"，他们才短暂得势，但被史家视为变态。正常体制下，非官非民的"杂户"身份令其悬浮于社会边缘。《唐律疏议》卷三定义："杂户者，谓前代以来配隶诸司，职掌课役不同百姓；依令老免进丁受田依百姓例，各于本司上下。官户者亦谓前代以来配隶相生，或有今朝配没州县五贯，唯属本司。"司马光定义："府吏胥徒之属，居无廪禄进无荣望。"

明清两朝皇权畸形发育，胥吏来路拓宽，始"皆从当地乡民中招募而来，无俸，只有工食银两，任期五年，役满须退"[3]。他们主要在站堂、守护和票传、缉拿、催科等方面协助官长，但"衙役"的身份法权仍属低贱也仍受上流社会歧视。然而在王朝专制体制下，胥吏始终因贴近权贵而有特殊寻租空间，与其社会地位形成反差甚至反比，太监即是明证。边疆边区治理中，胥吏作用及寻租空间因体制结构缺陷而畸形：①"回避制"下的长官多来自异地，"普遍不熟悉任所民情风俗，甚至听不懂任所方言。当时升转制存在着的调动太频繁和往往远距离调动的缺陷，延伸了州县官对任所民情风俗生疏的状况。"[4] ②"承百司治百民"事务繁多，长官的专业和行政知识难以应对，不得不依赖胥吏。我们或可据史实推断：帝制国家越伟大，科举制越发达，胥吏灰色权力空间就会越大。

---

[1] 赵冈. 胥吏与贱民 [J]. 社会科学战线, 1997 (1)：202-205.
[2] 赵冈. 胥吏与贱民 [J]. 社会科学战线, 1997 (1)：202-205.
[3] 毕建宏. 清代州县行政研究 [J]. 中国史研究, 1991 (3)：11.
[4] 毕建宏. 清代州县行政研究 [J]. 中国史研究, 1991 (3)：11.

<<< 第六章 博弈求秩序：流官治理下的共生三角

明清"胥吏的权威渐渐超过了官员。不但官员要受到胥吏的胁制与左右，百姓受胥吏的影响更超过官员，即所谓'民之所悬命'"[1]。学界因而纷纷直陈"清朝与吏胥共天下"[2]、"清代官弱吏强"[3]、"胥吏政治"[4]。胥吏"行政舞弊""贪污腐败""盘剥民众"是清朝行政体制备受诟病的重要原因之一。

清朝时期胥吏的"恶行""违法"，负面影响极大。但亦须承认，其在流官专制结构下社会地位显著提升，乃至从"悬浮之状"跃居为官民"沟通"的必要介质。但从辩证哲学角度看，主体行动者既能"沟通"必能"梗阻"，能成就者必能败坏。清朝的盘江流域山民与流官治理，都要面对胥吏角色异化挑战，从而生发新的博弈内容。

二、烫死茶树拒苛征

（一）乌王深山产野茶

乌王村史上曾称仰望村，是典型的苗族村庄，隶贵定县云雾镇。它位于贵定县南部，距县城60千米。明洪武十九年（1386年）设大平伐长官司，治所在今云雾镇铁厂村，乌王村与之毗邻而归之管辖。

云雾山矗立在村西北，海拔1583.6米。[5] 高海拔山峰作为自然生态分界线，将乌王村与龙里县湾滩河镇联合村甲架寨分隔，并营造出温润潮湿宜于茶叶生长的区域小气候。该村产茶史最早可追溯到唐朝。陆羽《茶经》记载："涪州出三般茶，宾化最上，制于早春。"宾化就是平伐的当时名称，意指该地所产茶叶质量上乘。明嘉靖《贵州通志》载："黔省各属皆产茶，贵定云雾山最有名，惜产量太少得之极不易，苗家以茶为生业。"

上佳之茶自然是土司进献给朝廷的最好物品。嘉靖《贵州通志》于此多有记载。《明实录》载贵州土司将茶作为贡品进献朝廷的记录，后人统计达27处。

乌王村民与野生茶相伴，发现其有药效，还将其作为食物。"在海葩苗日常生活里，茶不仅和饭一样必不可少，还把它当作治病的常用药……"[6] 历史上，

---

[1] 赵冈. 胥吏与贱民[J]. 社会科学战线，1997（1）：202-205.
[2] 李乔. 清代官场杂谈之一："清朝与胥吏共天下"[J]. 中国党政干部论坛，2005（8）：59-60.
[3] 王雪华. 清代官弱吏强论[J]. 武汉大学学报（人文科学版），2008（3）：347-354.
[4] 程念祺. 科举选官与胥吏政治的发展[J]. 学术月刊，2005（11）：62-65；丁建峰. 新政治经济学视野下的胥吏政治[J]. 天府新论，2013（3）：121-127.
[5] 摘自贵定县人民政府网之"贵定县云雾镇概况"。
[6] 杨龙娇，舒子谦，龙芳. 海葩苗文化与云雾山区生态经济的融合发展：贵定仰望村田野调查札记[J]. 铜仁学院学报，2015（6）：133-136.

鸟王村民出远门，一般将茶叶煮熟炒干，当作路途干粮。"后来我们拿来嚼干的，就像我们现在吃的葵花籽和花生一样。"① 把茶叶做成干粮，不仅给村民带来诸多便利，也为后来"抗贡"埋下伏笔。

(二) 云雾贡茶与"抗贡碑"

自清朝雍正年间在盘江流域大规模"改土归流"后，大平伐长官司被归流，隶属贵定县。每年粮食收割后，鸟王村需按时给官府缴纳粮赋。这种情况持续数十年，岁月静好。乾隆年间，鸟王村民一如既往地到今贵定县昌明镇缴纳粮赋，等待称粮间隙，将随身带的"干粮茶"拿出来嚼吃。此举被官差看到，问他们嚼吃的是什么，鸟王村民如实相告，又应官差请求拿茶给他尝尝。官差尝后，发现确实好吃，于是报告上官。这就一发不可收拾。"一级往一级上送，民送官，官送县，一直送到皇帝爷，云雾茶的名气越来越大，后来就形成了躲不过去的贡茶和敬茶，每年都要向官府交纳贵定的'茶税'。"② 于是，每年春茶开采季节，全体村民分工合作，妇女上山采摘茶青，男人们连夜炒制茶叶，以完成逐年递增的贡茶敬茶任务。但是"朝廷和地方官府分派的茶税层层加码，一年比一年重，派给的干茶叶任务就是用鲜叶的重量都不够数。苗家所有劳力都到山上采茶，派人从山上抬回，但仍达不到朝廷官家指标。苗胞们面临着难以生存下去的威胁"③。此举实实在在地加重了鸟王村民的税赋负担。此时，村寨头人雷阿虎顾全大局，召集全寨开会商议，一致决定用开水将茶树烫死。

待到秋收后一个漆黑的夜晚，几十个男劳力抬着大锅来到茶山上，架起柴火，烧开满满的几锅开水，分头用桶装瓢舀，往茶园中的茶树根部浇去。不几天，满山的茶树渐渐发黄枯死，说不清是什么病害。第二年春天，能够长出嫩芽的茶树所剩无几。④

雷阿虎据实向贵定知县禀告："年久茶枯，仰□前往确查，据实禀覆。"知县"约遵前往，临山踏看，茶老焦枯并无一株生发，实非苗民致枯捏禀情弊"。于是据实禀告上官并层层递报。乾隆五十五年（1790年），皇帝终于亲自颁诏。

---

① 2018年8月11日，孙兆霞、路红艳访贵定县云雾镇鸟王村村民陈光翔。
② 雷作胜. 雷阿虎与云雾贡茶 [M] //贵州省非物质文化遗产保护中心，黔南布依族苗族自治州苗学会. 黔南苗族民间传说故事. 重庆：重庆出版社，2015：436.
③ 雷作胜. 雷阿虎与云雾贡茶 [M] //贵州省非物质文化遗产保护中心，黔南布依族苗族自治州苗学会. 黔南苗族民间传说故事. 重庆：重庆出版社，2015：436.
④ 雷作胜. 雷阿虎与云雾贡茶 [M] //贵州省非物质文化遗产保护中心，黔南布依族苗族自治州苗学会. 黔南苗族民间传说故事. 重庆：重庆出版社，2015：437.

据此，查茶树既俱枯坏并无出产，□□除批示外，合行给照。为此照给该苗民等遵守。嗣后，该处每年贡茶定数茶斤，及其余所派之茶，准行停止，以免采办之累。如有差人以办茶之名下乡滋扰者，许尔等指名禀究，须至照者。据呈□□□银肆百贰拾两，收后发交殷实之户生复，再年购办该处贡茶。①

乾隆帝是否真为乌王村颁过诏书于史无证，也不必追究。但乌王村民就将这一"诏书"内容刻于石碑之上，名"贵定仰望抗贡碑"，又名"免贡茶叶碑"，立于乌王村关口寨。该处海拔较高，曾是乌王村野生茶主要产地，地方资料对该碑内容多有记载。官方也非常重视并多方保护，1982 年，将之列为贵州省省级文物保护单位。2018 年 8 月，笔者到乌王村第一次见到该碑真容，并有了新建的贡茶碑亭。原石碑且罩进玻璃框以防风化剥蚀。

（三）"组合拳"与共生秩序

清朝乾隆年间，因贡茶引发的博弈成效明显。其结果是：①乌王村民免交贡茶；②清王朝拨银 420 两用于生复新茶；③明确禁令地方胥吏，不许以办贡茶之名滋扰乌王村民；④赋予乌王村民禀究违令不遵者之权。如此看来，乌王村民努力打出的这套拒交茶税苛政的"组合拳"达至目标，维护了生存生活空间底线。

乌王村民如此迂回曲折的做法由"改土归流"后盘江流域的治理秩序所决定。"改土归流"后，流官政治确立，当地山民变成编户齐民转受王朝直接管辖。流官政治颇能钳制土司对土民的霸权侵夺②，因而具有释放生产力的属性。此种建立在流官制度之上的立体金字塔式治理秩序概有：第一，持续追求规模扩张的动机；第二，随治理半径延长而剧减的中央对地方监管功效。③

胥吏与官僚暨流官体制如影随形。"他们是封建统治者的爪牙，直接参与、操作有关经济、司法活动，并且是官与民接触的中间环节，因而可以利用这种身份地位和权力来违法乱纪，牟取私利。"④ 他们已成为清朝在"改土归流"之后流官政治中的一个重要环节，乃至离开胥吏流官政府就无法运转。

清朝政府对地方流官监管能力渐弱，对胥吏监管更是鞭长莫及。科层化的

---

① 贵州省地方志编纂委员会. 贵州省志：文物志 [M]. 贵阳：贵州人民出版社，2003：286.
② 关于这一问题，本章第二节中已有详细论述，此处不赘。
③ 吴稼祥. 公天下：多中心治理与双主体法权 [M]. 桂林：广西师范大学出版社，2014.
④ 谢世诚. 道光时期胥吏违法问题 [J]. 学海，1997（3）：102-107.

政治体系里，上级监管能力低下，实质就是在为下级勒索苛征提供"制度空间"，且必然须为此背锅。质言之，胥吏是横在地方民众与王朝国家政权之间的梗阻。雷阿虎及鸟王村民应深知此点，所以采取非常规博弈方式且维权效果显著，基本满足诉求。

我们为鸟王村民感到庆幸，但同时更应深思：地方流官不作为而放任胥吏横征暴敛胡乱作为，已是严重侵权乃至挤占了山民生存空间的劣迹。但清廷对此仅用文字申斥训诫，仅对劣迹昭彰的当事胥吏撤职查办，其深层原因何在？史料记载此种处理方式效果极其有限。盘江流域不同村寨、不同地区、不同民族在后来很长时间内，仍屡屡因胥吏苛征勒索引发民众控告甚或抵制行为。

三、鱼死塘破谋秩序

笔者为更完整全面地勾勒"改土归流"后，盘江流域流官政府官员胥吏苛征勒索的图景，爬梳到文献史料的此类案例记录颇不少见。

> 道光二十年（1840年）地丁钱粮自开征以前，曾经示谕各花户，应遵照旧章投柜完纳在案。兹据从仁里摆茶等寨具禀，□等从仁里各寨地丁各照旧规加五上纳，接年无异。近回户书马云章崔征该里地丁，擅敢更改旧章等情到州，除提马云章讯究外合行出示晓谕，为此示。仰各花户及书役人等知悉。嗣后凡有粮花户自应遵照旧加五完纳，毋得抗延包揽□渔，该书役亦不得从中抑勒格外苛征。所有库戥遵照部颁法码校准征收，设或毫松星朦许即禀请核换；或银色不足亦应令花户自行倾销足色，免致□厘退水借端勒索之弊。①

> 晓谕□照得本州属从仁里活佛山上纳地丁于乾隆五十八年（1797年），因粮头赴贵缴粮，被金户书笙官杖责击押毙命，控经嗑嚼阁部堂云贵总督□福 饬府录局审理将官吏撤革，定以由粮长每两加针平火耗银五钱，每票一章钱十文，添一票二钱，割一票一钱在乡凑集，于每年九月二十八日听书役下乡收取。合戥经□零□□票□□库平耗银缴清。一不准书役勒索；二不准嗑虐浮收……②

> ……民原住小龙乡，以匪风猖獗移居金石乡。当民居住金石时，金石

---

① 此为立于贵阳市花溪区马铃凯坝村的一块石碑之部分碑文，该碑立于清朝道光二十年（1840年）。

② 此为立于贵阳市花溪区党武乡翁岗村摆头山活佛寺中一块石碑之部分碑文，该碑立于清朝光绪二十四年（1898年）。

>>> 第六章 博弈求秩序：流官治理下的共生三角

与小龙共系一乡。嗣上峰将金石小龙分成二乡，民即被双方需索：如去岁户捐款，金石乡保长派民出洋二十元，小龙乡保长派民出洋十二元六角，民均照数解清，嗣民思双方出款于理于法均有未合，只得将各情具名区公所……奉到只负担小龙之款，批请……殊知至本年上峰办理义谷，金石乡保长派民出义谷一石，小龙乡保长派民出义谷一石，民以双方需索义谷，只得又将各情面呈区长，当即区长令民双方缴解，如抗不缴要将押缴……。①

上述三例不仅状述了胥吏勒索苛征山民情事，且将流官对此的态度和处理方式彰显无遗。由此更可推断地方民众应是利用"改土归流"新赋权利，向流官政府举报了胥吏劣迹。这对胥吏苛征确是抵制，但仍缺少地方社会文化主体的能动性。幸而一山之隔的破塘寨村民能将主体性特征发挥到极致，以抵制胥吏苛征。

破塘寨意为塘破之寨，地处山间小坝，海拔1330米许，水源好且地势平，有"山间小江南"之誉，说明农耕条件优越。破塘寨物产丰富，除了能产水稻及多种优质农产，尤其还产优质鱼类。这本是破塘寨民生存的优良资本，却给他们带来额外的税赋负担。

一次上粮由于路途遥远，当天不能返回。寨民就带上途中食用的饭菜。到达上粮地点后，村民正在吃鱼。差官看见便尝了一口，感觉味道美妙不可言。破塘寨鱼味道鲜美的名声传遍各地，官差就要求下年村民上粮，须加贡一定数量的渔产。

既要上粮又要贡鱼，无形中加重了寨民负担。数年后寨民再难承受，于是全寨商议决定，将养鱼的水塘挖坡，破塘寨之名也由此而来。破塘寨村民虽然不再向当地官差贡鱼，但代价也够惨痛：寨内自产鱼近乎绝迹。

这类案例不胜枚举，都能回答本节在开头的两个问题。"改土归流"消除了土司传统恶政，但又不可避免地养出土籍胥吏。他们利用流官"制度空间"勒索苛征，恶化官民关系。以至于盘江流域生民百姓用鱼死网破的死磕方式抗争抵制，不惜同归于尽甚至单边自残，如破塘寨；但从关乎子孙后代的秩序建设角度看，他们的维权抗争则是成功的。往大说，这是他们作为弱者参与流官制度构建盘江流域治理秩序的方式；往小说，则是他们维护生存资源和自身尊严的自我赋权实践。

---

① 吴泽霖. 定番县乡土教材调查报告［M］//贵州省文史研究馆. 民国贵州文献大系：第二辑：上册. 贵阳：贵州人民出版社，2011：106.

229

本章小结

清雍正"改土归流"后,流官进入盘江流域,成为清朝实现治理盘江流域理想的政治权威和建构科层秩序的关键力量。但其治理能力面对当地自然地理和人文社会仍有局限,从而为低层级土官胥吏的寻租行为留下体制漏洞。土官胥吏熟稔盘江流域自然地理和人文社会,能让清朝流官对其产生依赖,又使其能或明或暗违背王朝旨意寻租牟私。但相比于先前的土流并治,此种制度设计已经大大延伸了流官体系在当地的权力半径,这也是治理能力提升的重要指标之一。

地方民众在新体制下由流官直接管辖,这赋予了他们表述意志的相应制度权利。但其田土粮赋及日常生活,仍受低层级土官胥吏制约,其自身仍是弱势群体。他们控告低层级土官或抵制胥吏侵权时,流官的态度和处理方式往往暧昧。出于维护清朝治理秩序权威的考虑,流官总须帮助地方民众与低层级土官胥吏博弈,求取结构平衡,但他们始终需要依靠土官胥吏代征粮赋体现治理权威。质言之,流官既想获取地方民众信任,又不能失去治理的手臂,这决定了流官不可能全力维护民众。

笔者强调这三者间的博弈关系,且有意凸显地方民众运用新获得的制度性权利节制低层级土官胥吏私用公器寻租牟利的自觉行动。但客观分析之下仍须承认:流官是新治理体系里最有权力权威和最能上下其手,兴灭继绝,维护体系平衡的行动主体;土官胥吏是流官推进新政暨治理新秩序的直接工具甚至手臂,他们代表流官政府面对山民,同时又有自身利益追求且有行事空间和行动能力。这种基层民众与官家间的中介角色,决定了上下两方都要对他们既信任依赖又监督节制;基层民众虽然弱势,却是地方生态资源和社会文化价值的最终最直接的开发利用和维护者,也是检验政治制度成败,社会体系优劣和治理绩效高低的最终尺度和最后裁判者,所以值得各方做出最大努力加以分析、理解和维护。这三大角色和种种关系构成任何体制可持续的"共生三角"。套用施展先生的宏观框架表述:"君主与平民结盟,以对抗、压制作为社会中间机制的豪族和官僚,又与豪族—官僚结盟,来压制平民的过度反抗,最终形成君主—豪族(或官僚)、平民之间的力量均衡,君主居间进行全局性的操控。"[①] 拿到改土归流后的大西南再做两处降级置换,这框架放到盘江流域就很是逼真。

---

① 施展. 枢纽:3000年的中国[M]. 桂林:广西师范大学出版社,2018:99.

第七章

观念秩序：民间传说中的共生超越

民俗学民间文艺研究，通常将民间流传的口头传说、神话故事、山歌对唱、民族史诗①等文化事项"视为静态的孤立的文本，对其主要进行形态学研究"②。因其主要载体是语言而非文字，历史人类学以"隐藏文本"（hidden transcript）视之③，并试图从讲述者、传承者、讲述场景和方式等视角，挖掘其背后的观念秩序，彰显人文价值并传递自我对"他者"的立场和态度。那些表达意识形态和人群界线的民间传说更是如此，马林诺斯基④、鲍曼、斯科特⑤等人的成果都是这种研究取向的范本。

第五、六两章力图整体呈现盘江流域原住民的维权抗争、博弈秩序的"社会事实"和抑恶扬善的人文功能，彰显盘江流域社会与中央王朝的共生属性。当地民众此起彼伏的维权抗争博弈，客观上助推盘江流域的治理制度更加契合当地社会的基本诉求，促进了文化生态的良性运行。这种多主体博弈机制和共生理念如何升华到精神层面，服务于更广阔的天下秩序，是本章的问题意识和论述要点。

盘江流域关乎本章主题的民间故事种类繁多，其情节细部、叙事方式、表现手法多种多样，但其脉络梗概和彰显当地民众主体价值及面对外部"他者"的立场和态度，皆有民间文学"隐藏文本"的功能指向。本章将在文化生态学的逻辑框架下，将高坡苗族背牌图案印章起源传说及其异文衍文等亚类，置于盘江流域原住民日常生活场景之中，考察分析他们如何利用"隐藏文本"建构自我与"他者"的关系，并阐释其频繁出现的观念动因。它蕴藏民众对其生活

---

① 为便于表述，下文将口头传说、神话故事、山歌对唱、民族史诗统称为民间传说。
② 岳永逸. 乡村庙会传说与村落生活 [J]. 宁夏社会科学，2003（4）：88-93.
③ 斯科特. 弱者的武器 [M]. 郑广怀，张敏，何江穗，译. 南京：译林出版社，2014.
④ 马林诺夫斯基. 巫术科学宗教与神话 [M]. 李安宅，译. 北京：中国民间文艺出版社，1986.
⑤ 斯科特. 弱者的武器 [M]. 郑广怀，张敏，何江穗，译. 南京：译林出版社，2014.

空间的想象和建构，也隐喻了他们对待外部"他者"的立场和态度。日常生活中，他们在明确界限的前提下与各类他者既保持距离又交流博弈。我们认定文学不仅是盘江流域原住民集体记忆的结果，更是他们隐喻表达意志、建构观念秩序的功能载体。

第一节 背牌图案印章叙事

背牌是盘江流域中下游贵阳市高坡乡苗族女性服饰重要部件，学界1920—1930年开始对其展开研究。当前研究成果长于形态学意义上的尺寸、颜色、花纹、图案分类而短于意义阐释，参见罗荣宗[1]、杨庭硕[2]、潘年英[3]、吴秋林[4]等前辈著作。笔者梳理相关资料和实地调查所得口述史料，确认当地围绕背牌图案印章起源传说及绣背牌、射背牌等仪式活动，已然形成一种亚文化。表面看来杂乱无章的背牌图案，其实是集统一性与多样性于一体的观念载体。当地苗民将背牌图案作为共同历史记忆载体，更将其视为向外界他者表达自身意志的文化认同的符号标志。本节从背牌型构、隐序图案、认同体系三方面着手，论述盘江流域背牌文化及其结构意义，旨在凸显苗族背牌图案表达主体意志的博弈能动性。

一、背牌型构

背牌特指盘江流域苗族妇女手工绣制的图案布片。它一般披戴于女性肩部，是女性礼仪服饰重要部件。按当前行政区划，贵阳市花溪区和黔南布依族苗族自治州的龙里、贵定、惠水三县苗族女性是背牌文化的主体创作者、践行者和传承者。20世纪80年代，杨庭硕先生对这块区域的背牌做过详细研究。

（背牌）由两片长方形的黑布片组成，一大一小，布上挑满白花，用线之密甚至于使原有黑布底看不出线缝来，花纹凸出有似浮雕。一片挑成的布底往往比原布重上四五倍。两片挑花布之间用另外两条布连接起来，使

---

[1] 罗荣宗. 苗族歌谣初探贵阳高坡苗族[M]. 成都：西南民族学院民族研究所，1984：215-217.
[2] 杨庭硕. 高坡苗族的服饰初探[J]. 贵阳志资料研究，1983（3）：16-24.
[3] 潘年英. 百年高坡[M]. 贵阳：贵州人民出版社，1997：55-82.
[4] 吴秋林. 美神的眼睛：高坡苗族背牌文化诠释[M]. 贵阳：贵州民族出版社，2001：55-82.

第七章 观念秩序：民间传说中的共生超越

中间成为一个方框形。戴时将头从方框中穿过，使大的一块布片自然披于背部上方，小的一块挑花布则垂在胸前并压在腰带下；而两边的布条则搭在左右两肩颈子处，刚好封住上衣不能掩盖的胸部中央。①

背牌由尺寸不一的前后两片构成。垂在胸前的前片面积略小；自然披于肩上的是后片，面积较前片略大。不同背牌的尺寸差异明显。20世纪20年代至30年代，罗荣宗先生在高坡收集到一幅背牌并详细测量和记录其尺寸：

> 它有前后两幅，后幅宽12厘米，长20厘米，绣花部分为17.3厘米，成一长方形。前幅略小，宽11厘米，长亦20厘米，绣花部分长12.8厘米。②

1983年，杨庭硕先生在高坡乡调查时，分别细测了便服背牌与盛装背牌。

便服背牌尺寸："大挑花布28cm×18cm，小挑花布14cm×12cm，布条长27cm，宽7cm。头穿过的方框呈正梯形，大底宽4cm，小底宽2cm，高25cm，间或有较大的，但不多，一般情况下仅需封住前胸就可以了。"③

盛装用背牌尺寸则以杨先生1983年在高坡乡街上村国苏寨蓬必才家收集的一幅有100多年历史，在蓬必才家流传了四代背牌为例："大布片长35cm，宽36cm；小布片长20cm，宽18cm；布条各长28cm，宽9cm。"④

贵州地方文化学人赵琨在后续调查中，简要表述背牌尺寸："背牌全长75cm，宽14cm。"⑤ 此处仅列举三位前辈在不同年代不同村寨收集到背牌的尺寸，但已能让我们感知盘江流域中下游苗族村寨中广泛流行的背牌尺寸差异之显著。

"背牌是用银针彩线挑刺而成，黑布底，四方形几何图案，白、红、绿、黄、蓝、橙、紫各色线条分明。"⑥ "花纹是在青布上用白棉线绣成。"⑦ 笔者在

---

① 杨庭硕. 高坡苗族的服饰初探［J］. 贵阳志资料研究，1983（3）：19.
② 罗荣宗. 苗族歌谣初探贵阳高坡苗族［M］. 成都：西南民族学院民族研究所编印，1984：215.
③ 杨庭硕. 高坡苗族的服饰初探［J］. 贵阳志资料研究，1983（3）：19.
④ 杨庭硕. 高坡苗族的服饰初探［J］. 贵阳志资料研究，1983（3）：19.
⑤ 赵琨. 射背牌［M］//贵阳市民族事务委员会. 苗族四月八. 贵阳：贵州民族出版社，1989：40.
⑥ 潘定远，潘定智. 高坡苗族射背牌［M］//贵阳市民族事务委员会. 苗族四月八. 贵阳：贵州民族出版社，1989：43.
⑦ 罗荣宗. 苗族歌谣初探贵阳高坡苗族［M］. 成都：西南民族学院民族研究所，1984：215.

实地眼见黑色是背牌底色。苗族女性主要用红、黄、白三种颜色的线，在黑布底上绣制背牌，绣好的背牌各色线条构成有序分布的花纹图案。"后幅正中大方形图案由九个小方形和长方形花图案组成，图案种类无多，都为空心十字和斜方格的小方块，配着红、黄、白三色复杂的框边粗线条和犬齿花边形花纹，在黄色的，宽有1.5厘米的框边上面又配有红绿两色小十字方形……除线条花边为红黄白三色线所绣成之外，其他大朵花纹与小朵花纹之间的空隙处，几为黄线绣的平针所铺满，其色调既调和又大方。"①

苗民基于背牌花纹图案间的主色调差异，将其区分为黄背牌和白背牌。"黄背牌从色彩上来说是以黄色为主调，间以红色的色调。这样的色调给人的感觉很富丽和高贵，也比较庄重。"② 与此对应的白背牌主色调则给人随意和生活化之感。

白色是棉麻类织物漂洗后的本色，无须染色即可获得，对染料和染色技艺没有专门要求。黄色则需要用矿物或植物染料，并经过严格染色程序方可获得。"黄色矿物颜料主要有石黄、雄黄、雌黄……我国传统黄色植物染料主要有栀子、槐花、姜黄、黄芩、郁金、黄檗、黄栌、茜草等。"③ 染料不易得和染色程序复杂，最能彰显黄色与白色的等级差异。尤其黄色为王朝宫廷垄断，更是权力地位象征物。从唐朝开始因为天子的赭黄龙袍而位居各色之上，至此赭黄开始被统治者垄断，发展至清朝这种垄断已扩大到明黄、金黄、杏黄、香色。④

色彩间的等级差异，导致不同颜色丝线绣制的背牌也有等级区分。盘江流域民众的社会心理普遍认为，黄背牌的地位高于白背牌。"（黄背牌）人们又叫盛装背牌，是在比较正规庄重的场合穿戴的。……白背牌在高坡也叫简装背牌，也就是高坡妇女日常生活中穿戴的背牌。"⑤ 笔者在高坡乡云顶村的田野访谈得知，对当地女性而言，一生中只有两个正规庄重的场合：出嫁和死亡。当地女性只有在这两个正规庄重的场合才穿黄背牌。"我们祖先留下来的传统，无论是女性出嫁还是死亡，在这两个重要的场合中，女性必须穿黄背牌。"⑥

---

① 罗荣宗. 苗族歌谣初探贵阳高坡苗族［M］. 成都：西南民族学院民族研究所，1984：217.
② 吴秋林. 美神的眼睛：高坡苗族背牌文化诠释［M］. 贵阳：贵州人民出版社，2001：127.
③ 唐金萍. 中国古代服饰中的黄色研究［D］. 北京：北京服装学院，2015.
④ 唐金萍. 中国古代服饰中的黄色研究［D］. 北京：北京服装学院，2015.
⑤ 吴秋林. 美神的眼睛：高坡苗族背牌文化诠释［M］. 贵阳：贵州人民出版社，2001：127-129.
⑥ 2018年7月21日，陈斌访花溪区高坡乡云顶村杨文开。

一个女人希望自己至少有一个黄背牌，而且是母亲为主的女性长辈传给她的最好。……白背牌……一生中可以拥有很多个，是常用的标识性装饰，且有的白背牌绣得相当精美，但白背牌却永远得不到男人的赏识。似乎黄背牌是仪式化的事物，白背牌则是生活化的事物。①

二、隐序图案

女性穿戴背牌时，前幅垂于胸前用于遮羞。高坡苗族女性服饰"上衣的前襟宽度不能掩住前胸，故仅乳部能盖住，前胸中部裸露。为了不至袒胸，必须另外佩戴布片，以便封住颈子和前胸中部"②。"不戴背牌无异于裸体，是不得出门或见人的。"③ 垂于胸前的背牌与服装功能无异，其图案花纹是简单装饰兹不赘述。披于背部上方，功能多在展示精美图案的后幅才是引人注目的重点所在。

它由三块不同形状的图案拼成，中间为方形背牌心。再中央是三角形，也有"井"字形的，宛若一个方印。④

正面一块为长方形，绣有十二个图案，中央是"十字"。背牌心为四方形，有的是两个四方形。中部一块正方形由七条不同的颜色线条组成，分内中外六层，均为方形。中心为八角星，以四方印为图案。⑤

后幅正中大方形图案由九个小方形和长方形花图案组成，图案种类无多，都为空心十字和斜方格的小方块……最上边的一条匡（框）边上有七只展翅飞鸟图案，下边则有双线条十字花。旁边两片上的花纹以六个大的比较复杂的白线绣的大十字画为主。此外有实心十字花及点与X字相连成的花边。⑥

由此可知背牌后幅的图案类型、花纹、尺寸、搭配等构成元素异常多样。2000年前后，贵州民族大学吴秋林教授在贵阳市高坡乡集市拍摄了200多位当地妇女的后幅背牌图案，很难找到花纹与图案完全相同的两块。⑦

---

① 吴秋林. 美神的眼睛：高坡苗族背牌文化诠释［M］. 贵阳：贵州人民出版社，2001：62.
② 杨庭硕. 高坡苗族的服饰初探［J］. 贵阳志资料研究，1983（3）：19.
③ 杨庭硕. 高坡苗族的服饰初探［J］. 贵阳志资料研究，1983（3）：19.
④ 潘定远，潘定智. 高坡苗族射背牌［M］//贵阳市民族事务委员会. 苗族四月八. 贵阳：贵州民族出版社，1989：43.
⑤ 赵焜. 射背牌［M］//贵阳市民族事务委员会. 苗族四月八. 贵阳：贵州民族出版社，1989：40.
⑥ 罗荣宗. 苗族歌谣初探贵阳高坡苗族［M］. 成都：西南民族学院民族研究所，1984：217.
⑦ 吴秋林. 美神的眼睛：高坡苗族背牌文化诠释［M］. 贵阳：贵州人民出版社，2001：128.

2018年8月,笔者曾在贵阳市高坡乡云顶村着意关注不同背牌的图案差异,确认每块背牌图案和花纹确实各有特色。手工艺品无不如此,但比较分析又能发现,不同背牌的图案和花纹无论如何变换,始终遵循同一规律:方形是每块背牌图案的必有元素,或似印章或似图案,或两者兼有。

> 印章在每块背牌上都有,可以说没有印章图纹,也就不能叫背牌了……从而使图内的一系列变化,也是在方形印章的范式中来进行的,一块方套另一块方,数块方组合成一个方,方形中有斜十字叉,但叉中又是一块方形的红点来造成方的意象。①

不同背牌的不同图案,隐藏的是盘江流域苗族民众高度认同的共有文化秩序,笔者且将此现象称为背牌图案隐序。

三、认同体系

盘江流域女性穿戴的背牌,尺寸不定颜色多样,还有集统一性和多元性于一体的图案。这些外显特征给人的感觉是时空错置杂乱无章,却有下列规律可循:①方形图案即方印章是背牌标志性符号;②方印章外的图案则是背牌纯装饰元素。

标志性符号是当地苗民必须遵循的文化规制,这是盘江流域的社会共识。苗女背牌必须绣制印章,无印章图案就不成背牌。当地一些苗族文人因而自称印牌苗族。② 纯装饰图案无标志性,不受文化规则制约,可由绣制者按情感直觉审美需求在纹路、线色、尺寸、针脚等细节上随意调整发挥。若将背牌视为数学公式,标志性图案是定量,非标志性图案是变量。前者能决定公式的功能或属性,后者则可使公式形式丰富多样。不变的定量隐藏着约定俗成的社会共识。我们因而才能在盘江流域苗族里见到类型多样、尺寸多元、颜色各异又不乏核心内涵的背牌。我们欣赏背牌上美丽多彩的图案,讶异于其绣工精细时应不忘追问:为何会出现这种现象?如果要聚焦还可这样发问:方形印章为何会成为背牌图案中的标志性符号?笔者梳理相关资料后,相信当地流传的背牌印章图案源起叙事或能解惑。

高坡乡云顶村杨文开讲述:高坡苗族祖先经常遭遇异族官府追杀。若无力抵抗就得逃跑,一旦跑散就难免妻离子散,骨肉终生不能相见。先民为此苦恼

---

① 吴秋林.美神的眼睛:高坡苗族背牌文化诠释[M].贵阳:贵州人民出版社,2001:135.
② 彭静,杨清昌.黔中印牌苗族族源初探:以黔中高坡苗族乡为例[J].河池学院学报,2018(3):42-47;杨清昌.印牌苗族"四月八"另解[J].大众文艺,2018(15):30.

<<< 第七章　观念秩序：民间传说中的共生超越

不堪。有人就想到一个便利有效的识别方法：妇女将印章符号绣在一块布上，时刻穿戴在身。逃难走散者见到穿戴印章布片的人，就能据此相认或相互辨别。笔者第一次听此说法未免疑惑：①印章意念何来？②辨识机制如何？这些疑惑或因杨文开的讲述忽略了某些细节，或因笔者对盘江苗族文化仍欠了解。继续翻检文史资料就发现五则与此相关的传说故事。

①一说战乱相互械斗时，为避免杀错自己人，后背盖上苗王印章标记。[1]

②一说高坡苗族是捆绑而来。官家怕他们逃跑或反抗，就在背上钤盖皇帝玺印作标记，故也叫印牌。[2]

③当地苗族老人讲，祖先在三国时是个首领。蜀汉丞相诸葛亮率兵到贵州，与苗族的各峒各寨首领交友，要大家共保蜀汉而孟获不服，双方发生械争。高坡苗族祖先打仗是员勇将，诸葛亮很佩服。后来孟获与诸葛亮讲和，双方不再争斗，共同建设苗疆。诸葛亮总忘不了高坡苗家祖先便封为将军，赠给他一块四四方方的大金印。听说苗族祖先得到金印之后，各方苗家首领都要来看。印只有一块，各峒各寨的人如此多，给这处人看了又给不了那处人看，首领急得无法。他把自己关在屋子里想了一天一夜，想出了一个妙法：我苗家姑娘最会绣花，绣来跟真的一样，何不叫她们照着大印样子，绣出千万块印牌？他把想法对寨老讲，大家都说他的想法好。于是他把寨里姑娘们请来，拿出一百挑花线和一千匹白布，把大金印吊在一棵大树下，请大家照着金印上的花纹古字绣制……白天她们借太阳的金光绣；晚上她们借月亮的银光绣。数千人耗时三天三夜终于绣完印牌。[3]

④很久很久以前，高坡苗族这支人原住湖南湖北等地。祖先是楚国国王的掌印官。后来楚国与别国打仗大兵压境，京城眼看就要被敌人攻破。楚王下令，叫掌印官带着大印，领着苗家老小往夜郎方向撤退。掌印官觉得国家有难，要为国效力。他选了本支苗族青年组成护卫队，保卫楚王守卫京城。同时，将大印交给妇女们，叫她们用花线按照大印的花纹图形绣

---

[1] 潘定远，潘定智. 高坡苗族射背牌 [M] //贵阳市民族事务委员会. 苗族四月八. 贵阳：贵州民族出版社，1989：44.

[2] 潘定远，潘定智. 高坡苗族射背牌 [M] //贵阳市民族事务委员会. 苗族四月八，贵阳：贵州民族出版社，1989：44.

[3] 戈良俊. 射印牌：高坡苗族"四月八"传说之二 [M] //贵阳市民族事务委员会. 苗族四月八. 贵阳：贵州民族出版社，1989：39.

成背牌背上以防失落。①

　　⑤很早以前，苗家每年都要敲牛祭祖。每次都要送牛前腿给皇帝。山高路远行走时间长，有时要走半年。时间长了牛肉就会变质不能再吃。皇帝见此情况说道：好意我领受，以后就不要送了。今后你们觉得哪个大就送给哪个。从那以后，牛前腿就送给外祖父外祖母，因为苗家认为外祖父外祖母最伟大。皇帝为表彰苗族的孝心，给男人送一件红袍，给女人送一块白绸盖上打印。此后男人就穿红袍，女人就披着皇帝送的印布。②

　　上述五则传说故事的印章来源可分两类：一是苗王；二是王朝国家（皇帝或丞相）。其中第一则明说印章来自苗王且源自苗王。苗王是当地社会自然领袖，其印章苗民共知，可做逃难途中相互辨识标志。但这标志仅覆盖"自己人"，相认的圈子里人群范围有限，不适合多民族地区的认同叙事。后四则故事就是印章来自中央王朝的皇帝或丞相，从而能在更大范围里充当更多人相互认同的依据。

　　当地与王朝国家的关系则可分三类：①交恶；②交好；③不明。故事一属"不明"类，未涉及与中原王朝关系；故事二是交恶类，皇帝为防逃散而强制给苗族先民背上盖印章；后面三则故事是交好类：皇帝、楚王、蜀汉丞相诸葛亮为了感谢、表彰或约束而将印章"赐予"盘江流域苗民祖先并准其同族人永世共享。

　　我们至此大致清楚了印章来源：主要由苗王或中央王朝赐予。由于赐予者的权力至高且神圣，获得印章的民众感到荣耀也受到约束。无论巨大约束还是无上荣耀，都已进入苗族共同历史记忆并成为女性背牌图案标志性符号以示信守。

　　近年兴起的社会史和历史人类学研究，都注重探讨民间传说虚构故事的真实社会功能。陈春声等讲："应当使历史脱离它那种长期自鸣得意的形象。历史正以此证明自己是一门人类学，即历史是上千年的和集体的记忆的明证。"③ 户华为进一步讲："社会史家的责任不在于指出传说内容的真假对错。刻意去考证每一人物或细节的真伪，对于传说文本的研究显得并不十分重要，更有意义的是考察它如何形成和为何形成。"④ 瞿州莲更明确讲："许多民间传说的具体情

---

① 戈良俊. 射印牌：高坡苗族"四月八"传说之一 [M] //贵阳市民族事务委员会. 苗族四月八. 贵阳：贵州民族出版社，1989：36.
② 吴秋林. 美神的研究：高坡苗族背牌文化诠释 [M]. 贵阳：贵州人民出版社，2001：58.
③ 陈春声，陈树良. 乡村故事与社区历史的建构：以东凤村陈氏为例兼论传统乡村社会的"历史记忆" [J]. 历史研究，2003（5）：115-126，191.
④ 户华为. 虚构与真实：民间传说、历史记忆与社会史"知识考古" [J]. 江苏社会科学，2004（6）：162-166.

第七章 观念秩序：民间传说中的共生超越

节和人物可能是虚构的，但它们所表现出来的历史情景与创造者的心态观念却是真实的。"①

笔者基于社会史和历史人类学的上述旨趣，明知前述印章起源传说真实性存疑却不做证实或证伪，而是不厌其详地悉数列举。对本书而言，它们已不是简单的民间故事，而是盘江流域东侧贵阳市高坡乡苗族民众的集体记忆。作为社会史研究的重要资料，集体记忆要体现行动主体对现实处境的能动认知，或者说它是讲述者应对现实的工具箱内涵的组成部分。我们理解集体记忆，不是要解构既有历史，而是要给既有的历史背景，加上前人忽略的行动主体新元素，从而得到一些新认知。"由此所获知的史实，不只是那些史料表面所陈述的人物与事件；更重要的是由史料文本的选择、描述与建构中，探索其背后所隐藏的社会与个人情境（context），特别是当时社会人群的认同与区分体系。"②

表7-1 背牌中印章源起传说的质素构成

传说代号	质素构成				
	自我	他者	事由缘起	印章功能
杨说	高坡苗族民众的祖先	异民族和官家	遭遇来自异民族和官家的追杀	避免骨肉分离
①	当地苗族民众的祖先	/	战乱相互残杀	避免错杀自家人
②	高坡苗族民众的祖先	官家	祖先被迫迁徙进入高坡	为防苗民逃跑反抗
③	当地苗族民众的祖先	诸葛亮	助力平息蜀汉孟获争斗	苗民共享荣耀
④	高坡苗族民众的祖先	楚国国王	随楚国向夜郎方向撤退	避免撤退时丢失印章
⑤	苗族祖先	皇帝	敲牛祭祖给皇帝送牛腿，皇帝表彰苗族诚意	好看醒目

表7-1里的六则民间故事概可提炼四个质素且为两组对立：质素一为"自

---

① 瞿州莲. 民间传说与区域历史建构［J］. 吉首大学学报（社会科学版），2010（3）：32-36.

② 王明珂. 历史事实、历史记忆与历史心性［J］. 历史研究，2001（5）：136-147, 191.

我"，是典型常量固定不变，皆指"当地苗族先民"；质素二为"他者"是典型变量随时就势，能指外族官家皇帝、楚王、蜀相诸葛亮；质素三为"事由缘起"又是变量，不一而足；质素四为"印章功能"又是常量，皆是认同辨识功能符号。

这些印章起源传说的"时间"普遍不确定，而以"很早以前""很久很久以前"等方式泛称。"他者"和"主要事由"的时间不确定性，与叙事主体"自我"和"印章功能"的确定性，共同促成了背牌图案印章的源起传说能与不同的时间人物和事件相联系。通俗讲，盘江流域东端贵阳高坡苗民讲述此类传说故事，只要严格遵循四个质素构成的叙说框架，叙事细节就有颇大的想象与发挥空间。

此处的背牌印章源起传说故事的讲述传播过程，均有"无事件境"意味①，即"故事的内容是可以置换的，但置换必须服从规则"②。逻辑规则要求背牌印章图案作为标志性符号必须恒定，而花纹、丝线颜色、针脚细密、尺寸大小等其他非标志性符号可据绣工的审美喜好女红水平自由发挥，唯不可喧宾夺主。

背牌图案标志性符号及其故事能在当地长久流传，说明"印章"并非盘江流域苗民的"迷信空想"。其中蕴含着他们对生存空间、生活现状以及祖先境遇、时代处境的思考，是他们或其祖先在特殊历史时段，对危及自身生存的"他者"一次又一次的应急行动积累。历史长河里的反复言说叙述，将这些应急经验固化进他们的集体记忆。"印章功能"的固定性特征将此充分彰显，其终极目标暨底线诉求，就是让自家人在逃难中能相互"辨识"。这又蕴含着让"他者"不能辨识的主旨诉求，因而在"自我"与"他者"之间划定认同界线。

区分目的是在认清"他者"的前提下，让盘江流域地方社会产生内部认同。区分指标越明确、界限越清晰，越能彰显当地民众辨异他者的动机意愿，同时就越能抬升地方社会认同程度。背牌图案印章符号则在认同与辨异之间求取平衡的观念秩序，它因此才越来越多地把代表平衡秩序的他者顶级头人拉入自我之属。

第二节 印章起源衍文阐释

背牌作为盘江流域苗族文化认同标志，"体现出当地民众生存发展的适应和创

---

① 方慧荣."无事件境"与生活世界中的"真实"[M]//杨念群.空间·记忆·社会转型："新社会史"研究论文精选集.上海：上海人民出版社，2001.
② 岳永逸.乡村庙会传说与村落生活[J].宁夏社会科学，2003（4）：88-93.

造能力，也证实着当地民众与外部世界交往的经历，因而成为群体自我认同，并展示于外人的想象"①。盘江流域苗民在漫长历史中，为维持生计资源和生存空间，发展出内涵丰富的背牌文化。其中印章源起传说及多样叙事，明显地表征出对历代"他者"的态度，包括和解为怀的立场。况且故事的原有类型还不断有衍文衍生。本节为便于论述，且称其为背牌图案印章源起传说衍文（简称"衍文"）。

衍文是背牌文化面对新形势的衍生产品。本节且梳理盘江流域明清苗民在清晰认知王朝治理观念秩序与本地文化脉络异同的基础上，如何兼顾双方诉求而形塑衍文，以表达其历史心性及和解立场。

本节的论述起点是明朝青山正副长官司与副长官司辖区里的"倒停王"习俗。进路是先将其置于中国虎文化大传统的背景之下，凸显"看家虎"的文化属性；然后通过民间传说阐释，引进牛在盘江流域苗族社会的突出地位，为后续"牛虎相争"的民间传说阐释做好铺垫；最后揭示盘江流域各民族如何利用民间传说的隐喻功能，标识并维持其与外部"他者"的边界并据此与他者和谐共生的心志。

一、青山正副长官司

息烽县青山苗族乡，是明代青山正副长官司辖区。青山长官司、青山副长官司的历史首见于《元史》记载："顺元等路军民安抚司，有青山远地等处长官"，"在治城西四十里"。② 青山远地等处长官具体为何？史书记述无多。唯《元史·本纪》有"至元二十六年五月，青山苗蛮以不莫台、卑包等三十三寨相继内附"的字句。笔者推断这里的"青山苗蛮"与前引"青山远地等处长官"所指无异。

明朝初年，"青山远地等处长官"分为青山长官司和青山副长官司。明洪武五年（1372年），"土酋蔡札、刘士真归附，置司授札为正而以士真为副"。蔡札和刘士真的身世族属史载无多，但土司研究当代权威龚荫先生考证为："蔡札，土人，洪武间归附，调征有功，授长官。"③ "青山司副长官刘士真，土人。"④

笔者据此认定"青山苗蛮"与"土酋""土人"在历史长河中归于同类，都是当地苗族具有声望地位的领袖人物，因而有"率众归附"的资质并因此成

---

① 刘铁梁."标志性文化统领式"民俗志的理论与实践［J］.北京师范大学学报（社会科学版），2005（6）：52-58.
② 沈庠，赵瓒.贵州图经新志［M］.张祥光，点校.贵阳：贵州人民出版社，2015：140.
③ 龚荫.中国土司制度史［M］.成都：四川人民出版社，2012：615.
④ 龚荫.中国土司制度史［M］.成都：四川人民出版社，2012：615.

为明朝"置司"长官,即名副其实有土著且有官命的土司。但青山正副长官司的长官命途多舛。传至蔡堂时因有疾病,被迫将印信付土舍刘儒署管。土舍刘儒见机起意据为己有,经多次控告才得夺回。蔡氏后裔又沿袭掌管印信多年,但具体经历又付阙如。明崇祯三年(1630年)裁革青山长官司,以其地置于襄守御千户所。① 副长官司则被废于明中叶后。②

如能仔细梳理《明史》《明实录》和相关史料,概可更清楚地了解青山正副长官司与明朝的互动。其间的进贡、封赏、晋升、裁革等,无疑更能理解明朝盘江流域治理秩序内幕,包括官家有意或无意的忽略和地方民间对正副长官司土官的感受及应对策略。可惜笔者暂时无此功力,只能贡献一个视角:如果从民众日常生活、文化观念、社会实践的角度看,就会承认地方民众针对土司副司土官而"发明"的民间故事及其传递的观念秩序,同样是明朝盘江流域治理的重要内容。但"绘事后素"的官家很难承认山民百姓的历史角色,民间文学口述史因而重要。

二、"看家虎"与虎的多面性

当前仍居住在明朝青山正副长官司辖地的苗民,若族中有人去世,必然将尸体双脚朝门停放,然后在停尸堂屋顶上开洞才开始接待吊客办理丧事。这一风俗主要流行在王姓族中,当地人因而称王姓苗民为"倒停王"。

> 据说很久以前,这支苗族有位长辈养有一虎。它既不伤害寨邻老幼又能听懂苗语。行人路过其门得用苗语跟它打个招呼,否则它就猛扑咬人。众人称其为看家虎。秋收时节稻田开镰,老辈用苗语告诉老虎看好田里稻谷,晚上别让人去偷。深更半夜,这位老辈想试探老虎灵性,就悄悄走到田坎边轻摇谷穗。不料老虎闻声猛扑过去,一口将其脖子咬断!待老虎看清是它主人时后悔莫及。之后它就整天围着房子转,不进门不吃食十分可怜。办理丧事的族人怜爱它,说不会伤害它。老虎摇尾流着泪跳上房顶,再刨开一洞跳下向主人点头致哀,然后才闷闷而去,从此离开此地。为吸取这次教训,也怀念这只看家虎,若干年来,这支苗胞的后代们,遇到人死都将尸体倒着停放并把房顶捅个洞,始得办理丧事。③

---

① 周作楫,朱德璲. 贵阳府志:上册 [M]. 贵阳市地方志编纂委员会,校注. 贵阳:贵州人民出版社,2005:153.
② 龚荫. 中国土司制度史 [M]. 成都:四川人民出版社,2012:615.
③ 王义. 明代贵州龙里卫千户指挥王氏家族史略 [J]. 贵州文化遗产,2020(1):42.

<<< 第七章 观念秩序：民间传说中的共生超越

这一传说不仅将"虎"视为主角，彰显其有情有义的人文形象，更向外界传递出青山土司辖地王姓苗民与老虎和谐相处，甚至养成"看家虎"的良性关系。事实真相却是：虎作为凶猛野生猫科食肉动物，在盘江流域时常伤人才是其常规形象。盘江流域流行的民间故事也将这形象说得鲜明生动。

> 一日，苗王杨令公外出归来，发现自己种的黄瓜被偷吃。于是把两个女儿叫到跟前询问。她们都说没吃黄瓜。杨令公就诅咒：谁吃了黄瓜就被老虎咬死。此话一出口，偷吃黄瓜的那个女儿赶紧承认但为时已晚。此后不久，两个女儿在玩郎房等情郎约会时遇上老虎。她们进去不久，老虎就把偷吃黄瓜的女孩吃掉。①

类似故事在《苗族四月八》中亦有记载，述其梗概：

> 杨洛的两个女儿七妹和幺妹偷吃了家院里的黄瓜，因害怕父亲知道而不肯说出真相。杨洛为此发毒咒说偷吃黄瓜者必将被老虎咬死。此时，七妹和幺妹才肯说出是自己偷吃的黄瓜。但为时已晚。杨洛为避免女儿被老虎咬死，于是就在燕楼水塘边修建绣花楼给她们居住。即便如此七妹仍被老虎咬死。②

这两个故事都说明盘江流域苗族民众深知老虎野性凶猛时而伤人。当他们遇到不能决断或辩解不清之事，仍诅咒"被老虎咬死"且往往应验无法挽回，诚可谓驷不及舌。学界因而断言"苗族民间故事中凡是讲到老虎，统统是消极的"③。当今苗民仍有"养老虎咬脖子"的民谚。

再把视野扩大，还可发现老虎在传统中国社会的社会形象和文化意义。据不完全统计，中国有37个民族有老虎传说故事，说明它在民众生活记忆里的形象和意义非凡。④ 学界概括虎的中国意象概有四型：恶兽、义兽、人化、其他。⑤ 虎的民俗实用功效也有四类：镇宅虎、吉祥虎、招财虎、威猛虎。⑥

---

① 吴泽霖. 贵阳苗族的跳花场 [M] //吴泽霖，陈国均，等. 贵州苗夷社会研究, 北京：民族出版社, 2004：172-173.
② 贵阳市民族事务委员会. 苗族四月八 [M]. 贵阳：贵州民族出版社, 1989：15.
③ 吴正光. 内涵相左的虎文化 [J]. 理论与当代, 2010 (2)：51-52.
④ 孙正国. 中国虎故事的类型研究 [J]. 湖北民族学院学报（哲学社会科学版），1997 (2)：13-16.
⑤ 孙正国. 中国虎故事的类型研究 [J]. 湖北民族学院学报（哲学社会科学版），1997 (2)：13-16.
⑥ 吴积才，吴剑超，吴翔. 中华虎文化 [J]. 云南师范大学学报（哲学社会科学版），1998 (6)：40-43.

盘江流域下游苗民普遍谈虎色变乃至"嫉虎如仇",但上游彝族奉虎为神,他们的建筑上的栏板、望柱、月梁、踏跺、山墙、门斗、窗棂等部位均可见"虎"。女土司奢香墓地堪称典型。贵州文化厅老领导吴正光(苗族)深情记述:相传奢香坐镇"九重衙门"时曾用虎把门。她的墓地曾有石雕虎头出土。全国重点文物保护单位维修奢香墓时,遂以此件虎头为标本,在墓前的两排栏杆上刻了几十根虎头石望柱。场面壮观,堪称"虎文化"之林。①

对比阅读这两类民间故事,再辅以彝族和传统中国的虎形象另类定位,就能印证出虎的形象多样,定位大相径庭。问题是:盘江流域苗族既然视老虎为凶煞,何以又塑造其为"看家虎"?这又引出了苗族真正钟爱的六畜之首牛的话题。

三、山民祖先牛化身

《说文解字》曰:"牛,大牲也。"传统中国农耕社会,牛号称"六畜之首",家畜里排行第一。埃文斯·普理查德在《努尔人》一书揭示,北非努尔人也把牛当成最重要资产且是最硬通货。"他们不仅靠牛来获取许多生活必需品,还以牧人的眼光来看待世界。牛是他们最心爱的财产,他们情愿冒生命危险来保护自己的牛或窃夺邻人的牛群。他们大部分社会生活是与牛有关的。"② 牛在印度称圣,具有崇高的宗教地位。马文·哈里斯认为印度圣牛能调节人与自然环境的关系。③ 有学者指出,"牛不仅具有生产生活上的实用价值,也是宗教信仰中不可缺少的祭祀品,并作为交换媒介、娱乐工具、财富象征和民族精神气质等符号存在"④。

在盘江流域地方社会中,牛除了是农业生产中不可或缺的畜力,更有家庭成员甚至家长的身份地位。笔者在学位论文写作过程中,收集到诸多与此相关的民间传说。

> 远古时候,倘有族人去世,同姓族人祭祀后要将其尸首分而食之。自己家人也照样食用。每家每户如此。后来,某人父故,因念养育之恩,不忍让族人分食,便将其尸首藏匿。左邻右舍觉察其父很久未出现,召集族众四处找寻。但发现时,尸首已腐烂无法食用。众人对此很难容忍,咸逼他给大家一个交代。此时声望卓著的族中寨老提议:让其杀一头黄牛飨食

---

① 吴正光. 贵州高原的"虎文化"[J]. 贵州文史丛刊, 1998 (2): 77-79.
② 普理查德. 努尔人 [M]. 褚建芳, 译. 北京: 商务印书馆, 2014: 22.
③ 刘涛. 马文·哈里斯及其文化人类学理论 [J]. 国外社会科学, 2012 (3): 115-122.
④ 杨筑慧. 牛:一个研究西南民族社会文化的视角 [J]. 广西民族研究, 2014 (4): 122-132.

族人。孝子照办，牵来黄牛，按族人要求祭祀，然后任由分割食用。孝子没有分食牛肉，他认为这黄牛就是生父化身。看着族人狼吞虎咽，他远远躲在角落，以素食充饥且不时嘤嘤啜泣。人们闻泣声凑来，看到孝子身形憔悴悲痛欲绝。好事者近身问询，他诉说父亲在世之艰辛，感怀父亲的恩德，言语哽咽潸然悲怆。众人得知孝子不食牛肉之原委，不禁悲由心生，竟弃肉号啕大哭。族中子女辈一时感同身受，纷纷以拒吃牛肉示孝。后来再有族人过世，就不再分食其尸首，而是杀头黄牛祭祀替代，还形成了子女辈不食祭祀牛肉的习俗且沿袭至今，以云顶片区为盛。①

2019年8月，龙里县营屯村民给笔者讲述的传说梗概则将主角由"父"换"母"：

> 远古时代食物缺乏，人们长期处于饥饿状态，有人死亡就不下土安葬，同村民众将遗体分食。久而久之演成习俗，地方民众无不奉行。然而，一位年轻人破除了这一习俗。他家很穷且幼年丧父，母亲独自一人将其抚养长大，对他极尽宠爱。由于家里穷没法天天洗澡，也没有多余衣服换洗，他全身长满虱子。同村小伙伴不愿意同他一起玩，唯有母亲不离不弃。母亲天天在家动手替他捉虱子，为彻底除掉虱子，还专门带他到离村较近的山中洗澡，每隔一段时间一次。他洗澡时，母亲就把他的衣服洗干净晾晒。没有换洗衣服时，就只能坐等衣服晒干才能回家。
>
> 年复一年，小孩长大，母亲随之变老，直到终于病倒。同村民众都关注他母亲的病情，天天询问，实时了解病情动态，为的是人死后能及时将遗体分食。年轻人出于对母亲的爱，不愿意看到母亲遗体被同村人吃，于是每天都跟同村民众说母亲身体很好。母亲当真死亡时，他也不告知实情。直到五天后，母亲遗体腐烂无法食用，他才将母亲死亡之事告知村民。村民争先恐后来到，见遗体腐烂无法食用，就纷纷发难说他在破坏祖制族规和地方传统，该受惩罚。他等村民情绪缓和才对大家说：我们这种族规习惯目的是食用死者遗体裹腹。现在我母亲遗体腐烂不能食用，那让我买头牛来请大家吃牛肉。众人听后，经过一番商量权衡，终于同意。他也果真买牛杀来给大家吃。众人吃过牛，合力抬他母亲遗体上山安葬。

岱林村与营屯村毗邻，也有此类故事表达同样的立场观点，唯梗概稍有

---

① 彭静，杨清昌. 黔中印牌苗族族源初探：以黔中高坡苗族乡为例[J]. 河池学院学报，2018（3）：42-47. 按：笔者摘录时字、词、句稍有调整补充，但故事主旨梗概不变。

变化：

> 远古时候，家人变老失去劳动能力。晚辈请人帮忙做活儿，没菜招待的话就会将其杀来待客。某日某村民年高八旬的父亲在房顶翻检瓦片，儿子也请别人来家帮忙做活儿。午饭时刻，儿子就想杀了父亲取肉招待客人，于是三番五次地喊父亲从房顶下来。父亲明白儿子的意思，思考一番后对儿子说：我还能帮你们做事，就劝儿子将家里的牛牵来杀了招待客人。后来同村老人都觉得这个办法很好。大家一番商议后就跟年轻人说，以后你们请人干活儿，就杀牛招待客人。大家还提出老人死亡也要杀牛代表老人的遗体，请同村人享用。

笔者还在盘江流域麻山地区苗族村寨发现有类似故事。由此可见，这类民间传说分布在不同的文化空间，存在着梗概或细节差异，但仍有共性。所有民族村寨均无具体的起源时间，皆用"上古时代""远古时期"之类的泛指；皆要营造出主旨图式：盘江流域各地各族父母去世，子女均须杀牛代替死者招待村民。

砍牛的确是盘江流域原住民丧葬重要习俗。这习俗经历过长时段历史各种变故，仍能传承传播延续至今。其主旨是彰显当地社会的人文进化：用牛肉替代人肉，变"吃老人"为"吃牛"。用普世论视角看，这跟人类文明主旨叙事契合。比这更重要的是，它揭示当地百姓认为牛有着跟父母同等重要的社会文化地位。

当地在父母丧礼上杀牛/砍牛，已经演绎成孝意标志。不能杀牛/砍牛者，可被视为"不肖"之徒。因此不管自身经济条件如何，民众在父母葬礼时都会努力做到，经济困难者即使向亲戚朋友邻居借钱也要如此为之。近年更随着经济收入提升，有些丧礼会杀/砍两头或者更多。其中只有一头用来替代死者给同村民众食用，呼为祭拜之牛，另外的则是拿来做菜给客人吃的。如此区分后，孝子也就能吃"菜牛"的肉。当时民众认为，"孝子吃牛肉，实际上就像吃你父母的肉一样。从这个角度来说，孝子是不能吃的"[①]。现在有新做法就有新说法，还是绘事后素。

上述几则民间故事的历史真假无须纠结。诚如陈春声所言："在是否更接近'事实真相'的意义上争取'口述资料'和本地人记述的学术价值，是没有价值的。研究者的责任不在于指出传说中的'事实'的对错，而是要通过对百姓的历史记忆的解读，了解这些记忆所反映的现实的社会关系是如何在很长的历

---

① 2018年7月31日，陈斌、龙秋香访龙里县湾滩河镇营屯村陆京仪、陈光平。

史过程中积淀和形成的,证实在这个意义上,'口述资料'和本地人的记述,可能更深刻地反映了乡村历史的'事实'和内在脉络。"① 民间文学本身及其深层寓意,折射的是发明者和讲述者的心态诉求,那也是真实无疑:盘江流域生民百姓的记忆里,牛就是祖先化身。这是整体社会事实。流域内的民间文学,将隐藏在此种心态和诉求中的潜意识,用可叙说可感知的方式反复重申:勿忘牛与祖先同等重要,敬牛就是敬天法祖。诚如阐释人类学家克利福德·格尔茨所言:"人类学的阐释如果是为了建立对现实的理解的话,那么把它从现实——此时或彼地具体的人说了什么,他们做了什么,他们遇到什么,整个忙忙碌碌的世界——分开就等于让它失去应用性,成为空无。对任何事物——诗歌、人物、历史、仪礼、制度、社会——的有效阐释,使我们看到阐释对象的本质。"②

四、"牛虎相争"求共生

(一) 民间传说

盘江流域地方民族社会文化把牛视为祖先化身。但祖先牛这个身份怎样才能与凶煞虎关联起来?笔者基于盘江流域的实际情况观察,靠的还是民间文学"发明"。以下是笔者从民间收集的两则"牛虎相争"传说。

①牛与老虎争当"大哥",争吵很久未有结果。后来有人出主意堵池塘出水口定输赢,即将一个池塘的出水口挖开,牛和老虎各自用身体去堵水口,谁堵住了,谁就是"大哥"。后来老虎由于体形较小,刚进入水口中就被冲走,而牛则在水口中岿然不动。如此,牛就理所当然地成为老虎的"大哥"。③

②相传原先老虎不佩服水牛,要水牛称他为大哥。水牛不干。于是老虎提出,一斗高低决昆仲。双方议定,各自准备七天然后再决胜负。老虎跑上山,天天用藤缠绕身体,缠了七天七夜,自以为万无一失。而水牛则下田滚澡,滚了一身泥,又上岸晒太阳,如此反反复复,结了厚厚的一层干泥巴。决斗时刻到时,水牛叫老虎先下手。老虎张牙舞爪,使劲朝水牛扑去。但任它怎么撕咬,就是咬不进去。轮到水牛,只见它一摆头就用锋利的双角将老虎身上的藤子拨开几道口,差点刺破老虎的肚皮。老虎浑身

---

① 陈春声. 乡村的故事与国家的历史:以樟林为例兼论传统乡村社会研究的方法问题 [M] //黄宗智. 中国乡村研究:第二辑. 北京:商务印书馆,2003:31-32.
② 格尔兹. 文化的解释 [M]. 纳日碧力戈,等译. 上海:上海人民出版社,1999:20.
③ 2018 年 8 月 11 日,孙兆霞、蔡小青访龙里县湾滩河镇岱林村王锡贵。

发抖，不得不甘拜下风，老老实实地拜水牛为大哥。①

第一则故事里，决定牛虎争斗结果的要素是体形大小，牛因体形大能挡住水流冲击而获胜。第二则故事里，牛用双角拨开老虎缠在身上的藤条刺破其肚皮获胜。

笔者爬梳地方文史资料时，发现同类故事其他地区村寨也有，如同下列提要：

①武陵山区操苗语东部方言的苗族同胞认为：牧童野外放牧一旦发现老虎，只须骑在水牛背上便会安然无恙，苗民因而喜欢多养水牛。②

②盘江流域苗族民众，每个村寨都以姓氏为单位制有一对长鼓，一般呈圆柱形，鼓身为木制，鼓面以黄牛皮蒙成。分为公鼓和母鼓。母鼓声音浑厚称龙鼓；公鼓声音高亢称虎鼓。苗民以女性为尊，认为龙鼓地位高于虎鼓。在他们心目中，龙是水也是牛，故在刺绣中多有"牛龙"或"龙牛"图案。每年春节身着长衫跳芦笙舞时，都会敲长鼓。当地民众将这种舞称为"龙鼓虎鼓长衫龙"。舞蹈表演结束时，一般是龙鼓战胜虎鼓，以示水牛战胜老虎。③

盘江流域各民族余此相似的传有多种版本。但皆遵循相同的叙说范式：不仅将牛虎关联起来，还要分出级别，水牛总是大哥，老虎则是小弟。牛虎相争时，必是牛胜虎败。

(二) 观念秩序

虎是"万兽之王"，生存于野外；牛是六畜之首，由人养在家中。由此，我们可提取出野兽野生/家畜家养这对四元素关系。以是否经人类驯化作为区分标准。

其实牛也曾是野生，家牛是古人驯化的物种。"动物学家们相信，现代各种驯化牛都来源于一个祖先原牛（bos primigenius）。它是野生的乌鲁斯（urus）牛，在欧洲一直生存到中世纪晚期（最后一头死于1627年）。现在人们认为在亚洲发现其遗骸的印度野牛（bos namadicus）和在非洲发现的奥皮斯牛（bos

---

① 吴正光. 贵州高原"牛文化"[J]. 中外文化交流, 1998 (2): 3.
② 吴正光. 内涵相左的虎文化 [J]. 理论与当代, 2010 (2): 51-52.
③ 陈斌, 孙兆霞, 吕燕平. 茂饶茂穰生活志 [M]（未刊）: 390; 吴正光. 内涵相左的虎文化 [J]. 理论与当代, 2010 (2): 51-52.

opisthonomous）都是乌鲁斯牛。"① 人类为何要驯化动物，当前仍有争议。心理学认为"驯化可能得到那些使我们疼爱自己幼儿的本能的诱发，和具有某种类似身体比例的小动物的鼓励"②。这种理论，对大型动物如牛的驯化解释力有限。爱德华·哈恩则从宗教仪式的角度提出："乌鲁斯牛之被驯化，是出于宗教的，而不是经济的原因。他主张捕捉和厩养乌鲁斯牛的动机，是为了向月亮女神祭献她视为神圣的一种动物。"③ 无论如何争议，人与动物的关系的确已经改变，表面是人类驯化动物，其实人类也在驯化自身。一方面人类须与以往的狩猎生计和生活方式决裂，放过种类繁多的野生动物，仅换回为数甚少的家畜。另一方面，人类还须构建农耕生计和观念秩序。人类驯化的动物，基本也要按照人类用自身生存智慧、仪式生活和社会关系安排的方式生存生活。质言之，驯化动物多少会濡染些人类的社会关系。牛就是很典型的一种。人们日常生活中也发展出诸多善待牛的习俗，还有赞美牛的民间故事等，甚至将勤耕少言"牛"演绎为褒义词，如赞扬那些为工作默默付出的"老黄牛"。牛在某些方面也确实显得通人性，如牛能听懂人言，当然某一区域中的牛只能懂当地人的方言。"麻山的喀斯特山区，那儿的牛一溜儿一溜儿地盘着山走，人站在上面心惊胆战。但是那儿的牛可以走。犁地时它不能转弯，它就会退回来再犁。所以麻山地区牛卖出去没有人敢买，因为那儿出来的牛听得懂苗语，不听汉语。"④ 牛在农业里的行为举止与人高度协调。

　　老虎未经人类驯化，没有跟人朝夕相处的经历，但也逃不过人的想象演绎。早期渗入中国人的日常生活的老虎形象是图腾神的威仪。⑤《山海经》就将虎描述成图腾形象："西海之南流沙之滨，赤水之后黑水之前，有大山名曰昆仑之虚，有神人面虎身，文尾……戴胜，虎齿豹尾。"⑥ 图腾神自然不能像牛那样跟人亲密协调互动，也不能像牛那样在农耕中为人类效力。虎的形象具有多面性，但终究多以民间文学艺术特别是故事的形式展现，然后在日常生活中传承传播。人类对老虎形象及其属性的感知和认知，多半得自阅读或听取传说。它距离人类生活毕竟遥远。

---

① 伊萨克. 驯化地理学［M］. 葛以德，译. 北京：商务印书馆，1987：108.
② 伊萨克. 驯化地理学［M］. 葛以德，译. 北京：商务印书馆，1987：137.
③ 伊萨克. 驯化地理学［M］. 葛以德，译. 北京：商务印书馆，1987：140.
④ 杨庭硕，孙庆忠. 生态人类学与本土生态知识研究：杨庭硕教授访谈录［J］. 中国农业大学学报（社会科学版），2016（1）：5-23.
⑤ 刘敦愿. 中国古俗中的虎崇拜［J］. 民间文学论坛，1988（1）：45-53.
⑥ 刘歆. 山海经［M］. 崇贤书院整理. 沈阳：万卷出版公司，2020：489.

对牛与虎的不同感知路径，导致人类对它们有了截然相反的认知定位。除野兽野生/家畜家养这对关系之外，还潜隐着"内、自我/外、他者"的二元对立。驯化动物属"内"的范畴，是人类自我生活的切近部分；未经驯化的动物则属"外"的范畴，是"他者"的组成部分。盘江流域苗民把牛当成自我的一部分，不仅在日常生活中朝夕相处，尤其在农耕中还为其出力，"老黄牛""孺子牛""拓荒牛"等文化形象从而得以建构。民间故事甚至还把神圣文化形象赋予牛，例如视其为祖先化身。虎未经人类驯化且凶猛异常，因而不仅是"他者"还是凶神。这种他者凶神图腾形象在盘江下游流域泛化到"有能指而无所指"的程度，乃至没有了具体指征对象。惯于具象分析思考的普通民众面对泛化的他者图腾凶神，只能拉开距离，使其远离日常生活。他们因而设计出牛虎相争的情节且要让牛胜虎败，以此表达自我战胜"他者"并将其最终调伏的愿景以示"南方之强"。

现在聚焦"看家虎"故事。其外显的二元对立是"苗民/懂苗语 VS 非苗民/不懂苗语"。辅助的联想元素是老虎 VS 稻谷。这故事虽没指出具体时间，但是结合杨庭硕、罗康隆所著《西南与中原》的"宋明之变"，不难捋出其"发明"时间必是明清两朝。

"看家虎"故事里的叙事主人公是盘江流域的生民百姓，即苗蛮苗民自我群体。"非苗民"则来源复杂背景各异，但说他们都跟"卫所屯堡"与"改土归流"等历史事件有关应无大错。明朝的典型"他者"是卫所及随之而来的汉人屯军和军余家眷，其中有些人后来因功封官，成为当地的外来土司。清朝的"他者"则是随着"改土归流"的滥觞，"移民就宽乡"的推进而不断扩大的流官胥吏和移来当地谋生谋利谋事功的各色人等。

盘江流域的明代卫所屯军和军余家眷，依托朝廷的强大军政系统，客观上挤压了卫所驻地周边民众的生存空间，迫使他们易地谋生或就地变换生计，也算是创造新机会。那些因功封授的外来土司，利用王朝权威与土司制度之间的漏隙，对辖区民众的田土税赋实行苛征勒索，施加生活压力甚至束缚人身自由。清朝雍正"改土归流"后，新体制下的流官胥吏要建功立业或寻租牟利，同样难免苛索当地生民。外来的商人工匠和农业耕作而来的外地人没有政治权力，但凭他们带来的社会资本、经商理念、手工技术、农耕经验和生活习惯，仍能与当地社会文化构成区隔差异，包括在观念层面彰显优越性，同样对当地民众构成精神压力。近现代研究者基于社会发展史的认知范式理念，强调中原王朝和汉人移民给边疆边地带来的"文明"生产力和生活理念，包括"先进"的农耕技术和手工艺品，而较少体察阐释当地民众的视角，且从不关心外来群体给当地环境和人文生态带来的负面影响。但研究缺少分析阐述，并不代表当地民众没有自觉意识。把外来他者说成凶猛的"虎"而将当地苗民视为温驯的"牛"，就是意味深长的文学隐喻。

本章小结

盘江流域民间所有的"牛虎相争"叙事，遵循的都是"开局虎强牛弱，结局牛胜虎败"的逻辑主线，传递的信息都是内部自我最终能排除外部"他者"的干扰和影响，维护生存空间和生计资源，确保日常生活和文化实践正常延续。他们对外部"他者"的态度并非决绝，不是要将其逐出生活，而是在恢复衡平秩序的基础上祥和共生。事实上，任何地方的原住民基于最朴素的外婚制原理，都知道对外部"他者"有所依赖，至少在某些方面有可取处。他们塑造出违反常识的"看家虎"传说，就是希望通过长期朝夕相处以情感人，使其成为懂苗语的内部成员，并且有了一定效果："看家虎"尽心尽力，专咬不懂苗语的外部"他者"。遗憾的是，虎在夜晚关键时刻还是不明真相，乃至误咬了由主人扮演的外来他者。

由此看来，无论是"看家虎"还是"牛虎相争"，当地苗族对虎作为明显的"他者"，仍持有双重看法，既看到它冷漠无情、贪婪无度、易于伤人的属性，也看到它强悍威猛、攻击力强的长处。苗民就是如此这般地建构虎也建构自我，旨在从虎形象和属性里汲取力量，同时表明自身即使受到伤害，对虎仍抱有善意和期待。

在集统一与多样为一体的背牌图案里，盘江流域苗族民众通过一次次地围绕背牌起源、印章功能、"倒停王""看家虎""牛虎相争"等题材，创造发明传说故事，塑造自我话语权，以明确自身在王朝国家政权结构里的地方主体身份地位，其主旨都是表征他们在权力新格局里，对盘江流域地方社会平衡合理秩序的期盼。

结语

隐秀之水与共生秩序

文化生态学一直被认为是边疆地方社会研究中的一种主要理论视野，彰显一种"共同体"意识。自24万年前以黔西人为主要代表的远古人类相继出现在盘江流域以来，该流域始终是一个以"喀斯特地貌区"和"大斜坡地带"为基础，融封闭性和开放姓为一体且有较强地方社会主体性的多民族共同居住的自在人文空间。明清时期，随着卫所制度、州县制度的进入，以中原汉人为主体的外来移民大规模涌入，流域内原有的以地方社会主体性为主旨的自在人文空间和社会结构遭遇重大挑战。在此种历史背景下，盘江流域基于地方社会主体性的共同体是否还能够维系？如何维系？或者说将以何种形式呈现出来？随着研究的深入，笔者将盘江流域定义为超越滕尼斯、涂尔干意义上以地方社会主体性为主旨的"共同体"，居于不同自然亚区中的多民族人群、地方社会与王朝国家、西南边疆与中原中心之间，皆因对方的存在而获得利益，长久地在流域中共同生存，或者在此保持有利于社会良性运行的关系，并延续至今。

第一节　盘江流域与王朝国家关系的表象

明清时期，盘江流域与王朝国家的关系，主要有三种，分别是：维权抗争、博弈求秩序和形塑观念秩序。维权抗争发生的时代背景，主要是明朝初期卫所屯军制度进入盘江流域，统治者相信自己能认识盘江流域。自身所拥有的集权式政治结构，是由其自身治理能量和对地方社会历史的理解一层又一层地支撑起来的。出乎意料的是，盘江流域的民众对此说"不"，以战事等面对面的方式与之博弈，以维护自身的家园空间和生计资源。据统计，明清王朝存续的500多年里，盘江流域主体所在的贵州，以战事为主要彰显形式的维权抗争接连不断。"明代276年中，贵州发生大小战事的年份，共有145年，占有明一代一半以上时间。在清代268年历史中，贵州发生大小战争的年份，更达227年，占清统治年份的85%，几乎是年年征战不息。"①

清朝雍正年间，"改土归流"在盘江流域大规模铺陈开来，统治者试图在此建立一种更具集权性质的直接治理模式。流官主导的州县政府，是这一治理模式的具体彰显。囿于流官或流官制度自身的缺陷，需要借助较低层级土官或者胥吏的力量，才能使之顺利施行。但是，较低层级土官或胥吏的所作所为，激起民众与之博弈的斗志，在王朝国家设计的流官制度框架内控告土官、抵制胥吏，是流域内民众与之博弈的两种主要方式。更为重要的是，相较于以战事为主要内涵的维权抗争，控告、抵制的博弈方式，在维护流域内民众自身权益的同时，还参与建构了地方治理秩序的过程。至于第三种方式，主要是在民众的日常生活和文化实践中进行，他们通过充分利用民间传说的隐喻功能，构筑出共生超越的合理化平衡观念秩序。

无论哪一种方式，地方民众皆参与其中，都是与王朝国家相对应的一方主体力量。不同的参与方式，使用的手段或途径也不同。就第一种方式而言，发起针对王朝国家的战事，是民众常用的手段。这种参与方式，最终都以地方民众的"失败"告终。维权抗争的过程，不仅彰显双方主体之间存在较大的裂度，而且表征地方民众实实在在地参与到王朝国家的边疆治理中。只是可能因为双方的裂度较大，所采用的参与方式比较剧烈，所谓"以牙还牙"是也。第二种方式，流域内民众针对土官、胥吏的不法行为，一方面充分利用流官政治框架赋予的权力对其控告；另一方面，根据实际情况，或利用民间智慧，或采取"自残"手段，或使用两者兼而有之的方式来抵制。相对而言，这种参与方式的烈度较小，博弈效果却较好。第三种方式，主要是地方民众在日常生活中，充分利用背牌图案的统一性和多样性特征，"发明"、演绎出具有隐喻功能的民间传说故事，既确认自身在王朝国家中的结构地位和身份，又将自身与王朝国家区分开来。这是一种烈度最小的参与方式，甚至王朝国家都未必知道这种方式，但它的确是实际存在的，并且，也能清楚表征出盘江流域民众的观念秩序。

第二节 盘江流域与王朝国家关系的认识论逻辑

明清时期，盘江流域针对王朝国家的维权抗争、抵制控告以及观念博弈，主要是对之前王朝国家对其过度开发或资源掠夺的一种实质性回应，本质是对

---

① 刘学洙.明清贵州：血与火的洗礼[J].贵州：贵州文史天地，2001（6）：36-41.

已失衡的自在人文生境进行复位。从王朝国家或"中原中心论"的角度看待流域内民众的所作所为，或者从盘江流域民众或地方社会的角度看待王朝国家在此的治理诉求，这种并接在一起的"相互看"的认识论逻辑，为我们认识由多民族共同构成，但分居在各自然亚区中的地方社会，以及地方社会与王朝国家、西南边疆与中原中心间的关系构造出一个逻辑空间。

这种逻辑空间，是对以往边疆研究中"中原中心论"的批判。实质上，它批判的是中原儒家文化，最艰巨的任务是对"中原中心论"的清算。清算的过程，实质是重新认识地方社会与王朝国家间主客体关系的过程。在"中原中心论"者看来，边疆社会或民众的"主体性"或"能动性"，是作为理解中原文化或中央集权的普遍性参照背景或"他者"而存在，这就决定了边疆研究中的"中原中心论"与边疆社会或民众的"主体性"或"能动性"间是一种主从关系，并非平等的并列关系。

笔者在研究盘江流域的过程中，始终提醒自己，不要掉进"中原中心论"的二元分立、对决排疑的传统窠臼中，并且尽可能地在明清王朝国家框架中凸显盘江流域地方社会的主体性和能动性。这种叙事方式和理念，不但不会降低王朝国家或中原社会的主体性，反而使王朝国家或中原社会的主体性得到彰显。需要明确的是，这一层面上的主体性，不是基于过度发展或资源掠夺为主旨诉求的主体性，应该是能对西南边疆社会和多样化的民族文化纳入己身的以理解、承认、包容为主旨内涵的主体性。无论是卫所制度，还是以流官为外显形式的府州县体制，皆表明盘江流域在王朝国家的政治版图之内。与卫所军士、中原移民以及流官一起生活、博弈或维权的地方民众，并不是王朝国家治理制度的破坏者，而是与这些人群具有同等地位的制度塑造者。

地方民众在认同王朝国家的基础上，与之抗争、博弈，以确保自身生存家园权益多样性能公平传承。王朝国家在应对这种博弈诉求过程中，不断调整边疆治理理念。在经历过明朝时期使用武力压制盘江流域民众的诸多维权抗争后，尤以明朝天顺年间发生的干把猪率领族众攻劫都匀卫及周边屯堡为甚。民众的抗争使明王朝最高权力执掌者或权力代理人意识到，王朝国家不能完全用武力手段建立地方社会的治理秩序，外来的卫所军士也不可能完全取代盘江流域的多民族民众。因此，明朝中后期，以至于进入清朝时，在"改卫设县""改土归流"过程中，发展出将王朝国家与地方社会、流官与较低层级土官、胥吏与普通民众结合起来的新治理秩序，盘江流域的土司制度"幸存者"、普通民众皆参与到王朝国家治理制度发生作用的谋划中。在这两个阶段，流域内民众一直在无形层面上用"发明"民间传说故事塑造观念秩序的方式，参与王朝国家针对盘江流域的治理制度发生作用的过程中。从这些民间传说故事不断被"发明"且逐渐被赋予丰富内涵的形式看,王朝国家在某种程度上是默许这种方式存在的,并且可能在这一情景中不断调整自身的行为和应对方式。由此看来,明清王朝在盘江流域的治理过程,实质是在承认地方社会在这一过程中主体性和能动性的前提下,构筑基于文化生态学意义上互惠双赢的治理秩序。在治理秩序下的流域内民众,并非毫无"斗争"意念地被动接受其统治,而是基于一种维护自身权益以利生存的反思后,经由长时段博弈形成的关系连续统,彼此相生相克。总而言之,边疆治理是王朝国家与边疆民众双向互动的博弈过程,双方根据自身诉求和实际情况,能适时地调整各自的利益诉求和博弈方式并基于互惠考量的原则,共同制定出既有利于维护王朝国家在边疆社会中的权威,又能确保边疆社会民众的生存家园和生计资源能得到承认和保护的治理制度。

第三节 盘江流域与王朝国家关系的根本属性

明清时期,盘江流域三种治理制度(卫所制度、土司制度、州县制度)并存的情况,表征出流域内因自然生境的特殊性导致无法以某一普遍性的制度对其进行治理。土司制度虽较为普遍,但并未完全覆盖全境。因此,自明朝建立之时起,逐步推行实施卫所制度和州县制度,虽在一定程度上挤压了土司制度的生存空间,但从后续的发展历程来看,这三种治理制度差不多在相当长的历史时段中共同存在于盘江流域。原因在于由这三种治理制度共同构成的治理体系,对盘江流域地方社会、王朝国家皆有相当显著的价值意义。

对王朝国家来说,自秦朝以来,盘江流域便是政治成熟度低的区域,与王朝国家的关系若即若离。明朝洪武年间,朱元璋意识到,对该地进行治理,不能像中原一样比拼哪种治理制度(或组织模式)的效率更高,因为它需要以资源丰富为前提,而是应比拼哪种治理制度(或组织模式)的成本更低。这是盘江流域之于中原资源稀缺状态带来的一个根本约束。所以,朱元璋在开始建立卫所制度时,认可保留原有的土司制度,并适时改造,为其制定相关的规章制度。更甚的是,借用土司制度的外壳,将卫所制度的内涵填充进去,如新建土司,派卫所中较低层级的官兵担任长官。朱元璋对于土司制度的两种不同对待方式,都是为了便于王朝国家力量的进入。但是,王朝国家力量始终无法完全进入盘江流域。据统计,明王朝在贵州先后建立 24 个卫所,其中 11 个分布在盘江流域。即便如此，无论是盘江流域，还是贵州全境，均分布有相当数量的等级不同、来源各异的土司。自明朝永乐十一年（1413年），王朝国家先后在贵州不同区域中实施"改土归流"，数百年中，先后在境内诸多土司辖地建立府州县制度。尤以清朝雍正年间的"改土归流"为甚，无论是规模、力度，还是社会影响，皆超越以前。但是，经此大规模的"改土归流"之后，盘江流域仍保留有诸多较低层级的土官。随着府州县制度中流官进入的还有数量不菲的胥吏。他们与府州县制度中的各级流官，共同构成"改土归流"后盘江流域的治理制度。在资源稀缺前提下，这是成本相对较低的一种治理方式。

建立集市，形成以集市为核心的治理手段，是另一种成本相对较低的治理方式。已有的研究发现，盘江流域早期的集市，多是卫所制度的衍生物，大大促进了流域内的早期国家化进程。后期，集市数量增多、分布相对广泛，尤其是在远离卫所屯堡分布区域的多民族聚居的纵深地带，出现相当数量的集市，形成以卫所驻地集市为核心的集市体系。与早期的集市相比，该阶段集市及其体系的最明显特征，是将"国家"隐于幕后，以物品交换和关系建构两只"无形之手"调控流域内治理秩序的生成过程。

对流域内的民众来说，他们对卫所制度的有限认同和接纳，可能是基于与外部世界形成有效互动的现实需要。当然，当地社会中不同人群对外部世界有不同的互动需求。"改土归流"前的土司长官，需要借此机会与王朝国家互动，以在政治方面获取一种额外的正当性资源。"改土归流"后的府州县流官，需要借此机会在王朝国家的官僚制度体系中获取有利于任职资格、职衔身份的绩效资源。普通民众，需要借此机会与其他族属的人群互动，以获得日常生活所需要的物质资源，或将自己所生产的物品售出。因而，他们乐于到集市上交易或交换。与物品交换相伴而生的是建立各种社会关系，如跨越人群族属的婚姻、"打老庚"等社会关系，或与此有关。这三方面因素，共同塑造了流域内地方社会的多元文化和多样性的内生活力。他们之间有效互动的载体和动力，或可简单地表述为：村寨内（血缘、地缘）→村寨外（姻缘、拟血缘）→更大区域（共同的祖源记忆）→整个流域（历史记忆中的"中原认同"、祖源叙事中的"自江西迁来"）。具体而言，由血缘或地缘支撑的以村寨或姓氏为单位的小共同体，它们最低成本的组织模式就是以共同祖先为核心而形成。其一，将祖先来源置于"调北征南"的宏大历史背景下进行叙说，"制造"表象各一实质相同的祖先来源故事。正如王明珂教授所言，这种组织模式应当有两个基本性质："一是他们由想象的共同祖先凝结在一起；二是有共同的资源意图，即保护或扩张共同的资源。"① 其二，以经典文化事项为彰显载体，将血亲、姻亲和拟血亲等视为拓展村寨圈、交际网的重要元素，形成一种较为稳定、形态各异且有一定边界的生存家园，进而在社会生活和文化实践中生成表现各异但实质一致的地方文化系统。此乃盘江流域地方社会内部不同人群间交往交流交融发生的基本逻辑，鸡犬相闻、终生往来是这种关系的基本内涵和固有属性。

诸种由集市中物品交换引发或衍生的社会关系，实质是王朝国家利用较低成本治理盘江流域的手段或方式。一方面，一定程度上将盘江流域的民众，视为一种具有强主体性和强能动性的行动主体。这是对传统叙事中以王朝国家为主体范式的超越。另一方面，将王朝国家与盘江流域民众间显性的竞争博弈，隐于物品交换背后的社会生活和文化实践之中。在竞争博弈的框架中，凸显流域内民众的主体性和能动性，展开王朝国家与流域内民众关系的论述。在超越对立二分论述框架的同时，避免将盘江流域民众作为理解中原文化或中央集权的普遍性质参照背景或"他者"。

由此看来，文化生态学视野下盘江流域社会治理的历史人类学研究，在一定程度上规避了由"贮存地对抗""佐米亚逃避"，以及"积极被统治"造成的边疆发展与治理认知假象，超越了由这三种理论范式带来的"边疆地方社会与王朝国家或完全对立或完全一体"的认知怪圈。

第一，盘江流域是中国大西南山地诸多类缩影之一。宏观层面的喀斯特地貌，微观局部的差异性地貌景观，以及"大斜坡地带"的地形特征，导致当地居民依托山地文化生态家园和传统资源，以集市为依凭建构起互惠型生计。在将拟血缘、姻缘关系视为拓展村寨圈、交际网重要元素的前提下，达到社会整合的目的，相互间建立起互动互惠交往模式。每逢危急时刻，当内地移民或卫所军士"逃难"至此，当地民众不仅能容纳、包容，还能通过建立姻缘或拟血缘关系，为其提供庇护。经过长时段历史涤荡，在纵横两个维度上生成以人文多样性和生物多样性为主旨的多民族共同生存的格局。

第二，元明清以来的中原王朝强化西南山地开发加深统治，带来了新的发展动力，又因生计资源过度开发而影响到当地可持续发展。面对新的环境压力，当地民众发挥文化多样性的社会整合功能，在行动和观念层面积极地与王朝国家官吏或代理人展开顽强博弈。实质上，这是流域内民众在实现维权诉求的同时，希望与王朝国家达成新治理秩序的长时段互动过程。

---

① 王明珂. 华夏边缘：历史记忆与族群认同[M]. 北京：社会科学文献出版社，2006：209-246.

第三，王朝国家面对流域内民众的诉求，应是通过双方代理人理性协商推出新制度，形成"修其教不易其俗，齐其政不易其宜"的新治理秩序。唯因形格势禁或双方代理人损公肥私，乃至羁縻制到土司制、土司制到"改土归流""改卫设县"的制度升级过程中，都难免出现"反抗镇压+善后安民"的运作机制。但事后看，王朝国家开发边疆拓展政治经济利益的诉求，总要通过包容民众维护生态家园、生存环境和社区、生计资源权益的某种自治诉求，才能基于互惠达成长治久安。

这三方面的创新观察角度，凸显出两方面特征。第一，理论上，盘江流域民众与中原王朝/国家的互动，既非完全是博弈论支撑下的"零和博弈"，也不是当地民众毫无"斗争"意念的被动接受其统治，实质是流域内民众基于一种维护自身权益以利生存的反思后，经由长时段竞争博弈形成的关系连续统。在这一关系连续统中的所有利益相关者，都因对方的生存而得到利益。具体表现为：多种治理制度并存、相互包容理解、彼此相生相克，并能互相彰显主体性和能动性的治理秩序。更具体地讲，它是介于斯科特的"佐米亚逃避"、宋怡明的"积极被统治"与拉铁摩尔的"贮存地对抗"之间的"就地坚守在服从中博弈"。这仅仅是一个启发性的概念或描述性的分类，并不能穷尽明清时期盘江流域的人文多样性和民众的主体能动性。有益的是，它有助于避免学术研究中的僵化叙事范式，不至于陷入社会发展史暨"单线进化论"的窠臼中，为各界思考边疆民族与王朝国家关系提供了一个新的类型样本。第二，实践上，现代国家应对边疆民族基于文化生态家园权益多样性公平传承的博弈诉求，或可借鉴盘江流域互惠双赢的成功经验，致力于边疆民族社区发展与国家治理秩序共建共振，铸牢中华民族共同体和主体能动性相互包容意识。

第四节 当前形势下共生秩序的延伸与丰富

对于这样一种治理秩序，该如何命名，又该如何描述、刻画，方能准确概括和表达其内涵，似是本研究结尾处应做的本职工作。照笔者原先的想法，是打算将本研究置于"区域"的视野下展开，如借用"民族走廊""国家通道"之类的研究范式。但是，基于民族关系提出的"民族走廊"概念，其解释效力和适用性问题，仍是当前学术界广泛争议的重要问题之一。王铭铭以"藏彝走廊"为例，论述了"民族走廊"概念的学科局限性。"在这块区域里，可以对藏彝走廊这一特殊地区开展研究的意义就在于它的地区性，这是一个历史形成的民族地区，而不是一个个单一民族居住区域的复合或叠加。"① 在"民族走廊"基础上发展出的"国家通道"范式，同样在学界难以达成共识，尚不具备跨越多个学科展开相应研究的强大引领能力。更为重要的是，区域研究视野下的流域范式，正在逐步兴起。

何为流域？根据笔者从所掌握的资料中了解到的情况来看，不同学科的研究者，对流域进行了多方面的定义。有学者认为，"流域是一个水文学的概念，但其根本则在地貌学上"②。因此，地貌学者将流域定义为：由地球陆地水及其所携物质在重力作用的驱使下发生侵蚀、搬运和沉积过程，并因此形成一系列具有相互密切联系可能性的和特定范围的区域的集合。③ 基于此，历史地理学者认为，相对"区域"而言，"流域"是一种具体的、探讨实际问题的可行路径。④ 人类学者将"流域"具象化表述为："流域是以河流为中心的人—地—水相互作用的自然—社会综合体，是群集单元。"⑤ 一方面，这为历史地理学者提出的"具体的、探讨实际问题的可行路径"提供了初步的分析框架；另一方面，突破了水文学、地貌学的定义局限，将人地关系、自然与社会的因素纳入分析框架中，赋予了流域研究的人文视野。历史学者注意到，流域不单纯是流域沿线民众之间或人—地之间的关系那么简单，在流域（河流）波涛汹涌的浪潮或名不见经传的浪花中，可能蕴含着与王朝国家的关系。如美国历史学家卡尔·A. 魏特夫（Karl A. Wittfogel）认为，河流的治理过程，是产生极权力量的过程。⑥ 另外，两位英国学者皆认为，流域是一个权力的渠道。在一朵朵水花的推动下，权力不断地流向"他者"，或者为权力的拥有者提供巩固权力的资源。⑦

---

① 王铭铭. 藏彝走廊——多学科区域研究 [J]. 西南民族大学学报（人文社科版），2007（1）：20-21.
② 杨海乐，陈家宽. "流域"及其相关术语的梳理与厘定 [J]. 中国科技术语，2014（2）：38-42.
③ 杨海乐，陈家宽. "流域"及其相关术语的梳理与厘定 [J]. 中国科技术语，2014（2）：38-42.
④ 侯甬坚. 从区域进入流域综合探讨实际问题的路径——历史流域学断想 [C] //中国地理学会，河南省科学技术学会. 中国地理学会2012年学术年会学术论文摘要集，2012：70-71.
⑤ 田阡. 村落·民族走廊·流域——中国人类学区域研究范式转换的脉络与反思 [J]. 社会科学战线，2017（2）：25-30.
⑥ 卡尔·A. 魏特夫. 东方专制主义：对于极权力量的比较研究 [M]. 徐式谷，等译. 北京：中国社会科学出版社，1989.
⑦ 史蒂文·米森，休·米森. 流动的权力：水如何塑造文明？[M]. 岳玉庆，译. 北京：北京联合出版公司，2014；菲利普·鲍尔. 水：中国文化的地理密码 [M]. 张慧哲，译. 重庆：重庆出版社，2021.

的确如此，英国学者史蒂文·米森（Steven Mithen）和休·米森（Sue Mnithen）所著《流动的权力：水如何塑造文明？》一书，详细论述了都江堰和郑国渠对秦国国力或统治者权力的正面影响。秦国统治者主导修建的都江堰和郑国渠，河流本身并没有巩固秦国的国力，帮助统治者实现其统治的目的。但是，这两条河流所流出的水资源，使得周边不毛之地成为肥沃土地，为秦国"制造"出一个产量更多的农业基地。基于此，秦国统治者将其定义为未来向南扩张的战略基地。[①] 美国学者劳伦·C. 史密斯（Laurence C. Smith）的《河流是部文明史：自然如何决定文明兴衰与人类未来》一书中，详细论述了自然如何决定文明兴衰与人类未来。这些学者对流域（或河流）沿线地方社会与王朝国家关系的研究，进一步地为流域的研究框架赋予了更加丰富的内容。

在关于流域的多学科定义中，所彰显出的多元面向，皆提醒笔者在盘江流域的研究中，需注意自然环境、地形地貌差异导致的流域结构、功能差异。受王朝国家治理能力、资源丰歉程度、通航条件及里程等因素的影响，王朝国家对其的期许是不一样的。不同地形地貌中的流域，受生计资源的结构性差异、将水转换成水利资源的难易程度等因素的影响，人—地—水的关系，以及同一流域不同区段中民众的社会关系，不仅表现形式各异，甚至运行机理也可能存在根本性区别。

具体到盘江流域，囿于"喀斯特地貌区""大斜坡地带"两方面因素：①在通航里程、吨位大小、往返可能性等方面，异于长江、黄河等流域，难以在交通方面为历代王朝国家对贵州或西南边疆的治理提供便利，甚或可能在一定程度上产生"障碍"。直到元明清时期，王朝国家仍是通过陆上通道对贵州或西南边疆实施治理。盘江流域也仍未成为王朝国家的"权力"渠道。②流域呈非线性状态，河流密布、枝杈蔓延，多地下暗河，常有"漏江"或"断头河"，易造成地上—地下双层结构。沿线民众将水转换成农业生产灌溉水资源的难度非常大。若再将沿线田土资源较少的事实考虑进来，不仅可判定盘江流域的农业生产条件，与长江、黄河、洞庭湖、松花江、黑龙江等流域相比，存在较大差距，甚至还可确知，盘江流域未能像都江堰、郑国渠那样，通过水利工程的方式将水转换成水资源，在与周边田土资源结合的过程中，增强王朝国家治理边疆的能力。③流域内区段间的结构差异明显。黔西北作为盘江流域的上游，是典型的疏树草坡区；黔西南是盘江流域的中下游，属于干热河谷区；黔中麻

---

① 史蒂文·米森, 休·米森. 流动的权力：水如何塑造文明？[M]. 岳玉庆, 译. 北京：北京联合出版公司, 2014：190-195.

山地区，则是喀斯特峰丛洼地高度发育的区域。或者说，盘江流域的水，既可无休止地流向远方，也可能在千曲百回中峰回路转，或是消失，甚或突然从某地冒出。以多元为主要属性的地方文化，就是在这种柔和偏远、含混无序又名不见经传的水花中诞生。

若要更加简洁明了地表述盘江流域的这三方面特征，"隐秀"一词或许是一种比较好的选择。隐秀，源于南朝齐梁之际刘勰的《文心雕龙》："是以文之英蕤，有秀有隐。隐也者，文外之重旨者也；秀也者，篇中之独拔者也。"周振甫先生注释指出，"秀，意指秀出、高出；隐，意指含蓄"，整体性地传递出"既含蓄又直率，既幽雅秀丽又隐秘谨慎"的意境。王国维在《人间词话删稿》（二十二）中使用"隐秀"一词来评价近代以来的词作文字雅隽、幽雅秀丽之特征。"近人词如《复堂》词之深婉，《疆村词》之隐秀，皆在半塘老人上。"由此看来，隐秀一词传递出的人文意境，与盘江流域"既无休止地流向远方，又含混无序地千曲百回"的整体特征十分契合。为此，笔者使用"隐秀之水"一词表征盘江流域。

在这样一种由地理—人文—社会多重因素构成的空间中，人与自然和谐相处，人地关系协调发展。分居各自然亚区中的布依族、苗族、汉族、彝族等各族人群，各有一套完整且与自然亚区相适的社会生活和文化实践体系，特征明显，边界清晰。明清时期，当王朝国家深度介入盘江流域的治理时，土司制度、卫所制度、州县制度等多种治理制度在流域内并存实施，共同维护推进流域内社会秩序的生成和发展。整体性地在人与非人类存在物之间、人类社会内部各不同民族、人群之间，构建出一幅以相互承认、理解、包容为主要内涵的共同生存图景。这一图景中的各利益相关者，都因对方的存在延续而使自身的利益诉求得到满足。从而共同推动其所依存的自然生境和人文生境实现可持续发展。

若要简洁明了地概述这一观点，"共生"或许是一个不错的选择。1879年，德国著名的真菌学奠基人安东·德·巴里（Anton de Bary）提出共生概念。此后，生物学、社会学以及有关边疆地方社会的研究中普遍引入这一概念，认为整体性意义上的自然界、人类社会皆是共生的。生物学、社会学的研究认为，"人与非人类存在物之间、人类社会内部也是共生关系"[1]。中国传统道家思想中的"道法自然""天人合一"，就是这种共生关系的中国表述。当然，这种关系只存在于相互承认和自己有相同人格或利益诉求的社会成员之间。经由这种关系支撑而成的明清时期盘江流域地方社会的治理秩序，自然就可称为共生

---

[1] 李友钟. 共生：从自然界到人类社会 [J]. 理论界, 2014 (9)：84-87.

秩序。

　　当然，论述盘江流域的共生秩序，既不是要塑造柏拉图意义上的理想国（politeia），也不是要彰显霍布斯念兹在兹的国家学（staatslehre），而是在尊重各方主体或各民族人群意志的基础上，塑造出一个能将各部分关联起来的共同体。需要说明的是，这一共同体是完整的，但是它的本质并不是要保留或消弭已经被共生过程柔化的本来面目。

　　关于盘江流域共生秩序与共同体研究在当前形势下的现实意义，可从流域治理和利用的角度展开。20世纪80年代，西方经济学界意识到要将地方性与现代性相整合，为西方经济学研究提供新的社会文化基础。这种研究理念，既不是要将"地方性"置于至高无上的地位，甚或悬浮在整个社会之上，也不是要排斥社会发展过程中应时应景出现的"新力量"，只是提醒国家或地方政府，可通过政策供给的方式，激发地方社会的主体能动性，从而达到在现代性进程中与社会各方构成主体共生共存的目的。

　　具体到盘江流域，在充分了解流域内资源整体规模、丰歉程度和利用现状的前提下，以生产技术和组织机制变化为基础，以促进流域内社会秩序稳定、民族关系和谐、文化传承与经济开发张弛有度、整体竞争力显著增强为目标而形成区域发展的理论、方法和政策导向，以便在文化生态学和经济地理学双重视野下建构"新区域主义"。强调经济生活不仅是在文化生态框架中不断被制度化的过程，更是一个持续根植于社会之中的活动样态。这一过程的形成及演化，既受自然生境的制约，又依赖人文生境。与导向均衡的、享乐主义的、完全理性的经济学传统假设相比，它更加重视本质上非均衡的、不完全竞争的、非工具理性的制度化过程。

　　在当前形势下，超越社会时空区位的文化保护与传承、经济发展方式和手段、社会治理理念和路径，既是盘江流域社会过程中多元共生文化、共生秩序源起、延伸、拓展和维续的切身体会，也是中国在新社会转型过程中的潮流所向。未来，中国的不同地区、不同民族或人群，应携手走向中华民族共同体，而不是退回地区或民族、人群博弈的格子里去。

参考文献

一、中文著作

[1] 曹端波，杨元丽，刘倩倩．布依族的亲属制度与社会组织［M］．北京：中国社会科学出版社，2019．

[2] 陈贤波．土司政治与族群历史：明代以后贵州都柳江上游地区研究［M］．北京：生活·读书·新知三联书店，2011．

[3] 程裕淇．中国区域地质概论［M］．北京：地质出版社，1994．

[4] 段渝，等．西南酋邦社会与中国早期文明［M］．北京：商务印书馆，2015．

[5] 方铁，方慧．中国西南边疆开发史［M］．昆明：云南人民出版社，1997．

[6] 方铁．西南通史［M］．郑州：中州古籍出版社，2003．

[7] 费孝通．兄弟民族在贵州［M］．北京：生活·读书·新知三联书店，1951．

[8] 高贵龙，邓自民，熊康宁，等．喀斯特的呼唤与希望——贵州喀斯特生态环境建设与可持续发展［M］．贵阳：贵州科技出版社，2003．

[9] 龚荫．中国土司制度史［M］．成都：四川人民出版社，2012．

[10] 顾诚．隐匿的疆土［M］．北京：光明日报出版社，2013．

[11] 顾炎武．天下郡国利病书（六）［M］．上海：上海古籍出版社，2012．

[12] 顾祖禹．读史方舆纪要［M］．贺次君，施伽金，点校．北京：中华书局，2005．

[13] 贵阳市地方志编纂委员会．青岩镇志［M］．贵阳：贵州人民出版社，2004．

[14] 贵阳市花溪区地方志编纂委员会．花溪区志［M］．贵阳：贵州人民出版社，2007．

[15] 贵阳市民族事务委员会．苗族四月八［M］．贵阳：贵州民族出版社，1989．

[16] 贵州编辑组，《中国少数民族社会历史调查资料丛刊》修订编辑委员会．布依族社会历史调查［M］．北京：民族出版社，2009．

[17] 贵州编辑组,《中国少数民族社会历史调查资料丛刊》修订编辑委员会. 黔西北苗族彝族社会历史综合调查 [M]. 北京: 民族出版社, 2009.

[18]《贵州六百年经济史》编辑委员会. 贵州六百年经济史 [M]. 贵阳: 贵州人民出版社, 1998.

[19] 贵州民族学院民族研究所. 中国南方少数民族社会形态研究 [M]. 贵阳: 贵州人民出版社, 1987.

[20] 贵州省毕节地区地方志编纂委员会. 毕节地区志: 地理志 [M]. 贵阳: 贵州人民出版社, 2004.

[21] 贵州省册亨县地方志编纂委员会. 册亨县志 [M]. 贵阳: 贵州人民出版社, 2002.

[22] 贵州省地方志编纂委员会. 贵州省志: 地理志 [M]. 贵阳: 贵州人民出版社, 1988.

[23] 贵州省地方志编纂委员会. 贵州省志: 文物志 [M]. 贵阳: 贵州人民出版社, 2003.

[24] 贵州省龙里县地方志编纂委员会. 龙里县志 [M]. 贵阳: 贵州人民出版社, 1995.

[25] 贵州省民族研究所.《明实录》贵州资料辑录 [M]. 贵阳: 贵州人民出版社, 1983.

[26] 贵州省望谟县地方志编纂委员会. 望谟县志 [M]. 贵阳: 贵州人民出版社, 2001.

[27] 贵州省望谟县民族和宗教事务局. 望谟县民族志 [M]. 沈阳: 白山出版社, 2015.

[28] 贵州省兴义县史志编纂委员会. 兴义县志 [M]. 贵阳: 贵州人民出版社, 1988.

[29] 郭子章. 黔记: 卷五十九 [M]. 赵平略, 点校. 成都: 西南大学出版社, 2016.

[30] 侯绍庄, 史继忠, 翁家烈. 贵州古代民族关系史 [M]. 贵阳: 贵州民族出版社, 1991.

[31] 黄才贵. 独特的社会经纬: 贵州制度文化 [M]. 贵阳: 贵州教育出版社, 2000.

[32] 惠水县史志编纂委员会办公室. 惠水县志 [M]. 贵阳: 贵州人民出版社, 1989.

[33] 金台, 但明伦. 广顺州志 [M]. 北京: 方志出版社, 2017.

[34] 李世愉. 清代土司制度论考 [M]. 北京：中国社会科学出版社, 1998.

[35] 李贤, 等. 大明一统志 [M]. 西安：三秦出版社, 1990.

[36] 李心传. 建炎以来系年要录 [M]. 辛更儒, 点校. 上海：上海古籍出版社, 2018.

[37] 林美容. 妈祖信仰与汉人社会：人类学高级论坛文库 [M]. 哈尔滨：黑龙江人民出版社, 2003.

[38] 刘昭民. 中国历史上气候之变迁 [M]. 台北：台湾商务印书馆, 1982.

[39] 刘祖宪, 何思贵, 等. 安平县志 [M]. 政协安顺市平坝区委员会, 点校. 贵阳：贵州人民出版社, 2019.

[40] 陆韧. 现代西方学术视野中的中国西南边疆史 [M]. 昆明：云南大学出版社, 2007.

[41] 罗甸县志编纂委员会. 罗甸县志 [M]. 贵阳：贵州人民出版社, 1994.

[42] 马国君. 清代至民国云贵高原的人类活动与生态环境变迁 [M]. 贵阳：贵州大学出版社, 2012.

[43] 孟凡松. 明代卫所选簿校注：贵州卷 [M]. 桂林：广西师范大学出版社, 2020.

[44] 民国贵定县采访处. 贵定县志稿 [M]. 民国八年钞呈本.

[45] 年法尧, 夏文炳. 定番州志 [M]. 康熙五十七年稿本, 1985 年贵州省图书馆据钞本复印本.

[46] 潘年英. 百年高坡 [M]. 贵阳：贵州人民出版社, 1997.

[47] 钱理群, 戴明贤, 袁本良, 等. 安顺城记：一 [M]. 贵阳：贵州人民出版社, 2020.

[48] 沈庠, 赵瓒. 贵州图经新志 [M]. 张祥光, 点校. 贵阳：贵州人民出版社, 2015.

[49] 施展. 枢纽：3000 年的中国 [M]. 桂林：广西师范大学出版社, 2018.

[50] 史继忠. 贵州文化 [M]. 呼和浩特：内蒙古教育出版社, 2006.

[51]《四库存目丛书》编纂委员会. 四库存目丛书 [M]. 济南：齐鲁书社, 1997.

[52] 唐树义, 等. 黔诗纪略 [M]. 贵阳：贵州人民出版社, 1993.

[53] 屠玉麟, 等. 独特的文化摇篮：喀斯特与贵州文化 [M]. 贵阳：贵州教育出版社, 2000.

[54] 王春光, 孙兆霞, 梁晨, 等. 贵州省新型城镇化研究 [M]. 北京：

经济管理出版社，2022.

[55] 王笛. 跨出封闭的世界：长江上游区域社会研究：1644—1911 [M]. 北京：中华书局，2018.

[56] 王封常. 望谟布依族百年实录 [M]. 香港：环球出版社，2011.

[57] 王士性. 广志绎 [M]. 北京：中华书局，1981.

[58] 王晓毅，渠敬东. 斯科特与中国乡村 [M]. 北京：民族出版社，2009.

[59] 王毓铨. 明代的军屯 [M]. 北京：中华书局，2009.

[60] 王钟翰. 清史新考 [M]. 沈阳：辽宁大学出版社，1990.

[61] 温春来. 从"异域"到"旧疆"：宋至清贵州西北部地区的制度、开发与认同 [M]. 北京：生活·读书·新知三联书店，2008.

[62] 吴稼祥. 公天下：多中心治理与双主体法权 [M]. 桂林：广西师范大学出版社，2014.

[63] 吴泽霖，陈国均，等. 贵州苗夷社会研究 [M]. 北京：民族出版社，2004.

[64] 吴泽霖. 定番县乡土教材调查报告 [M]. 民国二十八年稿本，1965年贵州省图书馆据北京图书馆仓钞本复制油印本.

[65] 谢东山，张道. 贵州通志 [M]. 嘉靖三十四年刻本.

[66] 阎云翔. 礼物的流动：一个中国村庄中的互惠原则与社会网络 [M]. 李放春，刘瑜，译. 上海：上海人民出版社，2000.

[67] 杨昌儒，孙兆霞，金燕. 贵州民族关系的构建 [M]. 贵阳：贵州人民出版社，2010.

[68] 杨庭硕，罗康隆. 西南与中原 [M]. 昆明：云南教育出版社，1992.

[69] 杨庭硕. 相际经营原理 [M]. 贵阳：贵州民族出版社，1995.

[70] 易谋远. 彝族史要 [M]. 北京：社会科学文献出版社，2007.

[71] 尤中. 尤中文集：第3卷 [M]. 昆明：云南大学出版社，2009.

[72] 于建嵘. 抗争性政治：中国政治社会学基本问题 [M]. 北京：人民出版社，2010.

[73] 于志嘉. 卫所、军户与军役：以明清江西地区为中心的研究 [M]. 北京：北京大学出版社，2010.

[74] 张光直. 古代中国考古学 [M]. 印群，译. 沈阳：辽宁教育出版社，2002.

[75] 张建，宗世法，陈斌，等. 城乡互动与农村家户现代化 [M]. 北京：社会科学文献出版社，2022.

[76] 张金奎. 明代卫所军户研究 [M]. 北京: 线装书局, 2007.

[77] 张经纬. 四夷居中国 [M]. 北京: 中华书局, 2019.

[78] 张姗. 天下一统为一家: 鄂尔泰的西南治理 [M]. 北京: 中国社会科学出版社, 2020.

[79] 张廷玉, 等. 明史 [M]. 北京: 中华书局, 1974.

[80] 张锳. 兴义府志 [M]. 贵州省安龙县史志办公室, 校注. 贵阳: 贵州人民出版社, 2009.

[81] 赵冈. 中国历史上生态环境之变迁 [M]. 北京: 中国环境科学出版社, 1996.

[82] 中国第一历史档案馆, 等. 清代前期苗民起义档案史料汇编 [M]. 北京: 光明日报出版社, 1987.

[83] 中国社会科学院历史研究所清史研究室. 清史论丛: 第二辑 [M]. 北京: 中华书局, 1980.

[84] 周春元, 王燕玉, 张祥光. 贵州古代史 [M]. 贵阳: 贵州人民出版社, 1982.

[85] 周去非. 岭外代答 [M]. 屠友祥, 校注. 上海: 上海远东出版社, 1996.

[86] 周作楫, 朱德璲. 贵阳府志 [M]. 贵阳市地方志编纂委员会办公室, 校注. 贵阳: 贵州人民出版社, 2005.

[87] 紫云苗族布依族自治县县志编纂委员会. 紫云苗族布依族自治县志 [M]. 贵阳: 贵州人民出版社, 1991.

[88] 邹逸麟. 中国历史人文地理 [M]. 北京: 科学出版社, 2001.

二、中文译著

[1] 埃文思-普理查德. 努尔人 [M]. 褚建芳, 译. 北京: 商务印书馆, 2014.

[2] 巴菲尔德. 危险的边疆: 游牧帝国与中国 [M]. 袁剑, 译. 南京: 江苏人民出版社, 2011.

[3] 巴特. 斯瓦特巴坦人的政治过程: 一个社会人类学研究的范例 [M]. 黄建生, 译. 上海: 上海人民出版社, 2005.

[4] 查特杰. 被治理者的政治: 思索大部分世界的大众政治 [M]. 田立年, 译. 桂林: 广西师范大学出版社, 2007.

[5] 蒂利. 欧洲的抗争与民主: 1650—2000 [M]. 陈周旺, 李辉, 熊易寒,

译．上海：格致出版社，2008．

［6］杜赞奇．文化、权力与国家［M］．王福明，译．南京：江苏人民出版社，2003．

［7］弗里德曼．中国东南的宗族组织［M］．刘晓春，译．上海：上海人民出版社，2000．

［8］福蒂斯，埃文思-普理查德．非洲的政治制度［M］．刘真，译．北京：商务印书馆，2016．

［9］富兰克林·H．金．四千年农夫：中国、朝鲜和日本的永续农业［M］．程存旺，石嫣，译．北京：东方出版社，2016．

［10］格尔兹．文化的解释［M］．纳日碧力戈，等译．上海：上海人民出版社，1999．

［11］哈布瓦赫．论集体记忆［M］．毕然，郭金华，译．上海：上海人民出版社，2002．

［12］克拉克，塞姆·伯格里．在中国的西南部落中［M］．苏大龙，译．贵阳：贵州大学出版社，2009．

［13］拉铁摩尔．中国的亚洲内陆边疆［M］．唐晓峰，译．南京：江苏人民出版社，2014．

［14］李中清．中国西南边疆的社会经济：1250—1850［M］．林文勋，秦树才，译．北京：人民出版社，2012．

［15］林满红．银线：19世纪的世界与中国［M］．詹庆华，林满红，等译．南京：江苏人民出版社，2011．

［16］马林诺夫斯基．巫术科学宗教与神话［M］．李安宅，译．上海：上海文艺出版社，1987．

［17］马林诺夫斯基．西太平洋的航海者［M］．梁永佳，李绍明，译．北京：华夏出版社，2002．

［18］莫斯．论馈赠：传统社会的交换形式及其功能［M］．卢汇，译．北京：中央民族大学出版社，2002．

［19］施坚雅．中国农村的市场和社会结构［M］．史建云，徐秀丽，译．北京：中国社会科学出版社，1998．

［20］斯科特．弱者的武器［M］．郑广怀，张敏，何江穗，译．南京：译林出版社，2011．

［21］斯科特．逃避统治的艺术：东南亚高地的无政府主义历史［M］．王晓毅，译．北京：生活·读书·新知三联书店，2016．

［22］宋怡明．被统治的艺术［M］．钟逸明，译．北京：中国华侨出版社，2019．

［23］韦斯特马克．人类婚姻史：第一卷［M］．李彬，李毅夫，欧阳觉亚，译．北京：商务印书馆，2015．

［24］沃尔夫．欧洲与没有历史的人民［M］．赵丙祥，刘传珠，杨玉静，译．上海：上海人民出版社，2006．

［25］许靖华．气候创造历史［M］．甘锡安，译．北京：生活·读书·新知三联书店，2014．

［26］雅卡尔．我控诉霸道的经济［M］．黄旭颖，译．桂林：广西师范大学出版社，2001．

［27］伊萨克．驯化地理学［M］．葛以德，译．北京：商务印书馆，1987．

［28］竹村卓二．瑶族的历史与文化：华南、东南亚山地民族的社会人类学研究［M］．金少萍，朱桂昌，译．北京：民族出版社，2003．

三、中文期刊

［1］艾红玲，陈成国．古代学校对礼制的传播［J］．社会科学家，2009（7）．

［2］蔡亚龙．明代军民指挥使司建置标准考论［J］．中国历史地理论丛，2018，33（1）．

［3］蔡运龙．贵州省自然区划与区域开发［J］．地理学报，1990（1）．

［4］曹端波．明代"苗疆走廊"的形成与贵州建省［J］．广西民族大学学报（哲学社会科学版），2014（3）．

［5］常建华．清雍正朝改土归流起因新说［J］．中国史研究，2015（1）．

［6］陈斌．黔中苗族"主客-陪客"制度的人类学阐释［J］．安顺学院学报，2019（6）．

［7］陈春声，陈树良．乡村故事与社区历史的建构：以东凤村陈氏为例兼论传统乡村社会的"历史记忆"［J］．历史研究，2003（5）．

［8］陈劲松．传统中国社会的社会关联形式及其功能［J］．中国人民大学学报，1999（3）．

［9］范可．政治人类学今昔［J］．广西民族大学学报（哲学社会科学版），2008（2）．

［10］范同寿．基于社会学视野下的明清西南改土归流［J］．贵州民族研究，2015（3）．

［11］方铁．清雍正朝改土归流的原因、策略与效用［J］．河北学刊，2012

(3).

[12] 方铁. 唐宋元明清的治边方略与云南通道变迁 [J]. 中国边疆史地研究, 2009 (1).

[13] 古永继. 元明清时贵州地区的外来移民 [J]. 贵州民族研究, 2003 (1).

[14] 顾诚. 明帝国的疆土管理体制 [J]. 历史研究, 1989 (3).

[15] 顾诚. 谈明代的卫籍 [J]. 北京师范大学学报, 1989 (5).

[16] 韩昭庆. 雍正王朝在贵州的开发对贵州石漠化的影响 [J]. 复旦学报 (社会科学版), 2006 (2).

[17] 何翠萍, 魏捷兹, 黄淑莉. 论 James Scott 高地东南亚新命名 Zomia 的意义与未来 [J]. 历史人类学学刊, 2011 (1).

[18] 何立高, 罗康隆. 金筑土司家族族属考 [J]. 贵州文史丛刊, 1987 (3).

[19] 贺雪峰, 仝志辉. 论村庄社会关联: 兼论村庄秩序的社会基础 [J]. 中国社会科学, 2002 (3).

[20] 侯绍庄. 清代贵州"改土归流"试探 [J]. 贵州民族研究, 1980 (1).

[21] 胡积德. 清代盘江流域布依族地区改土归流与领主经济向地主经济的转化 [J]. 贵州民族研究, 1982 (3).

[22] 胡庆钧. 明代水西彝族的奴隶制度 [J]. 历史研究, 1964 (Z1).

[23] 户华为. 虚构与真实: 民间传说、历史记忆与社会史"知识考古" [J]. 江苏社会科学, 2004 (6).

[24] 黄建生. 社会—文化现象的过程分析: 有关巴特的"策略与过程研究"方法的理解 [J]. 云南民族大学学报 (哲学社会科学版), 2009 (4).

[25] 黄萍. 明清贵州屯堡设置与族群文化传承史略: 兼论羌族村寨灾后重建 [J]. 西南民族大学学报 (人文社科版), 2008 (12).

[26] 黄涛. 村落的拟亲属称谓制与"亲如一家"的村民关系 [J]. 中国人民大学学报, 2001 (2).

[27] 瞿州莲. 民间传说与区域历史建构 [J]. 吉首大学学报 (社会科学版), 2010 (3).

[28] 蓝韶昱. 政治文化涵化: 改土归流新论: 以广西龙州县域土司社会为例 [J]. 广西社会科学, 2012 (1).

[29] 李若晖. 主权在上 治权在下: 周礼德性政治要论 [J]. 中山大学学报

（社会科学版），2016（3）.

[30] 李世愉. 试论清雍正朝改土归流的原因和目的 [J]. 北京大学学报（哲学社会科学版），1984（3）.

[31] 李衍垣. 贵州农业考古概述 [J]. 农业考古，1984（1）.

[32] 李衍垣. 贵州文物考古三十年 [J]. 贵州民族研究，1979（1）.

[33] 刘敦愿. 中国古俗中的虎崇拜 [J]. 民间文学论坛，1988（1）.

[34] 刘锋. 对当代"原始农业"的再认识 [J]. 中国农史，1995（1）.

[35] 刘涛. 马文·哈里斯及其文化人类学理论 [J]. 国外社会科学，2012（3）.

[36] 刘铁梁. "标志性文化统领式"民俗志的理论与实践 [J]. 北京师范大学学报（社会科学版），2005（6）.

[37] 罗忱. 高排苗族的拟制亲属与群体整合 [J]. 北方民族大学学报（哲学社会科学版），2010（1）.

[38] 罗二虎. 汉代模型明器中的水田类型 [J]. 考古，2003（4）.

[39] 罗荣宗. 苗族的婚姻 [J]. 国师季刊，1941（9）.

[40] 麻国庆. 拟制的家与社会结合：中国传统社会的宗族、行会与秘密结社 [J]. 广西民族学院学报，1999（2）.

[41] 马国君. 雍正朝"改土归流"的动因新议 [J]. 吉首大学学报（社会科学版），2007（2）.

[42] 马启忠. 布依族的婚俗调查 [J]. 中央民族学院学报，1983（1）.

[43] 裴宜理，阎小骏. 底层社会与抗争性政治 [J]. 东南学术，2008（3）.

[44] 彭勇. 卫所制度与边疆社会：明代四川行都司的官员群体及其社会生活 [J]. 文史哲，2016（6）.

[45] 秦晖. 并税式改革与"黄宗羲定律" [J]. 农村合作经济经营管理，2002（3）.

[46] 尚会鹏. 中原地区的干亲关系研究：以西村为例 [J]. 社会学研究，1997（6）.

[47] 佘贻泽. 清代之土司制度 [J]. 禹贡，1935（5）.

[48] 史继忠. 贵州汉族移民考 [J]. 贵州文史丛刊，1990（1）.

[49] 史继忠. 明清时期贵州地主所有制的发展 [J]. 贵州文史丛刊，1998（5）.

[50] 宋丽娜. 熟人社会的性质 [J]. 中国农业大学学报（社会科学版），

2009 (2).

[51] 孙兆霞,金燕."通道"与贵州明清时期民族关系的建构与反思[J]. 思想战线, 2010 (3).

[52] 汤芸,张原,张建. 从明代贵州的卫所城镇看贵州城市体系的形成机理[J]. 西南民族大学学报(人文社科版), 2009 (10).

[53] 汤芸. 多族交互共生的仪式景观分析:贵州黔中跳花场仪式的人类学考察[J]. 西南民族大学学报(人文社会科学版), 2013 (4).

[54] 田晓岫. 略论布依族的来源问题[J]. 贵州民族研究, 1992 (2).

[55] 王晖. 打老庚:滇黔桂交界地区的民族关系[J]. 广西民族研究, 2010 (4).

[56] 王明珂. 历史事实、历史记忆与历史心性[J]. 历史研究, 2001 (5).

[57] 王学泰. 礼俗:社会组织的粘结剂[J]. 读书, 2013 (12).

[58] 王雪华. 清代官弱吏强论[J]. 武汉大学学报(人文科学版), 2008 (3).

[59] 王缨. 鄂尔泰与西南地区的改土归流[J]. 清史研究, 1995 (2).

[60] 温春来. 行政成本、汉夷风俗与改土归流:明代贵州贵阳府与新贵县设置始末[J]. 中山大学学报(社会科学版), 2004 (5).

[61] 乌·额·宝力格."实际存在的"与"存在主义的"蒙古史[J]. 读书, 2017 (3).

[62] 吴正光. 贵州高原的虎文化[J]. 贵州文史丛刊, 1998 (2).

[63] 杨式挺. 试从考古发现探索百越文化源流的若干问题[J]. 学术研究, 1982 (1).

[64] 杨庭硕,孙庆忠. 生态人类学与本土生态知识研究:杨庭硕教授访谈录[J]. 中国农业大学学报(社会科学版), 2016 (1).

[65] 杨庭硕,张惠泉. 贵阳市高坡公社苗族葬习调查[J]. 贵州民族研究, 1981 (2).

[66] 杨庭硕. 以贝为饰习俗成因考[J]. 贵州民族学院学报(社会科学版), 1985 (2).

[67] 杨志刚. 汉代礼制和文化略论[J]. 复旦学报(社会科学版), 1992 (3).

[68] 杨志强,安芮. 南方丝绸之路与苗疆走廊:兼论中国西南的"线性文化空间"问题[J]. 社会科学战线, 2018 (12).

[69] 杨志强,赵旭东,曹端波. 重返"古苗疆走廊":西南地区、民族研

究与文化产业发展新视阈[J].中国边疆史地研究,2012(2).

[70] 杨志强."国家化"视野下的中国西南地域与民族社会：以"古苗疆走廊"为中心[J].广西民族大学学报(哲学社会科学版),2014(3).

[71] 杨筑慧.牛：一个研究西南民族社会文化的视角[J].广西民族研究,2014(4).

[72] 叶成勇.家族与民族之间：黔中通道上金竹金氏族属认同及其变迁探析：以《金氏家谱》为中心[J].地方文化研究,2013(6).

[73] 余宏模.试论清代雍正时期贵州的改土归流[J].贵州民族研究,1997(2).

[74] 袁剑.人类学视野下的中国边疆史[J].读书,2009(4).

[75] 岳小国.从历史事件的民间叙事看改土归流：以鄂西唐崖土司为例[J].西南民族大学学报(人文社会科学版),2015(4).

[76] 岳永逸.乡村庙会传说与村落生活[J].宁夏社会科学,2003(4).

[77] 张希玲.拟亲属称谓习俗及其文化思考[J].边疆经济与文化,2004(12).

[78] 张岩.社会组织与亲属制度研究[J].社会学研究,2008(1).

[79] 张永国.略论贵州"改土归流"的特点[J].贵州文史丛刊,1981(3).

[80] 赵冈.胥吏与贱民[J].社会科学战线,1997(1).

[81] 赵世瑜.两种不同的政治心态与明清胥吏的社会地位[J].政治学研究,1989(1).

[82] 赵世瑜.卫所军户制度与明代中国社会：社会史的视角[J].清华大学学报(哲学社会科学版),2015(3).

[83] 赵旭东.部落社会中的政治、法律与仪式[J].民俗研究,1999(4).

[84] 郑振满,黄向春.文化、历史与国家：历史学与人类学的对话[J].中国社会历史评论,2004(2).

[85] 钟铁军.释明代贵州之"州卫同城"[J].中国历史地理论丛,2004(1).

[86] 竺可桢.中国历史上之旱灾[J].史地学报,1925(6).

四、英文专著

[1] CROSSLEY P K. A Translucent Mirror：History and Identity in Qing

Imperial Ideology [M]. Berkeley: Uniuersity of Calofornia Press, 1999.

[2] HERMAN J E. Amid the Clouds and Mist: China's Colonization of Guizhou, 1200-1700 [M]. Cambridge: Harvard University Asia Center, 2007.

[3] WIENS H J. Chinas March Toward the Tropics [M]. Hamden: Shoe String Press, 1954.

[4] STEWARD J. Theory of Culture Change: Methodology of Multilinear Evolution [M]. Urbana: University of Illinois Press, 1972.

[5] ELLIOTT M C. The Manchu Way: The Eight Banners and Ethnic Identity in Late Imperial China [M]. Stanford: Stanford University Press, 2001.

[6] MOSCA M. From Frontier Policy to Foreign Policy: The Question of India and the Transformation of Geopolitics in Qing China [M]. Stanford: Stanford University Press, 2015.

[7] COHEN, P A. Discovering History in China: American Historical Writing on the Recent Chinese Past [M]. New York: Columbia University Press, 1984.

[8] BAUMAN R. Verbal Art As Perfomance [M]. Prospect Heights Illinois: Waveland Press Inc, 1977.

后 记

这本书是在我博士学位论文的基础上修改而成的。书稿付梓之际，回首过去如烟火，满眼繁华；目之所及皆往事，心怀感恩。

2016年9月，工作五年后，而立之年的我，再次走进校园，诚惶诚恐。我天性愚钝，有幸师从中央民族大学张海洋教授攻读博士学位，承蒙不弃，实为一大幸事。在校学习期间，多蒙老师指教和栽培，我的学业才能顺利完成并有所进步。论文选题阶段，老师尊重我的选择，允准我将盘江流域作为研究对象。撰写开题报告的过程中，老师多次提点我要将文化生态学作为研究的方法论基础，秉持以当地的自然生境和人文生境为视角展开研究的原则。自2020年1月以来的一年多时间，正是论文撰写的关键阶段，囿于新冠疫情，无法当面聆听老师教诲。幸得老师一次又一次语重心长地通过邮件点拨，论文才勉强完成初稿。后经老师"妙手生花"般的批注和指导，帮助概括提炼出"就地坚守在服从中博弈"的概念，不仅使晦涩的论文避免流于表面的结局，更使论文具有更大的学术意义和实践价值。2023年，我的工作单位安顺学院资助论文出版，贸然请老师写序，老师欣然答应并再次批阅我的论文，字斟句酌，提出诸多详细深刻的修改意见，为论文增色不少。

多谢在论文开题、预答辩和答辩时给予宝贵指导意见的周竟红研究员、潘蛟教授、周少青研究员、祁进玉教授、龚浩群教授、巫达教授、贾仲益教授、张曦教授、苏发祥教授、张青仁教授、王延中研究员、张小军教授、黄志辉教授。受益于诸位师长针对论文主题、逻辑框架、研究进路、观点阐释、材料搜集等方面提出的意见和建议，我才能在论文撰写和修改过程中目标明确、思路清晰，老师们的提点对我论文的顺利完成有很大帮助。

深谢贵州民族大学孙兆霞教授。"匪面命之，言提其耳"，自2008年9月跟随孙老师读研以来，老师一直如此待我，时刻不敢忘。攻读博士学位期间，老师在学业上给予我督促和指导，为我提供有关云贵高原盘江流域的背景知识和材料，给我的论文提出诸多建设性的意见，不仅加深我对该区域的理解和认知，而且有助于开拓我在论文撰写过程中的思路和视野。老师还在生活方面给予我关心和爱护。

诚挚感谢安顺学院吕燕平副教授给我讲解云贵高原盘江流域的地理空间、地形地貌、自然生境等方面知识，为我从人文生态角度理解盘江流域提供地理学背景。贵州师范大学汪青梅副教授在阅读论文初稿后，提出了许多建设性的意见，不仅加深了我对盘江流域的理解，也拓展了我的研究思路。安顺学院吴羽教授、张立新副教授以及长江师范学院李良品教授为我提供了不少重要资料。如果没有他们慷慨无私地分享自己的识见和资料，我的论文撰写、修改将会更加艰辛。

2018年7月，贵州省文史研究馆组织实施黔中苗族历史文化存世资料抢救项目《亘古"茂饶茂穰"草根说》，经孙兆霞教授推荐，文史馆允准我参与该项目的田野调查，为我提供到贵阳市花溪区高坡乡、黔南州龙里县、贵定县进行田野调查的机会。在田野调查过程中，文史馆时任党组书记、副馆长王德玉、副馆长曾达以及文史研究处陈丹阳处长、张彪副处长等多次到田野调查点了解调查进度和困难，给予支持，并提供重要田野调查线索，确保田野调查工作顺利推进。龙里县营屯村陆华泉、陈德波、王洪武、陈光平，慷慨无私地与我分享当地的社会生活和文化实践，让我受益匪浅。他们积极地帮助我发现和引见信息报道人，拓宽搜集材料和收集信息的渠道。同样，高坡乡云顶村杨文开、杨永先，龙里县营屯村王新辉和贵定县鸟王村陈光福等人，毫无保留地为我讲述其广博的见闻和丰富的人生阅历。需要特别指出的是，项目核心专家组组长曹端波教授的答疑解惑以及重要信息的分享分析和阐释理解，及时匡正了我的田野调查思路，加深了我对相关文化事项和论文主题关联的认知感悟。若没有他们的大力支持、辛勤付出和无私分享，田野调查进度、所获信息深度广度都将大打折扣。在盘江流域田野调查和生活的经历，已深深刻在我的心中，值得永远铭记。

论文的前期田野调查，还得到黔西南州史志办杨南明，安龙县韦红宁、王仲坤、韦其荣、王启高、陈毅和望谟县黄江华等诸位师友提携帮助。2017年11月，我与室友熊勇在安龙县田野调查时，已八旬高龄的老教师王仲坤先生，仍睿智地回答我提出的所有问题，且身体力行地带我到想去的每一个地方，让我这个外来者享受到亲人般的待遇。即将结束安龙县的田野调查时，老先生将我带至家中，指着书架上的书籍说，任你挑选，并将毕生收藏的100多册地方文史资料全部赠送给我，为论文撰写提供了莫大帮助。在此深谢王仲坤先生。另外，很多帮助过我的师长和朋友，你们的名字虽不能一一记录于此，但我已将你们的恩情一一铭记在心。

  我要将心中最诚挚的谢意献给家人。出身于边远农村的我，父母本为地道农民，20世纪80年代初期迫于生计，搭乘改革开放潮流离家进城谋生，而我跟着爷爷生活，应是中国第一批留守儿童。他们用自己背井离乡、颠沛流离的辛劳付出，为我提供丰裕的物质生活资源，并且支付不菲的借读费，为我争取到县城读书的机会。2016年9月，我赴京攻读博士学位，父母结束30多年背井离乡的生活，回乡重拾面朝黄土背朝天的农耕生活，虽无力像以往那样给予充分的经济支持，但一如既往地给予精神鼓励。每次打电话时，未及我开口关心他们，就迫不及待地问我学习情况，告诉我不用担心家里，安心学习就行。我的岳母在我离别妻儿赴京求学期间，照顾我的妻子和不足半岁的儿子。他们都用无私的爱和牺牲，为我织造出一块坚硬铠甲，不仅能给我温暖，更是我失意时的避风港湾。感谢弟弟在我求学期间，一直照顾父母。感谢我的妻子严小菊，五年间，不仅一个人操持家庭，承担养育儿子的重任，而且与我一同应对生活和研究的压力。风雨同舟的艰辛经历，是我们未来携手逐梦的最强动力。你对我的支持和参与，让我感到人生无憾。

  最后，我想对刚满五岁的儿子嘟嘟说：你和这篇论文，都是我这辈子最重要的作品。过去五年，因忙于学业而疏于对你的陪伴，在以后的日子里我将尽力弥补，且行且珍惜。

陈斌

2021年5月7日初稿

2023年3月10日修订